2025

군무원[행정직렬]

7개년 기출문제집

군무원합격전략연구소

2025
군무원[행정직렬]
7개년 기출문제집

인쇄일 2025년 3월 1일 5판 1쇄 인쇄
발행일 2025년 3월 5일 5판 1쇄 발행
등 록 제17-269호
판 권 시스컴2025

발행처 시스컴 출판사
발행인 송인식
지은이 군무원합격전략연구소

ISBN 979-11-6941-669-6 13350
정 가 18,000원

주소 서울시 금천구 가산디지털1로 225, 514호(가산포휴) | 홈페이지 www.nadoogong.com
E-mail siscombooks@naver.com | 전화 02)866-9311 | Fax 02)866-9312

군무원이란 군 부대에서 군인과 함께 근무하는 공무원으로서, 신분은 국가공무원법상 특정직 공무원으로 분류됩니다. 즉, 군무원은 군인이 아니라 군대행정을 담당하기도 하고 여러 군사시설에서 근무하거나 병무청 등에서도 근무하는 사실상 공무원입니다. 군무원은 국방부 직할부대(정보사, 기무사, 국통사, 의무사 등), 육군·해군·공군본부 및 예하부대 등에서 근무하게 됩니다.

공무원 시험에 수많은 응시생들이 몰리고 높은 경쟁률로 인해 오랜 공부에도 불구하고 합격을 장담하기 어려운 상황이 되었습니다. 이에 군무원 시험은 절박한 수험생 여러분에게 또 다른 기회의 장이자 돌파구가 될 수 있습니다.

군무원은 복리후생도 매우 우수하며 여성 지원자들도 크게 늘고 있으며, 군인의 장점인 군복지 혜택과 공무원으로서의 신분이 보장됨으로 군인으로서의 명예와 자긍심을 가질 수 있고 동시에 공무원으로서의 안정된 생활도 누릴 수 있습니다.

수험생들이 본 도서를 가지고 군무원 시험에 대비하기 위한 이 책의 특징은 다음과 같습니다.

첫째, 최근 7개년의 군무원 기출 및 기출복원문제를 수록하고 '정답해설'뿐만 아니라 '오답해설'도 상세하게 달아 다양한 유형의 문제에 보다 쉽게 대처할 수 있도록 하였습니다.

둘째, 빈출문제와 개념이 중요한 문제는 '군무원 필수'를 통하여 중요 표시를 하여 수험공부를 수월하도록 하였습니다.

셋째, 문제와 관련된 중요 내용이나 보충사항을 '모르면 간첩'을 통해 정리해둠으로써 효율적이면서도 충실한 수험공부가 가능하도록 하였습니다.

무한한 가능성을 가진 군무원에 도전함으로써 여러분의 꿈을 이루기 바라며 이 책이 든든한 동반자가 되었으면 합니다.

군무원 소개

○ 군무원이란?

군 부대에서 군인과 함께 근무하는 공무원으로서 신분은 국가공무원법상 특정직 공무원으로 분류됩니다.

○ 군무원 종류

일반군무원	전문군무경력관	임기제군무원
– 기술·연구 또는 행정일반에 대한 업무담당, 46개 직렬 – 계급구조 : 1~9급	– 특정업무담당 – 교관 등 – 계급구조 : 가군, 나군, 다군	

○ 근무처

국방부 직할부대(정보사령부, 군사안보지원사령부, 국군지휘통신사령부, 국군의무사령부 등),
육군·해군·공군본부 및 예하부대

○ 직렬별 주용 업무내용(행정)

직군	직렬	업무내용
행정(6)	행 정	• 국방정책, 군사전략, 체계분석, 평가, 제도, 계획, 연구업무 • 일반행정, 정훈, 심리업무, 법제, 송무, 행정소송업무 • 세입·세출결산, 재정금융 조사분석, 계산증명, 급여업무 • 국유재산, 부동산 관리유지·처분에 관한 업무
	사 서	• 도서의 수집, 선택, 분류, 목록작성, 보관, 열람에 관한 업무
	군 수	• 군수품의 소요/조달, 보급/재고관리, 정비계획, 물자수불업무 • 물품의 생산, 공정, 품질, 안전관리, 지원활용 등 작업계획, 생산시설 유지, 생산품 처리 업무
	군사정보	• 주변국 및 대북 군사정보 수집, 생산관리, 부대전파 및 군사보안 업무
	기술정보	• 외국정보 및 산업, 경제, 과학기술 정보의 수집, 생산관리 보안 업무 • 정보용 장비, 기기 등에 의한 정보수집 업무
	수 사	• 범죄수사, 비위조사, 범죄예방, 계몽활동 등에 관한 업무

시험제도안내

○ 군무원 선발업무 주관부서

구 분	국방부	육군	해군	공군
선발대상	각군 5급 이상 및 국직부대 전계급	6급 이하	6급 이하	6급 이하
주관부서	국방부 군무원정책과	육군 인사사령부	해군 인사참모부	공군 인사참모부
연락처	02) 748-5105, 5106	042)550-7145	042)553-1284	042)552-1453

○ 시험방법

• 채용절차

채용공고 ⇒ 원서접수 ⇒ 서류전형(경력경쟁채용) ⇒ 필기시험 ⇒ 면접시험 ⇒ 합격자발표 ⇒ 채용후보자 등록(신체검사) ⇒ 임용

※ 채용공고 : 신문(국방일보, 일간신문), 인터넷(군무원 채용관리 공지사항)

• 채용시험

시험구분	시험방법
공개경쟁채용시험	필기시험 ⇒ 면접시험
경력경쟁채용시험	서류전형 ⇒ 필시시험 ⇒ 면접시험

※ 시험시기 : 연 1회(4~10월경)

• 시험 출제수준

- 5급 이상 : 정책의 기획 및 관리에 필요한 능력 · 지식을 검정할 수 있는 정도
- 6~7급 : 전문적 업무수행 능력 · 지식을 검정할 수 있는 정도
- 8~9급 : 업무수행에 필요한 기본적 능력 · 지식을 검정할 수 있는 정도

- 채용시험 응시연령
  - 7급 이상 : 20세 이상
  - 8급 이하 : 18세 이상
  ※ 최종시험의 시행 예정일이 속한 연도에 위의 계급별 응시연령에 해당하여야 함.

○ 응시자격증

- 군무원 공채시험 응시자는 채용직렬/계급에서 요구하는 자격증을 보유하여야 함
  - 직렬별 군무원 공채시험 응시자격증 및 면허증응시자격증 다운로드
  - 자격증은 필기시험 전일까지 취득하여야 함

○ 참고사항

- 폐지된 자격증으로서 국가기술자격법 등에 의해 그 자격이 계속 인정되는 경우에는 응시자격증으로 인정한다.

- 공무원임용시험령 [별표 10]에 의한 가산점 적용 자격증이 응시자격증으로 적용된 경우에는 가산점을 인정하지 아니한다.

- 응시계급별 자격등급 적용기준
  - 5급 및 7급 : 기사 이상, 9급 : 산업기사 이상
  - 단, 9급에 기능사 자격증을 적용하는 경우에 7급을 산업기사 자격증 이상으로 적용 가능

○ 합격자결정

- 서류전형(경력경쟁채용의 경우만 해당)
  응시자의 경력, 학력, 전공과목 등과 임용예정직급의 직무내용과의 관련정도에 따라 합격여부 결정

- 필기시험
  - 매 과목 4할 이상, 전과목 총점의 6할 이상 득점한 자 중에서 고득점자순으로 선발예정인원의 13할의 범위 안에서 합격자 결정
  - 단, 선발예정인원의 13할을 초과하여 동점자가 있는 경우 그 동점자 모두를 합격자로 하며, 기술분야 6급 이하의 일반군무원 및 임용시험은 매 과목 4할 이상을 득점한 자 중에서 고득점자 순으로 합격자 결정

- 면접시험
  - 아래의 평정요소마다 각각 상(3점), 중(2점), 하(1점)로 평정하여 15점 만점으로 하되, 각 면접시험위원이 채점한 평점의 평균이 중(10점) 이상인 자 중에서 고득점 순으로 합격자 결정
    1. 군무원으로서의 정신자세
    2. 전문지식과 그 응용능력
    3. 의사발표의 정확성과 논리성
    4. 창의력 · 의지력 기타 발전가능성
    5. 예의 · 품행 및 성실성

- 최종합격자 결정
  - 필기시험 합격자 중 면접시험을 거쳐 결정

○ 임용결격사유(신원조사 등을 통해 확인)

- 군무원인사법 제10조(결격사유)
  - 대한민국 국적을 가지지 아니한 사람
  - 대한민국 국적과 외국 국적을 함께 가지고 있는 사람
  - 「국방공무원법」 제33조 각 호의 어느 하나에 해당하는 사람

- 국가공무원법 제33조(결격사유)
  - 피성년후견인 또는 피한정후견인
  - 파산선고를 받고 복권되지 아니한 자
  - 금고 이상의 실형을 선고받고 그 집행이 종료되거나 집행을 받지 아니하기로 확정된 후 5년이 지나지 아니한 자
  - 금고 이상의 형을 선고받고 그 집행유예 기간이 끝난 날부터 2년이 지나지 아니한 자
  - 금고 이상의 형의 선고유예를 받은 경우에 그 선고유예 기간 중에 있는 자
  - 법원의 판결 또는 다른 법률에 따라 자격이 상실되거나 정지된 자
  - 공무원으로 재직기간 중 직무와 관련하여 「형법」 제355조 및 제356조에 규정된 죄를 범한 자로서 300만원 이상의 벌금형을 선고받고 그 형이 확정된 후 2년이 지나지 아니한 자
  - 징계로 파면처분을 받은 때부터 5년이 지나지 아니한 자
  - 징계로 해임처분을 받은 때부터 3년이 지나지 아니한 자

- 군무원인사법 제31조(정년)
  - 군무원의 정년은 60세로 한다. 다만, 전시 · 사변 등의 국가비상 시에는 예외로 한다.

○ 영어능력시험 기준점수

- 응시원서 접수시 계급별 기준점수 이상 취득해야 응시가능(별표 참조)
  ※ 청각장애 2 · 3급 응시자의 경우, 듣기부분을 제외한 점수가 계급별 기준점수 이상이면 응시가능

- 당해 공개경쟁채용시험의 필기시험예정일로부터 역산하여 2년이 되는 해의 1.1일 이후에 실시된 시험에 한해 기준점수 인정

- 응시원서 접수시에 본인이 기 취득한 당해 영어능력검정시험명, 시험일자 및 점수 등을 정확히 표기

시험의 종류		5급	7급	9급
토 익 (TOEIC)	기준점수	700점 이상	570점 이상	470점 이상
	청각장애 (2, 3급)	350점 이상	285점 이상	235점 이상
토 플 (TOEFL)	기준점수	PBT 530점 이상 CBT 197점 이상 IBT 71점이상	PBT 480점 이상 CBT 157점 이상 IBT 54점이상	PBT 440점 이상 CBT 123점 이상 IBT 41점이상
	청각장애 (2, 3급)	PBT 352점 이상 CBT 131점 이상	PBT 319점 이상 CBT 104점 이상	PBT 292점 이상 CBT 82점 이상
펠 트 (PELT)	기준점수	PELT main 303점 이상	PELT main 224점 이상	PELT main 171점 이상
	청각장애 (2, 3급)	PELT main 152점 이상	PELT main 112점 이상	PELT main 86점 이상
텝 스 (TEPS) (2018. 5. 12. 이후에 실시 된 시험)	기준점수	340점 이상	268점 이상	211점 이상
	청각장애 (2, 3급)	204점 이상	161점 이상	127점 이상
지텔프 (G-TELP)	기준점수	Level 2 65점 이상	Level 2 47점 이상	Level 2 32점 이상
플렉스 (FLEX)	기준점수	625점 이상	500점 이상	400점 이상
	청각장애 (2, 3급)	375점 이상	300점 이상	240점 이상

○ 한국사능력시험 응시 계급별 인증등급

• 당해 공개경쟁채용시험의 필기시험예정일로 부터 역산하여 3년이 되는 해의 1.1. 이후에 실시된 시험으로서, 원서접수마감일까지 성적이 발표된 시험 중 계급별 응시 기준등급 이상이 성적에 한해 인정(아래 표 참조)

• 응시원서 접수시에 본인이 취득한 한국사능력검정시험의 합격등급, 인증번호(8자리)를 정확히 표기 (증빙서류 제출 없음)

시험의 종류	기준등급		
	5급 응시	7급 응시	9급 응시
한국사능력검정시험	2급 이상	3급 이상	4급 이상

시험과목안내

○ 군무원 임용시험 과목

「군무원인사법 시행규칙」 제15조 관련 내용

○ 군무원 임용시험 과목

직군	직렬	계급	시험과목
행정	행정	5급	국어, 국사, 영어, 행정법, 행정학, 경제학, 헌법
		7급	국어, 국사, 영어, 행정법, 행정학, 경제학
		9급	국어, 국사, 영어, 행정법, 행정학

○ 가산점안내

- 취업지원대상자(적용 : 6급 이하 공개경쟁채용 및 경력경쟁채용)
  - 「독립유공자예우에 관한 법률」 제16조, 「국가유공자 등 예우 및 지원에 관한 법률」 제29조, 「보훈대상자 지원에 관한 법률」, 「5.18민주유공자 예우에 관한 법률」 제20조, 특수임무유공자 예우 및 단체 설립에 관한 법률」 제19조에 의한 취업지원대상자 그리고 「고엽제후유의증 환자지원 등에 관한 법률」 제7조에 의한 고엽제후유증의 환자와 그 가족은 각 과목별 만점의 10% 또는 5%의 가점비율에 해당하는 점수를 가산
  - 취업지원대상자 가점은 각 과목 만점의 4할 이상 득점한 자에 한함
  - 취업지원대상자 가점을 받아 합격하는 사람은 선발예정인원의 30%를 초과할 수 없음. 다만, 응시자의 수가 선발예정인원과 같거나 적은 경우에는 그러하지 아니함
    ※ 취업지원대상자 여부와 가점비율은 본인이 사전에 직접 국가보훈처 및 지방보훈지청 등에 확인하여야 함

이 책의 **구성**과 특징

2024년 최신 기출문제 수록

2018~2024년까지의 7개년 기출문제를 빠짐없이 복원하여 수록할 뿐만 아니라 2024년 최신 기출문제까지 수록하여 수험공부에 도움이 되도록 하였습니다. 국어, 행정학, 행정법을 한번에 준비할 수 있도록 연도별로 기출 및 기출복원문제를 수록하여 실제 시험에 대비할 수 있도록 하였습니다. 최근 기출문제부터 수록하여 최신 문제 경향을 파악하는 데에 도움이 되도록 하였습니다.

확실한 문항 분석, 한눈에 영역 분류

매 문항별 핵심주제를 분석하여 해설에 수록하였고, 핵심주제의 출제영역을 나누어 표로 문항수를 정리하였습니다. 뿐만 아니라 한눈에 보기 쉽게 문항 출제영역을 퍼센테이지 그래프로 나타내어 효율적인 영역별 공부배분, 시간배분에 도움이 되도록 하였습니다.

꼼꼼한 정답해설, 필요한 오답해설

기출문제의 의도를 파악하고, 의도에 맞는 꼼꼼하고, 적확한 해설을 달아 놓았습니다. 뿐만 아니라 다른 보기가 정답이 아닌 이유를 오답해설에 수록하여 폭넓은 수험공부가 되도록 하였습니다.

군무원 필수 문제, 개념 모르면 간첩

시험에 자주 나오거나 여러 영역과 융합되어 출제될 수 있는 필수 문제는 '군무원 필수'를 통하여 수험생이 반드시 공부할 수 있도록 하였습니다. 뿐만 아니라 기출문제에 숨어있는 필수 개념 또는 출제 가능 개념을 추가적으로 '모르면 간첩'에 수록하여 수험공부를 조금 더 풍부히 할 수 있도록 하였습니다.

목차

PART 05	과목	문제	해설
2020년 기출문제	국어	116	258
	행정학	122	263
	행정법	126	267

PART 06	과목	문제	해설
2019년 (추가채용) 기출(복원)문제	국어	138	272
	행정학	144	277
	행정법	149	282

PART 07	과목	문제	해설
2019년 기출(복원)문제	국어	156	286
	행정학	163	291
	행정법	168	296

PART 08	과목	문제	해설
2018년 기출(복원)문제	국어	178	301
	행정학	187	305
	행정법	192	310

STUDY HELPER

연도	과목	예상시간	실제시간	오답수
2024	국어	분	분	/25
	행정학	분	분	/25
	행정법	분	분	/25
2023	국어	분	분	/25
	행정학	분	분	/25
	행정법	분	분	/25
2022	국어	분	분	/25
	행정학	분	분	/25
	행정법	분	분	/25
2021	국어	분	분	/25
	행정학	분	분	/25
	행정법	분	분	/25
2020	국어	분	분	/25
	행정학	분	분	/25
	행정법	분	분	/25
2019 (추가채용)	국어	분	분	/25
	행정학	분	분	/25
	행정법	분	분	/25
2019	국어	분	분	/25
	행정학	분	분	/25
	행정법	분	분	/25
2018	국어	분	분	/25
	행정학	분	분	/25
	행정법	분	분	/25

PART 01

2024년 기출문제

국어 · 행정학 · 행정법

국어

한자와 어휘 20%
문법 16%
어문규정 20%
문학 16%
비문학 28%

◎ 정답 및 해설 200p

01

다음 중 발음의 표기가 가장 적절한 것은?

① 뚫는[뚤는]
② 넓다[널따]
③ 끝으로[끄츠로]
④ 젖먹이[점머기]

02

다음 중 띄어쓰기가 틀린 것은?

① 집 밖에 눈이 쌓였다.
② 공부 밖에 모르는 학생이군.
③ 맨손으로 땅을 팠다.
④ 한겨울에 얇은 옷만 입은 채,

03

다음 중 형태소에 대한 설명으로 옳은 것은?

① 홀로 설 수 있는 말의 단위
② 뜻을 구별하는 소리의 최소 단위
③ 의미를 가진 가장 작은 말의 단위
④ 끊어 읽기의 단위

04

아래의 밑줄 친 단어 중 맞춤법에 어긋난 것은?

① 설거지는 내가 할게.
② 파란불이 빨간불로 바꼈다.
③ 잠시 후 산등성이가 보였다.
④ 저기에 돌무더기가 쌓여 있어요.

05

다음 낱말 중 맞춤법이 틀린 것은?

① 깨끗히   ② 가득히
③ 조용히   ④ 고스란히

06

다음 문장 중 문장 성분 간의 호응이 가장 자연스러운 것은?

① 오늘은 잔디밭에서 책과 그림을 그렸다.
② 사람은 모름지기 욕심을 다스릴 줄 안다.
③ 이번 연극에서 영희는 주인공 역할을 맡았다.
④ 그녀는 초보치고는 운전을 썩 잘하지는 못한다.

07

다음 중 밑줄 친 부분의 설명이 적용될 수 있는 예로 가장 적절한 것은?

> 우리말 표현 중에는 문장의 의미가 두 가지 이상으로 해석될 수 있어 의사소통에 어려움을 초래하는 경우가 많다. 그 중 하나가 <u>비교구문에서 나타나는 중의성(重義性)</u>인데, 이는 비교 대상을 분명하게 하지 않아 발생하는 현상이다.

① 나는 내일 철수와 선생님을 만난다.
② 결혼식장에 손님들이 다 들어오지 않았다.
③ 그녀는 눈물을 흘리며 아버지의 그림을 어루만졌다.
④ 글쎄, 남편은 나보다 축구 중계를 더 좋아한다니까.

08

다음 중 괄호 안에 들어갈 우리말로 가장 적절한 것은?

> 어둠 속에 눈을 뜬 강실이한테 무참히 끼쳐든 것은 생전 처음 맞닥뜨린 낯섦의 스산하고 (   ) 기운이었다.
> — 최명희, 〈혼불〉

① 성마른   ② 돈바른
③ 살천스러운   ④ 암상스러운

09

다음 중 밑줄 친 ㉠, ㉡과 이 작품에 대한 설명으로 적절하지 않은 것은?

> 생사(生死) 길은
> 에 있으매 머뭇거리고,
> 나는 간다는 말도
> 몯다 이르고 어찌 갑니까.
> ㉠ <u>어느 가을 이른 바람에</u>
> 이에 저에 떨어질 잎처럼
> 한 가지에 나고
> 가는 곳 모르온저.
> ㉡ <u>아아, 미타찰(彌陀刹)에서 만날 나</u>
> 도(道) 닦아 기다리겠노라.
>
> — 월명사(김완진 해독), 「제망매가」

① 이 작품은 신라시대의 향가 중 한 편이다.
② ㉠은 하강적 이미지를 활용하여 누이의 죽음을 상징적으로 드러낸다.
③ 죽은 누이의 극락왕생을 기원하는 작품이다.
④ ㉡은 누이의 죽음에 의한 슬픔에서 벗어나고자 욕망으로 가득한 현실적 공간을 제시한다.

10

다음은 탑골공원에 대한 실태 보고서의 목차이다. ㉠~㉣ 중 가장 적절하지 않은 것은?

> 1. 서론
>
> 2. 탑골공원의 지리적 조건
> 1) 교통편과 주차 시설
> 2) ㉠ <u>편의 시설과 주변 상가</u>
> 3) ㉡ <u>인근 공원의 위치와 거리</u>
>
> 3. 탑골공원 이용객의 실태
> 1) 연령대별 이용 시간
> 2) ㉢ <u>선호하는 공원 시설 및 행사</u>
> 3) ㉣ <u>노약자를 위한 시설 관리 대책</u>
>
> 4. 결론

① ㉠

② ㉡

③ ㉢

④ ㉣

11

㉠~㉢에 알맞은 말은?

비슷한 나이의 동료끼리 말을 주고받을 때는 '홍길동 씨, 경리과에 전화했어요?', '이 과장, 거래처에 다녀왔어요?'처럼 '해요체'를 주고받는 것이 일반적이다. (㉠) 같은 동료라 하더라도 상대방의 나이가 위이거나 공식적인 자리에서는 '합쇼체'를 써서 말할 필요가 있다. 곧 '홍길동 씨, 경리과에 전화했습니까?', '이 과장, 거래처에 다녀왔습니까?' 하고 말할 수 있는 것이다. 하지만 윗사람과 말을 주고 받을 때에는 반드시 '합쇼체'를 써서 '이번 일은 제가 맡아 처리하겠습니다'와 같이 말해야 한다.

(㉡) 가정에서라면 아랫사람과 대화를 주고받을 때는 상대방을 높이지 않기 때문에 '해체'나 '해라체' 정도를 사용할 수 있지만 직장에서는 사정이 조금 다르다. 아무리 자신보다 아랫사람이라 하더라도 가족 관계에서와는 달리 어느 정도 높게 대우해 주어야 하는 것이다. (㉢) 과장이 자신의 부하 직원에게 말을 할 때 '홍길동 씨, 업무 계획서 좀 빨리 작성해줘요.' 하고 말할 수 있다.

그러나 아랫사람이 자신보다 매우 어리거나 친밀한 사이일 경우에는 '홍길동 씨, 업무 계획서 좀 빨리 작성해 줘' 하고 존대의 효과가 없는 '해체'를 사용할 수도 있고 '하게체'를 사용하여 상대를 조금 대우해 줄 수도 있다.

	㉠	㉡	㉢
①	그러나	한편	그래서
②	그러나	한편	그리고
③	그리고	따라서	그래서
④	그리고	따라서	그러나

12

다음 중 밑줄 친 ㉠~㉣의 한자음이 잘못 연결된 것은?

우리는 어떤 行爲가 ㉠ 行爲者의 ㉡ 自由意志에 의한 것일 때에 그 行爲에 대해 道德的 ㉢ 責任을 물을 수 있다고 여긴다. 그렇다면 自由意志에 의한 行爲인지의 ㉣ 與否를 가리는 基準은 무엇일까?

① ㉠ 行爲者 — 행위자

② ㉡ 自由意志 — 자유의사

③ ㉢ 責任 — 책임

④ ㉣ 與否 — 여부

13

다음 중 밑줄 친 말을 대신할 수 있는 사자성어로 적절하지 않은 것은?

앞서 도공은 지난 주 경영회의에서 고속도로 통행료 전자지불시스템으로 기존 전자화폐나 교통카드 겸용 신용 카드 대신 새로운 스마트카드를 도입하고 이의 발급을 도공 자신이 주관키로 결정했다. 도공 관계자는 20일 "기존 전자화폐 5종의 경우 우열을 가리기 힘들고 교통카드 겸용 신용카드도 각 지역별로 호환이 안 되는 상황에서 한 해 2조원에 달하는 고속도로 통행료를 공사가 직접 관리, 운용하는 편이 충실한 경영에 도움이 된다고 판단해 이같이 결정했다"고 밝혔다.

① 막역지우(莫逆之友)

② 백중지세(伯仲之勢)

③ 난형난제(難兄難弟)

④ 막상막하(莫上莫下)

14

다음 중 빈칸 ㉠에 들어갈 말로 가장 적절한 것은?

문학 작품은 다양한 내적 요소들의 결합으로 구성되면서 외적으로 작가의 맥락, 사회·문화적 맥락, 문학사적 맥락, 상호 텍스트적 맥락과 연계된다. 문학작품의 이해·감상·평가는 수용자가 내적 요소들의 결합관계를 분석하고 다양한 외적 맥락을 함께 고려하며 이루어진다.

작가의 맥락은 작품을 창작한 작가와 문학작품의 관계를 말한다. 작가의 생애나 작가가 경험한 특정한 사건이 작품에 반영되고 영향을 미칠 수 있다. 예를 들어 정지용의 시「유리창」에는 어린 자식을 잃은 정지용의 가정사가 반영되어 있다.

사회·문화적 맥락은 문학작품에 반영된 사회·문화적 상황과 문학작품의 관계를 말한다.

문학사적 맥락은 문학사와 문학 작품의 관계를 말한다.

㉠ (　　　　　) 문학작품 사이의 관계를 말한다. 하나의 작품을 다른 작품과의 연관성 속에서 파악할 수 있을 때 상호 텍스트성이 나타난다.

－「고등학교 문학」

① 상호 텍스트적 맥락은
② 문학 작품의 이해는
③ 문학 작품의 내적 맥락은
④ 문학 작품의 비평은

15

다음 중 빈칸 ㉠에 들어갈 말로 가장 적절한 것은?

최근 환경오염에 기인하는 생태계의 파괴와 새롭게 개발된 생명과학 기술이 점차 인간의 삶과 그 존엄성을 위협하게 됨에 따라, 생명과학에 대한 세상의 관심도 높아졌고 그것이 갖는 도덕성도 심심찮게 논란의 대상이 되고 있다. 생태계의 파괴와 관련하여 생명과학이 주목을 받는 것은 생태계 파괴의 주범이 생명과학이어서가 아니라, 이미 심각한 상태로 파괴된 생태계를 복원시킬 수 있는 효과적인 방법을 생명과학이 제시할지도 모른다는 기대 때문이다.

그러나 이와는 반대로 생명과학의 도덕성에 대한 논의는 생명과학이 개발해 내고 있는 각종 첨단 기술이 인간의 존엄성을 훼손하게 될 것이라는 우려의 표출인 것이다. 다른 모든 과학과 마찬가지로 생명과학도 (㉠)을 지니고 있다. 그렇기 때문에 우리는 생명과학이 갖는 무한한 가능성에 대하여 큰 기대를 걸면서도 동시에 그것이 갖는 가공할 만한 위험성을 항상 경계하고 있는 것이다.

① 개연성　　　　② 합리성
③ 양면성　　　　④ 일관성

16

아래의 설명에 가장 부합하는 문장을 고르시오.

부사는 주로 뒤에 오는 용언을 꾸며 줍니다. 그런데 부사 중에는 '다행히 우리는 기차를 놓치지 않았다.'의 '다행히'처럼 문장 전체를 꾸며주면서 말하는 사람의 심리적인 태도를 나타내는 종류도 있어요.

① 설마 학교에 가지 않은 건 아니지?
② 차가 빨리 달린다.
③ 공을 멀리 던졌다.
④ 책이 가지런히 놓여 있다.

17

다음 글이 〈보기〉의 ㉠~㉣ 중 들어가기에 가장 적절한 곳은?

> 서양인이나 중능인은 해부학적으로 측면의 얼굴이 인상적인 이미지를 남긴다. 그래서 서양미술에서는 사람의 측면만 그리는 '프로필(프로파일)'이라는 미술 장르가 발달했다. 프로필이라는 말이 인물 소개를 뜻하게 된 것도 이 때문이다.

보기

> 어떤 이집트 그림에서는 사람의 얼굴은 측면, 눈은 정면, 목은 측면, 가슴은 정면, 허리와 발은 측면으로 그려지곤 한다. 인간의 신체가 자연 상태에서 이렇게 보이는 경우란 있을 수 없다. 해부학적으로 불가능한 자세인 것이다.
>
> 그럼에도 이 그림을 처음 볼 때 우리는 별로 어색한 느낌이 들지 않는다. 왜 그럴까? 그것은 신체의 각 부위가 그 특징이 가장 잘 드러나는 부분 위주로 봉합되어 있기 때문이다. 넓은 가슴이나 눈은 정면에서 보았을 때 그 특징이 잘 살아난다. (㉠)
>
> 이렇게 각 부위의 중요한 면 위주로 조합된 인체상은 이상적인 부분끼리의 조합이므로 완전하고 완벽하며 장중한 형상이라는 느낌을 준다. 그러니까 흠 없는 인간, 영원히 썩지 않고 스러지지 않을 초월적 존재라는 인상을 준다. (㉡)
>
> 이집트 그림에서는 신과 파라오, 귀족만이 이렇게 그려지고 평범한 사람들은 곧잘 이런 법칙과 관계없이 꽤 사실적으로 그려졌다. (㉢) 이는 신과 파라오, 나아가 귀족은 오로지 '존재하는 자'이고, 죽을 운명의 범인들은 그저 '행위하는 자'라는 생각이 반영된 것이다.
>
> 범인들이 일하는 모습을 그릴 때 사실적으로, 그러니까 얼굴이 측면이면 가슴도 측면으로 자연스럽게 그리는 것은, 그들은 썩어 없어질 '찰나의 인생'이기 때문이다. (㉣) 반면 고귀한 신분은 삼라만상의 변화와 관계없이 영원한 세계의 이상을 반영하는 존재이므로 이상적 규범에 따라 불변의

> 양식으로 그려진다.

① ㉠
② ㉡
③ ㉢
④ ㉣

18

다음 글에 나타나지 <u>않는</u> 수사법은?

> 불안인지 환희인지 모를 것으로 터질 듯한 마음을 부채질하듯이 벌판의 모든 곡식과 푸성귀 와 풀들도 축 늘어졌던 잠에서 깨어나 일제히 웅성대며 소요를 일킨다. 그러나 소나기의 장막은 언제나 우리가 마을 추녀 끝에 몸을 가리기 전에 우리를 덮치고 만다. 채찍보다 세차고 폭포수보다 시원한 빗줄기가 복더위와 달음박질로 불화로처럼 단 몸뚱이를 사정없이 후려치면 우리는 드디어 폭발하고 만다.
>
> – 박완서, 「그 많던 싱아는 누가 다 먹었을까」

① 역설법
② 과장법
③ 직유법
④ 활유법

19

다음 글에 대한 이해로 가장 거리가 <u>먼</u> 것은?

> '명품'이라는 말은 '대통령'이라는 말이 어처구니 없는 오해를 빚어내는 것과 같다. '대통령'은 원래 'president'를 번역하면서 생겨난 말인데, 이 원어는 라틴어로 '앞'이라는 뜻의 'pre-'와 '앉아 있다'라는 뜻의 'sidere'의 합성어이다. 다시 말해 민주주의를 뜻하는 '회의 석상에서 앞에 앉아 있는 사람'이라는 'president'가 대통령, 즉 '국가의 통치 문제에 있어서 가장 큰 명령을 내리는 사람'으로 번역되면서 아직도 전제 정치의 특징인 '통치권'이

우리 정치 사회를 흔들고 있는 원인이 되고 있다.

마찬가지로 돈이 되기만 하면 달려드는 상업주의 장사꾼들과 시청률과 구독률만을 높이기만 하면 된다는 언론의 합작품인 '명품'이라는 용어를 국민들이 무비판적으로 받아들이면서 우리의 건전한 소비의식이 병들게 된 것이다. 그래서 에코는 기호학을 정의하면서 "거짓말을 하기 위해 사용될 수 있는 모든 것을 연구하는 학문 분야"라고 하였나 보다.

① 에코의 말은 과장에 해당한다.

② '명품'이라는 말은 잘못된 번역어이다.

③ 일부 기업과 언론의 행태를 비판하고 있다.

④ '비교'에 해당하는 설명 방식을 활용하였다.

모든 사람은 인간적인 대우를 받을 가치가 있다는 인식의 확산 없이는 이루어지지 못한다.

(다) 따라서 운명론이 지배하는 사회에서는 개인이나 특정 집단이 겪는 고통은, 그것이 심한 사회적 통제와 불평등의 결과이기도 하지만, 사회의 잘못이 아닌 그들 개개인의 탓으로 돌려진다. '가난은 나라도 구제할 수 없다'는 생각이 그 단적인 예에 속한다.

① (나) → (가) → (다)

② (나) → (다) → (가)

③ (다) → (가) → (나)

④ (다) → (나) → (가)

20

다음 중 (가)~(다)를 문맥에 맞는 순서대로 나열한 것은?

사회 문제의 종류와 내용 및 그에 대한 관념은 시대와 사회에 따라 다르게 나타난다. 운명론을 예로 들어보자. 운명론은 한마디로 개인의 고통과 사회적 불평등을 하늘의 뜻으로 또는 당연히 주어진 것으로 받아들이는 태도이다.

(가) 이러한 상황에서는 사람들이 겪는 고통이 '사회 문제'의 관념으로 발전하기 어렵다. 결과적으로 전통 사회에서는 기존 질서의 유지가 가장 중요한 사회적 관심사가 되고 따라서 '규범의 파괴'가 가장 핵심적인 사회 문제로 떠오르게 된다.

(나) 한편, 오늘날 우리가 갖게 된 사회 문제의 관념은 운명론의 배격을 전제로 한다. 그것은 우선 사람의 고통은 여러 사람 공동의 노력으로 해결할 수 있다는 생각, 그것이 개인의 책임이 아니고 사회 제도와 체제의 책임이라는 관념, 나아가

21

다음 중 외래어 표기가 잘못된 것은?

① 집에 가는 길에 슈퍼마켓에 들러 휴지를 샀다.

② 생일을 맞은 친구에게 축하 메세지를 보냈다.

③ 네 아이들이 길가에서 초콜릿을 나눠 먹고 있었다.

④ 요즘에는 디지털보다 오히려 아날로그 감성이 인기이다.

22

다음 작품과 주제 및 정서가 가장 비슷한 것은?

> 홍진에 뭇친 분네 이내 생애 엇더ᄒ고
> 녯 사ᄅᆷ 풍류ᄅᆯ 미ᄎᆯ가 ᄆᆺ미ᄎᆯ가
> 천지간 남자 몸이 날 만ᄒ 이 하건마ᄂᆫ
> 산림에 뭇쳐 이셔 지락을 ᄆᆯ 것가
> 수간모옥을 벽계수 앏픠 두고
> 송죽 울울리예 풍월주인 되여셔라
> 엇그제 겨을 지나 새봄이 도라오니
> 도화행화ᄂᆫ 석양리예 퓌여 잇고
> 녹양방초ᄂᆫ 세우 중에 프르도다
> 칼로 ᄆᆞᆯ아 낸가 붓으로 그려낸가
> 조화신공이 믈믈마다 헌스룹다
> 수풀에 우ᄂᆫ 새ᄂᆫ 춘기ᄅᆯ ᄆᆺ내 계워
> 소ᄅᆡ마다 교태로다
> 믈아일체어니 흥이이 다ᄅᆯ소냐
> 시비예 거러 보고 정자애 안자 보니
> 소요음영ᄒᆞ야 산일이 적적ᄒᆞᆫᄃᆡ
> 한중진미ᄅᆯ 알 니 업시 호재로다

① 오백 년 도읍지를 필마로 도라드니
   산천은 의구ᄒᆞ되 인걸은 간 ᄃᆡ 업다
   어즈버 태평연월이 ᄭᅮᆷ이런가 ᄒᆞ노라
② 수양산 ᄇᆞ라보며 이제ᄅᆯ ᄭᅮᆷ 한ᄒᆞ노라
   주려 주글진들 채미도 ᄒᆞᄂᆫ 것가
   비록애 푸새엣 거신들 긔 뉘 ᄯᅡ헤 낫ᄃᆞ니
③ 청산은 엇뎨ᄒᆞ야 만고애 프르르며
   유수는 엇뎨ᄒᆞ야 주야애 긋디 아니ᄂᆞᆫ고
   우리도 그티디 마라 만고상청ᄒᆞ오리라
④ 십 년을 경영ᄒᆞ여 초려삼간 지여 내니
   나 ᄒᆞᆫ 간 ᄃᆞᆯ ᄒᆞᆫ 간에 청풍 ᄒᆞᆫ 간 맛뎌 두고
   강산은 들일 ᄃᆡ 업스니 둘러 두고 보리라

23

다음 인용문의 내용에 대한 설명으로 가장 적절하지 <u>않은</u> 것은?

> 근대 이후 역사학자들은 역사의 거대한 흐름을 서술하는 것을 주된 과제로 삼았다. 즉, 거시적인 전망에서 경제·사회 구조의 변화과정을 포괄적으로 서술하는 것을 목적으로 여겼다. 따라서 특정 지역의 역사를 자본주의 경제의 확립이나 민족국가의 성립과 같은 어떤 목표점을 향해 전개되어 온 도정으로 서술하거나, 장기간에 걸쳐 완만하게 변화하는 사회 경제 질서와 그 표면에서 거품처럼 끓어오르는 정치권력의 흥망성쇠를 입체적으로 기술한 것이 역사 서술의 주류를 형성해 왔다. 20세기 후반에 등장한 역사 서술인 미시사(微視史)는 이러한 역사 서술이 보통 사람들의 개별적인 삶을 통계 수치로 환원하여 거시적인 흐름으로 바꿔 버리거나 익명성의 바다속으로 사라지게 한다고 비판한다.

① 이 글에는 역사를 바라보는 서로 상반된 입장이 나타난다.
② 종래 역사 서술의 주류를 형성해 온 것은 거시적인 전망에서 역사의 거대한 흐름을 서술하는 입장이었다.
③ 미시사적인 역사 서술은 보통 사람들의 개별적인 삶을 통계수치로 환원시켜 익명성의 바다 속으로 사라지게 한다.
④ 거시적인 역사 서술은 특정 지역의 역사를 어떤 목표점을 향해 전개되어 온 도정으로 서술한다.

[24~25] 다음 글을 읽고 물음에 답하시오.

우리는 건축가가 된 다음에 집을 짓거나, 거문고 연주가가 된 다음에 거문고를 타게 되는 것은 아니다. 집을 지어봄으로써 건축가가 되고, 거문고를 타봄으로써 거문고 연주가가 되는 것이다. 마찬가지로 우리는 옳은 행위를 함으로써 옳게 되고, 절제 있는 행위를 함으로써 절제 있게 되며, 용감한 행위를 함으로써 용감하게 되는 것이다.

그런데 (㉠) 실천은 성향이 되고 성향은 습관이 될 때 비로소 성품이 탄생하게 되는 것이다. 남과 사귀는 과정에서 우리가 늘 행하는 행위에 의해 우리는 올바른 사람이 되거나 옳지 못한 사람이 되며, 또 위험과 맞닥뜨렸을 때 무서워하거나 태연한 마음을 지니거나 하는 습관을 얻게 됨으로써 혹은 용감한 이가 되고 혹은 겁쟁이가 된다. 욕망이나 분노 같은 것도 이와 마찬가지이다. 즉 자기가 당한 처지에서 어떻게 행동하는가에 따라, 절제 있고 온화한 사람이 되기도 하고 혹은 방종하고 성미 급한 사람이 되기도 한다.

24

㉠에 들어갈 문장으로 가장 적절한 것은?

① 바늘허리에 실을 매어 쓸 수는 없다.

② 사공이 많으면 배가 산으로 가는 법이다.

③ 산에 가야 범을 잡고 물에 가야 고기를 잡는다.

④ 제비가 한 마리 날아왔다고 봄이 오는 것이 아니다.

25

위 글의 제목으로 가장 적절한 것은?

① 상황 판단의 합리성

② 올바른 성품의 중요성

③ 실천과 습관의 중요성

④ 자기반성과 자아실현의 의의

행정학

지방행정론 8%
재무행정론 12%
인사행정론 16%
조직론 20%
정책론 20%
행정학의 기초이론 24%

◎ 정답 및 해설 205p

01

다음 중 공유재(common-pool goods)에 대한 설명으로 가장 적절하지 <u>않은</u> 것은?

① 국공립 도서관, 국립공원, 국방, 치안 등을 그 예로 들 수 있다.

② 경합성을 지닌다.

③ 비배제성을 지닌다.

④ 과잉 소비의 문제가 발생할 수 있다.

02

다음 중 기계적 조직구조에 대한 설명으로 가장 적절하지 <u>않은</u> 것은?

① 대규모 조직에서 높은 공식화와 표준화를 추구한다.

② 막스 베버(Max Weber)의 관료제 모형과 같이 고전적이고 전형적인 관료제 조직구조이다.

③ 조직이 처해 있는 환경적 상황이 복잡하고 불안정하며, 동태적으로 불확실성이 높은 경우에 적합하다.

④ 직무를 분화하여 전문화함으로써 조직의 내적 통제 및 조정, 효율화, 합리화에 유리하다.

03

다음 중 무의사결정론에 대한 설명으로 가장 적절하지 <u>않은</u> 것은?

① 기득권의 정치권력에 존재하는 두 얼굴 중 어두운 측면의 얼굴에 해당한다.

② 정책결정권자의 무관심이나 무능력 때문에 이루어지는 경향이 크다.

③ 정책 결정에 핵심적 권력을 갖는 개인이나 집단에 부정적 영향을 끼치는 주장을 억압·좌절시키거나 고의적으로 방치한다.

④ 기득권 세력은 때때로 정책의제 또는 정책 대안의 범위·내용을 제한하여 집행의 의미가 없는 상징적 의제 또는 대안만 채택할 수 있도록 하기도 한다.

04

다음 중 공공재의 공급 규모에 대한 설명으로 가장 적절하지 <u>않은</u> 것은?

① 니스카넨(Niskanen)의 예산극대화모형에 따르면 공공재는 과다 공급된다.

② 파킨슨(Parkinson)의 법칙이 적용되면 공공재

는 과다 공급된다.

③ 보몰(Baumol)의 효과로 인하여 정부의 지출 규모가 감소하여 공공재는 과소 공급된다.

④ 다운스(Downs)에 의하면, 국민의 합리적 무지 내지 무관심은 공공재의 과소 공급을 가져온다.

위하여 기업이나 개인의 행위를 제한하는 규제를 말한다.

③ 정부규제에 대한 민간의 순응 비용을 '규제에 의한 조세' 또는 '숨겨진 조세'라고 설명하기도 한다.

④ 포지티브(positive) 규제란 어떤 행위를 원칙적으로 허용하되, 금지되는 행위만 예외적으로 규정하는 방식을 말한다.

05

다음 중 실적주의와 직업공무원제에 대한 설명으로 가장 적절하지 않은 것은?

① 실적주의를 개방형 충원과 동시에 시행하면 직업공무원제가 확립되기 어렵다.

② 직업공무원제는 실적주의의 확립 요건 또는 구성요소 중 하나로 볼 수 있으며, 따라서 직업공무원제는 실적주의를 토대로 할 때 더욱 확고하게 뿌리내릴 수 있다.

③ 결원 충원 방식 및 공직 분류 제도에 있어서 실적주의는 개방형과 직위분류제에, 직업공무원제는 폐쇄형과 계급제에 가깝다고 할 수 있다.

④ 직업공무원제는 승진, 전보, 교육훈련 등을 통해 공무원 능력발전의 기회를 강조한다.

06

다음 중 정부규제에 대한 설명으로 가장 적절하지 않은 것은?

① 경쟁적 규제란 재화나 용역을 제공할 수 있는 권리를 수많은 잠재적 또는 실제적 경쟁자들 중에서 선택·지정된 소수의 전달자에게만 제한시키는 규제를 말한다.

② 보호적 규제란 최대 노동시간의 제한, 최저임금제, 가격통제 등과 같이 일반 국민을 보호하기

07

다음 중 정책네트워크의 유형에 대한 설명으로 가장 적절하지 않은 것은?

① 정책공동체는 대체로 제로섬게임(zero-sum game)의 성격을 띠지만, 정책문제망은 상대적으로 공동의 이익을 추구하는 포지티브섬 게임(positive-sum game)이다.

② 정책문제망은 주로 특정한 정책 문제별로 형성되며 그 경계는 모호하고 개방성이 높은 편이다.

③ 정책공동체는 주로 정책 분야별로 형성되며 그 참여자의 범위가 하위정부의 경우보다 비교적 넓은 편이다.

④ 하위정부 모형에서 '철의 3각 동맹관계'는 주로 정책 분야별로 형성되며 그들 간에 상호 활발한 교류를 한다.

08

다음 중 행정과 경영의 유사성으로 가장 적절하지 않은 것은?

① 관리기술적 측면　　② 관료제적 성격

③ 법적 규제　　　　　④ 협동 행위

09

다음 중 책임운영기관에 대한 설명으로 가장 적절하지 <u>않은</u> 것은?

① 기관장은 계약직으로 임용되지만, 소속 직원은 공무원 신분을 유지하는 공법인이다.

② 성과를 중시하는 신공공관리론의 원리에 따라 등장한 제도이다.

③ 시장원리에 대한 강조로 인하여 공공서비스의 형평성과 안정성이 저하될 가능성이 있다.

④ 정책 결정 기능으로부터 집행기능을 분리한 집행 중심의 조직이다.

10

다음 중 우리나라의 예비비에 대한 설명으로 가장 적절하지 <u>않은</u> 것은?

① 목적예비비는 예산총칙 등에서 미리 사용 목적을 지정해야 하며, 따로 세입·세출예산에 계상할 수 있다.

② 예측할 수 없는 예산 외의 지출 또는 초과 지출에 충당하기 위해서 편성한다.

③ 재해대책비·공공요금·환율상승에 따른 원화 부족액 보정 등을 위해 사용 가능한 한도액을 정한 목적예비비가 있다.

④ 일반예비비는 그 사용 목적을 특정하지 않고 국회의 사전 의결을 거친 경비이므로 회계연도를 달리하여 사용할 수 있다.

11

다음 중 민츠버그(Mintzberg)의 전문적 관료제 구조에 대한 설명으로 가장 적절하지 <u>않은</u> 것은?

① 업무의 표준화가 어려워 개인의 전문성에 의존한다.

② 종합병원과 같이 높은 분화와 낮은 공식화의 특성을 가진다.

③ 환경변화에 적응하는 속도가 빠른 편이므로 복잡하고 불안정한 환경에 적절하다.

④ 핵심운영층에 해당하는 작업 계층의 역할이 강조된다.

12

다음 중 공공선택이론에 대한 설명으로 가장 적절하지 <u>않은</u> 것은?

① 중위투표자 이론은 중간선호자만을 만족시킨 모형으로서 모든 투표자의 선호를 고려하지 않기 때문에 자원배분의 효율성을 보장하지 못한다.

② 티부(Tiebout)에 의하면, 지역주민의 완전한 이동성이라는 시장 배분적 과정을 통하여 지방공공재의 적정규모 공급이 가능하다.

③ 공공선택이론은 소비자인 개인의 선호를 존중하고, 경쟁을 통하여 공공서비스를 생산하고 공급함으로써 행정의 대응성을 높일 수 있다고 주장한다.

④ 고위직 관료들의 관청형성전략(bureau-shaping strategy)은 소속 조직을 보다 집권화된 대규모의 계서적 관료조직으로 개편시키게 된다.

13

진보주의와 보수주의의 구분은 사회와 정책을 이해하는 한 방법이다. 진보주의 정부에서 선호하는 정책으로 가장 적절하지 <u>않은</u> 것은?

① 소수민족 기회 확대
② 소득재분배 강조
③ 조세 감면 확대
④ 정부규제 강화

14

다음 중 우리나라 고위공무원단 또는 고위감사공무원단에 속하는 공무원이 <u>아닌</u> 것은?

①「정부조직법」제2조에 따른 중앙행정기관의 실장·국장 및 이에 상당하는 보좌기관
② 지방자치단체 및 지방교육행정기관의 지방공무원 중 국장급 직위에 상당하는 직위
③ 행정부 각급 기관의 직위 중 제1호의 직위에 상당하는 직위
④ 감사원 사무차장, 감사교육원장, 감사연구원장

15

다음 중 우리나라 지방자치단체 간의 연결구조에 대한 설명으로 가장 적절하지 <u>않은</u> 것은?

① 하나의 자치단체가 다른 자치단체를 구역 안에 포괄하는 중층제를 원칙으로 하며, 광역단체(시·도)와 기초단체(시·군·구)의 연결구조가 그 예이다.
② 한 구역에 하나의 자치단체만이 존재하는 단층제를 예외적으로 채택하고 있으며, 강원특별자치도·전북특별자치도·제주특별자치도·세종특별자치시가 여기에 해당한다.
③ 자치계층이 자치권을 바탕으로 하는 계층 간 독립적 관계구조라면, 행정계층은 계층 간 지휘·감독적 관계구조라고 할 수 있다.
④ 자치계층이 정치적 민주성을 중심으로 한다면, 행정계층은 행정의 효율성을 중심으로 하는 개념이라고 할 수 있다.

16

다음 중 지방자치단체의 재정자립도에 대한 설명으로 가장 적절하지 <u>않은</u> 것은?

① 특별회계와 기금을 제외하고 일반회계만을 고려하기 때문에 실제 재정 능력이 과소 평가된다.
② 자체재원만을 반영하고 세출 구조를 고려하지 않아 세출의 질을 알 수 없다.
③ 중앙정부의 재정지원을 의존재원으로 처리함으로써 그 재정지원의 형태나 성격을 제대로 파악할 수 없다.
④ 지방자치단체가 중앙정부 등 외부의 간섭이나 통제 없이 자주적으로 편성·집행할 수 있는 재원의 비율을 말한다.

17

네트워크 구조의 기본원리로 가장 적절하지 <u>않은</u> 것은?

① 네트워크 참여자의 독립성
② 구성원 간의 자발적 연결
③ 네트워크 참여자에게 있는 공통된 목표
④ 계층의 통합과 단일의 지도자

18

다음 중 델파이 기법의 절차나 요소에 대한 설명으로 가장 적절하지 않은 것은?

① 전문가 집단에게 예측하고자 하는 문제나 관련된 분야에 대하여 설문지를 배부한다.
② 설문지의 응답 내용을 통계 처리한 뒤에 결과물을 다시 동일 전문가에게 발송하여 처음의 의견을 수정할 것인지를 물어서 결과를 회신하도록 한다.
③ 장래에 일어날 사건의 줄거리를 가상적 시나리오로 구성한다.
④ 문제나 이슈에 대한 전문가를 선정한다.

19

탈신공공관리(post-NPM)에 대한 설명으로 가장 적절하지 않은 것은?

① 탈신공공관리의 기본 목표는 신공공관리의 역기능적 측면을 교정하고 통치역량을 강화하며, 정치·행정의 통제와 조정을 개선하기 위해 재집권화와 재규제를 주창하는 것이다.
② 탈신공공관리는 신공공관리의 조정이 아니라 신공공관리의 주요 아이디어들을 대체하는 것이다.
③ 탈신공공관리는 구조적 통합을 통해 분절화의 축소를 추구한다.
④ 중앙의 정치·행정적 역량 강화를 추구한다.

20

증거기반 정책결정에 대한 설명으로 가장 적절하지 않은 것은?

① 정책이 이념, 신념, 의견 등에 기반하거나 과학적 사실이 부족한 담론 등에 의한 정책 결정을 지양한다는 것이다.
② 증거기반 정책결정이 성공하기 위해서는 상당한 수준의 정보를 활용할 수 있는 정보기반이 갖추어져야 한다.
③ 증거기반 정책결정은 보건정책 분야, 사회복지정책 분야, 교육정책 분야, 형사정책 분야 등에서 상대적으로 용이하게 적용할 수 있다.
④ 증거기반 정책결정을 주장하는 학자들은 정치적 결정 과정을 증거기반 정책결정으로 대체할 수 있다고 주장한다.

21

다음 중 정부회계에 대한 설명으로 가장 적절하지 않은 것은?

① 현금주의 회계가 발생주의 회계보다 상대적으로 절차가 간편하고 통제가 용이하다.
② 현금주의 회계는 무상거래를 인식하지 않지만 발생주의 회계는 이중거래로 인식한다.
③ 감가상각에 대해서 현금주의 회계는 비용으로 인식하지만 발생주의 회계에서는 인식이 안 된다
④ 발생주의 회계는 재정 성과 파악이 현금주의 회계보다 용이하다.

22

자아실현적 인간에 대한 관리 전략에 대한 설명으로 가장 적절하지 <u>않은</u> 것은?

① 상황 조건과 구성원 동기의 차별성을 고려하여 획일적이기보다는 유연하고 다원적이며 세분화된 관리 전략을 사용한다.

② 구성원이 자신들의 직무에서 의미를 발견하고, 긍지와 자존심을 가지며, 도전적으로 직무에 임할 수 있도록 한다.

③ 관리자는 구성원을 지시하고 통제하기보다는 구성원 스스로 자기통제와 자기계발을 통해 문제를 해결할 수 있도록 지원하고 촉진한다.

④ 통합모형에 근거해 개인과 조직의 목표를 융합하고 통합할 수 있도록 의사결정 과정에서 구성원들의 참여를 확대한다.

23

공무원 부패에 대한 설명으로 가장 적절하지 <u>않은</u> 것은?

① 「부패방지 및 국민권익위원회의 설치와 운영에 관한 법률」에서는 부패행위를 공직자가 직무와 관련하여 그 지위 또는 권한을 남용하거나 법령을 위반하여 자기 또는 제3자의 이익을 도모하는 행위 등으로 규정하고 있다.

② 공무원 부패에 대해 체제론적 접근에서는 사회의 법과 제도상의 결함이나 이러한 것들에 대한 관리기구와 운영상의 문제들 또는 예기치 않았던 부작용이 부패의 원인으로 작용한다고 보는 입장이다.

③ 선의의 목적으로 행해지는 부패를 '백색부패'라고 한다.

④ 사회적으로 희소한 권력을 갖고 있는 사람들에 의한 부패를 '권력형 부패'라 하며, 이는 사회적 지탄의 대상이 된다.

24

역량평가제도에 대한 설명으로 가장 적절하지 <u>않은</u> 것은?

① 우리나라 역량평가제도는 고위공무원단의 구성과 함께 고위공무원으로서 요구되는 역량의 사전적 검증장치로 도입되었다

② 역량평가는 특정 피평가자에 대해 다양한 사람으로부터 입체적이고 다면적인 평가 결과를 도출함으로써 평가의 공정성을 확보할 수 있다.

③ 역량평가는 구조화된 모의 상황을 설정해 현실적 직무 상황에 근거한 행정을 관찰해 평가하는 방식이다.

④ 역량평가는 다양한 실행 과제를 종합적으로 활용함으로써 개별 평가기법의 한계를 극복하고 대상자들의 몰입을 유도하며 다양한 역량을 측정할 수 있다.

25

다음 중 정책집행의 접근법에 대한 설명으로 가장 적절하지 <u>않은</u> 것은?

① 상향적 접근법은 정책목표의 명확성과 그 실현을 위한 다양한 수단의 필요성을 강조한다는 점에서 합리모형에 입각한 이론이다.

② 엘모어(Elmore)의 통합적 접근법에 따르면, 정책집행에 있어서 정책목표는 하향적으로 접근하여 설정하고, 정책수단은 상향적으로 접근하여 집행 가능성이 가장 높은 수단을 선택한다.

③ 하향적 접근법은 정책결정에 대한 집행과정의 피동적 순응을 강조한다.

④ 타협모형(compromise model)에 따르면, 정책 집행은 갈등을 야기하고 저항하는 세력과 타협하여 협력을 얻어내는 과정이다.

행정법

행정법통론 16%

행정구제법 32%

행정작용법 28%

행정법상의 의무이행확보수단 24%

◎ 정답 및 해설 210p

01

다음 중 「질서위반행위규제법」에 대한 설명으로 가장 적절하지 <u>않은</u> 것은?

① 고의 또는 과실이 없는 질서위반행위는 과태료를 부과하지 아니한다.

② 하나의 행위가 2 이상의 질서위반행위에 해당하는 경우에는 각 질서위반행위에 대하여 정한 과태료를 각각 부과한다.

③ 과태료는 행정청의 과태료 부과처분이나 법원의 과태료 재판이 확정된 후 5년간 징수하지 아니하거나 집행하지 아니하면 시효로 인하여 소멸한다.

④ 과태료 부과에 불복하는 당사자는 과태료 부과통지를 받은 날부터 60일 이내에 해당 행정청에 서면으로 이의제기를 할 수 있고, 이의제기가 있는 경우에는 행정청의 과태료 부과처분은 그 효력을 상실한다.

02

다음 중 법치행정의 원칙에 대한 설명으로 가장 적절 하지 <u>않은</u> 것은? (다툼이 있는 경우 판례에 의함)

① 법률유보원칙에서 법률이란 형식적 의미의 법률뿐만 아니라 법률상 위임에 따른 법규 명령이나 조례의 경우도 포함한다.

② 법률유보원칙은 단순히 행정작용이 법률에 근거를 두기만 하면 충분한 것이 아니라, 국민의 기본권 실현과 관련된 영역에 있어서는 국민의 대표자인 입법자가 그 본질적 사항에 대해서 스스로 결정하여야 한다는 요구까지 내포하고 있다.

③ 법률우위의 원칙은 공법적 행위에만 적용되고 사법적(私法的) 행위에는 적용되지 않는다.

④ 법률우위의 원칙은 행정행위와 같은 구체적인 규율은 물론 법규명령이나 조례와 같은 행정입법에도 적용된다.

03

다음 중 행정행위에 대한 설명으로 가장 적절하지 않은 것은? (다툼이 있는 경우 판례에 의함)

① 행정청이 구 「도시 및 주거환경정비법」 등 관련 법령에 근거하여 행하는 조합설립인가처분은 법령상 요건을 갖출 경우 「도시 및 주거환경 정비법」상 주택재건축사업을 시행할 수 있는 권한을 갖는 행정주체(공법인)로서의 지위를 부여하는 일종의 설권적 처분의 성격을 갖는다.

② 구 「친일반민족행위자 재산의 국가귀속에 관한 특별법」에 정한 친일재산은 친일 반민족행위자 재산조사위원회가 국가귀속결정을 하여야 비로소 국가의 소유로 되는 것이 아니다.

③ 국민건강보험공단이 甲 등에게 한 '직장가입자 자격상실 및 자격변동 안내' 통보 및 '사업장 직권탈퇴에 따른 가입자 자격상실 안내' 통보는 항고소송의 대상이 되는 처분이 아니다.

④ 교통안전공단이 그 사업목적에 필요한 재원으로 사용할 기금 조성을 위하여 구 「교통안전공단법」에 정한 분담금 납부의무자에 대하여 한 분담금 납부통지는 그 납부의무자의 구체적인 분담금 납부의무를 확정시키는 효력을 갖는 행정처분이 아니다.

04

다음 중 행정소송 판결의 형성력과 기속력에 대한 설명으로 가장 적절한 것은? (다툼이 있는 경우 판례에 의함)

① 구 「도시 및 주거환경정비법」상 주택재개발 사업조합의 조합설립인가처분이 법원의 재판에 의하여 취소된 경우 그 조합설립인가처분은 소급하여 효력을 상실하지 않는다.

② 취소소송에서 처분 등을 취소하는 확정판결의 기속력은 주로 판결의 실효성 확보를 위하여 인정되는 효력으로서 판결의 주문 외에 그 전제가 되는 처분 등의 구체적 위법사유에 관한 이유 중의 판단에 대하여는 인정되지 않는다.

③ 징계처분의 취소를 구하는 소에서 징계사유가 될 수 없다고 판결한 사유와 동일한 사유를 내세워 행정청이 다시 징계처분을 한 것은 확정 판결에 저촉되지 않는 행정처분을 한 것으로서 허용될 수 있다.

④ 행정처분을 취소한다는 확정판결이 있으면 그 취소판결의 형성력에 의하여 당해 행정처분의 취소나 취소통지 등의 별도의 절차를 요하지 아니하고 당연히 취소의 효과가 발생한다.

05

다음 중 「개인정보보호법」에 대한 설명으로 가장 적절 하지 않은 것은?

① 공중위생 등 공공의 안전과 안녕을 위하여 긴급히 필요한 경우는 개인정보처리자는 정보주체의 동의가 없더라도 개인정보를 수집 또는 이용할 수 있다.

② 공공기관은 등록대상이 되는 개인정보파일에 대하여는 개인정보 처리방침을 정하여야 한다.

③ 공공기관의 장은 일정한 기준에 해당하는 개인 정보파일의 운용으로 인하여 정보주체의 개인 정보 침해가 우려되는 경우에는 그 위험요인의 분석과 개선 사항 도출을 위한 평가를 하고 그 결과를 정보주체에게 알려야 한다.

④ 정보주체가 자신의 개인정보에 대한 열람을 공공 기관에 요구하고자 할 때에는 공공기관에 직

접 열람을 요구할 수도 있고, 아니면 개인정보보호위원회를 통하여 열람을 요구할 수도 있다.

06

다음 중 항고소송의 소의 이익에 대한 판례의 설명으로 가장 적절하지 않은 것은?

① 부령인 시행규칙 형식으로 정한 처분기준에서 제재적 행정처분을 받은 것을 가중사유나 전제요건으로 삼아 장래의 제재적 행정처분을 하도록 정하고 있는 경우, 선행처분인 제재적 행정처분을 받은 상대방이 그 처분에서 정한 제재기간이 경과하였다 하더라도 그 처분의 취소를 구할 법률상 이익이 있다.

② 권리보호의 필요성 유무를 판단할 때에는 국민의 재판청구권을 보장한 헌법 제27조제1항의 취지와 행정처분으로 인한 권익침해를 효과적으로 구제 하려는 「행정소송법」의 목적 등에 비추어 행정처분의 존재로 인하여 국민의 권익이 실제로 침해되고 있는 경우는 물론이고 권익침해의 구체적·현실적 위험이 있는 경우에도 이를 구제 하는 소송이 허용되어야 한다는 요청을 고려하여야 한다.

③ 행정처분과 동일한 사유로 위법한 처분이 반복될 위험성이 있어 행정처분의 위법성 확인 내지 불분명한 법률문제에 대한 해명이 필요한 경우에는 취소를 구할 소의 이익을 인정할 수 있는데, 그 행정처분과 동일한 사유로 위법한 처분이 반복될 위험성이 있는 경우란 해당 사건의 동일한 소송당사자 사이에서 반복될 위험이 있는 경우만을 의미한다.

④ 행정처분의 무효확인 또는 취소를 구하는 소가 제소 당시에는 소의 이익이 있어 적법하였더라도, 소송 계속 중 처분청이 다툼의 대상이 되는 행정처분을 직권으로 취소하면 그 처분은 효력을 상실하여 더 이상 존재하지 않는 것이므로, 존재하지 않는 그 처분을 대상으로 한 항고소송은 원칙적으로 소의 이익이 소멸하여 부적법하다.

07

다음 중 위임명령에 대한 설명으로 가장 적절하지 않은 것은? (다툼이 있는 경우 판례에 의함)

① 위임입법의 구체성, 명확성의 요구 정도는 규율대상이 지극히 다양하거나 수시로 변화하는 성질의 것일 때에는 위임의 구체성, 명확성의 요건이 완화되어야 할 것이다.

② 국회입법의 전속사항이나 국회의 심의를 거쳐야 하는 사항으로 정해진 것은 오로지 법률로만 규율되어야 하고 법규명령으로서 정할 수 없다.

③ 벌칙규정을 법규명령에 위임하는 것도 가능하지만 법률에서 범죄 구성요건은 처벌대상인 행위가 어떠한 것인지 예측할 수 있을 정도로 구체적으로 정하고 형벌의 종류 및 그 상한과 폭을 명백히 규정하여야 한다.

④ 법률에서 위임받은 사항을 전혀 규정하지 아니하고 그대로 재위임하는 것은 허용되지 않으며 위임받은 사항에 관하여 대강을 정하고 그 중의 특정사항을 범위를 정하여 하위법령에 다시 위임하는 경우에만 재위임이 허용된다.

08

다음 중 법규명령에 대한 설명으로 가장 적절하지 않은 것은? (다툼이 있는 경우 판례에 의함)

① 일반적·추상적 규범으로서의 법규명령은 원칙적으로 항고소송의 대상이 될 수 없다.

② 법률이 대통령령으로 규정하도록 되어 있는 사항을 부령으로 정한다면 그 부령은 무효임을 면치 못한다.

③ 법령의 위임관계는 반드시 하위법령의 개별조항에서 위임의 근거가 되는 상위법령의 해당 조항을 구체적으로 명시하고 있어야만 하는 것은 아니다.

④ 위임의 근거가 없어 무효였던 법규명령은 사후적인 법률에 의해 유효가 될 수 없다.

09

다음 중 행정조사에 대한 설명으로 가장 적절하지 않은 것은? (다툼이 있는 경우 판례에 의함)

① 행정기관은 조사대상자의 자발적인 협조를 얻어 행정조사를 실시할 수 있는데, 이 경우에도 조사개시 7일 전까지 조사대상자에게 서면으로 통지하여야 한다.

② 「국세기본법」이 정한 세무조사대상 선정사유가 없음에도 세무조사 대상으로 선정하여 과세자료를 수집하고 그에 기하여 과세처분을 하는 것은 위법하다.

③ 부과처분을 위한 과세관청의 질문조사권이 행해지는 세무조사결정이 있는 경우 납세의무자는 세무공무원의 과세자료 수집을 위한 질문에 대답하고 검사를 수인하여야 할 법적 의무를 부담하게 된다는 점에서 세무조사결정은 항고 소송의 대상이 된다.

④ 세무조사가 과세자료의 수집 또는 신고내용의 정확성 검증이라는 본연의 목적이 아니라 부정한 목적을 위하여 행하여진 것이라면 이는 세무조사에 중대한 위법사유가 있는 경우에 해당하고 이러한 세무조사에 의하여 수집된 과세자료를 기초로 한 과세처분 역시 위법하다.

10

다음 중 「행정기본법」상 처분에 대한 이의신청에 대한 설명으로 가장 적절하지 않은 것은?

① 행정청의 처분에 이의가 있는 당사자는 처분을 받은 날부터 30일 이내에 해당 행정청에 이의신청을 할 수 있다.

② 이의신청을 한 경우에도 그 이의신청과 관계없이 「행정심판법」에 따른 행정심판 또는 「행정소송법」에 따른 행정소송을 제기할 수 있다.

③ 과태료·과징금의 부과 및 징수에 관한 사항에 대하여는 「행정기본법」을 적용하지 않는다.

④ 다른 법률에서 이의신청과 이에 준하는 절차에 대하여 정하고 있는 경우에도 그 법률에서 규정하지 아니한 사항에 관하여는 「행정기본법」이 정하는 바에 따른다.

11

다음 중 행정상 손해배상에 대한 설명으로 가장 적절하지 않은 것은? (다툼이 있는 경우 판례에 의함)

① 이미 존재하는 하천의 제방이 계획홍수위를 넘고 있다면 그 하천은 용도에 따라 통상 갖추어야 할 안전성을 갖추고 있다고 보아야 하고, 그와 같은 하천이 그 후 새로운 하천시설을 설치할 때

기준으로 삼기 위하여 제정한 '하천 시설기준'이 정한 여유고를 확보하지 못하고 있다는 사정만으로 바로 안전성이 결여된 하자가 있다고 볼 수는 없다.

② 국토해양부장관이 하천공사를 대행하던 중 지방하천의 관리상 하자로 인하여 손해가 발생하였다면 하천관리청이 속한 지방자치단체는 국가와 함께 「국가배상법」 제5조제1항에 따라 지방하천의 관리자로서 손해배상책임을 부담한다.

③ 동일한 손해가 공무원의 직무상 불법행위와 영조물 설치·관리상 하자로 인하여 발생된 경우 결국 영조물 설치·관리상 하자는 공무원의 직무와 관련된 것이므로 전자만을 근거로 국가배상을 청구하여야 한다.

④ 「국가배상법」상 배상결정을 받은 신청인은 지체 없이 그 결정에 대한 동의서를 첨부하여 국가나 지방자치단체에 배상금 지급을 청구하여야 하고 청구하지 아니한 경우에는 그 결정에 동의하지 아니한 것으로 본다.

12

다음 중 「행정심판법」상 간접강제와 직접처분에 대한 설명으로 가장 적절하지 <u>않은</u> 것은?

① 간접강제는 행정심판위원회가 청구인의 신청이 있는 때에만 명할 수 있고, 직권으로는 할 수 없다.

② 간접강제결정에 불복할 경우에는 청구인은 그 결정에 대하여 행정심판위원회를 상대로 행정소송을 제기할 수 있다.

③ 직접처분은 당사자의 신청을 거부하거나 부작위로 방치한 처분의 이행을 명하는 재결에 적용된다.

④ 행정심판위원회가 직접처분을 하였을 때에는 그 사실을 해당 행정청에 통보하여야 하며, 그 통보를 받은 행정청은 행정심판위원회의 직접 처분 취지에 따라 처분을 하고 관계 법령에 따라 관리·감독 등 필요한 조치를 하여야 한다.

13

다음 중 행정상 대집행에 대한 판례의 설명으로 가장 적절하지 <u>않은</u> 것은?

① 하천유수인용허가신청이 불허되었음을 이유로 하천유수인용행위를 중단할 것과 이를 불이행할 경우 「행정대집행법」에 의하여 대집행을 하겠다는 내용의 계고처분은 대집행의 대상이 될 수 없는 부작위의무에 대한 것으로서 그 자체로 위법하다.

② 피수용자 등이 사업시행자에 대하여 부담하는 수용대상 토지의 인도의무는 「행정대집행법」에 의한 대집행의 대상이 될 수 있다.

③ 대집행의 실행이 완료된 경우에는 행위가 위법한 것이라는 이유로 손해배상이나 원상회복 등을 청구하는 것은 별론으로 하고 처분의 취소를 구할 법률상 이익은 없다.

④ 계고서라는 명칭의 1장의 문서로서 일정기간 내에 위법건축물의 자진철거를 명함과 동시에 그 소정기한 내에 자진철거를 하지 아니할 때에는 대집행할 뜻을 미리 계고한 경우라도 「건축법」에 의한 철거명령과 「행정대집행법」에 의한 계고처분은 독립하여 있는 것으로서 각 그 요건이 충족되었다고 볼 것이다.

14

다음 중 공법상 계약에 대한 설명으로 가장 적절하지 않은 것은? (다툼이 있는 경우 판례에 의함)

① 시·군조합의 설립은 당사자의 의사합치로 성립한다는 점에서 공법상 계약에 해당된다.

② 공법상 계약의 이행지체, 불완전이행 등 급부 장애가 발생될 경우 민법상의 규정을 유추 적용한다.

③ 공중보건의사 채용계약 해지의 의사표시에 대하여는 대등한 당사자 간의 소송형식인 공법상의 당사자소송으로 그 의사표시의 무효확인을 청구할 수 있는 것이지, 이를 항고소송의 대상이 되는 행정처분이라는 전제하에서 그 취소를 구하는 항고소송을 제기할 수는 없다.

④ 공법상 계약의 해지 및 그에 따른 환수통보에 있어서 행정청이 일방적인 의사표시로 자신과 상대방 사이의 법률관계를 종료시킨 경우, 이를 행정청이 우월한 지위에서 행하는 공권력의 행사로서 행정처분에 해당한다고 단정할 수 없다.

15

다음 중 행정상 신뢰보호원칙에 관한 설명으로 가장 적절하지 않은 것은? (다툼이 있는 경우 판례에 의함)

① 도시관리계획결정만으로는 기존의 계획을 앞으로도 계속하겠다는 공적인 견해표명을 한 것으로 볼 수 없다.

② 대법원과 헌법재판소는 신뢰보호원칙이 헌법상 법치주의원리에서 도출된다고 한다.

③ 신뢰보호원칙은 법률적·사실적 사정이 변경된 경우 그 적용이 제한될 수 있다고 보는 것이 판례의 태도이다.

④ 행정기관의 선행행위를 명시적 또는 묵시적 공적 견해의 표명에 국한시키지 않고, 추상적 질의에 대한 일반적 견해표명도 이러한 공적 견해의 표명으로 볼 수 있다.

16

다음 중 항고소송과 당사자소송에 대한 설명으로 가장 적절한 것은? (다툼이 있는 경우 판례에 의함)

① 국가 등 과세주체가 당해 확정된 조세채권의 소멸시효 중단을 위하여 납세의무자를 상대로 제기한 조세채권존재확인의 소는 공법상 당사자소송에 해당한다.

② 광주광역시립합창단원으로서 위촉기간이 만료되는 자들의 재위촉 신청에 대하여 광주광역시 문화예술회관장이 실기와 근무성적에 대한 평정을 실시하여 재위촉을 하지 아니한 것을 항고소송의 대상이 되는 불합격처분이라고 할 수는 있다.

③ 「민주화운동관련자 명예회복 및 보상 등에 관한 법률」에 따른 보상금 등의 지급을 구하는 소송은 공법상 당사자소송이다.

④ 공무원연금관리공단이 「공무원연금법령」의 개정 사실과 퇴직연금 수급자가 퇴직연금 중 일부 금액의 지급정지대상자가 되었다는 사실을 통보한 경우, 위 통보는 항고소송의 대상이 되는 행정처분이다.

취득하여 현재 보유·관리하고 있는 문서에 한정 되며, 그 문서가 반드시 원본일 필요는 없다.

17

다음 중 공무원의 직무상 위법행위로 인한 손해 배상에 대한 설명으로 가장 적절한 것은? (다툼이 있는 경우 판례에 의함)

① 국가의 철도운행사업은 국가가 공권력의 행사로서 하는 것이 아니고 사경제적 작용이라 할 것이므로, 이로 인한 사고에 공무원이 간여하였다고 하더라도 「국가배상법」을 적용할 것이 아니고 일반 민법의 규정에 따라야 한다.

② 행정지도와 같은 비권력적 사실행위는 공무원의 직무행위의 범위에 속하지 아니한다.

③ 항고소송에서 처분이 위법하다고 확인되었다면, 국가배상청구소송에서 바로 처분을 한 공무원의 과실이 인정된다.

④ 공무원에게 경과실이 있는 경우 피해자에게 민사책임을 지지 않지만 만일 공무원이 피해자 에게 배상했다면 국가에 대해 구상할 수는 없다.

19

다음 중 「행정소송법」에 대한 내용으로 가장 적절하지 <u>않은</u> 것은?

① 당사자소송은 원칙적으로 당해 처분을 행한 행정청을 피고로 한다.

② 민중소송은 법률이 정한 경우에 법률에 정한 자에 한하여 제기할 수 있다.

③ 기관소송은 법률이 정한 경우에 법률에 정한 자에 한하여 제기할 수 있다.

④ 국가의 사무를 위임 또는 위탁받은 공공단체 또는 그 장에 해당하는 피고에 대하여 취소소송을 제기하는 경우에는 대법원소재지를 관할하는 행정법원에 제기할 수 있다.

18

다음 중 「공공기관의 정보공개에 관한 법률」에 대한 설명으로 가장 적절하지 <u>않은</u> 것은? (다툼이 있는 경우 판례에 의함)

① 공공기관은 정보공개의 청구가 있는 때에는 원칙적으로 10일 이내에 공개 여부를 결정하여야 한다.

② 청구인이 공공기관에 대하여 정보공개를 청구하였다가 거부처분을 받은 것 자체는 법률상 이익의 침해에 해당하지는 않는다.

③ 공개거부결정에 대하여 「공공기관의 정보공개에 관한 법률」상의 이의신청절차를 거치지 아니하고서도 행정심판을 청구할 수 있다

④ 공개대상정보는 공공기관이 직무상 작성 또는

20

다음 중 행정행위의 부관에 대한 설명으로 가장 적절하지 <u>않은</u> 것은? (다툼이 있는 경우 판례에 의함)

① 부담은 행정청이 행정처분을 하면서 일방적으로 부가할 수도 있지만 부담을 부가하기 이전에 상대방과 협의하여 부담의 내용을 협약의 형식으로 미리 정한 다음 행정처분을 하면서 이를 부가할 수도 있다.

② 행정청은 처분의 재량이 없는 경우에는 법률에 근거가 있는 경우에 부관을 붙일 수 있다.

③ 기한은 연월일로 표기하지 않고 '근속기간중' 또는 '종신'과 같은 도래시기가 확정되지 않은 방식으로 표기하는 것도 가능하다.

④ 기부채납 받은 행정재산에 대한 사용·수익 허가에서 공유재산의 관리청이 정한 사용·수익허가의 기간은 그 허가의 효력을 제한하기 위한 행정행위의 부관으로서 이러한 사용·수익허가의 기간에 대해서는 독립하여 행정소송을 제기할 수 있다.

21

다음 중 행정벌에 대한 설명으로 가장 적절하지 <u>않은</u> 것은? (다툼이 있는 경우 판례에 의함)

① 양벌규정에 의한 영업주의 처벌은 독립하여 그 자신의 종업원에 대한 선임감독상의 과실로 인하여 처벌되는 것이므로 종업원의 범죄 성립이나 처벌이 영업주 처벌의 전제조건이 될 필요는 없다.

② 구 「도로교통법」에서 규정하는 경찰서장의 통고처분은 행정소송의 대상이 되는 행정처분이다.

③ 구 「관세법」상 통고처분을 할 것인지의 여부는 관세청장 또는 세관장의 재량에 맡겨져 있다.

④ 지방자치단체가 그 고유의 자치사무를 처리하는 경우 지방자치단체는 국가기관과는 별도의 독립한 공법인으로서 양벌규정에 의한 처벌 대상이 되는 법인에 해당한다.

22

다음 중 행정행위의 하자에 대한 설명으로 가장 적절하지 <u>않은</u> 것은? (다툼이 있는 경우 판례에 의함)

① 사법심사에 있어서 행정행위의 하자유무에 대한 판단자료는 원칙적으로 행정행위의 발급 시에 제출된 것에 한정된다.

② 행정행위의 부존재와 무효는 「행정쟁송법」상 구별된다.

③ 법률에 근거하여 행정처분이 발하여진 후에 헌법재판소가 그 행정처분의 근거가 된 법률을 위헌으로 결정하였다면 결과적으로 행정처분은 법률의 근거가 없이 행하여진 것과 마찬가지가 되어 당연무효라고 할 것이다.

④ 사업시행자가 토지소유자와 협의를 거치지 아니한 채 토지의 수용을 위한 재결을 신청하였다는 하자는 절차상 위법으로서 이의재결의 취소를 구할 수 있는 사유가 될지언정 당연무효의 사유라고 할 수는 없다.

23

다음 중 행정상 법률관계에 대한 설명으로 가장 적절하지 <u>않은</u> 것은? (다툼이 있는 경우 판례에 의함)

① 국·공유재산의 매각 또는 대부행위는 사법상 계약이지만, 미납된 대부료의 징수행위는 행정처분에 해당한다.

② 시립합창단원의 위촉계약은 공법상 계약이지만, 재위촉 신청을 거부하는 것은 항고소송의 대상이 되는 행정처분이다.

③ 한국산업단지공단의 산업단지 입주자에 대한 입주계약 해지는 항고소송의 대상인 행정처분이다.

④ 행정주체와 사인간의 입찰계약은 사법상 계약이지만, 행정기관의 입찰참가자격제한은 항고소송의 대상이 되는 행정처분이다.

24

다음 중 행정의 실효성 확보수단에 대한 설명으로 가장 적절한 것은? (다툼이 있는 경우 판례에 의함)

① 구 「공유재산 및 물품 관리법」에 따라 지방자치단체장은 행정대집행의 방법으로 공유재산에 설치한 시설물을 철거할 수 있고, 이러한 행정대집행의 절차가 인정되는 경우에는 민사소송의 방법으로 시설물의 철거를 구하는 것은 허용되지 아니한다.

② 법령에 의해 대집행권한을 위탁받은 한국토지공사(현 한국토지주택공사)가 「국가배상법」 제2조에서 말하는 공무원에 해당한다.

③ 이행강제금은 대체적 작위의무의 위반에 대하여 부과될 수 없다.

④ 「국세징수법」상 공매통지 자체는 원칙적으로 그 공매통지 자체를 항고소송의 대상으로 삼아 그 취소 등을 구할 수 있다.

25

다음 중 「행정절차법」상 청문에 대한 설명으로 가장 적절하지 않은 것은? (다툼이 있는 경우 판례에 의함)

① 행정청은 당사자가 요청한 경우에는 청문을 실시하여야 한다.

② 행정청이 당사자와 사이에 도시계획사업의 시행과 관련한 협약을 체결하면서 청문의 실시를 배제하는 조항을 둔 경우, 청문의 실시에 관한 규정의 적용이 배제되거나 청문을 실시하지 않아도 되는 예외적인 경우에 해당하지 않는다.

③ 청문 주재자는 당사자 등의 전부 또는 일부가 정당한 사유 없이 청문기일에 출석하지 아니 하거나 의견서를 제출하지 아니한 경우에는 이들에게 다시 의견진술 및 증거제출의 기회를 주지 아니하고 청문을 마칠 수 있다.

④ 행정청은 처분시 상당한 이유가 있다고 인정하면 청문결과를 반영하여야 한다.

PART 02

2023년 기출문제

국어 · 행정학 · 행정법

국어

한자와 어휘 12%
문법 8%
어문규정 20%
문학 32%
비문학 28%

정답 및 해설 216p

01

다음 중 밑줄 친 부분의 표기가 옳은 것은?

① 출산 후 <u>붓기</u>가 안 빠진다고 해서 제가 먹었던 건강식품을 권했어요.
② 유명 할리우드 스타들이 마신다고 해서 <u>유명세를 타기</u> 시작한 건강음료랍니다.
③ <u>어리버리해 보이는</u> 친구가 한 명 있었는데 사실은 감기 때문에 몸이 안 좋았다더군요.
④ 사실 이번 일의 책임을 누구에게 묻기란 참 어렵지만 <u>아무튼지</u> 그는 책임을 면할 수 없게 되었다.

02

다음 중 '쓰다'의 품사가 나머지 셋과 다른 하나는?

① 양지바른 곳을 묏자리로 <u>썼다.</u>
② 그는 취직 기념으로 친구들에게 한턱을 <u>썼다.</u>
③ 여러 번 실패를 경험했지만 언제나 그 맛은 <u>썼다.</u>
④ 그 사람은 억울하게 누명을 <u>썼다.</u>

03

다음 중 (㉠) 에 들어갈 사자성어로 가장 적절한 것은?

이탈리아 볼로냐 대학에서 개발한 휴대용 암진단기는 암이 의심되는 환자의 몸을 간편하게 스캔해 종양을 진단한다. 원리는 간단하다. 인체의 서로 다른 조직들이 진단기에서 발산되는 마이크로파에 서로 다르게 반향을 보인다. 즉 종양 조직은 건강한 조직과는 다른 주파수 대역에서 반향하기 때문에 암 조직과 정상 조직을 구별할 수 있다. 물론 이 진단기가 (㉠)의 능력을 가진 것은 아니다. 종양의 크기 또는 종양의 정확한 위치를 판별할 수는 없다.

① 變化無雙
② 無所不爲
③ 先見之明
④ 刮目相對

04

다음 중 밑줄 친 표기가 국어의 〈로마자 표기법〉 규정에 어긋난 것은?

① 경기도 <u>의정부시</u> – Uijeongbu-si
② 홍빛나 주무관님 – Hong <u>Binna</u>
③ 서울시 종로구 <u>종로 2가</u> – Jongno 2(i)-ga
④ 부석사 <u>무량수전</u> 앞에 서서 – Muryangsujeon

05

밑줄 친 어휘의 쓰임이 의미상 적절하지 <u>않은</u> 것은?

① 자네 덕에 생일을 잘 <u>쇠어서</u> 고맙네.

② 그동안의 노고에 <u>심심한</u> 경의를 표하는 바입니다.

③ 나는 식탁 위에 밥을 차릴 겨를도 없이 닥치는 대로 <u>게걸스럽게</u> 식사를 해치웠다.

④ 아이가 밖에서 제 물건을 잃어버리고 들어온 날이면 어머니는 애가 <u>칠칠맞다고</u> 타박을 주었다.

06

다음 〈한글 맞춤법〉의 규정에 근거할 때 본말과 준말의 짝이 옳지 <u>않은</u> 것은?

〈제32항〉
단어의 끝모음이 줄어지고 자음만 남은 것은 그 앞의 음절에 받침으로 적는다.

〈제39항〉
어미 '-지' 뒤에 '않 -'이 어울려 '-잖-'이 될 적과 '-하지' 뒤에 '않 -'이 어울려 '-찮-'이 될 적에는 준 대로 적는다.

〈제40항〉
어간의 끝음절 '하'의 'ㅏ'가 줄고 'ㅎ'이 다음 음절의 첫소리와 어울려 거센소리로 될 적에는 거센소리로 적는다.

① 어제그저께 – 엊그저께

② 그렇지 않은 – 그렇잖은

③ 만만하지 않다 – 만만찮다

④ 연구하도록 – 연구토록

07

다음 중 밑줄 친 부분의 띄어쓰기가 적절하지 <u>않은</u> 것은?

① 가진 게 없으면 <u>몸이나마</u> 건강해야지.

② 그 책을 다 <u>읽는데 삼 일</u>이 걸렸다.

③ 그는 그런 비싼 차를 <u>살 만한</u> 형편이 못 된다.

④ 그 고통에 비하면 내 <u>괴로움 따위는</u> 아무것도 아니었다.

08

다음 중 밑줄 친 단어의 한자로 틀린 것은?

기업이 현장에서 ㉠ <u>체감</u>할 때까지 규제 ㉡ <u>혁파</u>를 지속적으로, 또 신속하게 추진해야 한다. 그러려면 기업이 덜어주기를 바라는 모래 주머니 얘기를 지금의 몇 배 이상으로 ㉢ <u>경청</u>하고 즉각 혁파에 나서야 한다. 공무원들이 책상머리에서 이것저것 따지는 만큼 기업의 고통은 크다는 점을 명심하길 바란다. 규제 총량제, ㉣ <u>일몰제</u> 등의 해법을 쏟아내고도 성과를 내지 못했던 과거의 실패에서 교훈을 얻어야 할 것이다.

① ㉠ : 體感　　　② ㉡ : 革罷

③ ㉢ : 敬聽　　　④ ㉣ : 日沒

09

"그렇게 하면 무릎에 무리가 갈텐데 괜찮을까요?"에서의 '-ㄹ텐데'를 국어사전에서 찾으니 표제어가 존재하지 않는다고 나왔다. 이에 대해 가장 적절하게 설명한 것은?

① '-ㄹ텐데'가 방언이기 때문에 표준어인 표제어가 실려 있지 않은 것이다.

② '-ㄹ텐데'를 '-ㄹ테'와 '-ㄴ데'로 분석해서 각각 찾으면 된다.

③ 기본형 '-ㄹ테다'를 찾아야 한다.

④ 의존명사 '터'를 찾아야 한다.

10

다음 중 아래 글에 나타난 저자의 의도를 가장 적절하게 설명한 것은?

> 인공지능은 컴퓨터 프로그램을 활용해 인간과 비슷한 인지적 능력을 구현한 기술을 말한다. 인공지능은 기본적으로 보고 듣고 읽고 말하는 능력을 갖춤으로써 인간과 대화할 수 있을 뿐만 아니라 지적 판단이 필요한 상황에서 합리적 결정을 내릴 수 있다. 인공지능이 인간의 말을 알아듣고 명령을 실행하는 똑똑한 기계가 되는 것은 반길 일인가, 아니면 주인과 노예의 관계를 역전시키는 재앙이라고 경계해야 할 일인가?

① 쟁점 제기　　　② 정서적 공감
③ 논리적 설득　　　④ 배경 설명

11

다음 중 (㉠)에 들어가기에 가장 적절한 속담은?

> 춘향이가 마지막으로 유언을 허는디,
> "서방님!"
> "왜야?"
> "내일 본관 사또 생신 잔치 끝에 나를 올려 죽인다니, 날 올리라고 영이 내리거든 칼머리나 들어 주고, 나를 죽여 내어놓거든, 다른 사람 손 대기 전에 서방님이 삯꾼인 체 달려들어, 나를 업고 물러나와 우리 둘이 인연 맺든 부용당에 나를 뉘고, 옥중에서 서방님을 그려 간장 썩은 역류수 땀내 묻은 속적삼 벗겨, 세 번 불러 초혼허고, 서방님 속적삼 벗어 나의 가슴을 덮어 주오. 수의 입관도 내사 싫소. 서방님이 나를 안고 정결한 곳 찾아가서 은근히 묻어 주고, 묘 앞에다 표석을 세워, '수절원사춘향지묘'라 크게 새겨주옵시면, 아무 여한이 없겠네다."
> 어사또 이 말 듣고,
> "오, 춘향아! 오냐, 춘향아, 우지 마라. 내일 날이 밝거드면 상여를 탈지, 가마를 탈지 그 속이야 누가 알랴마는, 천붕우출이라, (㉠) 법이요, 극성이면 필패라니, 본관이 네게 너무 극성을 뵈었으니, 무슨 변을 볼지 알겠느냐?"

① 도둑이 제 발 저리는

② 웃는 낯에 침 못 뱉는

③ 모로 가도 서울만 가면 되는

④ 하늘이 무너져도 솟아날 구멍이 있는

12

다음 작품의 언어에 대한 설명으로 옳은 것은?

> 년닙희 밥 싸 두고 반찬으란 쟝만 마라
> 닫 드러라 닫 드러라
> 靑청蒻약笠립은 써 잇노라 綠녹蓑사依의 가져오냐
> 至지匊국悤총 至지匊국悤총 於어思사臥와
> 無무心심한 白백駒구는 내 좃는 가 제 좃는가

① '년닙희'의 '닙'은 ㄴ첨가 현상이 표기에 반영된 것이다.

② '써 잇노라'는 현대국어에서 '-고 있다'를 이용해 표현하는 것으로 바뀌었다.

③ '닫'과 '좃는가'의 받침은 당시의 실제 발음대로 적은 것이다.

④ '반찬으란'의 '으란'은 현대국어 조사 '이랑'에 해당한다.

※ 다음 글을 읽고 물음에 답하시오.

(가) 공감은 상대방의 생각과 느낌을 자신의 생각과 느낌처럼 받아들이고 이해하는 것이다. (나) 상대방이 나를 분석하거나 판단하지 않고, 있는 그대로 나의 감정을 이해하고 있다고 느끼게 될 때 사람들은 그 상대방을 나를 이해하는 사람, 나를 알아주는 사람으로 여기게 된다. 판단 기준과 가치관이 다른 사람의 생각과 느낌을 공감을 하면서 이해하는 것은 여간 어려운 일이 아니다. (다) 사람은 누구나 자신의 느낌과 생각을 바탕으로 말하고 판단하고 일을 결정하게 되므로, 상대방의 입장을 헤아리고 그의 느낌과 생각을 내가 그렇게 생각하고 느끼는 것처럼 이해하기가 어렵다. (라) 상대방의 말투, 표정, 자세를 관찰하면서 그와 같은 관점, 심정, 분위기 또는 태도로 맞추는 것도 공감에 도움이 된다.

13

아래 내용을 위 글의 (가)~(라)에 넣을 때 가장 적절한 위치는?

> 공감의 출발은 상대방의 이야기를 경청하면서 상대방의 감정과 느낌이 어떠했을까를 헤아리며 그것을 이해하도록 노력하는 것이다. 그리고 상대방의 입장을 이해한다는 것을 언어적, 비언어적으로 표현하는 것이 중요하다.

① (가)   ② (나)

③ (다)   ④ (라)

[14~15] 다음 글을 읽고 물음에 답하시오.

> 가시리 가시리잇고 ㉠ 나ᄂᆞᆫ
> ᄇᆞ리고 가시리잇고 나ᄂᆞᆫ
> 위 증즐가 大平盛代
>
> 날러는 엇디 살라 ᄒᆞ고
> ᄇᆞ리고 가시리잇고 나ᄂᆞᆫ
> 위 증즐가 大平盛代
>
> ㉡ 잡스아 두어리마ᄂᆞᆫ
> ㉢ 선ᄒᆞ면 아니 올셰라
> 위 증즐가 大平盛代
>
> ㉣ 셜온 님 보내ᅌᅳ노니 나ᄂᆞᆫ
> 가시ᄂᆞᆫ 듯 도셔 오쇼셔 나ᄂᆞᆫ
> 위 증즐가 大平盛代

14

위 글에 대한 설명으로 가장 적절하지 <u>않은</u> 것은?

① 고려시대에 불리던 노래이다.

② 제목은 〈가시리〉이다.

③ 고려시대에 누군가 기록해 놓은 것을 찾아내어 다시 한글로 기록하였다.

④ 후렴구는 궁중악으로 불리면서 발생한 것으로 추정된다.

15

밑줄 친 ㉠~㉣에 대한 설명으로 가장 적절한 것은?

① ㉠: '나ᄂᆞᆫ'은 '나는'의 예전 표기이다.

② ㉡: '잡ᄉᆞ아 두어리마ᄂᆞᆫᄂᆞᆫ'의 뜻은 '(음식을) 잡수시고 가게 하고 싶다'는 의미이다.

③ ㉢: '선ᄒᆞ면 아니 올셰라'의 뜻은 '선하게 살면 올 것이다'라는 믿음을 표현한 말이다.

④ ㉣: '셜온 님 보내ᅀᆞᆸ노니'의 뜻은 '서러운 님을 보내 드린다'는 의미이다.

16

다음은 〈한글 맞춤법〉의 문장부호 사용법에 대한 설명이다. 이 설명에 어긋나는 예문은?

> 〈물음표(?)〉
>
> (1) 의문문이나 의문을 나타내는 어구의 끝에 쓴다.
> [붙임1] 한 문장 안에 몇 개의 선택적인 물음이 이어질 때는 맨 끝의 물음에만 쓰고, 각 물음이 독립적일 때는 각 물음의 뒤에 쓴다.
>
> (2) 특정한 어구의 내용에 대하여 의심, 빈정거림 등을 표시할 때, 또는 적절한 말을 쓰기 어려울 때 소괄호 안에 쓴다.
>
> (3) 모르거나 불확실한 내용임을 나타낼 때 쓴다.

① 너는 중학생이냐? 고등학생이냐?

② 이번에 가시면 언제 돌아오세요?

③ 주말 내내 누워서 텔레비전만 보고 있는 당신도 참 대단(?)하네요.

④ 노자(? ~ ?)는 중국 춘추 시대의 사상가로 도를 좇아서 살 것을 역설하였다.

[17~19] 다음 글을 읽고 물음에 답하시오.

> 창밖에 밤비가 속살거려
> ㉠ 육첩방(六疊房)은 남의 나라,
>
> 시인이란 슬픈 천명인 줄 알면서도
> ㉡ 한 줄 시를 적어 볼까,
>
> 땀내와 사랑내 포근히 품긴
> 보내주신 학비 봉투를 받아
>
> 대학 노트를 끼고
> 늙은 교수의 강의 들으러 간다.
>
> 생각해 보면 어린 때 동무를
> 하나, 둘, 죄다 잃어버리고
>
> ⓐ 나는 무얼 바라
> ⓑ 나는 다만, 홀로 침전하는 것일까?
>
> 인생은 살기 어렵다는데
> 시가 이렇게 쉽게 씌어지는 것은
> ㉢ 부끄러운 일이다.
>
> 육첩방은 남의 나라
> 창밖에 밤비가 속살거리는데,
>
> 등불을 밝혀 어둠을 조금 내몰고,
> 시대처럼 올 아침을 기다리는 최후의 ⓒ 나,

ⓓ <u>나</u>는 ⓔ <u>나</u>에게 작은 손을 내밀어
눈물과 위안으로 잡는 ㉣ <u>최초의 악수</u>.

- 윤동주, 「쉽게 씌어진 시」

17

㉠~㉣에 대한 설명으로 가장 적절하지 <u>않은</u> 것은?

① ㉠은 조선인으로서의 정체성에 대한 인식을 드러낸다.

② ㉡은 식민지 지식인으로서의 소명 의식을 드러낸다.

③ ㉢은 친일파 지식인에 대한 비판 정신을 보여 준다.

④ ㉣은 어두운 현실을 극복하려는 화자의 의지이다.

18

ⓐ~ⓔ에 대한 설명으로 가장 적절한 것은?

① ⓐ, ⓑ, ⓔ는 현실적 자아이고, ⓒ, ⓓ는 성찰적 자아이다.

② ⓐ, ⓑ는 현실적 자아이고, ⓒ, ⓓ, ⓔ는 성찰적 자아이다.

③ ⓐ, ⓑ, ⓔ는 이상적 자아이고, ⓒ, ⓓ는 현실적 자아이다.

④ ⓐ, ⓑ는 이상적 자아이고, ⓒ, ⓓ, ⓔ는 현실적 자아이다.

19

위 시의 제목에 대한 이해로 가장 적절한 것은?

① 시인의 평소 생각을 특별한 표현 기법 없이 소박하게 나타낸 작품이기에 쉽게 쓰인 시라고 하였다.

② 독립지사로서의 저항 정신을 시인의 시적 표현으로 여과 없이 옮긴 작품이기에 쉽게 쓰인 시라고 하였다.

③ 조선의 독립이 갑자기 쉽게 이루어질 것이라는 확고한 신념을 표현하려는 작품이기에 쉽게 쓰인 시라고 하였다.

④ 시인으로의 인간적 갈등과 자아 성찰을 담아 어렵게 쓴 작품이기에 반어적으로 표현하여 쉽게 쓰인 시라고 하였다.

20

다음 글의 문맥상 (　　) 안에 들어갈 말로 가장 적절한 것은?

> 행루오리(幸漏誤罹)는 운 좋게 누락되거나 잘못 걸려드는 것을 말한다. (　　　) 걸려든 사람만 억울하다. 아무 잘못 없이 집행자의 착오나 악의로 법망에 걸려들어도 마찬가지다. 여기에 부정이나 청탁이 개입되기라도 하면 바로 국가의 법질서에 대한 불신으로 이어진다. 결국 행루오리는 법집행의 일관성을 강조한 말이다.

① 똑같이 죄를 지었는데 당국자의 태만이나 부주의로 법망을 빠져나가는 사람이 있으면

② 가벼운 죄를 짓고도 엄혹한 심판관 때문에 무거운 벌을 받으면

③ 가족이나 이웃의 범죄에 연루되어 죄 없이 벌을 받게 되면

④ 현실과 맞지 않는 법 때문에 성실한 사람이 범죄자로 몰리게 되면

[21~22] 다음 글을 읽고 물음에 답하시오.

2016년 3월을 생생히 기억한다. 알파고가 사람을 이겼다. 알파고가 뭔가 세상에 파란을 불러일으키지 않을까, 라고 상상하고 있던 시기였다. 이른바 '알파고 모멘텀' 이후 에이아이(AI) 산업은 발전했지만, 기대만큼 성장했다고 보긴 어렵다. 킬러 애플리케이션(Killer Application)이 나오지 않았기 때문이다. 에이아이(AI) 챗봇이 상용화됐지만, 알파고가 줬던 놀라움만큼은 아니다.

2022년 11월 또 다른 모멘텀이 등장했다. 오픈에이아이(OpenAI)의 챗지피티(ChatGPT)다. 지금은 1억 명 이상이 챗지피티를 사용하고 있다. '챗지피티 모멘텀'이라고 불릴 만하다. 챗지피티가 알파고와 다른 점은 대중성이다. TV를 통해 알파고를 접했다면, 챗지피티는 내가 직접 체험할 수 있다.

많은 사람이 챗지피티는 모든 산업에 지각변동을 불러일으킬 것으로 기대한다. 챗지피티는 그 자체로 킬러 애플리케이션이다. 챗지피티는 알려진 바와 같이 2021년 9월까지 데이터만으로 학습했다. 그 이후 정보는 반영이 안 됐다. 챗지피티만으로는 우리가 원하는 답변을 얻기 힘들 수 있다. 오픈에이아이는 챗지피티를 왜 이렇게 만들었을까?

챗지피티는 '언어 모델'이다. '지식 모델'은 아니다. 챗지피티는 정보를 종합하고 추론하는 능력은 매우 우수하지만, 최신 지식은 부족하다. 세상 물정은 모르지만, 매우 똑똑한 친구다. 이 친구에게 나도 이해하기 어려운 최신 논문을 주고, 해석을 부탁해 볼 수 있지 않을까? 챗지피티에 최신 정보를 전달하고, 챗지피티가 제대로 답변하도록 지시하는 일은 중요하다. 다양한 산업에 챗지피티를 적용하기 위해서도 그렇다. 챗지피티가 추론할 정보를 찾아 오는 시맨틱 검색(Semantic Search), 정확한 지시를 하는 프롬프트 엔지니어링(Prompt Engineering), 모든 과정을 조율하는 오케스트레이터(Orchestrator), 챗지피티와 같은 대형 언어 모델(Large Language Model)을 필요에 맞게 튜닝하는 일 등 서비스 영역에서 새로운 사업 기회를 찾을 수 있다.

챗지피티와 같은 대형 언어 모델 기반의 에이아이 산업 생태계는 크게 세 개다. 첫째, 오픈에이아이, 마이크로소프트, 구글과 같이 대형 언어 모델 자체를 제공하는 원천기술 기업, 둘째, 대형 언어 모델이 고객 요청에 맞게 작동하도록 개선하는 서비스기업, 셋째, 특정 도메인에서 애플리케이션을 제공하는 기업이다. 현재 대형 언어 모델을 만드는 빅테크 기업들이 주목받고 있지만, 실리콘밸리에서는 스케일에이아이(ScaleAI), 디스틸에이아이(Distyl AI), 퀀티파이(Quantiphi) 등 서비스 기업들이 부상 중이다. 실제 업무에 활용하기엔 원천기술만으로는 부족하기 때문이다. 엘지씨엔에스(LG CNS)도 서비스 기업이다. 우리나라에서도 많은 서비스 기업이 나와서 함께 국가 경쟁력을 높여 나가기를 기대해 본다.

21

다음 중 위 글의 제목으로 가장 적절한 것은?

① 챗지피티, 이제 서비스다
② 알파고 모멘텀, 그 끝은 어디인가?
③ 챗지피티야말로 킬러 애플리케이션이다
④ 대형 언어 모델 자체를 제공하는 빅테크 기업에 주목하라

22

다음 중 위 글의 내용에 대한 이해로 가장 적절하지 않은 것은?

① 챗지피티는 알파고보다 훨씬 더 대중적인 놀라움을 주고 있다.
② 많은 사람들은 챗지피티가 모든 산업에 지각변동을 불러일으킬 것으로 기대한다.
③ 챗지피티는 정보를 종합하여 추론하는 언어 모델이 아니라 최신 정보를 축적하는 지식 모델이다.
④ 현재 대형 언어 모델이 고객 요청에 맞게 작동하도록 개선하는 여러 서비스 기업이 부상 중이다.

23

다음 글에 대한 이해로 가장 적절한 것은?

우리 부부는 숙명적으로 발이 맞지 않는 절름발이인 것이다. 내가 아내나 제 거동에 로직(논리)을 붙일 필요는 없다. 변해(辯解)할 필요도 없다. 사실은 사실대로 오해는 오해대로 그저 끝없이 발을 절뚝거리면서 세상을 걸어가면 되는 것이다. 그렇지 않을까?

그러나 나는 이 발길이 아내에게로 돌아가야 옳은가 이것만은 분간하기가 좀 어려웠다. 가야 하나? 그럼 어디로 가나?

이때 뚜— 하고 정오 사이렌이 울렸다. 사람들은 모두 네활개를 펴고 닭처럼 푸드덕거리는 것 같고 온갖 유리와 강철과 대리석과 지폐와 잉크가 부글부글 끓고 수선을 떨고 하는 것 같은 찰나, 그야말로 현란을 극한 정오다.

나는 불현듯이 겨드랑이가 가렵다. 아하 그것은 내 인공의 날개가 돋았던 자국이다. 오늘은 없는 이 날개, 머릿속에서는 희망과 야심의 말소된 페이지가 딕셔너리(사전) 넘어가듯 번뜩였다.

나는 걷던 걸음을 멈추고 그리고 어디 한번 이렇게 외쳐 보고 싶었다.

날개야 다시 돋아라.
날자. 날자. 날자. 한 번만 더 날자꾸나.
한 번만 더 날아 보자꾸나.

— 이상, 「날개」

① 가난한 무명작가 부부의 생활고와 부부애를 다루고 있다.

② 농촌 계몽을 위한 두 남녀의 헌신적 노력과 사랑을 보여준다.

③ 식민지 농촌 사회에서 농민들이 겪는 가혹한 현실을 보여주려 한다.

④ 자아 상실의 무기력한 삶에서 벗어나 본래의 자아를 회복하려는 의지를 보여준다.

24

다음 글을 읽고 필자의 서술태도와 가장 거리가 <u>먼</u> 것을 고르시오.

겨울철에 빙판이 만들어지면 노인들의 낙상 사고가 잦아진다. 대부분의 노인들은 근육 감소로 인한 순발력 저하로 방어기제가 제대로 작동하지 않는다. 그런 사고를 당하면 운동이 부족해져 그나마 남아 있던 근육이 퇴화하고 노화가 빨라진다. 건강수명은 대부분 거기서 끝이다. 참으로 무서운 일이다. 그런데도 불구하고 노년층에게 적극적으로 근력운동을 처방하지 않는다. 우리의 주변을 둘러보라. 요양병원이 상당히 많이 늘어났다. 앞으로도 부가가치가 매우 높은 산업이라고 한다. 안타까운 일이다.

① 논리적   ② 회고적

③ 비판적   ④ 동정적

25

다음 글의 (가)와 (나)에 들어갈 적절한 말을 순서대로 바르게 짝지은 것은?

비즈니스 화법에서는 상사에게 보고할 때 결론부터 말하라고 한다. 이것도 맞는 말이다. 그렇지 않아도 바쁜데 주저리주저리 이야기를 길게 늘어놓으면 짜증이 난다. (가) 현실은 인간관계의 미묘한 심리가 복잡하게 얽혀 있는 비즈니스 사회다. 때로는 일부러 결론을 뒤로 미뤄 상대의 관심을 끌게 만들어야 할 때도 있다. 예를 들어, 회사에서의 라이벌 동료와의 관계처럼 자기와 상대의 힘의 균형이 미묘할 때이다.

당신과 상사, 당신과 부하라는 상하관계가 분명한 경우는 대응이 항상 사무적이 된다. 사무적인 관계에서는 쓸데없는 시간과 노력을 들이지 않아도 된다. (나) 같은 사내의 인간관계라도 라이벌 동료가 되면 일을 원활하게 해나가는 것만이 능사는 아니다. 권력 관계에서의 차이가 없는 만큼 미묘한 줄다리기가 필요하다. 이렇게 권력관계가 미묘한 상대와의 대화에서 탁월한 최면 효과를 발휘하는 것이 '클라이맥스 법'이다. 비즈니스 현장에서뿐만 아니라 미묘한 줄다리기를 요하는 연애 관계에서도 초기에는 클라이맥스 법이 그 위력을 발휘한다.

① 그러므로 – 그러므로

② 하지만 – 하지만

③ 하지만 – 그러므로

④ 그러므로 – 하지만

행정학

지방행정론 8%
행정환류론 4%
재무행정론 12%
행정학의 기초이론 28%
인사행정론 16%
정책론 20%
조직론 12%

◎ 정답 및 해설 221p

01

다음 중 비교행정론에 대한 설명으로 가장 거리가 먼 것은?

① 리그스(Fred W. Riggs)가 대표적인 학자이다.

② 생태론적 접근방법을 취한다.

③ 후진국의 국가발전에 대한 비관적 숙명론으로 귀결된다.

④ 행정학의 과학성보다는 기술성을 강조한다.

02

다음 중 조직 구성원의 동기부여 이론에 대한 설명으로 가장 거리가 먼 것은?

① 매슬로(A. H. Maslow)의 5단계 욕구이론은 욕구계층의 고정성을 전제로 한다.

② 허츠버그(F. Herzberg)의 욕구충족이론에 의하면 위생요인(hygiene factor)이 충족되는 경우 동기가 부여된다.

③ 샤인(E. H. Schein)의 복잡 인간관에서는 구성원의 맞춤형 관리전략의 필요성을 강조한다.

④ 맥그리거(D. McGregor)의 X · Y이론은 욕구와 관리전략의 성장측면을 강조한다.

03

다음 중 로위(T. J. Lowi)가 제시한 정책유형과 사례간의 연결이 가장 적절하지 않은 것은?

① 규제정책 - 환경규제, 금연정책, 마약단속

② 분배정책 - 종합소득세, 임대주택, 노령연금

③ 상징정책 - 국경일, 한일월드컵, 국군의 날

④ 구성정책 - 정부조직 개편, 선거구 조정, 행정구역 통합

04

다음 중 조직관리에 대한 설명으로 가장 거리가 먼 것은?

① 조직은 구성원 간의 목표일치를 전제로 하여 관리전략을 수립한다.

② 고전이론과 인간관계론은 관리자에 의한 타율적인 조직관리를 전제로 한다.

③ 관료제 모형에 의한 관리전략은 구성원의 소외를 초래한다.

④ 조직관리 전략이 전반적으로 단순한 인간관에서 복잡 인간관으로 변화하고 있다.

05

다음 중 '다양한 사회문제 중에서 정부가 적극적으로 개입하여 해결하기 위해 채택한 문제'를 무엇이라고 하는가?

① 정책문제　　　　② 정책의제
③ 정책대안　　　　④ 정책주제

06

다음 중 현재 우리나라에서 새로운 회계연도 개시 때까지 국회 예산심의가 이루어지지 않았을 때(예산 불성립시)에 적용하는 예산제도는?

① 준예산　　　　　② 가예산
③ 계속비예산　　　④ 잠정예산

07

다음 중 추가경정예산에 대한 설명으로 가장 적절하지 않은 것은?

① 추가경정예산은 예산이 성립한 후의 사후적인 예산변경제도이다.
② 추가경정예산은 일반회계 · 특별회계 · 기금을 대상으로 한다.
③ 추가경정예산은 대내 · 외 여건에 중대한 변화가 발생하였거나 발생할 우려가 있는 경우에 편성할 수 있다.
④ 정부는 국회에서 추가경정예산안이 확정되기 전에 긴급한 상황이 발생한 경우 이를 미리 배정하거나 집행할 수 있다.

08

다음 중 지방자치의 정치적 · 행정적인 기능과 가장 거리가 먼 것은?

① 민주정치에 대한 훈련
② 지역 간 행정의 통일성 확보
③ 행정의 대응성 제고
④ 정책의 지역별 실험 검증

09

다음 중 뉴거버넌스(New Governance)에 대한 설명으로 가장 거리가 먼 것은?

① 국민을 고객으로만 보는 것을 넘어 국정의 파트너로 본다.
② 행정의 효율성을 중시하지만 신공공관리론적 정부개혁에 대해 비판적으로 접근한다.
③ 행정의 경영화와 시장화를 중시하기 때문에 행정과 정치의 관계를 이원론적으로 보는 경향이 강하다.
④ 파트너십과 유기적 결합관계를 중시한다.

10

다음 중 신공공관리론의 특징에 대한 설명으로 가장 적절한 것은?

① 시장원리 도입으로서 경쟁 도입과 고객지향의 확대이다.
② 급격한 행정조직 확대로 행정의 공동화가 발생하지 않는다.
③ 정부, 시장, 시민사회의 평등한 관계를 중시한다.
④ 결과보다 과정에 가치를 둔다.

11

다음 중 시장실패에 따른 정부개입 근거에 대한 설명으로 가장 거리가 먼 것은?

① 공공재의 공급이 부족한 경우 정부가 강제적으로 공급한다.

② 외부효과 발생 시 조세와 보조금 등을 사용하여 외부효과를 제거한다.

③ 사회적 소득불평등에 따른 문제를 해결하기 위해 사회보장정책을 시행한다.

④ 불완전경쟁에 대해서는 보조금 혹은 공적공급으로 대응할 수 있다.

12

나카무라와 스몰우드(R. T. Nakamura & F. Smallwood)는 정책결정자와 정책집행자 간의 관계에 착안하여 정책집행자 유형을 5가지로 나누었다. 다음 중 고전적 기술자형의 특징으로 가장 적절한 것은?

① 정책결정자가 추상적인 목표를 지지하지만 구체적인 정책목표를 결정할 수 없기에 정책결정자가 집행자에게 광범위한 재량권을 위임하게 되는 유형이다.

② 집행자가 많은 권한을 위임받아 정책을 집행하는 경우로서 많은 재량권을 갖게 되는 유형이다.

③ 정책결정자가 집행과정에 대해서 엄격하게 통제를 하는 것을 의미하며, 정책집행자는 약간의 정책적 재량만을 갖는 유형이다.

④ 정책결정자가 목표를 수립하고, 집행자들은 정책결정자와 목표나 목표달성을 위한 수단에 관하여 협상한다.

13

다음 중 점증모형의 논리적 근거로 가장 거리가 먼 것은?

① 매몰 비용　　　　② 실현가능성

③ 제한적 합리성　　④ 정보접근성

14

다음 중 민간부분에 의한 공공서비스 생산의 유형과 설명으로 가장 거리가 먼 것은?

① 민간위탁은 계약에 의한 민간의 생산자가 공공서비스를 생산하는 것이다.

② 자원봉사는 간접적인 보수는 허용되는 공공서비스 생산 유형이다.

③ 면허는 일정구역 내에서 공공서비스를 제공하는 권리를 인정하는 유형이다.

④ 바우처 지급은 시민들에게 공공서비스 이용권을 지급하는 형태이다.

15

오늘날 시민사회조직에 대한 설명으로 가장 적절하지 않은 것은?

① 비정부조직이 생산하는 공공재나 집합재의 생산 비용을 정부가 지원하는 경우에는 정부와 대체적 관계를 형성한다.

② 정부와 비정부조직 간에 적대적 관계보다는 서로의 존재를 인정하는 동반자적 관계가 점차 확산되고 있다.

③ 비영리조직이 지닌 특징으로는 자발성, 자율성, 이익의 비배분성 등이 있다.

④ 정부가 지지나 지원의 필요성을 위해 특정한 비정부조직 분야의 성장을 유도하여 형성된 의존적 관계는 개발도상국에서 많이 나타난다.

16

다음 중 엽관제 공무원제도(spoil system)에 대한 설명으로 가장 거리가 먼 것은?

① 공직에 대한 민주적 교체가 가능하다.
② 우리나라 공무원제도에도 엽관제 요소가 작동하고 있다.
③ 행정의 안정성과 중립성에 도움이 된다.
④ 개방형 인사제도이다.

17

다음 중 전략적 인적자원관리에 대한 설명으로 가장 거리가 먼 것은?

① 장기적이며 목표 성과 중심적으로 인적자원을 관리한다.
② 조직의 전략 및 성과와 인적자원관리 활동 간의 연계에 중점을 둔다.
③ 인사업무 책임자가 조직 전략 수립에 적극적으로 관여한다.
④ 개인의 욕구는 조직의 전략적 목표달성을 위해 희생해야 한다는 입장이다.

18

다음 중 성과주의 예산(PBS, Performance Budgeting System)의 장점으로 가장 거리가 먼 것은?

① 프로그램을 이용하여 장기적인 계획과 연차별 예산이 유기적으로 연계된다.
② 사업별 총액배정을 통한 예산집행의 신축성 · 능률성 제고를 들 수 있다.
③ 투입 · 산출 간 비교와 평가가 쉬워 환류가 강화

된다.
④ 과학적 계산에 의한 효율적인 자원배분으로 예산편성과 집행의 관리가 쉽다.

19

다음 중 정책(policy)에 대한 설명으로 가장 거리가 먼 것은?

① 정부목표 달성의 수단인 동시에 공적인 문제해결을 위한 수단이라는 이중성을 보유하고 있다.
② 정치행정이원론에 기초한 행정관리설과 밀접한 관련이 있다.
③ 정책은 삼권분립 하에서 입법부의 역할을 위축시킬 수 있다.
④ 정책결정은 공적인 의사결정 과정으로서 복수의 단계와 절차로 이루어진다.

20

정부 규제에 대한 설명으로 가장 적절하지 않은 것은?

① 규제는 정부가 공권력을 이용하여 개인이나 기업의 활동을 정부가 원하는 바람직한 상태로 유도하기 위한 정책수단이다.
② 규제는 개인이나 기업의 자유로운 활동을 금지하거나 제한하고 이를 위반한 경우에 불이익이 가해지기 때문에 엄격한 법적 근거가 요구된다.
③ 경제적 규제는 기업의 본원적 활동을 제한하는 것은 아니고 정부와의 관계에 관한 규제이다.
④ 사회적 규제는 소비자, 환경, 노동자 등을 보호할 목적으로 안전, 위생, 오염, 고용 등에 관한 규제가 주를 이룬다.

21

애드호크라시(Adhocracy)에 속하는 조직유형에 대한 설명으로 가장 적절하지 <u>않은</u> 것은?

① 테스크포스는 특수한 과업 완수를 목표로 기존의 서로 다른 부서에서 선발하여 구성한 팀으로, 목적을 달성하면 해체되는 임시조직이다.

② 프로젝트 팀은 테스크포스와 마찬가지로 한시적이고 횡적으로 연결된 조직유형이지만 테스크포스에 비해 참여자의 전문성과 팀에 대한 소속감이 강하다는 특성을 가지고 있다.

③ 매트릭스 조직은 기능 중심의 수직적 분화가 되어있는 기존의 지시 라인에 횡적으로 연결된 또 하나의 지시 라인을 인정하는 이원적 권위계통을 가진다.

④ 네트워크조직은 전체 기능을 포괄하는 조직을 중심에 놓고 다수의 협력체를 묶어 일을 수행하는 조직형태이다.

22

조직개혁에 있어서 임파워먼트(empowerment)에 대한 설명으로 가장 적절하지 <u>않은</u> 것은?

① 갈등을 줄이기 위해 일단 변화의 장애가 되는 요소는 그대로 두지만 구성원들이 변화의 비전과 전략을 직접 행동으로 옮길 수 있도록 힘을 실어주고 실행에 옮기는 것이다.

② 구성원들이 새로운 아이디어를 내고 그것을 실험하는 등 새로운 태도와 행동을 받아들일 수 있는 여건을 만드는 것이 중요하다.

③ 통제중심의 관료제구조, 연공서열 중심의 평가 및 보상 시스템 등을 바꾸는 작업이 필요하다.

④ 변화관리에 관한 기법들이 구성원들에게 체계적으로 전달되어 추진팀이 해체되더라도 자율적이고 지속적인 변화가 가능하도록 만들어야 한다.

23

고위공무원단에 대한 설명으로 가장 적절하지 <u>않은</u> 것은?

① 고위공무원단은 실·국장급 공무원을 적재적소에 활용하고 개방과 경쟁을 확대하여 성과책임을 강화하고자 하는 전략적 인사 시스템이다.

② 기존의 1~3급이라는 신분중심의 계급을 폐지하고 직무의 난이도와 책임도에 따라 가급과 나급으로 직무를 구분한다.

③ 민간과 경쟁하는 개방형직위제도와 타 부처 공무원과 경쟁하는 공모직위제도를 두고 있다.

④ 특히 경력에서 자격이 있는 민간인과 공무원이 지원하여 경쟁할 수 있는 경력개방형직위제도도 도입되었다.

24

직업공무원제에 대한 설명으로 가장 적절하지 <u>않은</u> 것은?

① 직업공무원은 일생 동안 일할 수 있도록 신분을 보장받고 근무하는 공무원이다.

② 영국에서는 과거 국왕의 영향력을 차단하기 위해 종신직 행정관료를 제도화하기 시작하였다.

③ 미국에서는 펜들턴법을 시작으로 실적주의 원칙이 도입되었으며 계급제 채용방식을 채택하고 있다.

④ 직업공무원제를 달성하기 위해서는 제도적으로 신분보장과 젊고 유능한 인재를 확보하는 것이 필수적이다.

25

지역에서의 행정서비스 전달주체에 대한 설명으로 가장 적절하지 않은 것은?

① 지역에서의 행정서비스 전달주체는 크게 특별지방행정기관과 지방자치단체로 구분된다.

② 특별지방행정기관은 지역에 위치한 세무서 등인데 소속 중앙행정기관의 지시 및 감독을 받는다.

③ 지방자치단체는 독자적인 법인격은 없지만 국가의 위임사무나 자치사무를 수행한다.

④ 지역에서의 행정서비스는 주민복지 등 지역주민의 생활공간 안에서의 생활행정이자 근접행정이다.

행정법

행정구제법 32%
행정법통론 16%
행정법상의 의무이행확보수단 12%
행정작용법 40%

◎ 정답 및 해설 225p

01

「행정기본법」상 행정의 법 원칙에 대한 설명으로 옳지 않은 것은?

① 행정청은 행정작용을 할 때 상대방에게 해당 행정작용과 실질적인 관련이 없는 의무를 부과해서는 아니 된다.

② 행정청은 합리적 이유 없이 국민을 차별하여서는 아니 된다.

③ 행정청은 공익을 현저히 해칠 우려가 있는 경우라도 행정에 대한 국민의 정당하고 합리적인 신뢰를 보호하여야 한다.

④ 행정청은 법령 등에 따른 의무를 성실히 수행하여야 한다.

02

행정행위의 성립과 효력발생에 대한 설명으로 옳지 않은 것은? (다툼이 있는 경우 판례에 의함)

① 상대방 있는 행정처분이 상대방에게 고지되지 아니한 경우에도 상대방이 다른 경로를 통해 행정처분의 내용을 알게 되었다면 행정처분의 효력이 발생한다고 볼 수 있다.

② 일반적으로 행정처분이 주체 · 내용 · 절차와 형식이라는 내부적 성립요건과 외부에 대한 표시라는 외부적 성립요건을 모두 갖춘 경우에는 행정처분이 존재한다.

③ 법무부장관이 입국금지에 관한 정보를 내부전산망인 출입국관리정보시스템에 입력한 것만으로는 법무부장관의 의사가 공식적인 방법으로 외부에 표시된 것이 아니어서 위 입국금지결정은 항고소송의 대상인 처분에 해당되지 않는다.

④ 행정처분의 외부적 성립은 행정의사가 외부에 표시되어 행정청이 자유롭게 취소 · 철회할 수 없는 구속을 받게 되는 시점을 확정하는 의미를 가진다.

03

부관에 대한 설명으로 옳은 것은? (다툼이 있는 경우 판례에 의함)

① 행정청은 부관을 붙일 수 있는 처분의 경우 일단 그 처분을 한 후에는 당사자의 동의가 있더라도 부관을 새로 붙일 수 없다.

② 행정청은 처분에 재량이 있는 경우에도 법률에 근거가 있어야만 부관을 붙일 수 있다.

③ 철회권의 유보는 해당 처분의 목적을 달성하기 위하여 필요한 최소한의 범위여야 한다.

④ 부담은 행정행위의 불가분적인 요소로서 부담 그 자체를 행정쟁송의 대상으로 할 수 없다.

04

기속행위와 재량행위에 대한 설명으로 옳지 않은 것은? (다툼이 있는 경우 판례에 의함)

① 기속행위와 재량행위의 구분은 당해 행위의 근거가 된 법규의 체재 · 형식과 그 문언, 당해 행위가 속하는 행정 분야의 주된 목적과 특성, 당해 행위 자체의 개별적 성질과 유형 등을 모두 고려하여 판단하여야 한다.

② 처분의 근거 법령이 행정청에 재량을 부여하였으나 행정청이 처분으로 달성하려는 공익과 처분상대방이 입게 되는 불이익을 전혀 비교형량하지 않은 채 처분을 하였더라도 재량권 일탈 · 남용으로 해당 처분을 취소해야 할 위법사유가 되지는 않는다.

③ 행정청은 처분에 재량이 없는 경우에는 법률에 근거가 있는 경우에 부관을 붙일 수 있다.

④ 재량행위의 경우 법원은 독자의 결론을 도출함이 없이 당해 행위에 재량권의 일탈 · 남용이 있는지 여부만을 심사한다.

05

행정상 손해배상에 대한 설명으로 옳지 않은 것은? (다툼이 있는 경우 판례에 의함)

① 「국가배상법」이 정한 손해배상청구의 요건인 '공무원의 직무'에는 국가나 지방자치단체의 권력

적 작용뿐만 아니라 비권력적 작용으로서 단순한 사경제의 주체로서 하는 작용도 포함된다.

② 「국가배상법」 제5조 제1항에 정하여진 '영조물의 설치 또는 관리의 하자' 요건에서 안전성을 갖추지 못한 상태의 의미에는 그 영조물이 공공의 목적에 이용됨에 있어 그 이용상태 및 정도가 일정한 한도를 초과하여 제3자에게 사회통념상 수인할 것이 기대되는 한도를 넘는 피해를 입히는 경우까지 포함된다.

③ 외국인이 피해자인 경우에는 해당 국가와 상호보증이 있을 때에만 「국가배상법」이 적용되는데, 이때 상호보증의 요건 구비를 위해 반드시 당사국과의 조약이 체결되어 있을 필요는 없다.

④ 「국가배상법」에 따른 손해배상의 소송은 배상심의회에 배상신청을 하지 아니하고도 제기할 수 있다.

06

「공공기관의 정보공개에 관한 법률」상 정보공개제도에 대한 설명으로 옳은 것은? (다툼이 있는 경우 판례에 의함)

① 정보의 공개 및 우송에 드는 비용은 모두 정보공개 의무가 있는 공공기관이 부담한다.

② 사립대학교는 정보공개를 할 의무가 있는 공공기관에 해당하지 않는다.

③ 정보공개청구의 대상이 되는 정보를 공공기관이 보유 · 관리하고 있다는 점에 관하여는 정보공개를 구하는 사람에게 증명책임이 있다.

④ 국내에 사무소를 두고 있는 외국법인 또는 외국단체는 학술 · 연구를 위한 목적으로만 정보공개를 청구할 수 있다.

07

행정상 손실보상에 대한 설명으로 옳지 않은 것은? (다툼이 있는 경우 판례에 의함)

① 잔여지 수용청구를 받아들이지 않은 토지수용위원회의 재결에 대하여 토지소유자가 불복하여 제기하는 소송은 보상금의 증액에 관한 소송에 해당하여 사업시행자를 피고로 하여야 한다.

② 수용재결에 불복하여 취소소송을 제기하는 때에는 이의신청을 거친 경우에도 수용재결을 한 중앙토지수용위원회 또는 지방토지수용위원회를 피고로 하여 수용재결의 취소를 구하여야 한다.

③ 「공익사업을 위한 토지 등의 취득 및 보상에 관한 법률」에 의한 보상금 증감에 관한 소송은 수용재결서를 받은 날부터 90일 이내에, 이의신청을 거쳤을 때에는 이의신청에 대한 재결서를 받은 날부터 60일 이내에 각각 행정소송을 제기할 수 있다.

④ 「공익사업을 위한 토지 등의 취득 및 보상에 관한 법률」에 의한 사업인정의 고시 절차를 누락한 것을 이유로 수용재결처분의 취소를 구할 수 있다.

08

공법관계와 사법관계에 관한 판례의 내용으로 옳지 않은 것은?

① 서울특별시 지하철공사의 사장이 소속 직원에게 한 징계처분에 대한 불복절차는 민사소송에 의하여야 한다.

② 공기업·준정부기관이 계약에 근거한 권리행사로서 입찰참가자격 제한 조치를 하였더라도 입찰참가자격 제한 조치는 행정처분이다.

③ 국유재산 등의 관리청이 하는 행정재산의 사용·수익에 대한 허가는 관리청이 특정인에게 행정재산을 사용할 수 있는 권리를 설정하여 주는 강학상 특허로서 공법관계이다.

④ 기부자가 기부채납한 부동산을 일정기간 무상 사용한 후에 한 사용허가기간 연장신청을 거부한 지방자치단체의 장의 행위는 사법상의 행위이다.

09

대법원 판례의 내용으로 옳지 않은 것은?

① 기업의 비업무용 부동산 보유실태에 관한 감사원의 감사보고서의 내용은 직무상 비밀에 해당하지 않는다.

② 같은 정도의 비위를 저지른 자들 사이에 있어서 그 직무의 특성 등에 비추어, 개전의 정이 있는지 여부에 따라 징계의 종류의 선택과 양정에 있어서 차별적으로 취급하는 것은, 자의적 취급이라고 할 수 있어서 평등원칙 내지 형평에 반한다.

③ 국가공무원법상 직무상 비밀이라 함은 국가 공무의 민주적, 능률적 운영을 확보 하여야 한다는 이념에 비추어 볼 때 당해 사실이 일반에 알려질 경우 그러한 행정의 목적을 해할 우려가 있는지 여부를 기준으로 판단하여야 한다.

④ 수 개의 징계사유 중 일부가 인정되지 않더라도 인정되는 다른 징계사유만으로도 당해 징계처분의 타당성을 인정하기에 충분한 경우에는 그 징계처분을 유지하여도 위법하지 아니하다.

10

재건축·재개발사업에 대한 내용으로 옳지 <u>않은</u> 것은? (다툼이 있는 경우 판례에 의함)

① 이전고시의 효력이 발생한 이후에는 조합원 등이 해당 정비사업을 위하여 이루어진 수용재결이나 이의재결의 취소 또는 무효확인을 구할 법률상 이익이 없다.

② 「도시 및 주거환경정비법」등 관련 법령에 의한 조합설립인가처분이 있은 후에 조합설립결의의 하자를 이유로 그 결의 부분만을 따로 떼어내어 무효 등 확인의 소를 제기하는 것이 허용되지 않는다.

③ 「도시 및 주거환경정비법」에 따른 이전고시는 공법상 처분이다.

④ 「도시 및 주거환경정비법」상 조합설립추진위원회 구성승인처분을 다투는 소송 계속 중 조합설립인가처분이 이루어진 경우에도 조합설립추진위원회 구성승인처분에 대하여 취소 또는 무효확인을 구할 법률상 이익이 있다.

11

다음 중 행정계획에 관한 설명으로 옳지 <u>않은</u> 것은? (다툼이 있는 경우 판례에 의함)

① 국립대학인 서울대학교의 '94학년도 대학입학고사 주요요강'은 행정계획이므로 헌법소원의 대상이 되는 공권력행사에 해당되지 않는다.

② 행정주체가 행정계획을 입안·결정하면서 이익형량을 전혀 행하지 않거나 이익형량의 고려 대상에 마땅히 포함시켜야 할 사항을 빠뜨린 경우 또는 이익형량을 하였으나 정당성과 객관성이 결여된 경우에는 행정계획결정은 형량에 하자가 있어 위법하게 된다.

③ 개발제한구역지정처분은 그 입안·결정에 관하여 광범위한 형성의 자유를 가지는 계획재량처분이다.

④ 「도시 및 주거환경정비법」에 따른 주택재건축정비사업조합이 행성주체의 지위에서 수립하는 관리처분계획은 구속적 행정계획으로서 주택재건축정비사업조합이 행하는 독립된 행정처분에 해당한다.

12

행정행위의 취소와 철회에 대한 설명으로 옳지 <u>않은</u> 것은? (다툼이 있는 경우 판례에 의함)

① 한 사람이 여러 종류의 자동차운전면허를 취득하는 경우뿐 아니라 이를 취소함에 있어서도 서로 별개의 것으로 취급하는 것이 원칙이다.

② 당사자가 처분의 위법성을 중대한 과실로 알지 못한 경우에는 행정청은 당사자에게 이익을 부여하는 처분의 취소로 인하여 당사자가 입게 될 불이익을 취소로 달성되는 공익과 비교·형량하지 않아도 된다.

③ 행정청은 정당한 사유가 있는 경우에는 처분을 장래를 향하여 취소할 수 있다.

④ 처분청은 행정처분에 하자가 있는 경우에는 별도의 법적 근거가 있어야만 스스로 이를 취소할 수 있다.

13

행정지도에 대한 설명으로 옳지 <u>않은</u> 것은? (다툼이 있는 경우 판례에 의함)

① 행정지도를 하는 자는 그 상대방에게 그 행정지도의 취지 및 내용과 신분을 밝혀야 한다.

② 행정지도는 말로 이루어질 수 있다.

③ 행정기관은 행정지도의 상대방이 행정지도에 따르지 아니할 경우 그에 상응하는 불이익 조치를 할 수 있다.

④ 행정지도의 상대방은 해당 행정지도의 방식에 관하여 행정기관에 의견제출을 할 수 있다.

14

행정상 강제에 관한 설명으로 옳지 <u>않은</u> 것은? (다툼이 있는 경우 판례에 의함)

① 관계 법령상 행정대집행의 절차가 인정되어 행정청이 행정대집행의 방법으로 건물의 철거 등 대체적 작위의무의 이행을 실현할 수 있는 경우에는 따로 민사소송의 방법으로 그 의무의 이행을 구할 수 없다.

② 「행정대집행법」에 따른 행정대집행에서 건물의 점유자가 철거의무자일 때에는 별도로 퇴거를 명하는 집행권원이 필요하다.

③ 「건축법」에 위반하여 건축한 것이어서 철거의무가 있는 건물이라 하더라도 그 철거의무를 대집행하기 위한 계고처분을 하려면 다른 방법으로는 이행의 확보가 어렵고 불이행을 방치함이 심히 공익을 해하는 것으로 인정될 때에 한하여 허용되고 이러한 요건의 주장·입증책임은 처분행정청에 있다.

④ 과세관청이 체납처분으로서 행하는 공매는 우월한 공권력의 행사로서 행정소송의 대상이 되는 공법상의 행정처분이며 공매에 의하여 재산을 매수한 자는 그 공매처분이 취소된 경우에 그 취소처분의 위법을 주장하여 행정소송을 제기할 법률상 이익이 있다.

15

행정상 법률관계에 관한 설명으로 옳지 <u>않은</u> 것은? (다툼이 있는 경우 판례에 의함)

① 국유재산의 관리청이 그 무단점유자에 대하여 하는 변상금부과처분은 순전히 사경제 주체로서 행하는 사법상의 법률행위라 할 수 없고, 이는 관리청이 공권력을 가진 우월적 지위에서 행한 것으로서 행정소송의 대상이 되는 행정처분이다.

② 국가나 지방자치단체에 근무하는 청원경찰은 「국가공무원법」이나 「지방공무원법」상의 공무원은 아니지만, 다른 청원경찰과는 달리 그 임용권자가 행정기관의 장이고, 국가나 지방자치단체로부터 보수를 받으므로, 그 근무 관계는 사법상의 고용계약관계로 보기는 어려우므로 그에 대한 징계처분의 시정을 구하는 소는 행정소송의 대상이지 민사소송의 대상이 아니다.

③ 조세채무는 법률의 규정에 의하여 정해지는 법정채무로서 당사자가 그 내용 등을 임의로 정할 수 없고, 조세채무관계는 공법상의 법률관계이고 그에 관한 쟁송은 원칙적으로 행정사건으로서 「행정소송법」의 적용을 받는다.

④ 개발부담금 부과처분이 취소된 이상 그 후의 부당이득으로서의 과오납금 반환에 관한 법률관계는 단순한 민사 관계라 볼 수 없고, 행정소송 절차에 따라야 하는 행정법 관계로 보아야 한다.

16

헌법재판소와 대법원 판례의 내용으로 옳지 않은 것은?

① 「감염병의 예방 및 관리에 관한 법률」 제71조에 의한 예방접종 피해에 대한 국가의 보상책임은 무과실책임이지만, 질병, 장애 또는 사망이 예방접종으로 발생하였다는 점이 인정되어야 한다.

② 당사자적격, 권리보호이익 등 소송요건은 직권조사사항으로서 당사자가 주장하지 아니하더라도 법원이 직권으로 조사하여 판단하여야 하고, 사실심 변론종결 이후에 소송요건이 흠결되거나 그 흠결이 치유된 경우 상고심에서도 이를 참작하여야 한다.

③ 법령이 특정한 행정기관 등으로 하여금 다른 행정기관을 상대로 제재적 조치를 취할 수 있도록 하면서, 그에 따르지 않으면 그 행정기관에 대하여 과태료를 부과하거나 형사처벌을 할 수 있도록 정하는 경우, 제재적 조치의 상대방인 행정기관 등에게 항고소송 원고로서의 당사자능력과 원고적격을 인정할 수 없다.

④ 원고가 「행정소송법」상 항고소송으로 제기해야 할 사건을 민사소송으로 잘못 제기한 경우에 수소법원이 그 항고소송에 대한 관할을 가지고 있지 아니하여 관할법원에 이송하는 결정을 하였고, 그 이송결정이 확정된 후 원고가 항고소송으로 소 변경을 하였다면, 그 항고소송에 대한 제소기간의 준수 여부는 원칙적으로 처음에 소를 제기한 때를 기준으로 판단하여야 한다.

17

행정절차에 관한 설명으로 옳지 않은 것은? (다툼이 있는 경우 판례에 의함)

① 「국가공무원법」상 직위해제처분은 당해 행정작용의 성질상 행정절차를 거치기 곤란하거나 불필요하다고 인정되는 사항 또는 행정절차에 준하는 절차를 거친 사항에 해당하지 않으므로, 처분의 사전통지 및 의견청취 등에 관한 「행정절차법」의 규정이 적용되어야 한다.

② 군인사법령에 의하여 진급예정자명단에 포함된 자에 대하여 의견제출의 기회를 부여하지 아니한 채 진급선발을 취소하는 처분을 한 것은 절차상 하자가 있어 위법하다고 할 것이다.

③ 행정청이 침해적 행정처분을 하면서 당사자에게 행정절차법상의 사전 통지를 하거나 의견제출의 기회를 주지 않았다면, 사전 통지를 하지 않거나 의견제출의 기회를 주지 않아도 되는 예외적인 경우에 해당하지 않는 한, 그 처분은 위법하여 취소를 면할 수 없다.

④ 행정기관이 소속 공무원이나 하급행정기관에 대하여 세부적인 업무처리절차나 법령의 해석·적용 기준을 정해 주는 '행정규칙'은 상위 법령의 구체적 위임이 있지 않는 한 조직 내부에서만 효력을 가질 뿐 대외적으로 국민이나 법원을 구속하는 효력이 없다.

18

다음 중 제3자의 원고적격에 관한 설명으로 옳지 않은 것은? (다툼이 있는 경우 판례에 의함)

① 행정처분의 직접 상대방이 아닌 제3자라도 당해 처분에 관하여 법률상 직접적이고 구체적인 이해관계를 가지는 경우에는 당해 처분 취소소송의 원고적격이 인정된다.

② 환경상 이익은 본질적으로 자연인에게 귀속되는 것으로서 단체는 환경상 이익의 침해를 이유로 행정소송을 제기할 수 없다.

③ 우리 출입국관리법의 해석상 외국인은 사증발급 거부처분의 취소를 구할 법률상 이익이 있다.

④ 처분 등에 의해 법률상 이익이 현저히 침해되는 경우뿐만 아니라 침해가 우려되는 경우에도 원고적격이 인정된다.

19

다음 중 공공의 영조물에 관한 설명으로 옳지 않은 것은? (다툼이 있는 경우 판례에 의함)

① 「도로교통법」 제3조 제1항에 의하여 특별시장·광역시장·제주특별자치도지사 또는 시장·군수의 권한으로 규정되어 있는 도로에서 경찰서장 등이 설치·관리하는 신호기의 하자로 인한 「국가배상법」 제5조 소정의 배상책임은 그 사무의 귀속 주체인 국가가 부담한다.

② 사실상 군민의 통행에 제공되고 있던 도로 옆의 암벽으로부터 떨어진 낙석에 맞아 사망하는 사고가 발생하였다고 하여도 동 사고지점 도로가 군에 의하여 노선인정 기타 공용개시가 없었으면 이를 영조물이라 할 수 없다.

③ 국가나 지방자치단체가 영조물의 설치·관리의 하자를 이유로 손해배상책임을 부담하는 경우

영조물의 설치·관리를 맡은 자와 그 비용부담자가 동일하지 아니하면 비용부담자도 손해배상책임이 있다.

④ 경찰서지서의 숙직실에서 순직한 경찰공무원의 유족들은 「국가배상법」 및 「민법」의 규정에 의한 손해배상을 청구할 권리가 있다.

20

다음 중 행정심판의 재결의 효력에 관한 설명으로 옳지 않은 것은? (다툼이 있는 경우 판례에 의함)

① 재결의 기속력은 인용재결의 효력이며 기각재결에는 인정되지 않는다.

② 재결이 확정된 경우에는 처분의 기초가 된 사실관계나 법률적 판단이 확정되고 당사자들이나 법원이 이에 기속되어 모순되는 주장이나 판단을 할 수 없게 된다.

③ 당해 처분에 관하여 위법한 것으로 재결에서 판단된 사유와 기본적 사실관계에 있어 동일성이 인정되는 사유를 내세워 다시 동일한 내용의 처분을 하는 것은 허용되지 않는다.

④ 형성력이 인정되는 재결로는 취소재결, 변경재결, 처분재결이 있다.

21

다음 중 「개인정보보호법」에 관한 내용으로 옳지 않은 것은? (다툼이 있는 경우 판례에 의함)

① 개인정보처리자는 개인정보를 익명 또는 가명으로 처리하여도 개인정보 수집목적을 달성할 수 있는 경우 익명처리가 가능한 경우에는 익명에 의하여, 익명처리로 목적을 달성할 수 없는 경

우에는 가명에 의하여 처리될 수 있도록 하여야 한다.

② 개인정보처리자는 정보주체가 필요한 최소한의 정보 외의 개인정보 수집에 동의하지 아니한다는 이유로 정보주체에게 재화 또는 서비스의 제공을 거부할 수 있다.

③ 개인정보처리자는 공공기관이 법령 등에서 정하는 소관 업무의 수행을 위하여 불가피한 경우에는 개인정보를 수집할 수 있으며 그 수집 목적의 범위에서 이용할 수 있다.

④ 개인정보처리자는 보유기간의 경과, 개인정보의 처리 목적 달성, 가명정보의 처리 기간 경과 등 그 개인정보가 불필요하게 되었을 때에는 지체없이 그 개인정보를 파기하여야 한다. 다만, 다른 법령에 따라 보존하여야 하는 경우에는 그러하지 아니하다.

22

헌법재판소와 대법원 판례의 내용으로 옳지 <u>않은</u> 것은?

① 도축장 사용정지·제한명령은 공익목적을 위하여 이미 형성된 구체적 재산권을 박탈하거나 제한하는 「헌법」 제23조 제3항의 수용·사용 또는 제한에 해당하는 것이 아니라, 도축장 소유자들이 수인하여야 할 사회적 제약으로서 「헌법」 제23조 제1항의 재산권의 내용과 한계에 해당한다.

② 토지수용위원회의 수용재결에 대한 이의절차는 실질적으로 행정심판의 성질을 갖는 것이므로 「토지수용법」에 특별한 규정이 있는 것을 제외하고는 「행정심판법」의 규정이 적용된다고 할 것이다.

③ 「공무원연금법」상 공무원연금급여 재심위원회에 대한 심사청구 제도는 사안의 전문성과 특수성을 살리기 위하여 특히 필요하여 행정심판법에 따른 일반행정심판을 갈음하는 특별한 행정불복절차, 즉 특별행정심판에 해당한다.

④ 당사자의 신청을 받아들이지 않은 거부처분이 재결에서 취소된 경우에 행정청은 종전 거부처분 또는 재결 후에 발생한 새로운 사유를 내세워 다시 거부처분을 할 수 없다.

23

다음 중 개인적 공권에 관한 설명으로 옳지 <u>않은</u> 것은? (다툼이 있는 경우 판례에 의함)

① 재량권이 영으로 수축하는 경우에는 무하자재량행사청구권은 행정개입청구권으로 전환되는 특성이 존재한다.

② 사회적 기본권의 성격을 가지는 연금수급권은 국가에 대하여 적극적으로 급부를 요하는 것이므로 헌법규정만으로는 이를 실현할 수 없고, 법률에 의한 형성을 필요로 한다.

③ 행정청에게 부여된 공권력 발동권한이 재량행위인 경우, 행정청의 권한행사에 이해관계가 있는 개인은 행정청에 대하여 무하자재량행사청구권을 가진다.

④ 환경부장관의 생태·자연도 등급결정으로 1등급 권역의 인근 주민들이 가지는 환경상 이익은 법률상 이익이다.

24

항고소송의 대상인 '처분'에 대한 설명으로 옳지 않은 것은? (다툼이 있는 경우 판례에 의함)

① 교육부장관이 대학에서 추천한 복수의 총장 후보자들 전부 또는 일부를 임용제청에서 제외하는 행위는 제외된 후보자들에 대한 불이익처분으로서 항고소송의 대상이 되는 처분에 해당한다고 보아야 한다.

② 법령상 토사채취가 제한되지 않는 산림 내에서의 토사채취에 대하여 국토와 자연의 유지, 환경보전 등 중대한 공익상 필요를 이유로 그 허가를 거부하는 것은 재량권을 일탈·남용하여 위법한 처분이라 할 수 있다.

③ 대학이 복수의 후보자에 대하여 순위를 정하여 추천한 경우 교육부장관이 후순위 후보자를 임용제청했더라도 이로 인하여 헌법과 법률이 보장하는 대학의 자율성이 제한된다고는 볼 수 없다.

④ 절차상 또는 형식상 하자로 무효인 행정처분에 대하여 행정청이 적법한 절차 또는 형식을 갖추어 다시 동일한 행정처분을 하였다면, 종전의 무효인 행정처분에 대한 무효확인청구는 과거의 법률관계의 효력을 다투는 것에 불과하므로 무효확인을 구할 법률상 이익이 없다.

25

행정소송에 관한 설명으로 옳지 않은 것은? (다툼이 있는 경우 판례에 의함)

① 「공기업·준정부기관 계약사무규칙」에 따른 낙찰적격 세부기준은 국민의 권리의무에 영향을 미치므로 대외적 구속력이 인정된다.

② 지적공부 소관청의 지목변경신청 반려행위는 국민의 권리관계에 영향을 미치는 것으로서 항고소송의 대상이 되는 행정처분에 해당한다.

③ 건축물대장 소관청의 용도변경신청 거부행위는 국민의 권리관계에 영향을 미치는 것으로서 항고소송의 대상이 되는 행정처분에 해당한다.

④ 국가계약법상 감점조치는 계약 사무를 처리함에 있어 내부규정인 세부기준에 의하여 종합취득점수의 일부를 감점하게 된다는 뜻의 사법상의 효력을 가지는 통지행위에 불과하므로 항고소송의 대상이 되지 않는다.

PART 03

2022년 기출문제

국어 · 행정학 · 행정법

국어

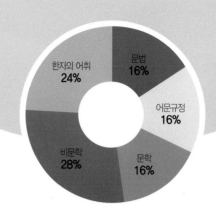

한자와 어휘 24%
문법 16%
어문규정 16%
문학 16%
비문학 28%

◎ 정답 및 해설 229p

01

다음 중 띄어쓰기가 가장 옳은 것은?

① 지난 달에 나는 딸도 만날겸 여행도 할겸 미국에 다녀왔어.

② 이 회사의 경비병들은 물 샐 틈없이 경비를 선다.

③ 저 사과들 중에서 좀더 큰것을 주세요.

④ 그 사람은 감사하기는 커녕 적게 주었다고 원망만 하더라.

02

다음 중 파생법으로 만들어진 단어가 <u>아닌</u> 것은?

① 교육자답다   ② 살펴보다

③ 탐스럽다   ④ 순수하다

03

다음 중 사자성어가 가장 적절하게 쓰이지 <u>않은</u> 것은?

① <u>견강부회</u>(牽强附會) 하지 말고 타당한 논거로 반박을 하세요.

② 그는 언제나 <u>호시우보</u>(虎視牛步) 하여 훌륭한 리더가 되었다.

③ 함부로 <u>도청도설</u>(道聽塗說)에 현혹되어 주책없이 행동하지 마시오.

④ 이번에 우리 팀이 크게 이긴 것을 <u>전화위복</u>(轉禍爲福)으로 여기자.

04

다음 중 밑줄 친 부분의 한자가 나머지 셋과 <u>다른</u> 것은?

① 오래된 나사여서 <u>마</u>모가 심해 빼기 어렵다.

② 평소 절차탁<u>마</u>에 힘써야 대기만성에 이를 수 있다.

③ 정신을 수양하고 심신을 연<u>마</u>하는 것이 진정한 배움이다.

④ 너무 열중하여 힘을 주다 보니 근육이 <u>마</u>비되었다.

05

밑줄 친 부분의 띄어쓰기가 <u>잘못된</u> 것은?

① <u>한번</u> 실패했더라도 다시 도전하면 된다.
② <u>한번</u>은 네거리에서 큰 사고를 낼 뻔했다.
③ 고 녀석, 울음소리 <u>한번</u> 크구나.
④ 심심한데 노래나 <u>한번</u> 불러 볼까?

[06~07] 다음 글을 읽고 물음에 답하시오.

인류는 우주의 중심이 아니라 가장자리에 있으며, 인류의 기적 같은 진화는 유대, 기독교, 이슬람이 전제하고 있는 바와 같이 초월자의 선택에 의해 결정됐거나 힌두, 불교가 주장하고 있는 것과는 달리 자연의 우연한 산물이다. 우주적인 관점에서 볼 때 인류의 가치는 동물의 가치와 근원적으로 차별되지 않으며, 그의 존엄성은 다른 동물의 존엄성과 근본적으로 차등 지을 수 없다. 자연은 한없이 아름답고 자비롭다. 미국 원주민이 대지를 '어머니'라고 부르는 것으로 알 수 있듯이 자연은 모든 생성의 원천이자 젖줄이다. 그것은 대자연 즉 산천초목이 보면 볼수록 느끼면 느낄수록 생각하면 생각할수록 신선하고 풍요하기 때문이다. 자연은 무한히 조용하면서도 생기에 넘치고, 무한히 소박하면서도 환상적으로 아름답고 장엄하고 거룩한 모든 것들의 모체이자 그것들 자체이다. 자연은 영혼을 가진 인류를 비롯한 유인원, 그 밖의 수많은 종류의 식물과 동물들 및 신비롭고 거룩한 모든 생명체의 고향이자 거처이며, 일터이자 휴식처이고, 행복의 둥지이며, 영혼을 가진 인간이 태어났던 땅이기 때문이다. 자연은 모든 존재의 터전인 동시에 그 원리이며 그러한 것들의 궁극적 의미이기도 하다. 자연은 생명 그 자체의 활기, 존재 자체의 아름다움의 표상이다. 또한 그것은 인간이 배워야 할 진리이며 모든 행동의 도덕적 및 실용적 규범이며 지침이며 길이다. 자연은 정복과 활용이 아니라 감사와 보존의 대상이다.

06

다음 중 위 글을 통해 파악할 수 있는 글쓴이의 성격으로 가장 적절한 것은?

① 낭만주의자(浪漫主義者)
② 자연주의자(自然主義者)
③ 신비주의자(神秘主義者)
④ 실용주의자(實用主義者)

07

위 글의 구성 방식으로 가장 적절한 것은?

① 두괄식
② 양괄식
③ 미괄식
④ 중괄식

08

다음 중 아래의 글을 읽고 추론한 라캉의 생각과 가장 거리가 <u>먼</u> 것은?

라캉에 의하면, 사회화 과정에 들어서기 전의 거울 단계에서, 자기와 자기 영상, 혹은 자기와 어머니 같은 양자 관계에 새로운 타인, 다시 말해 아버지, 곧 법으로서의 큰 타자가 개입하는 삼자 관계, 즉 상징적 관계가 형성된다. 이 형성은 제3자가 외부에서 인위적으로 비집고 들어섬을 뜻하는 것이 아니다. 인간이 상징적 질서를 생각하게 되는 것은, 이미 그 질서가 구조적으로 인간에게 기능하게끔 되어 있기 때문이다. 인간이 후천적, 인위적으로 그 구조를 만들었다고 생각하는 것은 잘못이다. 인간은 단지 구조되어 있는 그 질서에 참여할 뿐이다.

말하자면 구조란 의식되지 않는 가운데 인간 문화의 기저에서 인간의 행위를 규정함을 뜻하는 것이다. 그러므로 라캉에게 있어서, 주체의 존재 양태는 무의식적인 것을 바탕으로 해서 가능하다. 주체 자체가 무의식적인 것으로서 형성된다. 그러므로 주체는 무의식적 주체이다.

라캉에게 나의 사유와 나의 존재는 사실상 분리되어 있다. 그는 나의 사유가 나의 존재를 확인시켜 주지 못한다고 주장한다. 라캉의 경우, '나는 생각한다'라는 의식이 없는 곳에서 '나는 존재'하고, 또 '내가 존재하는 곳'에서 '나는 생각하지 않는다'. 라캉은 무의식은 타자의 진술이라고 말한다. 바꾸어 말한다면 언어 활동에서 우리가 보내는 메시지는 타자로부터 발원되어 우리에게 온 것이다. '무의식은 주체에 끼치는 기표의 영향'이라고 라캉은 말한다.

이런 연유에서 '인간의 욕망은 타자의 욕망'이라는 논리가 라캉에게 성립된다. 의식의 차원에서 '내가 스스로 주체적'이라고 말하는 것 같지만, 그것은 어디까지나 허상이다. 실상은, 나의 진술은 타자의 진술에 의해서 구성된다는 것이다. 나의 욕망도 타자의 욕망에 의해서 구성된다. 내가 스스로 원한 욕망이란 성립하지 않는다.

① 주체의 무의식은 구조화된 상징적 질서에 의해 형성된다.
② 주체의 의식적 사유와 행위에 의해 새로운 문화 질서가 창조된다.
③ 대중매체의 광고는 주체의 욕망이 형성되는 데 큰 영향을 미친다.
④ 데카르트의 '나는 생각한다. 고로 존재한다'라는 명제는 옳지 않다.

09

다음 중 아래 시의 주제로 가장 옳은 것은?

바람결보다 더 부드러운 은빛 날리는
가을 하늘 현란한 광채가 흘러
양양한 대기에 바다의 무늬가 인다.

한 마음에 담을 수 없는 천지의 감동 속에
찬연히 피어난 백일(白日)의 환상을 따라
달음치는 하루의 분방한 정념에 헌신된 모습

생의 근원을 향한 아폴로의 호탕한 눈동자같이
황색 꽃잎 금빛 가루로 겹겹이 단장한
아! 의욕의 씨 원광(圓光)에 묻힌 듯 향기에 익어 가니

한줄기로 지향한 높다란 꼭대기의 환희에서
순간마다 이룩하는 태양의 축복을 받는 자
늠름한 잎사귀들 경이(驚異)를 담아 들고 찬양한다.

― 김광섭, 〈해바라기〉

① 자연과 인간의 교감
② 가을의 정경과 정취
③ 생명에 대한 강렬한 의욕
④ 환희가 넘치는 삶

10

다음 중 아래 글의 제목으로 가장 옳은 것은?

방정식이라는 단어는 '정치권의 통합 방정식', '경영에서의 성공 방정식', '영화의 흥행 방정식' 등 다양한 분야에서 애용된다. 수학의 방정식은 문자를 포함하는 등식에서 문자의 값에 따라 등식이 참이 되기도 하고 거짓이 되기도 하는 경우를 말한다. 통합 방정식의 경우, 통합을 하는 데 여러 변수가 있고 변수에 따라 통합이 성공하거나 실패

할 수 있으므로 방정식이라는 표현은 대체로 적절하다.

그런데 방정식은 '변수가 많은 고차 방정식', '국내·국제·남북 관계의 3차 방정식'이란 표현에서 보듯이 차수와 함께 거론되기도 한다. 엄밀하게 따지면 변수의 개수와 방정식의 차수는 무관하다. 변수가 1개라도 고차 방정식이 될 수 있고 변수가 많아도 1차 방정식이 될 수 있다. 따라서 상황에 영향을 미치는 변수의 개수에 따라 m원 방정식으로, 상황의 복잡도에 따라 n차 방정식으로 구분할 필요가 있다. 또 4차 방정식까지는 근의 공식, 즉 일반해가 존재하므로 해를 구할 수 없을 정도의 난맥상이라면 5차 방정식 이상이라는 표현이 안전하다.

① 수학 용어의 올바른 활용
② 실생활에서의 수학 공식의 적용
③ 방정식의 정의와 구성 요소
④ 수학 용어의 추상성과 엄밀성

11
다음 중 ㉠~㉢에 알맞은 말을 순서대로 나열한 것은?

먼 곳의 물체를 볼 때 물체에서 반사되어 나온 빛이 눈 속으로 들어가면서 각막과 수정체에 의해 굴절되어 망막의 앞쪽에 초점을 맺게 되면 망막에는 초점이 맞지 않는 상이 맺힘으로써 먼 곳의 물체가 흐리게 보인다. 이것을 근시라고 한다.

근시인 눈에서 보고자 하는 물체가 눈에 가까워지면 망막의 (㉠)에 맺혔던 초점이 (㉡)으로 이동하여 망막에 초점이 맺혀 흐리게 보이던 물체가 선명하게 보인다. 그리고 이 지점보다 더 가까운 곳의 물체는 조절 능력에 의하여 계속 잘 보인다.

이와 같이 근시는 먼 곳의 물체는 잘 안 보이고 가까운 곳의 물체는 잘 보이는 것을 말한다. 근시의 정도가 심하면 심할수록 눈 속에 맺히는 초점이 망막으로부터 (㉢)으로 멀어져 가까운 곳의 잘 보이는 거리가 짧아지고 근시의 정도가 약하면 꽤 먼 곳까지 잘 볼 수 있다.

　　㉠　　㉡　　㉢
① 앞쪽 – 뒤쪽 – 앞쪽
② 뒤쪽 – 앞쪽 – 앞쪽
③ 앞쪽 – 뒤쪽 – 뒤쪽
④ 뒤쪽 – 앞쪽 – 뒤쪽

12
다음 중 ㉠을 가리키기에 적절하지 않은 것은?

"허, 참, 세상 일두……."
마을 갔던 아버지가 언제 돌아왔는지,
"윤초시댁두 말이 아니어. ㉠그 많든 전답을 다 팔아 버리구, 대대루 살아오든 집마저 남의 손에 넘기드니, 또 악상꺼지 당하는 걸 보면……."
남폿불 밑에서 바느질감을 안고 있던 어머니가,
"증손이라곤 기집애 그 애 하나뿐이었지요?"
"그렇지. 사내애 둘 있든 건 어려서 잃구……."
"어쩌든 그렇게 자식복이 없을까."

– 황순원, 〈소나기〉 중에서

① 雪上加霜　　② 前虎後狼
③ 禍不單行　　④ 孤掌難鳴

13

밑줄 친 말이 한자어와 고유어의 결합이 아닌 것은?

① 이번 달은 예상외로 <u>가욋돈</u>이 많이 나갔다.

② 앞뒤 시정도 모르고 <u>고자질</u>을 하면 안 된다.

③ 불이 나자 순식간에 장내가 <u>아수라장</u>으로 변했다.

④ 두통이 심할 때 <u>관자놀이</u>를 문지르면 도움이 된다.

14

다음 중 아래의 작품과 내용 및 주제가 가장 비슷한 것은?

> 동풍(東風)이 건듯 부러 적설(積雪)을 헤텨 내니
> 창 밧긔 심근 매화 두세 가지 픠여셰라
> ᄀᆞᆺ득 냉담(冷淡)ᄒᆞᆫᄃᆡ 암향(暗香)은 므스일고
> 황혼의 달이 조차 벼마틱 빗최니
> 늣기난 닷 반기난 닷 님이신가 아니신가
> 뎌 매화 것거 내여 님 겨신 ᄃᆡ 보내오져
> 님이 너를 보고 엇더타 너기실고
>
> 곳 디고 새 닙 나니 녹음이 실렷ᄂᆞᆫᄃᆡ
> 나위(羅幃) 적막ᄒᆞ고 수막(繡幕)이 뷔여 잇다
> 부용(芙蓉)을 거터 노코 공작(孔雀)을 둘러 두니
> ᄀᆞᆺ득 시름 한ᄃᆡ 날은 엇디 기돗던고
> 원앙금(鴛鴦錦) 버혀 노코 오색선 플텨 내여
> 금자히 견화이셔 님의 옷 지어내니
> 수품(手品)은ᄏᆞ니와 제도도 ᄀᆞ졸시고
> 산호수 지게 우희 백옥함의 다마 두고
> 님의게 보내오려 님 겨신 ᄃᆡ 브라보니
> 산인가 구름인가 머흐도 머흘시고
> 천리 만리 길흘 뉘라셔 ᄎᆞ자갈고
> 니거든 여러 두고 날인가 반기실가
>
> — 정철, 〈사미인곡〉 중에서

15

다음 중 표준어가 아닌 것은?

① 발가숭이　　　② 깡총깡총

③ 뻗정다리　　　④ 오뚝이

16

다음 중 아래 글의 내용을 포괄하여 설명하기에 가장 적절한 것은?

> 주체 경어법은 용언에 선어말 어미 '–시–'를 넣음으로써 이루어진다. 만약 여러 개의 용언이 함께 나타나는 경우라면 일률적인 규칙을 세우기는 어렵지만 대체로 문장의 마지막 용언에 선어말어미 '–시–'를 쓴다. 또한 여러 개의 용언 가운데 어휘적으로 높임의 용언이 따로 있는 경우에는 반드시 그 용언을 사용해야 한다.

① 할머니, 어디가 어떻게 편찮으세요?

② 어머님께서 돌아보시고 주인에게 부탁하셨다.

③ 선생님께서 책을 펴며 웃으셨다.

④ 할아버지께서 주무시고 가셨다.

① 고인도 날 몯 보고 나도 고인 몯 뵈

　고인을 몯 뵈도 녀던 길 알ᄑᆡ 잇늬

　녀던 길 알ᄑᆡ 잇거든 아니 녀고 엇뎔고

② 삼동에 배옷 입고 암혈(巖穴)에 눈비 맞아

　구름 낀 볕뉘도 쬔 적이 없건마는

　서산에 해 지다 하니 눈물 겨워 하노라

③ 묏버들 갈히것거 보내노라 님의

　손ᄃᆡ자시ᄂᆞᆫ창 밧긔 심거두고 보쇼셔

　밤비예 새 닙 곳 나거든 날인가도 너기쇼셔

④ 반중(盤中) 조홍(早紅) 감이 고아도 보이ᄂᆞ다

　유자 안이라도 품엄즉도 ᄒᆞ다마는

　품어 가 반기 리 업슬새 글노 설워ᄒᆞᄂᆞ이다

17

아래의 글에 나타나지 않는 설명 방식은?

> 텔레비전에서는 여러 종류의 자막이 쓰인다. 뉴스의 경우, 앵커가 기사를 소개할 때에는 앵커의 왼쪽 위에 기사 전체의 내용을 요약하거나 핵심을 추려 제목 자막을 쓴다. 보도 중간에는 화면의 하단에 기사의 제목이나 소제목을 자막으로 보여준다. 그리고 보도 내용을 이해하는 데 꼭 필요한 핵심적인 내용이나 세부 자료도 자막으로 보여준다.
>
> 관객이나 시청자가 읽을 수 있도록 화면에 보여주는 글자라는 점에서 영화에서 쓰이는 자막도 텔레비전 자막과 비슷하게 활용된다. 그런데 영화의 자막은 타이틀과 엔딩 크레디트 그리고 번역 대사가 전부이다. 이는 모두 영화 제작과 관련된 정보를 알려주는 제한된 용도로만 사용된다. 번역 대사는 더빙하지 않은 외국영화의 대사를 보여주기 위한 수단으로 사용된다.
>
> 텔레비전에서는 영화에서 쓰는 자막을 모두 사용할 뿐 아니라 각종 제목과 요약 내용을 나타내기도 하고 시청자의 흥미를 돋우기 위해 말과 감탄사를 표현하기도 한다. 음성으로 전달할 수 없는 다양한 정보를 제작자의 의도에 맞게끔 자막을 활용하여 제공하는 것이다.

① 정의 　　　　　② 유추
③ 예시 　　　　　④ 대조

18

다음 중 (가)~(다)를 문맥에 맞는 순서대로 나열한 것은?

> 최근 수십 년간 세계 각국의 정부들은 공격적인 환경보호 조치들을 취해왔다. 대기오염과 수질오염, 살충제와 독성 화학물질의 확산, 동식물의 멸종 위기 등을 우려한 각국의 정부들은 인간의 건강을 증진하고 인간 활동이 야생 및 원시 지역에서 만들어 낸 해로운 결과를 줄이기 위해 상당한 자원을 투자해왔다.
>
> (가) 그러나 이러한 규제 노력 가운데는 막대한 비용을 헛되이 낭비한 것들도 상당수에 달하며, 그중 일부는 해결하고자 했던 문제를 오히려 악화시키기도 했다.
>
> (나) 이 중 많은 조치들이 커다란 성과를 거두었다. 이를테면 대기오염을 줄이려는 노력으로 수십만 명의 조기 사망과 수백만 가지의 질병을 예방할 수 있었다.
>
> (다) 예를 들어, 새로운 대기 오염원을 공격적으로 통제할 경우, 기존의 오래된 오염원의 수명이 길어져서 적어도 단기적으로는 대기오염을 가중시킬 수 있다.

① (나) → (가) → (다) 　　② (나) → (다) → (가)
③ (다) → (가) → (나) 　　④ (다) → (나) → (가)

19

다음 중 밑줄 친 부분과 같은 수사법이 쓰인 것은?

> <u>흰 수건</u>이 검은 머리를 두르고
> <u>흰 고무신</u>이 거친 발에 걸리우다.
>
> <u>흰 저고리 치마</u>가 슬픈 몸집을 가리고
> <u>흰 띠</u>가 가는 허리를 질끈 동이다.
>
> — 윤동주, 〈슬픈 족속〉

① 내 누님같이 생긴 꽃이여
② 나의 마음은 고요한 물결
③ 파도가 아가리를 쳐들고 달려드는 곳
④ 의(義) 있는 사람은 옳은 일을 위하여는 칼날을 밟습니다

20

밑줄 친 말의 표기가 잘못된 것은?

① 배가 고파서 <u>공기밥</u>을 두 그릇이나 먹었다.
② 선출된 임원들이 차례로 <u>인사말</u>을 하였다.
③ 사고 <u>뒤처리</u>를 하느라 골머리를 앓았다.
④ 이메일보다는 손수 쓴 <u>편지글</u>이 더 낫다.

21

다음 중 아래 글에 대한 이해로 가장 적절하지 <u>않은</u> 것은?

> 어떤 사람은 이곳이 옛 전쟁터였기 때문에 물소리가 그렇다고 말하나 그래서가 아니라 물소리는 듣기 여하에 달린 것이다.
> 나의 집이 있는 산속 바로 문 앞에 큰 내가 있다. 해마다 여름철 폭우가 한바탕 지나가고 나면 냇물이 갑자기 불어나 늘 수레와 말, 대포와 북의 소리를 듣게 되어 마침내 귀에 못이 박힐 정도가 되어 버렸다.
> 나는 문을 닫고 드러누워 그 냇물 소리를 구별해서 들어 본 적이 있었다. 깊숙한 솔숲에서 울려 나오는 솔바람 같은 소리, 이 소리는 청아하게 들린다. 산이 찢어지고 언덕이 무너지는 듯한 소리, 이 소리는 격분해 있는 것처럼 들린다. 뭇 개구리들이 다투어 우는 듯한 소리, 이 소리는 교만한 것처럼 들린다. 수많은 축(筑)이 번갈아 울리는 듯한 소리, 이 소리는 노기에 차 있는 것처럼 들린다. 별안간 떨어지는 천둥 같은 소리, 이 소리는 놀란 듯이 들린다. 약하기도 세기도 한 불에 찻물이 끓는 듯한 소리, 이 소리는 분위기 있게 들린다. 거문고가 궁조(宮調)·우조(羽調)로 울려 나오는 듯한 소리, 이 소리는 슬픔에 젖어 있는 듯이 들린다. 종이 바른 창문에 바람이 우는 듯한 소리, 이 소리는 회의(懷疑)스러운 듯 들린다. 그러나 이 모두가 똑바로 듣지 못한 것이다. 단지 마음속에 품

은 뜻이 귀로 소리를 받아들여 만들어 낸 것일 따름이다.

– 박지원, 〈일야구도하기〉 중에서

① 직유와 은유를 활용하여 대상을 묘사하였다.
② 세심한 관찰을 통해 사물의 본질을 이해할 수 있음을 역설하였다.
③ 일상에서의 경험을 자기 생각의 근거로 제시하였다.
④ 다른 이의 생각을 반박하기 위하여 서술하였다.

22

밑줄 친 '보다'의 활용형이 지닌 의미가 나머지 셋과 <u>다른</u> 것은?

① 어쩐지 그의 행동을 실수로 <u>볼</u> 수가 없었다.
② 손해를 <u>보면서</u> 물건을 팔 사람은 없다.
③ 그는 상대를 만만하게 <u>보는</u> 나쁜 버릇이 있다.
④ 날씨가 좋을 것으로 <u>보고</u> 우산을 놓고 나왔다.

23

다음 중 '을'이 '동의의 격률'에 따라 대화를 한 것은?

① 갑 : 저를 좀 도와주실 수 있어요?
  을 : 무슨 일이지요? 지금 급히 해야 할 일이 있어요.
② 갑 : 글씨를 좀 크게 써 주세요.
  을 : 귀가 어두워서 잘 들리지 않는데 좀 크게 말씀해 주세요.
③ 갑 : 여러 모로 부족한 점이 많은데, 앞으로 잘 부탁합니다.

을 : 저는 매우 부족한 사람이라서 제대로 도와
드릴 수 있을지 걱정입니다.

④ 갑 : 여러 침대 중에 이것이 커서 좋은데 살까
요?

을 : 그 침대가 크고 매우 우아해서 좋군요. 그
런데 좀 커서 우리 방에 들어가지 않을 것
같아요.

③ 한라산 – Hanrasan

④ 북한산 – Bukhansan

24

아래의 글에서 밑줄 친 단어들 중 고유어에 해당하
는 것은?

> 절간의 여름 수도(修道)인 하안거(夏安居)가 끝
> 나면 스님들은 바랑을 메고 바리를 들고서 동냥
> 수도에 나선다. 이 동냥이 경제적인 구걸로 타락
> 된 적도 없지 않지만 원래는 중생으로 하여금 자
> 비를 베풀 기회를 줌으로써 업고(業苦)를 멸각시
> 키려는 수도 행사였다.

① 동냥   ② 구걸
③ 중생   ④ 자비

25

다음 중 밑줄 친 단어를 〈로마자 표기법〉에 맞게 표
기한 것은?

> 내 이름은 복연필이다.
> 어제 우리는 청와대를 다녀왔다.
> 작년에 나는 한라산을 등산하였다.
> 다음 주에 나는 북한산을 등산하려고 한다.

① 복연필 – Bok Nyeonphil

② 청와대 – Chungwadae

행정학

지방행정론 16%
행정학의 기초이론 16%
행정환류론 8%
재무행정론 8%
인사행정론 12%
조직론 20%
정책론 20%

정답 및 해설 234p

01

국가재정운용계획에 대한 설명으로 가장 옳지 <u>않은</u> 것은?

① 중기재정계획은 정부가 매년 당해 회계연도부터 5회계연도 이상의 기간에 대해 수립하는 재정운용계획이다.

② 예산안과 함께 국회에 제출하는 국가재정운용계획은 5년 단위 계획이다.

③ 국가재정운용계획은 국회가 심의하여 확정한다.

④ 국가재정운용계획은 중·장기 국가비전과 정책 우선순위를 고려한 중기적 시계를 반영하며, 단연도 예산편성의 기본틀이 된다.

02

전략기획(strategic planning)에 대한 설명으로 가장 옳지 <u>않은</u> 것은?

① 불확실한 미래에 체계적이고 능동적으로 대응하기 위한 전략을 만드는 과정이다.

② 상대적으로 정치 및 경제 등이 불안정한 환경 속에서 유용성이 높다.

③ 정책결정에 비해 외부환경에 개방되지 않고 전문가의 역할이 강조되는 편이다.

④ 환경에 대한 체계적인 분석과 조직진단을 통해 실현가능한 설계에 초점을 맞춘다.

03

정책결정모형에 대한 설명으로 가장 옳지 <u>않은</u> 것은?

① 합리모형은 합리적인 경제인을 가정하며 정책과정의 역동성을 고려하지 않는다.

② 만족모형은 조직 차원의 합리성과 정책결정자 개인 차원의 합리성 사이에 존재하는 괴리를 인정한다.

③ 점증모형은 정책을 이해관계자들 사이에 이루어지는 타협과 조정의 산물로 본다.

④ 최적모형은 합리모형의 한계를 극복하기 위해 만족모형과 점증모형의 강점을 취하고자 한다.

04

행정개혁에 대한 저항이 나타나는 원인이나 요인으로 가장 옳지 <u>않은</u> 것은?

① 행정개혁을 담당하는 조직의 중복성 혹은 가외성(redundancy)의 존재

② 행정개혁의 내용이나 그 실행계획의 모호성

③ 행정개혁에 요구되는 지식이나 기술의 부족

④ 행정개혁에 필요한 관련 법규의 제 · 개정의 어려움

05

정책결정요인론에 대한 비판으로 가장 옳지 <u>않은</u> 것은?

① 정치체제가 환경에 미치는 영향을 고려하지 않는다.

② 정치체제의 매개 · 경로적 역할을 고려하지 않는다.

③ 정치체제가 지니는 정량적 변수를 포함하지 않는다.

④ 정치체제가 정책에 미치는 영향을 과소평가한다.

06

우리나라의 자치입법권에 관한 설명으로 가장 옳지 <u>않은</u> 것은?

① 법령의 범위 안에서 자치법규를 제정할 수 있다.

② 주민에 대하여 형벌의 성격을 지닌 벌칙은 정할 수 없다.

③ 자치입법권에 근거한 자치법규로는 조례, 규칙 및 교육규칙 등이 있다.

④ 조례는 지방의회의 의결을 필요로 하지만, 규칙은 지방의회의 의결을 필요로 하지 않는다.

07

우리나라의 주민참여제도에 대한 설명으로 가장 옳지 <u>않은</u> 것은?

① 주민은 지방자치단체의 장을 상대로 소송을 제기할 수 있다.

② 주민은 지방자치단체의 장 및 지방의회의원(비례대표 지방의회의원은 제외)을 소환할 수 있다.

③ 주민은 지방자치단체의 장에게 조례의 제정과 개폐를 청구할 수 있다.

④ 주민은 지방예산 편성 등 예산과정에 참여할 수 있다.

08

정책유형에 대한 설명으로 가장 옳지 <u>않은</u> 것은?

① 구성정책은 대외적으로 가치배분에 직접 영향을 주지 않으나 대내적으로 '게임의 규칙(rule of game)'을 결정한다.

② 규제정책은 국가공권력을 통해 개인이나 집단의 행동에 제약을 가하여 순응을 확보하는 정책이다.

③ 분배정책은 집단 간에 '나눠먹기식 다툼(pork-barrel)'이 일어나는 특징을 지닌다.

④ 추출정책은 정부가 집단 간에 재산, 소득, 권리 등의 배정을 변동시켜 그들로부터 자원을 획득하는 정책이다.

09

우리나라의 시보제도에 대한 설명으로 가장 옳은 것은?

① 시보기간 동안은 신분이 보장되지 않기 때문에 그 기간은 공무원 경력에 포함되지 아니한다.

② 시보공무원은 공무원법상 공무원에 해당하기 때문에 시보기간 동안에도 보직을 부여받을 수 있다.

③ 시보기간 동안에 직권면직이 되면, 향후 3년간 다시 공무원으로 임용될 수 없는 결격사유에 해당한다.

④ 시보기간 동안은 신분이 보장되지 않기 때문에 징계처분에 대한 소청심사청구를 할 수 없다.

10

공직동기이론에 대한 설명으로 가장 옳지 않은 것은?

① 공직동기는 민간부문 종사자와는 차별화되는 공공부문 종사자의 가치체계를 의미한다.

② 공직동기이론에서는 공공부문의 종사자들을 봉사의식이 투철하고 공공문제에 더 큰 관심을 가지며 공공의 문제에 영향을 미칠 수 있다는 것에 큰 가치를 부여하고 있는 개인으로 가정한다.

③ 페리와 와이즈(Perry & Wise)에 따르면 공직동기는 합리적 차원과 규범적 차원, 그리고 정서적 차원으로 구성된다.

④ 1980년대 이후 급격히 확산된 신공공관리론의 외재적 보상에 의한 동기부여를 재차 강조한다.

11

베버(Max Weber)의 관료제에 대한 설명으로 가장 옳지 않은 것은?

① 합리성을 조직에 적용하여 목표달성을 위한 효과적인 수단으로 관료제를 간주한다.

② 실적을 인사행정의 기준으로 채택하는 실적주의

를 바탕으로 한다.

③ 조직의 목표달성을 위해 절차나 방법을 문서화된 법규형태로 가진다.

④ 관료제의 구성원들은 조직 전반의 일반적인 업무에 대해 책임을 진다.

12

정치행정이원론과 관련된 설명으로 가장 옳지 않은 것은?

① 행정을 공공서비스의 효율적인 생산 및 공급, 분배와 관련된 비권력적 관리현상으로 이해한다.

② 엽관주의를 극복하기 위한 시대적 요청에 따라 미국 펜들턴법(Pendleton Civil Service Reform Act)이 제정되었다.

③ 정치로부터 행정의 독자성을 강조하면서 과학적 관리법에 기반한 행태주의적 관점을 지지한다.

④ 행정국가의 등장으로 행정의 능률성과 전문성이 강조되면서 행정개혁운동이 전개되었다.

13

공익(public interest)에 대한 '과정설'의 설명으로 가장 옳지 않은 것은?

① 공익은 인식 가능한 행동결정의 유용한 안내자 역할을 한다는 입장이다.

② 공익은 하나의 실체라기보다 다수의 이익들이 조정되면서 얻어진 결과로 본다.

③ 공무원의 행동을 경쟁관계에 있는 집단들의 이익을 돕는 조정자의 역할로 이해한다.

④ 실체설의 주장을 행정의 정당성 확보를 위해 도입된 상징적 수사로 간주한다.

14

다음 중 공무원 부패를 방지하기 위해 가장 중요한 가치로서 인식되는 것은?

① 형평성
② 민주성
③ 절차성
④ 투명성

15

정부간 관계 모형에 대한 설명으로 가장 옳지 <u>않은</u> 것은?

① 라이트(D. S. Wright)는 미국의 연방, 주, 지방 정부간 관계에 주목하여 분리형, 중첩형, 포함형으로 구분했다.

② 그리피스(J. A. Griffith)는 영국의 중앙 · 지방 관계는 중세 귀족사회에서 지주와 그 지주의 명을 받아 토지와 소작권을 관리하는 마름(steward)의 관계에 가깝다고 하여 지주-마름 모형을 제시했다.

③ 로데스(R. A.WRhodes)는 집권화된 영국의 수직적인 중앙 · 지방 관계 하에서도 상호의존 현상이 나타남을 권력의존모형으로 설명했다.

④ 무라마쓰(村松岐夫)는 일본의 중앙 · 지방 관계의 변화에 주목하여 수직적 행정통제모형과 수평적 정치경쟁모형을 제시했다.

16

시민단체 해석의 관점에 대한 설명으로 가장 옳지 <u>않은</u> 것은?

① 결사체 민주주의 입장에서는 이상적인 사회란 NGO 등의 자원조직이 많이 생겨서 효과적으로 활동하며 사회적 의미를 부여하는 형태를 의미한다.

② 공동체주의에서는 공동체를 위한 책임있는 개인의 자원봉사 정신을 강조한다.

③ 다원주의에서는 개인의 자유를 중시하는 전통적 자유주의와 개인의 책임을 강조하는 보수주의를 절충한 입장을 취하고 있다.

④ 사회자본론도 시민사회와 시민단체에 대해 의미있는 해석을 강화하며, 사회자본은 시민의 자발적 참여에 의해 생산되는 무형의 자본을 의미한다.

17

주민자치위원회와 주민자치회에 대한 설명으로 가장 옳지 <u>않은</u> 것은?

① 주민자치위원회위원은 시 · 군 · 구청장이 위촉하고, 주민자치회위원은 읍 · 면 · 동장이 위촉한다.

② 주민자치회가 주민자치위원회보다 더 주민 대표성이 강하다.

③ 주민자치위원회는 읍 · 면 · 동의 자문기구이고, 주민자치회는 주민자치의 협의 · 실행기구이다.

④ 지방자치단체와의 관계는 주민자치회가 주민자치위원회보다 더 대등한 협력적 관계이다.

18

다음 중 우리나라의 행정환경에 대한 설명으로 가장 옳지 <u>않은</u> 것은?

① 개방체제에서의 국가 간 관계로 인해 글로벌 환경은 행정에 사회, 기술 등 여러 측면에서 영향력이 확대되었다.

② 법 집행 과정에서 재량의 폭이 커지면 법의 일관

성과 공정성을 잃기 쉽다.

③ 경제환경의 불확실성은 정치적 환경에 의해 심화될 수도 있다.

④ 한국사회는 현재 공동체의식이 강하기 때문에 사회환경은 복잡하거나 불확실할 가능성이 낮다.

19

애드호크라시(adhocracy)에 대한 설명으로 가장 옳지 않은 것은?

① 탈관료화 현상의 하나로 등장했다.

② 구조적으로 높은 수준의 복잡성, 낮은 수준의 공식화, 낮은 수준의 집권화를 특징으로 한다.

③ 고도의 창의성과 환경적응성이 필요한 상황에서 유효한 조직이다.

④ 업무처리과정에서 갈등과 비협조가 일어나고, 창의적인 업무 수행 과정에서 직원들이 심적 스트레스를 많이 받는다는 단점이 있다.

20

기존 전자정부 대비 지능형 정부의 특징에 대한 설명으로 가장 옳지 않은 것은?

① 국민주도로 정책결정이 이루어진다.

② 현장 행정에서 복합문제의 해결이 가능하다.

③ 생애주기별 맞춤형 서비스를 제공한다.

④ 서비스 전달방식은 수요기반 온·오프라인 멀티채널이다.

21

켈리(Kelly)의 귀인(歸因)이론에서 주장되는 귀인의 성향으로 가장 옳지 않은 것은?

① 판단대상 외 다른 사람들이 다른 상황에서 동일한 행동을 보이는 정도가 높다면, 그 행동의 원인을 내적 요소에 귀인하는 경향이 나타난다.

② 판단대상이 다른 상황에서는 달리 행동하는 정도가 높다면, 그 행동의 원인을 외적 요소에 귀인하는 경향이 나타난다.

③ 판단대상이 동일한 상황에서 과거와 동일한 행동을 보이는 정도가 높다면, 그 행동의 원인을 내적 요소에 귀인하는 경향이 나타난다.

④ 판단대상 외 다른 사람들도 동일한 상황에 대해 동일한 행동을 보이는 정도가 높다면, 그 행동의 원인을 외적 요소에 귀인하는 경향이 나타난다.

22

중앙인사기관의 조직 형태에 대한 설명으로 가장 옳지 않은 것은?

① 1948년 대한민국 정부 수립 이후 비독립형 단독제 기관으로서 총무처를 두고 있었다.

② 1999년 독립형 합의제 기관으로서 중앙인사위원회가 설치되어 행정자치부와 업무를 분담하였으며, 2004년부터는 중앙인사위원회로 통합되어 정부 인사 기능이 일원화되었다.

③ 2008년 중앙인사위원회의 폐지 이후 2013년까지 행정안전부를 거쳐 안전행정부로 인사관리기능이 독립형 단독제 기관으로 통합되어 운영되었다.

④ 2014년 국무총리 소속으로 인사혁신처가 신설되어 현재까지 비독립형 단독제 기관의 형태로 중앙인사기관이 운영되고 있다.

23

조직구조에 대한 설명으로 가장 옳지 <u>않은</u> 것은?

① 기술(technology)과 집권화의 관계는 상관도가 높다.

② 우드워드(J.Woodward)는 대량 생산기술에는 관료제와 같은 기계적 구조가 효과적이라고 주장했다.

③ 톰슨(V. A. Thompson)은 업무 처리 과정에서 일어나는 조직 간·개인 간 상호의존도를 기준으로 기술을 분류했다.

④ 페로우(C. Perrow)는 과업의 다양성과 문제의 분석 가능성을 기준으로 조직의 기술을 유형화했다.

24

정책을 평가하기 위한 양적평가방법에 대한 설명으로 가장 옳지 <u>않은</u> 것은?

① 계량적 기법을 응용하여 수치화된 지표를 통해 정책의 결과를 측정한다.

② 정량평가라고도 하며 실험적 방법과 비실험적 방법 등이 해당한다.

③ 정책대안과 정책산출 및 영향 간에 어떠한 인과 관계가 있는지를 분석한다.

④ 대부분 데이터 수집을 심층면담 및 참여관찰 등의 방법에 의존한다.

25

다음 중 우리나라의 예산심의에 대한 설명으로 가장 옳지 <u>않은</u> 것은?

① 정부의 시정연설 후에 국회에서 예비심사와 본회의 심의를 거쳐서 종합심사를 하고 의결을 한다.

② 예산심의는 행정부에 대한 관리통제기능이다.

③ 예산심의 과정에서 정당이 영향을 미친다.

④ 우리나라는 대통령 중심제로 인해 의원내각제인 나라에 비해 예산심의가 상대적으로 엄격하다.

행정법

⊙ 정답 및 해설 239p

01

다음 중 행정법의 효력에 대한 설명으로 가장 옳지 않은 것은?

① 행정법령의 시행일을 정하지 않은 경우에는 공포한 날부터 20일이 경과함으로써 효력을 발생하는데, 이 경우 공포한 날을 첫날에 산입하지 아니하고 기간의 말일이 토요일 또는 공휴일인 때에는 그 말일의 다음날로 기간이 만료한다.

② 법령을 소급적용하더라도 일반 국민의 이해에 직접 관계가 없는 경우, 오히려 그 이익을 증진하는 경우, 불이익이나 고통을 제거하는 경우 등의 특별한 사정이 있는 경우에 한하여 예외적으로 법령의 소급적용이 허용된다.

③ 신청에 따른 처분은 신청 후 법령이 개정된 경우라도 법령 등에 특별한 규정이 있거나 처분 당시의 법령을 적용하기 곤란한 특별한 사정이 있는 경우를 제외하고는 개정된 법령을 적용한다.

④ 법령상 허가를 받아야만 가능한 행위가 법령 개정으로 허가 없이 할 수 있게 되었다 하더라도 개정의 이유가 사정의 변천에 따른 규제 범위의 합리적 조정의 필요에 따른 것이라면 개정 전 허가를 받지 않고 한 행위에 대해 개정 전 법령에 따라 처벌할 수 있다.

02

다음 중 행정법의 법원에 대한 설명으로 가장 옳은 것은?

① 행정청 내부의 사무처리준칙이 제정·공표되었다면 이 자체만으로도 행정청은 자기구속을 받게 되므로 이 준칙에 위배되는 처분은 위법하게 된다.

② 헌법재판소의 위헌결정이 있다면 행정청이 개인에 대하여 공적인 견해를 표명한 것으로 볼 수 있으므로 위헌 결정과 다른 행정청의 결정은 신뢰보호 원칙에 반한다.

③ 부당결부금지의 원칙은 판례에 의해 확립된 행정의 법원칙으로 실정법상 명문의 규정은 없다.

④ 법령의 규정만으로 처분 요건의 의미가 분명하지 아니한 경우에 법원이나 헌법재판소의 분명한 판단이 있음에도 합리적 근거가 없이 사법적 판단과 어긋나게 행정처분을 한 경우에 명백한 하자가 있다고 봄이 타당하다.

03

다음 중 허가에 대한 설명으로 가장 옳지 <u>않은</u> 것은?

① 한의사 면허는 허가에 해당하고, 한약조제 시험을 통해 약사에게 한약조제권을 인정함으로써 한의사들의 영업이익이 감소되었다고 하더라도 이는 법률상 이익 침해라고 할 수 없다.

② 건축허가는 기속행위이므로 건축법상 허가요건이 충족된 경우에는 항상 허가하여야 한다.

③ 허가신청 후 허가기준이 변경되었다 하더라도 그 허가관청이 허가신청을 수리하고도 정당한 이유 없이 그 처리를 늦추어 그 사이에 허가기준이 변경된 것이 아닌 이상 변경된 허가기준에 따라서 처분을 하여야 한다.

④ 석유판매업 등록은 대물적 허가의 성질을 가지고 있으므로, 종전 석유판매업자가 유사석유제품을 판매한 행위에 대해 승계인에게 사업정지 등 제재처분을 할 수 있다.

04

다음 중 처분의 사전통지에 대한 설명으로 가장 옳지 <u>않은</u> 것은?

① 고시 등에 의한 불특정 다수를 상대로 한 권익제한이나 의무부과의 경우 사전통지대상이 아니다.

② 수익적 처분의 신청에 대한 거부처분은 실질적으로 침익적 처분에 해당하므로 사전통지대상이 된다.

③ 「행정절차법」은 처분의 직접 상대방 외에 신청에 따라 행정절차에 참여한 이해관계인도 사전통지의 대상인 당사자에 포함시키고 있다.

④ 공무원의 정규임용처분을 취소하는 처분은 사전통지를 하지 않아도 되는 예외적인 경우에 해당하지 않는다.

05

다음 중 취소소송과 무효확인소송의 관계에 대한 설명으로 가장 옳지 <u>않은</u> 것은?

① 행정처분에 대한 취소소송과 무효확인소송은 단순 병합이나 선택적 병합의 방식으로 제기할 수 있다.

② 무효선언을 구하는 취소소송이라도 형식이 취소소송이므로 제소요건을 갖추어야 한다.

③ 무효확인을 구하는 소에는 당사자가 명시적으로 취소를 구하지 않는다고 밝히지 않는 한 취소를 구하는 취지가 포함되었다고 보아서 취소소송의 요건을 갖추었다면 취소판결을 할 수 있다.

④ 취소소송의 기각판결의 기판력은 무효확인소송에 미친다.

06

다음 중 판결의 효력에 대한 설명으로 가장 옳지 <u>않은</u> 것은?

① 취소판결 자체의 효력으로써 그 행정처분을 기초로 하여 새로 형성된 제3자의 권리까지 당연히 그 행정처분 전의 상태로 환원되는 것이라고는 할 수 없다.

② 처분의 취소를 구하는 청구에 대한 기각판결은 기판력이 발생하지 않는다.

③ 취소판결이 확정된 경우 행정청은 종전 처분과 다른 사유로 다시 처분할 수 있고, 이 경우 그 다른 사유가 종전 처분 당시 이미 존재하고 있었고 당사자가 이를 알고 있었다하더라도 확정판결의 기속력에 저촉되지 않는다.

④ 거부처분에 대한 취소판결이 확정된 후 법령이 개정된 경우 개정된 법령에 따라 다시 거부처분을 하여도 기속력에 반하지 아니하다.

07

다음 중 행정심판에 대한 설명으로 가장 옳지 않은 것은?

① 처분청이 처분을 통지할 때 행정심판을 제기할 수 있다는 사실과 기타 청구절차 및 청구기간 등에 대한 고지를 하지 않았다고 하여 처분에 하자가 있다고 할 수 없다.

② 행정심판청구서가 피청구인에게 접수된 경우, 피청구인은 심판청구가 이유 있다고 인정하면 직권으로 처분을 취소할 수 있다.

③ 수익적 처분의 거부처분이나 부작위에 대해 임시적 지위를 인정할 필요가 있어서 인정한 제도는 임시처분이다.

④ 의무이행심판에서 이행을 명하는 재결이 있음에도 불구하고 처분청이 이를 이행하지 아니할 때 위원회가 직접 처분을 할 수 있는데, 행정심판의 재결은 처분청을 기속하므로 지방자치단체는 직접 처분에 대해 행정심판위원회가 속한 국가기관을 상대로 권한쟁의심판을 청구할 수 없다.

08

다음 중 영조물의 설치·관리상 하자로 인한 손해배상에 대한 설명으로 가장 옳지 않은 것은?

① 공공의 영조물은 사물(私物)이 아닌 공물(公物)이어야 하지만, 공유나 사유임을 불문하고 행정주체에 의하여 특정 공공의 목적에 공여된 유체물이면 족하다.

② 도로의 설치 및 관리에 있어 완전무결한 상태를 유지할 정도의 고도의 안전성을 갖추지 아니하였다고 하여 하자가 있다고 단정할 수는 없고, 그것을 이용하는 자의 상식적이고 질서 있는 이용 방법을 기대한 상대적인 안전성을 갖추는 것으로 족하다.

③ 하천의 홍수위가 「하천법」상 관련규정이나 하천정비계획 등에서 정한 홍수위를 충족하고 있다고 해도 하천이 범람하거나 유량을 지탱하지 못해 제방이 무너지는 경우는 안전성을 결여한 것으로 하자가 있다고 본다.

④ 공군에 속한 군인이나 군무원의 경우 일반인에 비하여 공군비행장 주변의 항공기 소음 피해에 관하여 잘 인식하거나 인식할 수 있는 지위에 있다는 이유만으로 가해자가 면책되거나 손해배상액이 감액되지는 않는다.

09

통치행위에 관한 판례의 내용으로 가장 옳지 않은 것은?

① 외국에의 국군의 파견결정과 같이 성격상 외교 및 국방에 관련된 고도의 정치적 결단이 요구되는 사안에 대한 국민의 대의기관의 결정이 사법심사의 대상이 되지 아니한다.

② 선고된 형의 전부를 사면할 것인지 또는 일부만을 사면할 것인지를 결정하는 것은 사면권자의 전권사항에 속하는 것이고, 징역형의 집행유예에 대한 사면이 병과된 벌금형에도 미치는 것으로 볼 것인지 여부는 사면의 내용에 대한 해석문제에 불과하다.

③ 남북정상회담의 개최과정에서 재정경제부장관에게 신고하지 아니하거나 통일부장관의 협력사업 승인을 얻지 아니한 채 북한 측에 사업권의 대가 명목으로 송금한 행위는 사법심사의 대상이 되지 아니한다.

④ 비록 서훈취소가 대통령이 국가원수로서 행하는 행위라고 하더라도 법원이 사법심사를 자제하여야 할 고도의 정치성을 띤 행위라고 볼 수는 없다.

10

행정행위의 효력에 대한 설명으로 가장 옳지 <u>않은</u> 것은? (단, 다툼이 있는 경우 판례에 의함)

① 일반적으로 행정처분이나 행정심판 재결이 불복 기간의 경과로 확정될 경우에는 그 처분의 기초가 된 사실관계나 법률적 판단이 확정되고 당사자들이나 법원이 이에 기속되어 모순되는 주장이나 판단을 할 수 없게 된다.

② 제소기간이 이미 도과하여 불가쟁력이 생긴 행정처분에 대하여는 개별 법규에서 그 변경을 요구할 신청권을 규정하고 있거나 관계 법령의 해석상 그러한 신청권이 인정될 수 있는 등 특별한 사정이 없는 한 국민에게 그 행정처분의 변경을 구할 신청권이 있다 할 수 없다.

③ 불가쟁력이 발생한 행정행위로 손해를 입은 국민은 그 위법성을 들어 국가배상청구를 할 수 있다.

④ 불가변력이라 함은 행정행위를 한 행정청이 당해 행정행위를 직권으로 취소 또는 변경할 수 없게 하는 힘으로 실질적 확정력 또는 실체적 존속력이라고도 한다.

11

부관에 대한 판례의 내용으로 가장 옳지 <u>않은</u> 것은?

① 재량행위에 있어서는 관계 법령에 명시적인 금지규정이 없는 한 행정목적을 달성하기 위하여 조건이나 기한, 부담 등의 부관을 붙일 수 있다.

② 토지소유자가 토지형질변경행위허가에 붙은 기부채납의 부관에 따라 토지를 국가나 지방자치단체에 기부채납(증여)한 경우, 토지소유자는 원칙적으로 기부채납(증여)의 중요 부분에 착오가 있음을 이유로 증여계약을 취소할 수 있다.

③ 당초에 붙은 기한을 허가 자체의 존속기간이 아니라 허가조건의 존속기간으로 보더라도 그 후 당초의 기한이 상당 기간 연장되어 연장된 기간을 포함한 존속기간 전체를 기준으로 볼 경우 더 이상 허가된 사업의 성질상 부당하게 짧은 경우에 해당하지 않게 된 때에는 재량권의 행사로서 더 이상의 기간연장을 불허가할 수도 있다.

④ 일반적으로 행정처분에 효력기간이 정하여져 있는 경우에는 그 기간의 경과로 그 행정처분의 효력은 상실되며, 다만 허가에 붙은 기한이 그 허가된 사업의 성질상 부당하게 짧은 경우에는 이를 그 허가 자체의 존속기간이 아니라 그 허가조건의 존속기간으로 볼 수 있다.

12

행정계획에 관한 판례의 내용으로 가장 옳지 <u>않은</u> 것은?

① 관계 법령에는 추상적인 행정목표와 절차만이 규정되어 있을 뿐 행정계획의 내용에 관하여는 별다른 규정을 두고 있지 아니하므로 행정주체는 구체적인 행정계획을 입안·결정함에 있어서 비교적 광범위한 형성의 자유를 가진다.

② 행정주체가 가지는 이와 같은 형성의 자유는 무제한적인 것이 아니라 그 행정계획에 관련되는 자들의 이익을 공익과 사익 사이에서는 물론이고 공익 상호간과 사익 상호간에도 정당하게 비교 교량하여야 한다는 제한이 있다.

③ 판례에 따르면, 행정계획에 있어서 형량의 부존재, 형량의 누락, 평가의 과오 및 형량의 불비례 등 형량의 하자별로 위법의 판단기준을 달리하여 개별화하여 판단하고 있다.

④ 이미 고시된 실시계획에 포함된 상세계획으로

관리되는 토지 위의 건물의 용도를 상세계획 승인권자의 변경승인 없이 임의로 판매시설에서 상세계획에 반하는 일반목욕장으로 변경한 사안에서, 그 영업신고를 수리하지 않고 영업소를 폐쇄한 처분은 적법하다고 한 판례가 있다.

13

다음 중 취소소송의 대상이 되는 처분에 해당하는 것으로 옳은 것은 모두 몇 개인가?

> ㄱ. 한국마사회의 조교사나 기수에 대한 면허취소·정지
> ㄴ. 법규성 있는 고시가 집행행위 매개 없이 그 자체로서 이해당사자의 법률관계를 직접 규율하는 경우
> ㄷ. 행정계획 변경신청의 거부가 장차 일정한 처분에 대한 신청을 구할 법률상 이익이 있는 자의 처분자체를 실질적으로 거부하는 경우
> ㄹ. 국가공무원법상 당연퇴직의 인사발령

① 0개   ② 1개
③ 2개   ④ 3개

14

행정입법부작위에 대한 설명으로 가장 옳지 않은 것은? (단, 다툼이 있는 경우 판례에 의함)

① 현행법상 행정권의 시행명령제정의무를 규정하는 명시적인 법률규정은 없다.
② 삼권분립의 원칙, 법치행정의 원칙을 당연한 전제로 하고 있는 우리 헌법하에서 행정권의 행정입법 등 법집행의무는 헌법적 의무라고 보아야 한다.

③ 행정입법의 부작위가 위헌·위법이라고 하기 위하여는 행정청에게 행정입법을 하여야 할 작위의무를 전제로 하는 것이나, 그 작위의무가 인정되기 위하여는 행정입법의 제정이 법률의 집행에 필수불가결한 것일 필요는 없다.
④ 부작위위법확인소송의 대상이 될 수 있는 것은 구체적 권리의무에 관한 분쟁이어야 하고, 추상적인 법령에 관하여 제정의 여부 등은 그 자체로서 국민의 구체적인 권리의무에 직접적 변동을 초래하는 것이 아니어서 행정소송의 대상이 될 수 없다.

15

판례에 따르면 공법상 당사자소송과 가장 옳지 않은 것은?

① 조세부과처분의 당연무효를 전제로 하여 이미 납부한 세금의 반환청구
② 재개발조합을 상대로 조합원자격 유무에 관한 확인을 구하는 소송
③ 사업주가 당연가입자가 되는 고용보험 및 산재보험에서 보험료 납부의무 부존재확인소송
④ 한국전력공사가 한국방송공사로부터 수신료의 징수업무를 위탁받아 자신의 고유업무와 관련된 고지행위와 결합하여 수신료를 징수할 권한이 있는지 여부를 다투는 쟁송

16

행정소송법의 규정 내용으로 가장 옳지 않은 것은?

① 법원은 소송의 결과에 따라 권리 또는 이익의 침해를 받을 제3자가 있는 경우에는 당사자 또는 제3자의 신청 또는 직권에 의하여 결정으로써 그 제3자를 소송에 참가시킬 수 있다.

② 법원은 다른 행정청을 소송에 참가시킬 필요가 있다고 인정할 때에는 당사자 또는 당해 행정청의 신청 또는 직권에 의하여 결정으로써 그 행정청을 소송에 참가시킬 수 있다.

③ 법원이 제3자의 소송참가와 행정청의 소송참가에 관한 결정을 하는 경우에는 각각 당사자 및 제3자의 의견, 당사자 및 당해 행정청의 의견을 들어야 한다.

④ 법원은 취소소송을 당해 처분 등에 관계되는 사무가 귀속하는 국가 또는 공공단체에 대한 당사자소송 또는 취소소송 외의 항고소송으로 변경하는 것이 상당하다고 인정할 때에는 청구의 기초에 변경이 없는 한 사실심의 변론종결시까지 원고의 신청 또는 직권에 의하여 결정으로써 소의 변경을 허가할 수 있다.

17

판례에 따르면, 처분사유의 추가·변경 시 기본적 사실관계 동일성을 긍정한 사례로 가장 적절한 것은?

① 석유판매업허가신청에 대하여, 주유소 건축예정 토지에 관하여 도시계획법령에 의거하여 행위제한을 추진하고 있다는 당초의 불허가처분 사유와, 항고소송에서 주장한 위 신청이 토지형질변경허가의 요건 불비 및 도심의 환경보전의 공익상 필요라는 사유

② 석유판매업허가신청에 대하여, 관할 군부대장의 동의를 얻지 못하였다는 당초의 불허가 사유와, 토지가 탄약창에 근접한 지점에 있어 공익적인 측면에서 보아 허가신청을 불허한 것은 적법하다는 사유

③ 온천으로서의 이용가치, 기존의 도시계획 및 공공사업에의 지장 여부 등을 고려하여 온천발견신고수리를 거부한 것은 적법하다는 사유와, 규정온도가 미달되어 온천에 해당하지 않는다는 사유

④ 이주대책신청기간이나 소정의 이주대책실시(시행)기간을 모두 도과하여 이주대책을 신청할 권리가 없고, 사업시행자가 이를 받아들여 택지나 아파트공급을 해 줄 법률상 의무를 부담한다고 볼 수 없다는 사유와, 사업지구 내 가옥 소유자가 아니라는 사유

18

다음 중 허가에 대한 설명으로 가장 옳지 않은 것은? (단, 다툼이 있는 경우 판례에 의함)

① 개정 전 허가기준의 존속에 관한 국민의 신뢰가 개정된 허가기준의 적용에 관한 공익상의 요구보다 더 보호가치가 있다고 인정되는 경우에는 그러한 국민의 신뢰를 보호하기 위하여 개정된 허가기준의 적용을 제한할 여지가 있다.

② 법령상의 산림훼손 금지 또는 제한 지역에 해당하지 아니하더라도 중대한 공익상의 필요가 있다고 인정되는 경우, 산림훼손허가신청을 거부할 수 있다.

③ 어업에 관한 허가의 경우 그 유효기간이 경과하면 그 허가의 효력이 당연히 소멸하지만, 유효기간의 만료 후라도 재차 허가를 받게 되면 그 허

가기간이 갱신되어 종전의 어업허가의 효력 또
는 성질이 계속된다.

④ 요허가행위를 허가를 받지 않고 행한 경우에
는 행정법상 처벌의 대상이 되지만 당해 무허
가행위의 법률상 효력이 당연히 부정되는 것은
아니다.

19

다음 중 행정행위의 철회에 대한 설명으로 가장 옳지 않은 것은? (단, 다툼이 있는 경우 판례에 의함)

① 부담부 행정처분에 있어서 처분의 상대방이 부
담을 이행하지 아니한 경우에 처분행정청으로서
는 이를 들어 당해 처분을 철회할 수 있다.

② 외형상 하나의 행정처분이라 하더라도 가분성이
있거나 그 처분대상의 일부가 특정될 수 있다면
그 일부만의 취소도 가능하고 그 일부의 취소는
당해 취소부분에 관하여 효력이 생긴다.

③ 행정행위의 철회는 적법요건을 구비하여 완전히
효력을 발하고 있는 행정행위를 사후적으로 효
력을 장래에 향해 소멸시키는 별개의 행정처분
이다.

④ 처분 후에 원래의 처분을 그대로 존속시킬 수 없
게 된 사정변경이 생긴 경우 처분청은 처분을 철
회할 수 있다고 할 것이므로, 이 경우 처분의 상
대방에게 그 철회·변경을 요구할 권리는 당연
히 인정된다고 할 것이다.

20

다음 중 이행강제금에 대한 설명으로 가장 옳지 않은 것은? (단, 다툼이 있는 경우 판례에 의함)

① 구 건축법상 이행강제금은 위반행위에 대하여
시정명령을 받은 후 시정기간 내에 당해 시정명
령을 이행하지 아니한 건축주 등에 대하여 부과
되는 간접강제의 일종으로서 금전제재의 성격을
가지므로 그 이행강제금 납부의무는 상속인 기
타의 사람에게 승계될 수 있다.

② 행정청은 의무자가 행정상 의무를 이행할 때까
지 이행강제금을 반복하여 부과할 수 있고, 의무
자가 의무를 이행하면 새로운 이행강제금의 부
과를 즉시 중지하되, 이미 부과한 이행강제금은
징수하여야 한다.

③ 장기 의무위반자가 이행강제금 부과 전에 그 의
무를 이행하였다면 이행강제금의 부과로써 이행
을 확보하고자 하는 목적은 이미 실현된 것이므
로 이행강제금을 부과할 수 없다.

④ 이행강제금은 의무위반에 대하여 장래의 의무이
행을 확보하는 수단이라는 점에서 과거의 의무
위반에 대한 제재인 행정벌과 구별된다.

21

다음 중 행정상 손실보상에 대한 설명으로 가장 옳지 않은 것은? (단, 다툼이 있는 경우 판례에 의함)

① 「공익사업을 위한 토지 등의 취득 및 보상에 관
한 법률」 시행령에서 이주대책의 대상자에서 세
입자를 제외하고 있는 것이 세입자의 재산권을
침해하는 것이라 볼 수 없다.

② 공익사업으로 인하여 영업을 폐지하거나 휴업하
는 자가 구 「공익사업을 위한 토지 등의 취득 및
보상에 관한 법률」에 규정된 재결절차를 거치지
않은 채 곧바로 사업시행자를 상대로 영업손실
보상을 청구할 수 없다.

③ 사업시행자 스스로 공익사업의 원활한 시행을
위하여 생활대책을 수립·실시할 수 있도록 하
는 내부규정을 두고 이에 따라 생활대책대상자

선정기준을 마련하여 생활대책을 수립·실시하는 경우, 생활대책대상자 선정기준에 해당하는 자기 자신을 생활대책대상자에서 제외하거나 선정을 거부한 사업시행자를 상대로 항고소송을 제기할 수 있다.

④ 보상청구권이 성립하기 위해서는 재산권에 대한 법적인 행위로서 공행정작용에 의한 침해를 말하고 사실행위는 포함되지 않는다.

22

다음 중 행정심판의 재결에 대한 설명으로 가장 옳지 않은 것은? (단, 다툼이있는 경우 판례에 의함)

① 조세부과처분이 국세청장에 대한 불복심사청구에 의하여 그 불복사유가 이유있다고 인정되어 취소되었음에도 처분청이 동일한 사실에 관하여 부과처분을 되풀이 한 것이라면 설령 그 부과처분이 감사원의 시정요구에 의한 것이라 하더라도 위법하다.

② 행정심판위원회는 의무이행재결이 있는 경우에 피청구인이 처분을 하지 아니한 경우에는 당사자의 신청 또는 직권으로 기간을 정하여 시정을 명하고 그 기간에 이행하지 아니하면 직접 처분을 할 수 있다.

③ 행정심판의 재결이 확정된 경우에도 처분의 기초가 된 사실관계나 법률적 판단이 확정되고 당사자들이나 법원이 이에 기속되어 모순되는 주장이나 판단을 할 수 없게 되는 것은 아니다.

④ 처분 취소재결이 있는 경우 당해 처분청은 재결의 취지에 반하지 아니하는 한 그 재결에 적시된 위법사유를 시정·보완하여 새로운 처분을 할 수 있는 것이고, 이러한 새로운 부과처분은 재결의 기속력에 저촉되지 아니한다.

23

X시의 공무원 甲은 乙이 건축한 건물이 건축허가에 위반하였다는 이유로 철거명령과 행정대집행법상의 절차를 거쳐 대집행을 완료하였다. 乙은 행정대집행의 처분들이 하자가 있다는 이유로 행정소송 및 손해배상소송을 제기하려고 한다. 다음 중 설명으로 가장 옳지 않은 것은? (단, 다툼이 있는 경우 판례에 의함)

① 乙이 취소소송을 제기하는 경우, 행정대집행이 이미 완료된 것이므로 소의 이익이 없어 각하판결을 받을 것이다.

② 乙이 손해배상소송을 제기하는 경우, 민사법원은 그 행정처분이 위법인지 여부는 심사할 수 없다.

③ 「행정소송법」은 처분 등의 효력 유무 또는 존재 여부가 민사소송의 선결문제로 되는 경우 당해 민사소송의 수소법원이 이를 심리·판단할 수 있는 것으로 규정하고 있다.

④ X시의 손해배상책임이 인정된다면 X시는 고의 또는 중대한 과실이 있는 甲에게 구상할 수 있다.

24

다음 중 취소소송에 대한 설명으로 가장 옳지 않은 것은? (단, 다툼이 있는 경우 판례에 의함)

① 제재적 행정처분의 효력이 제재기간 경과로 소멸하였더라도 관련 법규에서 제재적 행정처분을 받은 사실을 가중사유나 전제요건으로 삼아 장래의 제재적 행정처분을 하도록 정하고 있다면, 선행처분의 취소를 구할 법률상 이익이 있다.

② 행정처분의 취소소송 계속 중 처분청이 다툼의 대상이 되는 행정처분을 직권으로 취소하면 그 처분은 효력을 상실하여 더 이상 존재하지 않는 것이므로 존재하지 않는 처분을 대상으로 한 항

고소송은 원칙적으로 소의 이익이 소멸하여 부적법하다.

③ 고등학교 졸업이 대학 입학 자격이나 학력인정으로서의 의미밖에 없다고 할 수 없으므로 고등학교졸업학력검정고시에 합격하였다 하여 고등학교 학생으로서의 신분과 명예가 회복될 수 없는 것이니 퇴학처분을 받은 자로서는 퇴학처분의 위법을 주장하여 그 취소를 구할 소송상의 이익이 있다.

④ 소송계속 중 해당 처분이 기간의 경과로 그 효과가 소멸하더라도 예외적으로 그 처분의 취소를 구할 소의 이익을 인정할 수 있는 '행정처분과 동일한 사유로 위법한 처분이 반복될 위험성이 있는 경우'란 해당 사건의 동일한 소송 당사자 사이에서 반복될 위험이 있는 경우만을 의미한다.

지의 적극적 요건인 '회복하기 어려운 손해'에 해당한다.

④ 효력기간이 정해져 있는 제재적 행정처분에 대한 취소소송에서 법원이 본안소송의 판결선고 시까지 집행정지결정을 하면, 처분에서 정해 둔 효력기간은 판결 선고 시까지 진행하지 않다가 판결이 선고되면 그때 집행정지결정의 효력이 소멸함과 동시에 처분의 효력이 당연히 부활하여 처분에서 정한 효력기간이 다시 진행한다.

25

다음 중 「행정소송법」상 집행정지결정에 대한 설명으로 가장 옳지 <u>않은</u> 것은? (단, 다툼이 있는 경우 판례에 의함)

① 법원은 당사자의 신청 또는 직권에 의하여 처분 등의 효력이나 그 집행 또는 절차의 속행의 전부 또는 일부의 정지를 결정하거나, 또는 집행정지의 취소를 결정할 수 있다.

② 집행정지결정은 속행정지, 집행정지, 효력정지로 구분되고 이 중 속행정지는 처분의 집행이나 효력을 정지함으로써 목적을 달성할 수 있는 경우에는 허용되지 아니한다.

③ 과징금납부명령의 처분이 사업자의 자금사정이나 경영전반에 미치는 파급효과가 매우 중대하다는 이유로 인한 손해는 효력정지 내지 집행정

PART 04

2021년 기출문제

국어 · 행정학 · 행정법

국어

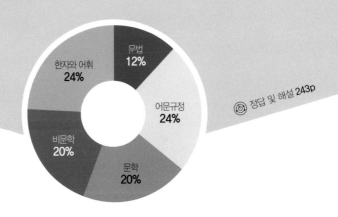

문법 12%
한자와 어휘 24%
어문규정 24%
비문학 20%
문학 20%

◎ 정답 및 해설 243p

01

밑줄 친 단어 중 어법에 맞지 <u>않는</u> 것은?

① 오늘 이것으로 치사를 <u>갈음하고자</u> 합니다.
② <u>내노라하는</u> 재계의 인사들이 한곳에 모였다.
③ 예산을 대충 <u>겉잡아서</u> 말하지 말고 잘 뽑아보시오.
④ 그가 무슨 잘못을 저질렀는지 나와 눈길을 <u>부딪치기를</u> 꺼려했다.

02

띄어쓰기 규정에 맞지 <u>않는</u> 것은?

① 모르는 척하고 넘어갈 만도 하다.
② 내가 몇 등일지 걱정이 가득했다.
③ 그 책을 다 읽는 데 삼 일이 걸렸다.
④ 그는 돕기는 커녕 방해할 생각만 한다.

03

밑줄 친 ㉠~㉣에 해당하는 한자로 적절하지 <u>않은</u> 것은?

> 목판이 오래되어 ㉠ <u>훼손</u>되거나 분실된 경우에는 판목을 다시 만들어 보충하는 경우가 있다. 이것을 ㉡ <u>보판</u> 혹은 보수판이라고 한다. 판목의 일부분에서 수정이 필요한 경우, 그 부분을 깎아 내고 대신 다른 나무판을 박아 글자를 새기는 경우가 있다. 이 나무판을 ㉢ <u>매목</u>이라고 하고, 매목에 글자를 새로 새긴 것을 ㉣ <u>상감</u>이라고 한다.

① ㉠ : 毁損　　　　② ㉡ : 保版
③ ㉢ : 埋木　　　　④ ㉣ : 象嵌

[04~05] 다음은 어떤 사전에 제시된 '고르다'의 내용이다.

> ■ 고르다1 [고르다]. 골라[골라], 고르니[고르니].
> 「동사」【…에서 …을】 여럿 중에서 가려내거나 뽑다.
> ■ 고르다2 [고르다]. 골라[골라], 고르니[고르니].
> 「동사」【…을】
> 「1」 울퉁불퉁한 것을 평평하게 하거나 들쭉날쭉한 것을 가지런하게 하다.

「2」 붓이나 악기의 줄 따위가 제 기능을 발휘하
도록 다듬거나 손질하다.
■ 고르다3 [고르다]. 골라[골라], 고르니[고르니].
「형용사」「1」 여럿이 다 높낮이, 크기, 양 따위의
차이가 없이 한결같다.
「2」 상태가 정상적으로 순조롭다.

04

위 사전에 대한 설명으로 가장 옳지 <u>않은</u> 것은?

① '고르다 1', '고르다 2', '고르다 3'은 서로 동음이
의어이다.

② '고르다 1', '고르다 2', '고르다 3'은 모두 불규칙
활용을 한다.

③ '고르다 2'와 '고르다 3'은 다의어이지만 '고르다1'
은 다의어가 아니다.

④ '고르다 1', '고르다 2', '고르다 3'은 모두 현재진
행형으로 사용할 수 있다.

05

**다음 밑줄 친 '고르다'가 위 사전의 '고르다2'의 「2」에
해당하는 것은?**

① 울퉁불퉁한 곳을 흙으로 메워 판판하게 <u>골라</u>놓
았다.

② 요즘처럼 <u>고른</u> 날씨가 이어지면 여행을 가도 좋
겠어.

③ 그는 이제 가쁘게 몰아쉬던 숨을 <u>고르고</u> 있다.

④ 이 문장의 서술어는 저 사전에서 <u>골라</u> 써.

06

**아래의 문장이 들어가기에 가장 적절한 위치로 옳은
것은?**

문학의 범위를 좁게 잡는 것은 나중에 나타난 새
로운 관습이다.

(가) 문학의 범위는 시대에 따라서 달라져왔다. 한
문학에서 '문(文)'이라고 하던 것은 '시(詩)'와
함께 참으로 큰 비중을 차지하고 실용적인 글
도 적지 않게 포함했다.

(나) 시대가 변하면서 '문'이라는 개념은 뒷전으로
밀려나고, 시·소설·희곡이 아닌 것 가운데
는 수필이라고 이름을 구태여 따로 붙이는 글
만 문학세계의 준회원 정도로 인정하기에 이
르렀다.

(다) 근래에 와서 사람이 하는 활동을 세분하면서
무엇이든지 전문화할 때 문학 고유의 영역을
좁게 잡았다.

(라) 문학의 범위를 좁게 잡는 오늘날의 관점으로
과거의 문학을 재단하지 말고, 문학의 범위에
관한 오늘날의 통념을 반성해야 한다.

① (가)문단 뒤
② (나)문단 뒤
③ (다)문단 뒤
④ (라)문단 뒤

07

한글 맞춤법 규정에 맞는 문장으로 옳은 것은?

① 아무래도 나 자리 뺏겼나 봐요.

② 오늘 하룻동안 해야 할 일이 엄청나네.

③ 그런 일에 발목 잡혀 번번히 주저앉았지.

④ 저희 아이의 석차 백분율이 1%만 올라도 좋겠습
니다.

08

아래 글의 (㉠)과 (㉡)에 들어갈 가장 적절한 접속어로 옳은 것은?

히포크라테스가 분류한 네 가지 기질이나 성격 유형에 대한 고대의 개념으로 성격에 대한 논의를 시작하는 것이 일반적인 방식이지만, 나는 여기에서 1884년 『포트나이트리 리뷰』에 실렸던 프랜시스 골턴 경의 논문 「성격의 측정」으로 이야기를 시작하겠다.

찰스 다윈의 사촌이었던 골턴은 초기 진화론자로서 진화가 인간에게도 영향을 끼쳤다고 주장한 사람이다. (㉠) 그의 관념은 빅토리아 시대적 편견을 가지고 있었고, (㉡) 그의 주장이 오늘날에는 설득력이 떨어진다. 그럼에도 불구하고 결국에는 자연 선택 이론이 인간을 설명하는 지배적인 학설이 될 것이라는 그의 직관은 옳았다.

	㉠	㉡
①	그래서	그리하여
②	그리고	그래서
③	그러나	따라서
④	그런데	그리고

09

밑줄 친 단어 중 외래어 표기법이 모두 맞는 문장으로 옳은 것은?

① <u>리모콘</u>에 있는 <u>버턴</u>의 번호를 눌러주세요.
② <u>벤젠</u>이나 <u>시너</u>, 알코올 등으로 닦지 마세요.
③ 전원 <u>코드</u>를 <u>컨센트</u>에 바르게 연결해 주세요.
④ <u>썬루프</u> 안쪽은 수돗물을 적신 <u>스폰지</u>로 닦아냅니다.

[10~11] 다음 글을 읽고 물음에 답하시오.

紅塵에 뭇친 분네 이 내 生涯엇더ᄒ고
녯사름 風流를 미출가 못 미출가
天地間男子몸이 날만ᄒᆫ 이 하건마는
山林에 뭇쳐 이셔 至樂을 ᄆᆞ롤 것가
數間茅屋을 碧溪水앎픠두고
松竹鬱鬱裏예 風月主人되여셔라
엇그제 겨을 지나 새 봄이 도라오니
桃花杏花ᄂᆞᆫ 夕陽裏예 퓌여 잇고
綠楊芳草ᄂᆞᆫ 細雨中에 프르도다
칼로 몰아 낸가 붓으로 그려낸가
造化神功이 物物마다 헌ᄉᆞ롭다
(가) 수풀에 우는 새ᄂᆞᆫ 春氣ᄅᆞᆯ 못내 계워
소릭마다 嬌態로다
物我一體어니 興이이 다롤소냐
柴扉예 거러 보고 亭子애 안자 보니
逍遙吟詠ᄒᆞ야 山日이 寂寂ᄒᆞᆫ딕
閒中眞味ᄅᆞᆯ 알 니 업시 호재로다
이바 니웃드라 山水구경 가쟈ᄉᆞ라

– 정극인, 「상춘곡」 –

10

이 글에 대한 설명으로 가장 적절한 것은?

① '홍진에 묻힌 분'과 묻고 대답하는 형식이다.
② '나'의 공간이동에 따라 시상을 전개하고 있다.
③ '이웃'을 끌어들임으로써 봄의 아름다움을 객관화하고 있다.
④ 서사 – 본사 – 결사가 진행되는 가운데 여음을 삽입하여 흥을 돋운다.

11

(가)에 나타난 화자의 정서로 가장 적절한 것은?

① 화자와 산수자연 사이에 가로놓인 방해물에 대한 불만

② 산수자연 속의 모든 존재들과 합일하는 흥겨움의 마음

③ 산수자연의 즐거움을 혼자서만 누리는 것에 대한 안타까움

④ 산수자연에 제대로 몰입하지 못하는 자신의 처지에 대한 회한

12

밑줄 친 ㉠~㉢에 대한 설명으로 가장 적절하지 않은 것은?

> 잠자코 앉아 있노라면 한 큼직한 사람이 느릿느릿 돌계단을 밟고 올라와서는 탑을 지나 종루의 문을 열고 무거운 망치를 꺼내어 들었다. 그는 한참동안 멍하니 서서는 음향에 귀를 ㉠기울였다. 음향이 끝나자마자 그는 망치를 ㉡매어 들며 큰 종을 두들겼다. 그 소리는 산까지 울리며 떨리었다. 우리는 그 ㉢종루지기를 둘러싸고 모여 몇 번이나 치는지 헤아려 보았다. 그러면 열이 되고 그래서 우리는 오른손으로 다시 열까지 셀 수 있도록 곧 왼손의 ㉣엄지손가락을 굽혔다.

① ㉠ : '기울다'의 피동사이다.

② ㉡ : '메어'로 표기되어야 한다.

③ ㉢ : 접미사 '-지기'는 "그것을 지키는 사람"을 뜻한다.

④ ㉣ : 가장 짧고 굵은 손가락으로 '무지(拇指)'라고도 한다.

13

다음 로마자 표기법 중 옳은 것은?

① 순대 sundai

② 광희문 Gwanghimun

③ 왕십리 Wangsibni

④ 정릉 Jeongneung

14

대괄호의 사용이 적절하지 않은 것은?

① 말소리[音聲]의 특징을 알아보자.

② 모두가 건물[에, 로, 까지] 달려갔다.

③ 이윽고 겨울이 오면 초록은 실색한다. [이상 전집3(1958), 235쪽 참조]

④ 난 그 이야기[합격 소식]를 듣고 미소 짓기 시작했다.

[15~17] 다음 글을 읽고 물음에 답하시오.

> (가) (㉠)의 확산은 1930년에 접어들어 보다 빠른 속도로 경성의 거리를 획일적인 풍경으로 바꿔 놓았는데, 뉴욕이나 파리의 (㉠)은 경성에서도 거의 동시에 (㉠)했다. 이는 물론 영화를 비롯한 근대 과학기술의 덕택이었다.
>
> (나) 하지만 뉴욕과 경성의 (㉠)이 모두 동일한 것은 아니었다. 뉴욕걸이나 할리우드 배우들이나 경성의 모던걸이 입은 패션은 동일해도, 그네들 주변의 풍경은 근대적인 빌딩 숲과 초가집만큼 차이가 났기 때문이다. 경성 모던걸의 (㉠)은 이 같은 근대와 전근대의 아이러니를 내포하고 있었다.

(다) (㉠)은 "일초 동안에 지구를 네박휘"를 돈다는 전파만큼이나 빨라서, 1931년에 이르면 뉴욕이나 할리우드에서 (㉠)하던 파자마라는 '침의패션'은 곧 바로 서울에서도 (㉠)했나. 서구에서 시작한 (㉠)이 일본을 거쳐 한국으로 전달되는 속도는 너무나 빨라 거의 동시적이었다.

(라) 폐쇄된 규방에만 있었던 조선의 여성이 신문과 라디오로, 세계의 동태를 듣게 되면서부터, 지구 한 모퉁이에서 일어나는 일이 그 지구에 매달려 사는 자기 자신에도 큰 파동을 끼치고 있다는 사실을 깨닫게 되었다. 규방 여성이 근대여성이 되기까지는 그리 오랜 시간이 필요하지 않았다. 신문이나 라디오 같은 미디어를 통해 속성 세계인이 될 수 있었기 때문이다. 동시에 미디어는 식민지 조선 여성에게 세계적인 불안도 함께 안겨주었다. 자본주의적 근대의 환상과 그 이면의 불안을 동시에 던져 주었던 것이다.

(마) 근대로 이행하는 데 필요한 절대적인 시간을 뛰어넘어 조선에 근대가 잠입해 올 수 있었던 것은 한편으로 미디어 덕분이었다. 미디어는 근대를 향한 이행을 식민지 조선에 요구했고, 단기간에 조선 사람들을 '속성 세계인'으로 변모시키는 역할을 했다.

15

문맥상 ㉠에 들어갈 단어로 가장 적절한 것은?

① 성행(盛行)
② 편승(便乘)
③ 기승(氣勝)
④ 유행(流行)

16

내용에 따른 (나)~(마)의 순서 배열로 가장 적절한 것은?

① (나) – (다) – (라) – (마)
② (나) – (라) – (다) – (마)
③ (다) – (나) – (마) – (라)
④ (마) – (다) – (라) – (나)

17

위 글을 이해한 내용으로 가장 적절하지 않은 것은?

① 모던걸의 패션은 뉴욕걸이나 할리우드 배우들과 동일했다.
② 신문이나 라디오는 조선 사람이 속성 세계인이 되도록 해 주었다.
③ 파자마 '침의패션'은 뉴욕과 할리우드보다 일본에서 먼저 시작되었다.
④ 식민지 조선 여성은 근대적 환상과 그 이면의 불안을 함께 안고 있었다.

18

다음 밑줄 친 합성어를 구성하는 성분이 모두 고유어인 것은?

① 비지땀을 흘리며 공부하는구나.
② 이분을 사랑채로 안내해 드려라.
③ 이렇게 큰 쌍동밤을 본 적 있어?
④ 아궁이에는 장작불이 활활 타올랐다.

[19~20] 다음 글을 읽고 물음에 답하시오.

정 씨 옆에 앉았던 노인이 두 사람의 행색과 무릎 위의 배낭을 눈여겨 살펴더니 말을 걸어왔다.

"어디 일들 가슈?" / "아뇨, 고향에 갑니다." / "고향이 어딘데……." / "삼포라구 아십니까?" / "어 알지, 우리 아들놈이 거기서 도자를 끄는데……." / "삼포에서요? 거 어디 공사 벌릴 데나 됩니까? 고작해야 ㉠ 고기잡이나 하구 ㉡ 감자나 매는데요." / "어허! 몇 년 만에 가는거요?" / "십 년."

노인은 그렇겠다며 고개를 끄덕였다.

"말두 말우. 거긴 지금 육지야. 바다에 방둑을 쌓아 놓구, 트럭이 수십 대씩 돌을 실어 나른다구." / "뭣 땜에요?" / "낸들 아나. 뭐 관광호텔을 여러 채 짓는담서, 복잡하기가 말할 수 없네." / "동네는 그대로 있을까요?" / "그대루가 뭐요. 맨 천지에 공사판 사람들에다 장까지 들어섰는걸." / "그럼 ㉢ 나룻배두 없어졌겠네요." / "바다 위로 ㉣ 신작로가 났는데, 나룻배는 뭐에 쓰오. 허허, 사람이 많아지니 변고지. 사람이 많아지면 하늘을 잊는 법이거든."

작정하고 벼르다가 찾아가는 고향이었으나, 정 씨에게는 풍문마저 낯설었다. 옆에서 잠자코 듣고 있던 영달이가 말했다.

"잘 됐군. 우리 거기서 공사판 일이나 잡읍시다."

그때에 기차가 도착했다. 정 씨는 발걸음이 내키질 않았다. 그는 마음의 정처를 방금 잃어버렸던 때문이었다. 어느 결에 정 씨는 영달이와 똑같은 입장이 되어 버렸다.

기차는 눈발이 날리는 어두운 들판을 향해서 달려갔다.

– 황석영, 「삼포 가는 길」 –

19

문맥적 성격이 <u>다른</u> 하나는?

① ㉠

② ㉡

③ ㉢

④ ㉣

20

이 글의 주제를 표현한 시구로 가장 적절한 것은?

① 빼앗긴 들에도 봄은 오는가.

② 죽어도 아니 눈물 흘리우리다.

③ 내가 사랑했던 자리마다 모두 폐허다.

④ 님은 갔지마는 나는 님을 보내지 아니하였습니다.

21

다음 시의 주된 정조를 가장 잘 나타내는 것은?

神策究天文妙算窮地理
戰勝功旣高知足願云止

– 乙支文德, 「與隋將于仲文」 –

① 悠悠自適

② 戀戀不忘

③ 得意滿面

④ 山紫水明

22

다음 예문의 밑줄 친 ㉠에 들어갈 말로 가장 적절한 것은?

시집갈 때 혼수를 간소하게 하라는 간절한 요청은 _____㉠_____ 부잣집과 사돈을 맺는 데 따르는 부담감을 일시에 벗겨주었다.

– 박완서, 「아주 오래된 농담」 –

① 불감청이언정 고소원이어서

② 배보다 배꼽이 더 크다고

③ 미운 자식 떡 하나 더 준다고

④ 똥 묻은 개가 겨 묻은 개를 나무라는 격이라

23

다음 시에 대한 설명으로 가장 옳은 것은?

> 차운 산 바위 위에
> 하늘은 멀어
> 산새가 구슬피
> 울음 운다
>
> 구름 흘러가는
> 물길은 칠백 리
>
> 나그네 긴 소매
> 꽃잎에 젖어
> 술 익는 강마을의
> 저녁노을이여
>
> 이 밤 자면 저 마을에
> 꽃은 지리라
>
> 다정하고 한 많음도
> 병인 양하여
> 달빛 아래 고요히
> 흔들리며 가노니……
>
> — 조지훈, 「완화삼」 —

① '구름, 물길'은 정처 없이 유랑하는 내적 현실을 암시한다.
② '강마을'은 방황하던 서정적 자아가 정착하고자 하는 공간이다.
③ '나그네'는 고향을 떠남으로써 현실의 질곡을 벗어나려는 의지를 상징한다.
④ '한 많음'은 민중적 삶 속에 구현된 전통적 미학에 맞닿아 있는 정서를 대변한다.

24

다음 한자어의 발음 중 표준 발음으로 옳지 <u>않은</u> 것은?

① 마천루(摩天樓) – [마천누]
② 공권력(公權力) – [공꿘녁]
③ 생산력(生産力) – [생산녁]
④ 결단력(決斷力) – [결딴녁]

25

다음 글의 중심내용으로 가장 옳은 것은?

> 이제 우리는 세계의 변방이 아니다. 세계화는 점점 더, 과거와는 분명 다르게 우리가 주목과 관심의 대상이 되는 방향으로 진행되고 있다. 이제 한국은 더 이상 '작은 나라'라고만 생각하지 않게 되었다. 한국인의 예술성을 세계에서 인정하고 있는 지금 이 시기에 가장 중요한 것은 무엇일까? 그 무엇보다 시급한 것이 바로 '전략'이다. 지금이야말로 세계 시장에 우리의 예술을 알릴 수 있는 기회가 왔고, 우리만의 전략이 필요한 시기가 왔다.
>
> 한국인의 끼는 각별하다. 신바람, 신명풀이가 문화유전자로 등록되어 있는 민족이다. 게다가 신이 나면 어깨춤 덩실덩실 추던 그 어깨 너머로 쓱 보고도 뚝딱 뭔가 만들어낼 줄 아는 재주와 감각도 있고, 문화선진국의 전문가들도 감탄하는 섬세한 재능과 디테일한 예술적 취향도 있다. 문화 예술의 시대를 맞은 오늘날, 우리가 먹거리로 삼을 수 있고 상품화할 수 있는 바탕들이 다 갖추어진 유전자들이다. 선진이 선진이고 후진이 후진이면 역사는 바뀌지 않는다. 선진이 후진 되고 후진이 선진 될 때 시대가 바뀌고 새로운 역사가 시작되는 법이다. 우리 앞에 그런 전환점이 놓여 있다.

① 주어진 현실에 안주하는 실리감각
② 다가오는 미래에 대한 희망찬 포부
③ 냉엄한 국제질서에 따른 각박한 삶
④ 사라져 가는 미풍양속에 대한 아쉬움

행정학

지방행정론 12%
행정학의 기초이론 24%
재무행정론 24%
정책론 8%
인사행정론 12%
조직론 20%

◎ 정답 및 해설 249p

01

행정이론에 관한 다음의 기술 중 가장 옳지 <u>않은</u> 것은?

① 신공공관리론(New Public Management)은 국민을 고객으로 인식하고 공공부문에 시장원리를 도입하고자 하였다.

② 거버넌스(Governance)이론은 정부, 시장, 시민사회의 협력과 협치를 지향한다.

③ 신제도주의는 제도가 개인과 조직, 국가의 성패를 결정한다고 보고 있다.

④ 신행정학(New Public Administration)은 행태주의와 논리실증주의를 비판하면서 등장하였다.

02

막스 베버(Max Weber)의 관료제에 대한 설명으로 가장 옳지 <u>않은</u> 것은?

① 관료제는 계층제 구조를 본질로 하고 있다.

② 관료제를 현대사회의 보편적인 조직모형으로 보고 있다.

③ 신행정학에서는 탈(脫)관료제 모형으로서 수평적이고 임시적인 조직모형을 제안한다.

④ 행정조직 발전에 대한 패러다임(paradigm)의 관점에서 관료제 모형을 제시했다.

03

발생주의 회계제도에 대한 설명으로 옳은 것은?

> 가. 재화의 감가상각 가치를 회계에 반영할 수 있다.
> 나. 부채규모와 총자산의 파악이 용이하지 않다.
> 다. 현금이 거래되는 시점을 중심으로 기록한다.
> 라. 복식부기 기장방식을 채택하는 것이 일반적이다.

① 가, 라   ② 나, 라
③ 나, 다   ④ 가, 다

04

행정과 경영의 유사점에 대한 설명으로 가장 옳지 <u>않은</u> 것은?

① 행정과 경영은 어느 정도 관료제적 성격을 지니고 있다.

② 행정과 경영은 관리기술이 유사하다.

③ 행정과 경영은 목표는 다르지만 목표달성을 위한 수단으로 작동한다.

④ 행정과 경영은 비슷한 수준의 법적 규제를 받는다.

05

행정이념에 대한 설명으로 가장 옳지 <u>않은</u> 것은?

① 행정이념은 절대적인 것이 아니라 시대적 상황과 정치체제에 따라 변할 수 있다.

② 능률성은 투입 대비 산출의 비율을, 효과성은 목표의 달성도를 나타내는 개념이다.

③ 행정의 민주성은 대외적으로 국민 의사를 존중하고 수렴하며 대내적으로 행정조직을 민주적으로 운영한다는 두 가지 측면을 가지고 있다.

④ 수평적 형평성이란 동등하지 않은 것을 서로 다르게 취급하는 것, 수직적 형평성이란 동등한 것을 동등하게 취급하는 것을 의미한다.

06

신공공관리에 대한 설명으로 가장 옳지 <u>않은</u> 것은?

① 신공공관리는 전통적이고 관료적인 관리방식을 개혁하기 위해 1980년대부터 진행된 개혁 프로그램이다.

② 신공공관리는 정부의 크기와 관계없이 시장지향적인 효율적인 정부를 만들 수 있는 개혁방안에 관심을 갖는다.

③ 시장성 테스트, 경쟁의 도입, 민영화나 규제완화 등 일련의 정부개혁 아이디어가 적용된다.

④ 신공공관리 옹호론자들은 기존 관료제 중심의 패러다임을 대체할 수 있는 새로운 패러다임이 될 수 있다고 주장한다.

07

구성원에 대한 동기부여는 미충족 시 불만이 제기되는 요인(불만요인)의 충족과 함께 적극적으로 동기를 자극하는 요인(동기요인)이 동시에 충족되었을 때 가능하다고 주장한 학자로 옳은 것은?

① F. Herzberg   ② C. Argyris

③ A. H. Maslow   ④ V. H. Vroom

08

행정현상에 대한 접근방법의 설명으로 가장 옳지 <u>않은</u> 것은?

① 과학적 방법은 동작연구, 시간연구 등에서 같이 행정현상에 존재하는 규칙성을 찾아내 보편타당한 법칙성을 도출하는 데 가장 유용한 방법이다.

② 생태론적 접근방법은 행정변수 중에서 특히 환경변화와 사람의 행태를 연구대상으로 한다.

③ 역사적 접근방법과 법적·제도적 접근방법은 제도와 구조에 보다 초점을 맞춘 것으로 볼 수 있다.

④ 시스템적 방법의 장점은 시스템을 이루는 부분들 각각의 기능과 부분 간 유기적 상호작용을 잘 이해할 수 있다는 데 있다.

09

정책에 대한 설명으로 가장 옳지 <u>않은</u> 것은?

① 정책은 행정학의 발달과정에 있어 통치기능설과 관계가 있다.

② 정책은 공정성과 가치중립성(value-free)을 지향한다.

③ 정책은 행정국가화 경향의 산물이다.

④ 정책은 정부실패의 원인이 될 수 있다.

10

우리나라 공직자윤리법에 규정된 내용에 해당하지 않는 것은?

① 주식백지신탁
② 퇴직공직자의 취업제한
③ 선물신고
④ 상벌사항 공개

11

정책결정의 장에 대한 이론 설명으로 가장 옳지 않은 것은?

① 다원주의는 소수의 개인이나 집단이 아니라 다수의 집단이 정책결정의 장을 주도하고 이들이 정치적 조정과 타협을 거쳐 도달한 합의가 정책이 된다고 본다.
② 엘리트주의는 대중에게 영향력을 행사할 수 있는 위치에 있는 소수의 리더들에 의해서 정책결정이 지배된다고 본다.
③ 정책결정에서 정부의 역할을 줄이고 이익집단과의 상호협력을 보다 중시하는 이론이 조합주의이다.
④ 철의 삼각(iron triangle) 논의는 정부관료, 선출직 의원, 그리고 이익집단의 3자가 장기적이고 안정적이며 우호적인 연합을 형성하면서 정책결정을 지배하는 것으로 본다.

12

리더십에 대한 설명으로 가장 옳지 않은 것은?

① 리더십에 있어 자질론적 접근은 리더가 만들어지기보다는 특별한 역량을 타고나는 것임을 강조한다.

② 민주형 리더십은 권위와 최종책임을 위임하며 부하가 의사결정에 참여하도록 하는 쌍방향 의사전달의 특징을 지닌다.
③ 리더십에 있어 경로 – 목표모형은 리더의 행태가 어떻게 조직원으로 하여금 목표를 달성시키도록 하는 리더십 효과로 이어지는지를 설명해준다.
④ 상황론적 관점에서 보면 부하의 지식이 부족하고 공식적 규정이 마련되어 있지 않은 과업 환경에서는 지원적 리더십보다 지시적 리더십이 보다 부하의 만족을 높이고 효과적일 수 있다.

13

조직형태나 구조에 대한 설명으로 가장 옳지 않은 것은?

① 학습조직은 시스템적 사고에 의한 유기적, 체제적 조직관을 바탕으로 한다.
② 네트워크 조직에서는 서비스나 재화의 생산과 공급, 유통 등을 서로 다양한 조직에서 따로 수행한다.
③ 매트릭스 구조는 기능구조와 계층구조를 결합시킨 이원적 형태이다.
④ 가상조직은 영구적이라기보다는 잠정적이고 임시적 조직으로 볼 수 있다.

14

참여적(민주적) 관리와 가장 관련이 없는 것은?

① ZBB(영기준예산)
② MBO(목표에 의한 관리)
③ 브레인스토밍(brainstorming)
④ PPBS(계획예산)

15

계급제와 직위분류제에 대한 설명으로 가장 옳지 않은 것은?

① 계급제는 사람의 자격과 능력을 기준으로 분류하는 것이다.

② 직위분류제는 사람이 맡아 수행하는 직무와 그 직무수행에 수반되는 책임을 기준으로 하는 것이다.

③ 직위분류제는 전체 조직업무를 체계적으로 분업화하고 한 사람의 적정 업무량을 조직상 위계에서 고려하는 구조중심의 접근이다.

④ '동일업무에 대한 동일보수'라는 보수의 형평성 요구가 직위분류제의 출발을 촉진시켰다고 할 수 있다.

16

인사행정제도에 대한 설명으로 가장 옳지 않은 것은?

① 공직충원의 개방성을 확대하면 직업공무원제 확립에 보다 더 기여할 수 있다.

② 계급제는 직위분류제에 비해 인적자원의 탄력적 활용이 용이하다.

③ 엽관주의는 행정의 민주성을 강화하는 측면도 있다.

④ 대표관료제는 출신집단의 가치와 이익을 정책과정에 반영시킬 수 있다는 전제에서 출발한다.

17

예산과정 중에서 재정민주주의(fiscal democracy)와 가장 관련이 깊은 것은?

① 예산심의   ② 예산집행

③ 회계검사   ④ 예비타당성조사

18

예산제도에 대한 설명으로 가장 옳은 것은?

① 성과주의 예산제도는 업무단위 비용과 업무량의 파악을 통해 효과성을 높이고자 한다.

② 품목별 예산제도의 분석의 초점은 지출대상이며 이를 통해 통제성을 높이고자 한다.

③ 새로운 성과주의 예산제도는 산출물에 관심이 있으며 이를 통해 효율성을 높이고자 한다.

④ 계획예산제도는 목표와 예산의 연결을 통해 투명성과 대응성을 높이고자 한다.

19

지방분권의 장점으로 가장 옳지 않은 것은?

① 행정의 민주화 진작

② 지역 간 격차 완화

③ 행정의 대응성 강화

④ 지방공무원의 사기진작

20

단체자치에 대한 설명으로 옳은 것만을 모두 고르면?

> 가. 자치권에 대한 인식은 전래권으로 본다.
> 나. 권한부여 방식은 포괄적 위임주의이다.
> 다. 중앙정부와 지방자치단체의 관계는 기능적 협력관계이다.
> 라. 유럽대륙을 중심으로 발전해 왔다.

① 가, 나

② 가, 다, 라

③ 나, 다, 라

④ 가, 나, 다, 라

21

다음 중 예산과 관련된 이론으로 가장 옳지 않은
것은?

① 욕구체계이론
② 다중합리성 모형
③ 단절균형이론
④ 점증주의

22

지방재정 지표 중 총세입(總歲入)에서 자율적으로
사용가능한 재원의 비율을 나타내는 것은?

① 재정자립도
② 재정탄력도
③ 재정자주도
④ 재정력지수

23

조직이론과 인간관에 대한 설명으로 가장 옳지 않은
것은?

① 조직이론의 시작은 테일러의 과학적 관리론에서
  찾을 수 있으며, 1900년대 초까지 효율성과 구
  조중심의 사상을 담고 있었다.
② 기계적 조직으로서의 관료제는 합리적 경제인
  의 인간관을 반영하고 있는데 테일러의 차등 성
  과급제가 이러한 인간관에 기초한 보상 시스템
  이다.
③ 계층구조는 피라미드 모양의 구조를 가지며 명
  령과 통제가 위로부터 아래로 전달되는 특성을
  가진다.
④ 관료제하에서 구성원들은 인간으로서의 감정
  이나 충동을 멀리하는 정의적 행동(personal
  conduct)이 기대된다.

24

공공선택론(public choice theory)에 대한 설명으로
가장 옳지 않은 것은?

① 방법론적 집단주의를 지향한다.
② 정치 · 행정현상을 경제학적 논리를 통해 분석하
  고자 한다.
③ 개인 선호를 중시하여 공공서비스 관할권을 중
  첩시킬 수도 있다.
④ 중위투표자이론(median vote theorem)도 공공
  선택론의 일종이다.

25

우리나라 예산편성절차에 대한 설명으로 가장 옳지
않은 것은?

① 우리나라 예산담당부처인 기획재정부는 예산안
  편성지침과 국가재정운용계획을 사전에 준비하
  고 범부처 예산사정을 담당한다.
② 각 중앙행정기관은 기획재정부의 지침에 따라
  사업계획서와 예산요구서 작성을 준비한다.
③ 기획재정부는 총액배분자율편성제도에 따라 각
  부처의 세부사업에 대한 심사보다 부처예산요구
  총액의 적정성을 집중적으로 심의한다.
④ 기획재정부는 조정된 정부예산안을 회계연도 개
  시 120일전까지 국회에 제출한다.

행정법

행정구제법 32%
행정법통론 24%
행정법상의 의무이행확보수단 8%
행정작용법 36%

ⓞ 정답 및 해설 253p

01

사인의 공법행위에 대한 설명으로 옳지 <u>않은</u> 것은? (단, 다툼이 있는 경우 판례에 의함)

① 국민이 어떤 신청을 한 경우에 그 신청의 근거가 된 조항의 해석상 행정발동에 대한 개인의 신청권을 인정하고 있다고 보이면 그 거부행위는 항고소송의 대상이 되는 처분으로 보아야 하고, 구체적으로 그 신청이 인용될 수 있는가 하는 점은 본안에서 판단하여야 할 사항이다.

② 민원사항의 신청서류에 실질적인 요건에 관한 흠이 있더라도 그것이 민원인의 단순한 착오나 일시적인 사정 등에 기한 경우에는 행정청은 보완을 요구할 수 있다.

③ 건축주 등은 건축신고가 반려될 경우 건축물의 건축을 개시하면 시정명령, 이행강제금, 벌금의 대상이 되거나 당해 건축물을 사용하여 행할 행위의 허가가 거부될 우려가 있어 불안정한 지위에 놓이게 되므로, 건축신고 반려행위는 항고소송의 대상성이 인정된다.

④ 건축법상의 건축신고가 다른 법률에서 정한 인가·허가 등의 의제효과를 수반하는 경우라도 특별한 사정이 없는 한 수리를 요하는 신고로 볼 수 없다.

02

평등원칙에 대한 설명으로 옳지 <u>않은</u> 것은? (단, 다툼이 있는 경우 판례에 의함)

① 국가기관이 채용시험에서 국가유공자의 가족에게 10%의 가산점을 부여하는 규정은 평등권과 공무담임권을 침해한다.

② 평등원칙은 동일한 것 사이에서의 평등이므로 상이한 것에 대한 차별의 정도에서의 평등을 포함하지 않는다.

③ 재량준칙이 공표된 것만으로는 행정의 자기구속의 원칙이 적용될 수 없고, 재량준칙이 되풀이 시행되어 행정관행이 성립한 경우에 적용될 수 있다.

④ 행정의 자기구속의 원칙이 인정되는 경우에는 행정관행과 다른 처분은 특별한 사정이 없는 한 위법하다.

03

행정소송제도에 대한 설명으로 옳지 <u>않은</u> 것은?

① 개별법령에 합의제 행정청의 장을 피고로 한다는 명문규정이 없는 한 합의제 행정청 명의로 한 행정처분의 취소소송의 피고적격자는 당해

합의제 행정청이 아닌 합의제 행정청의 장이다.
② 원고가 피고를 잘못 지정한 경우 피고경정은 취소소송과 당사자소송 모두에서 사실심 변론종결에 이르기까지 허용된다.
③ 법원은 당사자소송을 취소소송으로 변경하는 것이 상당하다고 인정할 때에는 청구의 기초에 변경이 없는 한 사실심의 변론종결시까지 원고의 신청에 의하여 결정으로써 소의 변경을 허가할 수 있다.
④ 당사자소송의 원고가 피고를 잘못 지정하여 피고경정신청을 한 경우 법원은 결정으로써 피고의 경정을 허가할 수 있다.

04

수익적 행정행위의 철회에 대한 설명으로 옳은 것은? (단, 다툼이 있는 경우 판례에 의함)

① 수익적 행정행위에 대한 취소권 등의 행사는 기득권의 침해를 정당화할 만한 중대한 공익상의 필요 또는 제3자의 이익을 보호할 필요가 있고, 이를 상대방이 받는 불이익과 비교·교량하여 볼 때 공익상의 필요 등이 상대방이 입을 불이익을 정당화할 만큼 강한 경우에 한하여 허용될 수 있다.
② 행정행위를 한 처분청은 비록 처분 당시에 별다른 하자가 없었고, 처분 후에 이를 철회할 별도의 법적 근거가 없더라도 원래의 처분을 존속시킬 필요가 없게 된 중대한 공익상 필요가 발생한 경우에도 그 효력을 상실케 하는 별개의 행정행위로 이를 철회할 수 없다.
③ 수익적 행정행위를 취소 또는 철회하거나 중지시키는 경우에는 이미 부여된 국민의 기득권을 침해하는 것이 되므로, 비록 취소 등의 사유가 있다고 하더라도 허용되지 않는다.

④ 행정행위를 한 처분청은 비록 처분 당시에 별다른 하자가 없었고, 처분 후에 이를 철회할 별도의 법적 근거가 없더라도 원래의 처분을 존속시킬 필요가 없게 된 사정변경이 생겼다는 이유만으로 그 효력을 상실케 하는 별개의 행정행위로 이를 철회하는 것은 허용되지 않는다.

05

행정법의 효력에 대한 설명으로 옳지 않은 것은?

① 조례와 규칙은 특별한 규정이 없으면 공포한 날부터 20일이 경과함으로써 효력을 발생한다.
② 행정법령은 특별한 규정이 없는 한 시행일로부터 장래에 향하여 효력을 발생하는 것이 원칙이다.
③ 법령을 소급적용하더라도 일반국민의 이해에 직접 관계가 없는 경우에는 법령의 소급적용이 허용된다.
④ 법률불소급의 원칙은 그 법률의 효력발생 전에 완성된 요건사실뿐만 아니라 계속 중인 사실이나 그 이후에 발생한 요건사실에 대해서도 그 법률을 소급적용할 수 없다.

06

「행정절차법」상 청문에 대한 설명으로 옳지 <u>않은</u> 것은?

① 청문 주재자에게 공정한 청문 진행을 할 수 없는 사정이 있는 경우 당사자 등은 행정청에 기피신청을 할 수 있다.
② 청문 주재자가 청문을 시작할 때에는 먼저 예정된 처분의 내용, 그 원인이 되는 사실 및 법적 근거 등을 설명하여야 한다.

③ 청문 주재자는 직권으로 또는 당사자의 신청에 따라 필요한 조사를 할 수 있으며, 당사자 등이 주장하지 아니한 사실에 대하여는 조사할 수 없다.

④ 행정청은 청문을 마친 후 처분을 할 때까지 새로운 사정이 발견되어 청문을 재개(再開)할 필요가 있다고 인정할 때에는 청문조서 등을 되돌려 보내고 청문의 재개를 명할 수 있다.

07

행정지도에 대한 설명으로 옳지 <u>않은</u> 것은?

① 행정지도가 그의 한계를 일탈하지 아니하였다면, 그로 인하여 상대방에게 어떤 손해가 발생하였다 하더라도 행정기관은 그에 대한 손해배상책임이 없다.

② 위법한 건축물에 대한 단전 및 전화통화 단절 조치 요청행위는 처분성이 인정되는 행정지도이다.

③ 상대방이 행정지도에 따르지 아니하였다는 것을 직접적인 이유로 하는 불이익한 조치는 위법한 행위가 된다.

④ 국가배상법이 정한 배상청구의 요건인 공무원의 직무에는 행정지도도 포함된다.

08

개인정보 보호에 대한 설명으로 옳지 <u>않은</u> 것은?

① 정보통신서비스 제공자는 이용자가 필요한 최소한의 개인정보 이외의 개인정보를 제공하지 아니한다는 이유로 그 서비스의 제공을 거부할 수 있다.

② 개인정보처리자가 집단분쟁조정을 거부하거나 집단분쟁조정의 결과를 수락하지 아니한 경우에는 법원에 권리침해 행위의 금지 · 중지를 구하는 단체소송을 제기할 수 있다.

③ 개인정보보호법은 외국의 정보통신서비스 제공자 등에 대하여 개인정보보호규제에 대한 상호주의를 채택하고 있다.

④ 개인정보자기결정권의 보호대상이 되는 개인정보는 개인의 내밀한 영역에 속하는 영역뿐만 아니라 공적 생활에서 형성되었거나 이미 공개된 개인정보까지 포함한다.

09

「행정소송법」상 당사자소송에 대한 설명으로 옳지 <u>않은</u> 것은?

① 공법상 당사자소송이란 행정청의 처분 등을 원인으로 하는 법률관계에 관한 소송 그 밖에 공법상의 법률관계에 관한 소송으로서 그 법률관계의 한쪽 당사자를 피고로 하는 소송을 말한다.

② 공법상 계약의 한쪽 당사자가 다른 당사자를 상대로 효력을 다투거나 이행을 청구하는 소송은 공법상의 법률관계에 관한 분쟁이므로 분쟁의 실질이 공법상 권리 · 의무의 존부 · 범위에 관한 다툼에 관해서는 공법상 당사자소송으로 제기하여야 한다.

③ 원고가 고의 또는 중대한 과실 없이 행정소송으로 제기하여야 할 사건을 민사소송으로 잘못 제기한 경우, 수소법원으로서는 만약 그 행정소송에 대한 관할도 동시에 가지고 있다면 이를 행정소송으로 심리 · 판단하여야 하고, 그 행정소송에 대한 관할을 가지고 있지 아니하다면 관할 법원에 이송하여야 한다.

④ 당사자소송의 경우 법원은 필요하다고 인정할 때에는 직권으로 증거조사를 할 수 있으나, 당사자가 주장하지 아니한 사실에 대하여는 판단하여서는 안된다.

10

행정법상 허가에 대한 설명으로 옳지 <u>않은</u> 것은?

① 허가는 규제에 반하는 행위에 대해 행정강제나 제재를 가하기보다는 행위의 사법상 효력을 부인함으로써 규제의 목적을 달성하는 방법이다.

② 허가란 법령에 의해 금지된 행위를 일정한 요건을 갖춘 경우에 그 금지를 해제하여 적법하게 행위할 수 있게 해준다는 의미에서 상대적 금지와 관련되는 경우이다.

③ 전통적인 의미에서 허가는 원래 개인이 누리는 자연적 자유를 공익적 차원(공공의 안녕과 질서유지)에서 금지해 두었다가 일정한 요건을 갖춘 경우 그러한 공공에 대한 위험이 없다고 판단되는 경우 그 금지를 풀어줌으로써 자연적 자유를 회복시켜주는 행위이다.

④ 실정법상으로는 허가 이외에 면허, 인가, 인허, 승인 등의 용어가 사용되고 있기 때문에 그것이 학문상 개념인 허가에 해당하는지 검토할 필요가 있다.

11

「행정기본법」에 대한 설명으로 옳은 것만을 모두 고른 것은?

ㄱ. 행정은 공공의 이익을 위하여 적극적으로 추진되어야 한다.

ㄴ. 행정작용은 법률에 위반되어서는 아니 되며, 국민의 권리를 제한하거나 의무를 부과하는 경우와 그 밖에 국민생활에 중요한 영향을 미치는 경우에는 법률에 근거하여야 한다.

ㄷ. 행정청은 합리적 이유 없이 국민을 차별하여서는 아니 된다.

ㄹ. 행정청은 행정작용을 할 때 상대방에게 해당 행정작용과 실질적인 관련이 없는 의무를 부과해서는 아니 된다.

ㅁ. 행정청은 처분에 재량이 있는 경우에는 부관(조건, 기한, 부담, 철회권의 유보 등을 말한다)을 붙일 수 있다.

① ㄱ, ㄴ, ㄷ
② ㄱ, ㄴ, ㄷ, ㄹ
③ ㄱ, ㄴ, ㄷ, ㄹ, ㅁ
④ ㄴ, ㄷ, ㄹ, ㅁ

12

행정소송의 원고적격에 대한 설명으로 옳지 <u>않은</u> 것은? (단, 다툼이 있는 경우 판례에 의함)

① 면허나 인·허가 등의 수익적 행정처분의 근거가 되는 법률이 해당 업자들 사이의 과당경쟁으로 인한 경영의 불합리를 방지하는 것도 그 목적으로 하고 있는 경우, 다른 업자에 대한 면허나 인·허가 등의 수익적 행정처분에 대하여 미리 같은 종류의 면허나 인·허가 등의 처분을 받아 영업을 하고 있는 기존의 업자는 당해 행정처분의 취소를 구할 원고적격이 인정될 수 있다.

② 광업권설정허가처분과 그에 따른 광산 개발로 인하여 재산상·환경상 이익의 침해를 받거나 받을 우려가 있는 토지나 건축물의 소유자와 점유자 또는 이해관계인 및 주민들은 그 처분 전과 비교하여 수인한도를 넘는 재산상·환경상 이익의 침해를 받거나 받을 우려가 있다는 것을 증명하더라도 원고적격을 인정받을 수 없다.

③ 행정처분의 직접 상대방이 아닌 제3자라 하더라도 당해 행정처분으로 인하여 법률상 보호되는 이익을 침해당한 경우에는 취소소송을 제기하여 그 당부의 판단을 받을 자격이 있다.

④ 법인의 주주가 그 처분으로 인하여 궁극적으로 주식이 소각되거나 주주의 법인에 대한 권리가 소멸하는 등 주주의 지위에 중대한 영향을 초래하게 되는데도 그 처분의 성질상 당해 법인이 이를 다툴 것을 기대할 수 없고 달리 주주의 지위를 보전할 구제방법이 없는 경우에는 주주도 그 처분에 관하여 직접적이고 구체적인 법률상 이해관계를 가진다고 보이므로 그 취소를 구할 원고적격이 있다.

13

공법상 결과제거청구권에 대한 설명으로 옳지 <u>않은</u> 것은?

① 공법상 결과제거청구권의 대상은 가해행위와 상당인과관계가 있는 손해이다.

② 결과제거청구는 권력작용뿐만 아니라 관리작용에 의한 침해의 경우에도 인정된다.

③ 원상회복이 행정주체에게 기대가능한 것이어야 한다.

④ 피해자의 과실이 위법상태의 발생에 기여한 경우에는 그 과실에 비례하여 결과제거청구권이 제한되거나 상실된다.

14

행정심판의 재결에 대한 설명으로 옳지 <u>않은</u> 것은?

① 기각재결이 있은 후에도 원처분청은 원처분을 직권으로 취소 또는 변경할 수 있다.

② 재결의 기속력에는 반복금지효와 원상회복의무가 포함된다.

③ 행정심판에는 불고불리의 원칙과 불이익변경금지의 원칙이 인정되며, 처분청은 행정심판의 재결에 대해 불복할 수 없다.

④ 행정심판의 재결기간은 강행규정이다.

15

사례에 대한 설명으로 옳지 <u>않은</u> 것은? (단, 다툼이 있는 경우 판례에 의함)

> 병무청장이 법무부장관에게 '가수 甲이 공연을 위하여 국외여행허가를 받고 출국한 후 미국시민권을 취득함으로써 사실상 병역의무를 면탈하였으므로 재외동포 자격으로 재입국하고자 하는 경우 국내에서 취업, 가수활동 등 영리활동을 할 수 없도록 하고, 불가능할 경우 입국 자체를 금지해 달라'고 요청함에 따라 법무부장관이 甲의 입국을 금지하는 결정을 하고, 그 정보를 내부전산망인 '출입국관리정보시스템'에 입력하였으나, 甲에게는 통보하지 않았다.

① 일반적으로 처분이 주체·내용·절차와 형식의 요건을 모두 갖추고 외부에 표시된 경우에는 처분의 존재가 인정된다.

② 행정의사가 외부에 표시되어 행정청이 자유롭게 취소·철회할 수 없는 구속을 받게 되는 시점에 처분이 성립한다.

③ 그 성립 여부는 행정청이 행정의사를 공식적인 방법으로 외부에 표시하였는지를 기준으로 판단해야 한다.

④ 위 입국금지결정은 항고소송의 대상이 되는 '처분'에 해당한다.

16

계획재량에 대한 설명으로 옳지 <u>않은</u> 것은?

① 통상적인 재량행위와 계획재량은 양적인 점에서 차이가 있을 뿐 질적인 점에서는 차이가 없다는 견해는 형량명령이 계획재량에 특유한 하자이론이라기보다는 비례의 원칙을 계획재량에 적용한 것이라고 한다.

② 행정주체는 그 행정계획에 관련되는 자들의 이익을 공익과 사익 사이에서는 물론이고 공익 상호간과 사익 상호간에도 정당하게 비교교량하여야 한다는 제한을 받는다.

③ 행정주체가 행정계획을 입안·결정함에 있어서 이익형량의 고려 대상에 마땅히 포함시켜야할 사항을 누락한 경우 이익형량을 전혀 행하지 아니하는 등의 사정이 없는 한 그 행정계획결정은 형량에 하자가 있다고 보기 어렵다.

④ 행정계획과 관련하여 이익형량을 하였으나 정당성과 객관성이 결여된 경우에는 그 행정계획결정은 형량에 하자가 있어 위법하게 된다.

17

「행정조사기본법」상 행정조사의 기본원칙에 대한 설명으로 옳지 <u>않은</u> 것은? (단, 다툼이 있는 경우 판례에 의함)

① 행정조사는 조사목적을 달성하는데 필요한 최소한의 범위 안에서 실시하여야 하며, 다른 목적 등을 위하여 조사권을 남용하여서는 아니 된다.

② 행정기관은 유사하거나 동일한 사안에 대하여는 공동조사 등을 실시함으로써 행정조사가 중복되지 아니하도록 하여야 한다.

③ 행정조사는 법령등의 위반에 대한 처벌에 중점을 두되 법령등을 준수하도록 유도하여야 한다.

④ 행정기관은 행정조사를 통하여 알게 된 정보를 다른 법률에 따라 내부에서 이용하거나 다른 기관에 제공하는 경우를 제외하고는 원래의 조사목적 이외의 용도로 이용하거나 타인에게 제공하여서는 아니 된다.

18

행정규칙에 대한 설명으로 옳지 <u>않은</u> 것은? (단, 다툼이 있는 경우 판례에 의함)

① 행정규칙인 고시가 법령의 수권에 의해 법령을 보충하는 사항을 정하는 경우에는 법령보충적 고시로서 근거법령규정과 결합하여 대외적으로 구속력 있는 법규명령의 효력을 갖는다.

② 행정규칙은 행정규칙을 제정한 행정기관에 대하여는 대내적으로 법적 구속력을 갖지 않는다.

③ 사실상의 준비행위 또는 사전안내로 볼 수 있는 국립대학의 대학입학고사 주요요강은 공권력 행사이므로 항고소송의 대상이 되는 처분이다.

④ 일반적인 행정처분절차를 정하는 행정규칙은 대외적 구속력이 없다.

19

「공익사업을 위한 토지 등의 취득 및 보상에 관한 법률」상의 환매권에 대한 설명으로 옳지 <u>않은</u> 것은? (단, 다툼이 있는 경우 판례에 의함)

① 토지의 협의취득일 또는 수용의 개시일부터 10년 이내에 해당 사업의 폐지·변경 또는 그 밖의 사유로 취득한 토지의 전부 또는 일부가 필요 없게 된 경우 취득일 당시의 토지소유자 또는 그 포괄승계인은 환매권을 행사할 수 있다.

② 환매권의 발생기간을 제한한 것은 사업시행자의 지위나 이해관계인들의 토지이용에 관한 법률관계 안정, 토지의 사회경제적 이용 효율 제고, 사회일반에 돌아가야 할 개발이익이 원소유자에게 귀속되는 불합리 방지 등을 위한 것이라 하더라도, 그 입법목적은 정당하다고 할 수 없다.

③ 환매권 발생기간 '10년'을 예외 없이 유지하게 되면 토지수용 등의 원인이 된 공익사업의 폐지 등으로 공공필요가 소멸하였음에도 단지 10년이 경과하였다는 사정만으로 환매권이 배제되는 결과가 초래될 수 있다.

④ 법률조항 제91조의 위헌성은 환매권의 발생기간을 제한한 것 자체에 있다기보다는 그 기간을 10년 이내로 제한한 것에 있다. 이 사건 법률조항의 위헌성을 제거하는 다양한 방안이 있을 수 있고 이는 입법재량 영역에 속한다.

20

「국가배상법」의 내용에 대한 설명으로 옳지 않은 것은? (단, 다툼이 있는 경우 판례에 의함)

① 국가나 지방자치단체는 공무를 위탁받은 사인이 직무를 집행하면서 고의 또는 과실로 법령을 위반하여 타인에게 손해를 입힌 때에는 국가배상법에 따라 그 손해를 배상하여야 한다.

② 도로·하천, 그 밖의 공공의 영조물(營造物)의 설치나 관리에 하자(瑕疵)가 있기 때문에 타인에게 손해를 발생하게 하였을 때에는 국가나 지방자치단체는 그 손해를 배상하여야 한다. 이 경우 군인·군무원의 2중배상금지에 관한 규정은 적용되지 않는다.

③ 직무를 집행하는 공무원에게 고의 또는 중대한 과실이 있으면 국가나 지방자치단체는 그 공무원에게 구상(求償)할 수 있다.

④ 군인·군무원이 전투·훈련 등 직무 집행과 관련하여 전사(戰死)·순직(殉職)하거나 공상(公傷)을 입은 경우에 본인이나 그 유족이 다른 법령에 따라 재해보상금·유족연금·상이연금 등의 보상을 지급받을 수 있을 때에는 「국가배상법」 및 「민법」에 따른 손해배상을 청구할 수 없다.

21

「공공기관의 정보공개에 관한 법률」에 대한 설명으로 옳지 않은 것은?

① 정보공개의 원칙에 따라 공공기관이 보유·관리하는 정보는 국민의 알권리 보장 등을 위하여 이 법에서 정하는 바에 따라 적극적으로 공개하여야 한다.

② 모든 국민은 정보의 공개를 청구할 권리를 가진다.

③ 공공기관의 정보공개 담당자(정보공개 청구 대상 정보와 관련된 업무 담당자를 포함한다)는 정보공개 업무를 성실하게 수행하여야 하며, 공개여부의 자의적인 결정, 고의적인 처리 지연 또는 위법한 공개 거부 및 회피 등 부당한 행위를 하여서는 아니 된다.

④ 공공기관은 예산집행의 내용과 사업평가 결과 등 행정감시를 위하여 필요한 정보에 대해서는 공개의 구체적 범위, 주기, 시기 및 방법 등을 미리 정하여 정보통신망 등을 통하여 알릴 필요까지는 없으나, 정기적으로 공개하여야 한다.

22

행정의 실효성 확보수단에 대한 설명으로 옳지 <u>않은</u> 것은? (단, 다툼이 있는 경우 판례에 의함)

① 계고서라는 명칭의 1장의 문서로서 일정기간 내에 위법건축물의 자진철거를 명함과 동시에 그 소정기한 내에 자진철거를 하지 아니할 때에는 대집행할 뜻을 미리 계고한 경우라도 건축법에 의한 철거명령과 행정대집행법에 의한 계고처분은 독립하여 있는 것으로서 각 그 요건이 충족되었다고 볼 것이다.

② 이행강제금은 행정상 간접적인 강제집행 수단의 하나로서, 과거의 일정한 법률위반 행위에 대한 제재인 형벌이 아니라 장래의 의무이행 확보를 위한 강제수단일 뿐이어서, 범죄에 대하여 국가가 형벌권을 실행하는 과벌에 해당하지 아니한다.

③ 세무조사결정은 납세의무자의 권리·의무에 직접 영향을 미치는 공권력의 행사에 따른 행정작용으로 보기 어려우므로 항고소송의 대상이 될 수 없다.

④ 토지·건물 등의 인도의무는 비대체적 작위의무이므로 행정대집행법상 대집행 대상이 될 수 없다.

23

개인적 공권에 대한 설명으로 옳지 <u>않은</u> 것은? (단, 다툼이 있는 경우 판례에 의함)

① 한의사들이 가지는 한약조제권을 한약조제시험을 통하여 약사에게도 인정함으로써 감소하게 되는 한의사들의 영업상 이익은 법률에 의하여 보호되는 이익이라 볼 수 없다.

② 합병 이전의 회사에 대한 분식회계를 이유로 감사인 지정제외 처분과 손해배상공동기금의 추가 적립의무를 명한 조치의 효력은 합병 후 존속하는 법인에게 승계될 수 있다.

③ 당사자 사이에 석탄산업법시행령 제41조 제4항 제5호 소정의 재해위로금에 대한 지급청구권에 관한 부제소합의가 있는 경우 그러한 합의는 효력이 인정된다.

④ 석유판매업 허가는 소위 대물적 허가의 성질을 갖는 것이어서 양수인이 그 양수후 허가관청으로부터 석유판매업허가를 다시 받았다하더라도 이는 석유판매업의 양수도를 전제로 한 것이어서 이로써 양도인의 지위승계가 부정되는 것은 아니므로 양도인의 귀책사유는 양수인에게 그 효력이 미친다.

24

행정행위의 부관에 대한 설명으로 옳지 <u>않은</u> 것은? (단, 다툼이 있는 경우 판례에 의함)

① 재량행위에 있어서는 관계 법령에 명시적인 금지규정이 없는 한 행정목적을 달성하기 위하여 조건이나 기한, 부담 등의 부관을 붙일 수 있고, 그 부관의 내용이 이행 가능하고 비례의 원칙 및 평등의 원칙에 적합하며 행정처분의 본질적 효력을 저해하지 아니하는 이상 위법하다고 할 수 없다.

② 부담은 행정청이 행정처분을 하면서 일방적으로 부가하는 것이 일반적이므로 상대방과 협의하여 협약의 형식으로 미리 정한 다음 행정처분을 하면서 이를 부가하는 경우 부담으로 볼 수 없다.

③ 부관의 사후변경은, 법률에 명문의 규정이 있거
나 그 변경이 미리 유보되어 있는 경우 또는 상
대방의 동의가 있는 경우에 한하여 허용되는 것
이 원칙이지만, 사정변경으로 인하여 당초에 부
담을 부가한 목적을 달성할 수 없게 된 경우에
도 그 목적달성에 필요한 범위 내에서 예외적으
로 허용된다.

④ 건축허가를 하면서 일정 토지를 기부채납하도
록 하는 내용의 허가조건은 부관을 붙일 수 없
는 기속행위 내지 기속적 재량행위인 건축허가
에 붙인 부담이거나 또는 법령상 아무런 근거가
없는 부관이어서 무효이다.

25

**행정소송법상 행정입법부작위에 대한 설명으로 옳
지 않은 것은?**

① 행정권의 시행명령제정의무는 헌법적 의무이다.

② 시행명령을 제정해야 함에도 불구하고 제정을
거부하는 것은 법치행정의 원칙에 반하는 것이
된다.

③ 시행명령을 제정 또는 개정하였지만 그것이 불
충분 또는 불완전하게 된 경우에는 행정입법부
작위가 아니다.

④ 행정입법부작위는 부작위위법확인소송의 대상
이 된다.

PART 05

2020년 기출문제

국어 · 행정학 · 행정법

국어

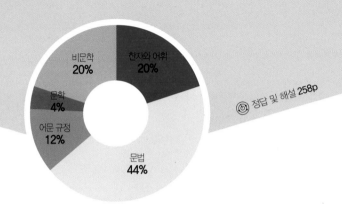

@ 정답 및 해설 258p

01

홑문장에 해당하는 것은?

① 어제 빨간 모자를 샀다.

② 봄이 오니 꽃이 피었다.

③ 남긴 만큼 버려지고, 버린 만큼 오염된다.

④ 우리 집 앞마당에 드디어 장미꽃이 피었다.

02

다음 중 가장 적절한 문장은?

① 인생을 살다 보면 남을 도와주기도 하고 도움을 받기도 한다.

② 형은 조문객들과 잠시 환담을 나눈 후 다시 상주 자리로 돌아왔다.

③ 가벼운 물건이라도 높은 위치에서 던지면 인명 사고나 차량 파손을 일으킬 수 있다.

④ 증인이 보는 앞에서 병기에게 친히 불리어서 가까이 가는 것만 해도 여간한 우대였다.

03

국어 순화가 옳지 않은 것은?

① 핸드레일(handrail) → 안전손잡이

② 스크린 도어(screen door) → 차단문

③ 프로필(profile) → 인물 소개, 약력

④ 팝업창(pop-up 窓) → 알림창

04

밑줄 친 부분의 비유 방식이 다른 것은?

> 비유(比喩/譬喩) : 「명사」 어떤 현상이나 사물을 직접 설명하지 아니하고 다른 비슷한 현상이나 사물에 빗대어서 설명하는 일.

① 요즘은 회사의 경영진에 합류하는 <u>블루칼라</u>가 많아지고 있다.

② 암 진단 결과를 받아들자, <u>그의 마음은 산산조각이 났다.</u>

③ 내부의 <u>유리 천장</u>은 없으며 여성들의 상위적 진출이 확대될 것이라고 전망했다.

④ 사업이 실패한 후 <u>그는 사회의 가장 밑바닥으로 떨어졌다.</u>

05

다음 글을 요약한 것으로 가장 적절한 것은?

요즘 들어 사람들은 건강에 대한 많은 관심을 보이고 있다. 특히 운동을 통한 건강 유지에 대한 관심이 각별하다고 할 수 있다. 부지런히 뛰고 땀을 흠뻑 흘린 뒤에 느끼는 개운함을 좋아한다. 그렇지만 무조건 신체를 움직인다고 해서 다 운동이 되는 것은 아니다. 무리하게 움직이면 오히려 역효과를 가져온다. 그러므로 운동의 강도를 결정할 때는 자신의 신체 조건을 우선적으로 고려해야 한다. 자신의 체력에 비추어 신체 기능을 충분히 자극할 수는 있어야 하지만 부담이 지나치지 않게 해야 한다. 운동의 시간과 빈도는 개인의 생활양식에 의해 많은 영향을 받게 되지만, 일반적으로는 일주일에 한 번씩 오랜 운동 시간을 하는 것보다는 운동 시간이 짧더라도 빈도를 높여서 규칙적으로 움직이는 것이 운동의 효과를 높이는데 효과적이다. 가장 바람직한 것은 매일 일정량의 운동을 실천하여 운동을 하나의 생활 습관으로 정착시키는 것이다.

① 운동의 효과는 운동의 빈도를 높일수록 좋다고 할 수 있으므로 가급적 쉬지 말고 부지런히 운동을 하는 것이 좋다.

② 운동의 효과를 높이기 위해서는 무리한 운동보다는 신체에 적절한 자극이 가해지는 운동을 생활 습관으로 정착시켜야 한다.

③ 신체를 무조건 움직인다고 해서 운동이 되는 것이 아니므로 자신의 신체 조건을 우선적으로 고려하여 운동의 강도를 결정한다.

④ 매일 일정량의 운동을 통해 운동을 생활습관으로 정착시키기 위해서는 운동의 긍정적인 측면과 부정적인 측면을 모두 고려해야 한다.

06

국어 로마자 표기법 규정에 어긋난 것은?

① 종로 2가 Jongno 2(i)-ga

② 신라 Silla

③ 속리산 Songnisan

④ 금강 Keumgang

07

사동사와 피동사를 만드는 형태와 방식이 <u>다른</u> 것은?

- 사동사(使動詞) : 『언어』 문장의 주체가 자기 스스로 행하지 않고 남에게 그 행동이나 동작을 하게 함을 나타내는 동사.
- 피동사(被動詞) : 『언어』 남의 행동을 입어서 행하여지는 동작을 나타내는 동사.

① 보다　　　　　② 잡다

③ 밀다　　　　　④ 안다

08

㉠의 처지와 관련된 속담으로 가장 적절한 것은?

"쥔 어른 계서유?"

몸을 돌리어 바느질거리를 다시 들려 할 제 이번에는 짜장 인끼가 난다. 황급하게 "누구유?" 하고 일어서며 문을 열어보았다.

"왜 그리유?"

"저어, 하룻밤만 드새고 가게 해주세유."

남정네도 아닌데 이 밤중에 웬일인가, 맨발에 짚신 짝으로. 그야 아무렇든,

"어서 들어와 불 쬐게유."

㉠ 나그네는 주춤주춤 방 안으로 들어와서 화로 곁에 도사려 앉는다. 낡은 치맛자락 위로 비어지려는 속살을 아무리자 허리를 지그시 튼다. 그리고는 묵묵하다. 주인은 물끄러미 보고 있다가 밥을 좀 주려느냐고 물어보아도 잠자코 있다.

그러나 먹던 대궁을 주워모아 짠지쪽하고 갖다주니 감지덕지 받는다. 그리고 물 한 모금 마심 없이 잠깐 동안에 밥그릇의 밑바닥을 긁는다.

밥숟가락을 놓기가 무섭게 주인은 이야기를 붙이기 시작하였다. 미주알고주알 물어보니 이야기는 지수가 없다. 자기로도 너무 지쳐 물은 듯싶은 만치 대구 추근거렸다. 나그네는 싫단 기색도 좋단 기색도 별로 없이 시나브로 대구하였다. 남편 없고 몸 붙일 곳 없다는 것을 간단히 말하고 난 뒤,

"이리저리 얻어먹고 단게유." 하고 턱을 가슴에 묻는다.

① 패랭이에 숟가락 꽂고 산다.
② 태산 명동에 서일필이라.
③ 터진 방앗공이에 보리알 끼듯 하였다.
④ 보리누름까지 세배한다.

09

밑줄 친 단어의 품사가 다른 것은?

① 집에 들어가 보니 동생이 <u>혼자</u> 밥을 먹고 있었다.
② <u>정녕</u> 가시겠다면 고이 보내 드리리다.
③ 나는 과일 중에 사과를 <u>제일</u> 좋아한다.
④ <u>둘째</u> 며느리 삼아 보아야 맏며느리 착한 줄 안다.

10

밑줄 친 부분의 한자어로 적절하지 <u>않은</u> 것은?

코로나가 갖고 온 변화는 ㉠ <u>침체</u>된 것처럼 보이는 삶 ─㉡ <u>위축</u>된 경제와 단절된 관계와 불투명한 미래까지─에서부터 일상의 작은 규칙들, 마스크를 쓰고 손을 씻고 사회적 거리두기를 하는 것 등 삶의 전반에 크고 작은 영향을 끼쳤다. 그것이 우리 눈앞에 펼쳐진 코로나 이후의 맞닥뜨린 냉혹한 현실이지만 반대급부도 분명 존재한다. 가만히 들여다보면 차가운 현실의 이면에는 분명 또 다른 내용의 속지가 숨겨져 있다. 코로나로 인해 '국가의 감염병 예방 시스템이 새롭게 정비되고 ㉢ <u>방역</u> 의료체계가 발전하고 환경오염이 줄고'와 같은 거창한 것은 ㉣ <u>차치</u>하고라도 당장, 홀로 있음의 경험을 통해서 내 자신의 마음 들여다보기가 가능해졌다.

① ㉠ : 沈滯   ② ㉡ : 萎縮
③ ㉢ : 紡疫   ④ ㉣ : 且置

11

띄어쓰기가 옳지 <u>않은</u> 것은?

① 그녀는 사업차 외국에 나갔다.
② 들고 갈 수 있을 만큼만 담아라.
③ 그는 세 번만에 시험에 합격했다.
④ 쌀, 보리, 콩, 조, 기장 들을 오곡(五穀)이라한다.

12

언어 예절에 가장 알맞게 발화한 것은?

① (아침에 출근해서 직급이 같은 동료에게) 좋은 아침!

② (집에서 손님을 보낼 때 손위 사람에게) 살펴 가십시오.

③ (윗사람의 생일을 축하하며) 건강하십시오.

④ (관공서에서 손님이 들어올 때) 무엇을 도와 드릴까요?

14

(㉠)에 들어갈 접속부사로 가장 적절한 것은?

① 그리고

② 그런데

③ 그러므로

④ 왜냐하면

[13~14] 다음 글을 읽고 물음에 답하시오.

계해년(癸亥年) 겨울에 우리 전하께서 정음 28자를 처음으로 만들어 예의(例義)를 간략하게 들어 보이고 이름을 훈민정음(訓民正音)이라 하였다. (①) 천지인(天地人) 삼극(三極)의 뜻과 음양(陰陽)의 이기(二氣)의 정묘함을 포괄(包括)하지 않은 것이 없다. 28자로써 전환이 무궁하고 간요(簡要)하며 모든 음에 정통하였다. (㉠) 슬기로운 사람은 하루아침을 마치기도 전에 깨우치고, 어리석은 이라도 열흘이면 배울 수 있다. (②) 이 글자로써 글을 풀면 그 뜻을 알 수 있고, 이 글자로써 송사를 심리하더라도 그 실정을 알 수 있게 되었다. (③) 한자음은 청탁을 능히 구별할 수 있고 악기는 율려에 잘 맞는다. 쓰는 데 갖추어지지 않은 바가 없고, 가서 통달되지 않는 바가 없다. 바람 소리, 학의 울음, 닭의 홰치며우는 소리, 개 짖는 소리일지라도 모두 이 글자를 가지고 적을 수가 있다. (④)

– 〈훈민정음 해례(解例)〉 정인지(鄭麟趾) 서문(序文) 중에서 –

13

위 글에서 다음 (가)의 위치로 가장 적절한 것은?

(가) 상형을 기본으로 하고 글자는 고전(古篆)을 본떴고 사성을 기초로 하고 음(音)이 칠조(七調)를 갖추었다.

①   ②   ③   ④

15

우리말 어법에 맞고 가장 자연스러운 문장은?

① 그의 하루 일과를 일어나자마자 아침 신문을 읽는 데서 시작한다.

② 저녁노을이 지는 들판에서 농부 내외가 조용히 기도하는 모습이 멀리 보였다.

③ 졸업한 형도 못 푸는 문제인데, 하물며 네가 풀겠다고 덤볐다.

④ 제가 여러분에게 당부하고 싶은 것은 주변 환경을 탓하지 마시기 바랍니다.

16

밑줄 친 '성김'과 '빽빽함'의 의미 관계와 같지 <u>않은</u> 것은?

구도의 필요에 따라 좌우와 상하의 거리 조정, 허와 실의 보완, 성김과 빽빽함의 변화 표현 등이 자유로워졌다.

① 곱다 : 거칠다

② 무르다 : 야무지다

③ 넉넉하다 : 푼푼하다

④ 느슨하다 : 팽팽하다

17

한글 맞춤법에 옳게 쓰인 것을 모두 고른 것은?

> 나는 먼저 미역을 물에 ㉠ 담궈 두고 밥을 ㉡ 안 쳤다. 불린 미역을 냄비에 넣고 불을 ㉢ 붙였다. 미역국이 끓는 동안 생선도 ㉣ 졸였다. 마지막으로 두부에 달걀옷을 입혀 ㉤ 부쳤다. 상을 차려놓고 어머니가 오시기를 기다렸다. ㉥ 하느라고 했는데 생일상 치고 영 볼품이 없는 것 같다.

① ㉠, ㉡, ㉣   ② ㉢, ㉤, ㉥
③ ㉡, ㉣, ㉤   ④ ㉡, ㉢, ㉤

18

다음 내용과 관계있는 한자성어로 가장 거리가 먼 것은?

> 선비는 단순한 지식 습득에 목적을 두지 않고 아는 것을 실천하는 것에 중점을 두고 있다. 또한 선비는 개인의 이익보다 사회 정의를 생각하며 행동하고 살아간다. 자신의 인격을 완성하고 그것을 통해 모든 사람에게 평안한 삶을 살게 하는 것이 그들의 궁극적 목적이다. 선비가 갖추어야 할 덕목은 많지만 상호 연결되어 있다. 자신을 낮추는 자세, 타인을 존중하는 마음, 검소하고 청렴결백한 삶 등이 하나로 연결되어 있는 것이다.

① 見利思義   ② 勞謙君子
③ 修己安人   ④ 梁上君子

19

다음 밑줄 친 '-의' 중에서 '기쁨의 열매'와 쓰임이 같은 것은?

① 조선의 독립국임
② 천(天)의 명명(明命)

③ 인도(人道)의 간과(干戈)
④ 대의(大義)의 극명(克明)

20

다음 글에서 밑줄 친 ㉠과 바꿔 쓰기에 가장 적절한 것은?

> 킬트의 독특한 체크무늬가 각 씨족의 상징으로 자리 잡은 것은, 1822년에 영국 왕이 방문했을 때 성대한 환영 행사를 마련하면서 각 씨족장들에게 다른 무늬의 킬트를 입도록 종용하면서부터이다. 이때 채택된 독특한 체크무늬가 각 씨족을 대표하는 의상으로 ㉠ 자리를 잡게 되었다.

① 정돈(整頓)되었다.   ② 정제(精製)되었다.
③ 정리(整理)되었다.   ④ 정착(定着)되었다.

21

다음 글의 내용과 가장 부합하는 것은?

> 심리학자 융은 인간에게는 '페르소나(persona)'와 '그림자(shadow)'의 측면이 있다고 한다. 페르소나란 한 개인이 사회에서 요구하는 역할에 적응하면서 얻어진 자아의 한 측면을 의미한다. 그런데 오로지 페르소나만 추구하려 한다면 그림자가 위축되어 결국 자기 자신으로부터 소외를 당해 무기력하고 생기가 없어지게 된다. 한편 그림자는 인간의 원시적인 본능 성향을 의미한다. 이것은 사회에서 부도덕하다고 생각하는 충동적인 면이 있지만, 자발성, 창의성, 통찰력, 깊은 정서 등 긍정적인 면이 있어 지나치게 억압해서는 안 된다.

① 페르소나는 현실적인 속성, 그림자는 근원적인 속성을 갖고 있다.

② 페르소나를 멀리 하게 되면, 자아는 무기력하게 된다.

③ 그림자는 도덕성을 추구할 때, 자발성과 창의성이 더욱 커진다.

④ 그림자를 억압하게 되면 페르소나를 더욱 추구하게 된다.

22

낱말의 발음이 옳지 않은 것은?

① 맑고 → [말꼬]　　② 끊기다 → [끈기다]

③ 맏형 → [마텽]　　④ 밟고 → [밥 : 꼬]

23

단어의 구조가 다른 것은?

① 도시락　　　　② 선생님

③ 날고기　　　　④ 밤나무

24

다음 글의 내용과 가장 거리가 먼 것은?

항생제는 세균에 대한 항균 효과가 있는 물질을 말한다. '프로폴리스'같이 자연적으로 존재하는 항생제를 자연 요법제라고 하고, '설파제'같이 화학적으로 합성된 항생제를 화학 요법제라고 한다. 현재 사용되고 있는 많은 항생제들은 곰팡이가 생성한 물질을 화학적으로보다 효과가 좋게 합성한 것들이어서 넓은 의미에서는 이들도 화학 요법제라고 할 수 있을 것이다.

'페니실린', '세파로스포린' 같은 것은 우리 몸의 세포에는 없는 세균의 세포벽에 작용하여 세균을 죽이는 것이다. 그 밖의 항생제들은 '테트라사이크린', '클로로마이신' 등과 같이 세균세포의 단백합성에 장애를 만들어 항균 효과를 나타내거나, '퀴노론', '리팜핀' 등과 같이 세균세포의 핵산합성을 저해하거나, '포리믹신' 등과 같이 세균세포막의 투과성에 장애를 일으켜 항균 효과를 나타낸다.

① 항생제의 정의　　② 항생제의 내성 정도

③ 항균 작용의 기제　　④ 항생제의 분류 방법

25

주장하는 말이 범하는 논리적 오류 유형이 다른 하나는?

① 식량을 주면, 옷을 달라고 할 것이고, 그다음 집을 달라고 할 것이고, 결국 평생직장을 보장하라고 할 것이 틀림없어. 식량 배급은 당장 그만두어야 해.

② 네가 술 한 잔을 마시면, 다시 마시게 되고, 결국 알코올 중독자가 될 거야. 애초부터 술 마실 생각은 하지 마라.

③ 아이들에게 부드럽게 말하면, 아이들은 부모를 무서워하지 않게 되고, 그 부모는 아이들을 망치게 될 겁니다. 아이들에게 엄하게 말하는 것을 두려워하지 마세요.

④ 식이요법을 시작하면 영양 부족에 빠지고, 어설픈 식이요법이 알코올 중독에 이르게 한다는 것을 암시해. 식이요법을 시작하지 못하게 막아야 해.

행정학

◎ 정답 및 해설 263p

01

행정학의 기술성과 과학성에 대한 설명으로 옳지 않은 것은?

① 왈도(D. Waldo)가 'practice'란 용어로 지칭한 기술성은 정해진 목표를 어떻게 효율적으로 달성하는가 하는 방법을 의미한다.

② 윌슨(W. Wilson) 등 초기 행정학자들은 관리 기술이나 행정의 원리 등을 발견하려는 데 초점을 두고 행정학의 기술성을 강조하였다.

③ 행태주의 학자들은 행정학 연구에서 처방보다는 학문의 과학화에 역점을 두고 가설의 경험적 검증 등을 강조했다.

④ 현실 문제의 해결은 언제나 과학에만 의존할 수 없으므로 행정학은 기술성과 과학성을 동시에 고려하여야 한다.

02

디목(M. Dimock)의 사회적 능률에 대한 설명으로 가장 적절하지 않은 것은?

① 사회적 형평성을 보장하기 위한 개념이다.

② 행정의 사회 목적 실현과 관련이 있다.

③ 경제성과 연계될 수 있는 개념이다.

④ 최소의 투입으로 최대의 산출을 추구한다.

03

레비트(H. Leavitt)가 제시하는 조직 혁신의 주요 대상 변수로 옳지 않은 것은?

① 업무　　　　　② 인간
③ 구조　　　　　④ 규범

04

지방자치단체의 사무배분에서 특례가 적용되는 경우로 옳지 않은 것은?

① 자치구

② 인구 30만 이상의 도시

③ 인구 50만 이상의 도시

④ 특별자치도

05

행정학에서 가치에 관한 연구가 본격적으로 관심을 끌기 시작한 학문적 계기로 옳은 것은?

① 신행정론의 시작
② 발전행정론의 대두
③ 뉴거버넌스 이론의 등장
④ 공공선택론의 태동

06

사이먼(H. A. Simon)의 정책결정만족모형에 대한 설명으로 옳지 않은 것은?

① 사이먼(H. A. Simon)은 합리모형의 의사결정자를 경제인으로, 자신이 제시한 의사결정자를 행정인으로 제시한다.
② 경제인은 목표달성의 극대화를, 행정인은 만족하는 선에서 그친다.
③ 경제인은 합리적 분석적 결정을, 행정인은 직관, 영감에 기초한 결정을 한다.
④ 경제인은 복잡하고 동태적인 모든 상황을 고려하지만, 행정인은 실제 상황을 단순화시키고, 무작위적이고 순차적으로 대안을 탐색한다.

07

민영화에 대한 문제점으로 가장 옳지 않은 것은?

① 공공성의 침해
② 서비스 품질의 저하
③ 경쟁의 심화
④ 행정책임 확보의 곤란성

08

조세지출예산제도에 대한 설명으로 옳지 않은 것은?

① 비과세, 감면 등의 세제혜택을 통해 포기한 액수를 조세지출이라 한다.
② 지방재정에는 지방세지출제도가 도입되지 않았다.
③ 조세지출의 내용과 규모를 주기적으로 공표해 관리하는 제도이다.
④ 국가재정법에 따라 조세지출예산서를 작성해 국가에 보고한다.

09

에치오니(A. Etzioni)의 조직목표유형으로 옳지 않은 것은?

① 질서 목표
② 문화적 목표
③ 경제적 목표
④ 사회적 목표

10

테일러(F. W. Taylor)의 과학적 관리론에 대한 설명으로 옳지 않은 것은?

① 테일러(F. W. Taylor)는 과학적 관리의 핵심을 개인적 기술에 두고, 노동자가 발전된 과학적 방법에 따라 작업이 되도록 한다.
② 어림식 방법을 지양하고 작업의 기본 요소 발견과 수행방법에 대해 과학적 방법을 발전시킨다.
③ 과업은 일류의 노동자만이 달성할 수 있는 충분한 것이어야 한다.
④ 노동자가 과업을 완수하는 경우 높은 보상, 실패하는 경우 손실을 받게 된다.

11

매트릭스 조직에 대한 설명으로 옳지 <u>않은</u> 것은?

① 이중 명령 및 보고체제가 허용되어야 한다.

② 기능부서의 장과 사업부서의 장이 자원배분권을 공유할 수 있어야 한다.

③ 조직구성원 간 원만한 인간관계 형성에 기여한다.

④ 조직의 성과를 저해하는 권력투쟁이 발생하기 쉽다.

12

파슨스(T. Parsons)의 조직유형 중 조직체제의 목표 달성기능과 관련된 유형으로 옳은 것은?

① 경제적 생산조직　　② 정치조직

③ 통합조직　　　　　④ 형상유지조직

13

통상적인 근무시간보다 짧은 시간(주 15~35시간)을 근무하는 공무원으로서 일반 공무원처럼 시험을 통해 채용되고 정년이 보장되는 공무원으로 옳은 것은?

① 시간선택제 전환 공무원

② 시간선택제 임기제 공무원

③ 시간선택제 채용 공무원

④ 한시임기제 공무원

14

정부조직 개편으로 예산을 조직 간 상호 이용하는 것으로 예산의 원칙 중 목적 외 사용 금지 원칙의 예외인 것으로 옳은 것은?

① 예산의 전용　　　② 예산의 이체

③ 예산의 이월　　　④ 예산의 이용

15

현대적 행정이념에 가장 적절하지 <u>않은</u> 것은?

① 민주성　　　　　② 가외성

③ 신뢰성　　　　　④ 성찰성

16

윈터(S. Winter)가 제시하는 정책집행성과를 좌우하는 주요 변수로 옳지 <u>않은</u> 것은?

① 정책형성과정의 특성

② 일선관료의 형태

③ 조직 상호 간의 집행형태

④ 정책결정자의 형태

17

시·군 통합의 긍정적 효과에 대한 설명으로 옳지 <u>않은</u> 것은?

① 행정의 대응성 제고

② 규모의 경제 실현

③ 생활권과 행정권의 일치

④ 광역적 문제의 효과적 해결

18

진보주의 정부에서 선호하는 정책으로 가장 적절하지 <u>않은</u> 것은?

① 조세 감면 확대　　② 정부규제 강화

③ 소득재분배 강조　　④ 소수민족 기회 확보

19

옴브즈만(Ombudsman)제도에 대한 설명으로 옳지 <u>않은</u> 것은?

① 스웨덴에서 처음 도입된 제도이다.
② 행정 내부 통제의 한계를 보완하는 제도이다.
③ 시정을 촉구하거나 건의함으로써 국민의 권리를 구제하는 제도이다.
④ 대부분의 국가에서는 입법부에 소속되어 있다.

20

공무원의 임용에 대한 설명으로 옳지 <u>않은</u> 것은?

① 신규채용은 공개경쟁 채용시험을 통해 채용하지만 퇴직 공무원의 재임용의 경우에는 경력경쟁 채용시험에 의한다.
② 전입은 국회 · 행정부 · 지방자치단체 등 서로 다른 기관에 소속되어있는 공무원의 인사이동을 의미한다.
③ 고위공무원단이나 그에 상응하는 계급으로의 승진은 능력과 경력을 고려하며, 5급으로의 승진은 별도의 승진시험을 거쳐야 한다.
④ 국가직은 고위공무원단을 포함한 1~2급에 해당하는 직위 모두를 개방형 직위로 간주한다.

21

예산집행의 신축성을 확보하기 위한 제도에 대한 설명으로 옳지 <u>않은</u> 것은?

① 총괄예산제도　　② 예산의 이용
③ 예산의 전용　　　④ 예산의 재배정

22

우리나라 지방자치법이 인정하는 주민직접참여제도로 옳은 것은?

① 주민발안, 주민소환
② 주민소환, 주민참여예산
③ 주민투표, 주민감사청구
④ 주민소송, 주민총회

23

엽관주의 인사제도가 필요한 이유로 가장 옳은 것은?

① 행정의 안정성과 계속성 확보
② 행정의 공정성 확보
③ 국민의 요구에 대한 관료적 대응성 향상
④ 유능한 인재 등용

24

정책유형별 사례의 연결이 옳지 <u>않은</u> 것은?

① 구성정책 : 국경일의 제정, 정부기관 개편
② 보호적 규제정책 : 최저임금제, 장시간 근로 제한
③ 추출정책 : 조세, 병역
④ 분배정책 : 보조금, 사회간접자본

25

공직자윤리법상 재산등록 및 공개에 대한 설명으로 가장 옳지 <u>않은</u> 것은?

① 공직유관 단체에는 공기업이 포함된다.
② 재산등록의무자는 5급 이상의 국가공무원 및 지방공무원과 이에 상당하는 보수를 받는 별정직 공무원이다.
③ 등록할 재산에는 본인의 직계존속 것도 포함된다.
④ 등록할 재산에 혼인한 직계비속인 여성 것은 제외한다.

행정법

행정법통론
12%

행정구제법
32%

행정작용법
44%

행정법상의
의무이행확보수단
12%

정답 및 해설 267p

01

행정법의 효력에 대한 설명으로 옳지 <u>않은</u> 것은? (다툼이 있는 경우 판례에 의함)

① 행정법규는 시행일부터 그 효력을 발생한다.

② 법령이 변경된 경우 신 법령이 피적용자에게 유리하여 이를 적용하도록 하는 경과규정을 두는 등의 특별한 규정이 없는 한 「헌법」 제13조 등의 규정에 비추어 볼 때 그 변경 전에 발생한 사항에 대하여는 변경 후의 신 법령이 아니라 변경 전의 구 법령이 적용되어야 한다.

③ 법령불소급의 원칙은 법령의 효력발생 전에 완성된 요건 사실에 대하여 당해 법령을 적용할 수 없다는 의미일 뿐, 계속 중인 사실이나 그 이후에 발생한 요건 사실에 대한 법령적용까지를 제한하는 것은 아니다.

④ 진정소급입법의 경우에는 신뢰보호의 이익을 주장할 수 있으나 부진정소급입법의 경우에는 신뢰보호의 이익을 주장할 수 없다.

02

행정규칙 형식의 법규명령에 대한 설명으로 옳지 않은 것은?(다툼이 있는 경우 판례에 의함)

① 헌법이 인정하고 있는 위임입법의 형식은 예시적인 것으로 보아야 할 것이고, 그것은 법률이 행정규칙에 위임하더라도 그 행정규칙은 위임된 사항만을 규율할 수 있으므로, 국회입법의 원칙과 상치되지도 않는다.

② 재산권 등과 같은 기본권을 제한하는 작용을 하는 법률이 입법위임을 할 때에는 법규명령에 위임함이 바람직하고, 금융감독위원회의 고시와 같은 행정규칙 형식으로 입법위임을 할 때에는 적어도 「행정규제기본법」 제4조 제2항 단서에서 정한 바와 같이 법령이 전문적·기술적 사항이나 경미한 사항으로서 업무의 성질상 위임이 불가피한 사항에 한정된다.

③ 법률이 행정규칙 형식으로 입법위임을 하는 경우에는 행정규칙의 특성상 포괄위임금지의 원칙은 인정되지 않는다.

④ 상위법령의 위임에 의하여 정하여진 행정규칙은 위임한계를 벗어나지 아니하는 한 그 상위법령의 규정과 결합하여 대외적인 구속력이 있는 법규명령으로서의 효력을 갖게 된다.

03

인가에 대한 설명으로 옳지 않은 것은?(다툼이 있는 경우 판례에 의함)

① 기본행위가 적법·유효하고 보충행위인 인가처분 자체에 흠이 있다면 그 인가처분의 무효나 취소를 주장할 수 있다.

② (구)외자도입법에 따른 기술도입계약에 대한 인가는 기본행위인 기술도입계약을 보충하여 그 법률상 효력을 완성시키는 보충적 행정행위에 지나지 아니하므로 기본행위인 기술도입계약의 해지로 소멸되었다면 위 인가처분은 처분청의 직권취소에 의하여 소멸한다.

③ 「공유수면매립법」 등 관계법령상 공유수면매립의 면허로 인한 권리의무의 양도·양수에 있어서의 면허관청의 인가는 효력요건으로서, 면허로 인한 권리의무양도약정은 면허관청의 인가를 받지 않은 이상 법률상 아무런 효력도 발생할 수 없다.

④ 인가처분에 흠이 없다면 기본행위에 흠이 있다고 하더라도 따로 기본행위의 흠을 다투는 것은 별론으로 하고 기본행위의 흠을 내세워 바로 그에 대한 인가처분의 무효확인 또는 취소를 구할 수는 없다.

04

행정지도에 대한 설명으로 옳지 않은 것은?(다툼이 있는 경우 판례에 의함)

① 행정지도가 단순한 행정지도로서의 한계를 넘어 규제적·구속적 성격을 상당히 강하게 갖는 것이라면 헌법소원의 대상이 되는 공권력의 행사로 볼 수 있다.

② 행정관청이 국토이용관리법 소정의 토지거래계약 신고에 관하여 공시된 기준시가를 기준으로 매매가격을 신고하도록 행정지도를 하여 그에 따라 피고인이 허위신고를 한 것이라면 그 범법행위는 정당화된다.

③ 구 「남녀차별금지및구제에관한법률」상 국가인권위원회의 성희롱결정과 이에 따른 시정조치의 권고는 성희롱 행위자로 결정된 자의 인격권에 영향을 미침과 동시에 공공기관의 장 또는 사용자에게 일정한 법률상의 의무를 부담시키는 것이므로 국가인권위원회의 성희롱결정 및 시정조치권고는 행정소송의 대상이 되는 행정처분에 해당한다.

④ 적법한 행정지도로 인정되기 위해서는 우선 그 목적이 적법한 것으로 인정될 수 있어야 할 것이므로, 행정청이 행한 주식매각의 종용이 정당한 법률적 근거 없이 자의적으로 주주에게 제재를 가하는 것이라면 행정지도의 영역을 벗어난 것이라고 보아야 할 것이다.

05

헌법재판소 결정례와 대법원 판례의 내용으로 옳지 않은 것은?(다툼이 있는 경우 판례에 의함)

① 현역군인만을 국방부의 보조기관 및 차관보·보좌기관과 병무청 및 방위사업청의 보조기관 및 보좌기관에 보할 수 있도록 정하여 군무원을 제외하고 있는 정부조직법 관련 조항은 군무원인 청구인들의 평등권을 침해한다고 보아야 한다.

② 행정소송에 있어서 처분청의 처분권한 유무는 직권조사 사항이 아니다.

③ 행정권한의 위임이 행하여진 때에는 위임관청은 그 사무를 처리할 권한을 잃는다.

④ 자동차운전면허시험 관리업무는 국가행정사무

이고 지방자치단체의 장인 서울특별시장은 국가로부터 그 관리업무를 기관위임 받아 국가행정기관의 지위에서 그 업무를 집행하므로, 국가는 면허시험장의 설치 및 보존의 하자로 인한 손해배상책임을 부담한다.

06

개인정보보호법상 고유식별정보에 관한 설명으로 옳지 않은 것은?

① 「여권법」에 따른 여권번호나 「출입국관리법」에 따른 외국인등록번호는 고유식별정보이다.

② 고유식별정보를 처리하려면 정보주체에게 정보의 수집·이용·제공 등에 필요한 사항을 알리고 다른 개인정보의 처리에 대한 동의와 함께 일괄적으로 동의를 받아야 한다.

③ 개인정보처리자가 이 법에 따라 고유식별정보를 처리하는 경우에는 그 고유식별정보가 분실·도난·유출·위조·변조 또는 훼손되지 아니하도록 대통령령으로 정하는 바에 따라 암호화 등 안전성 확보에 필요한 조치를 하여야 한다.

④ 개인정보처리자는 다른 개인정보의 처리에 대한 동의와 별도로 동의를 받은 경우라 하더라도 주민등록번호는 법에서 정한 예외적 인정사유에 해당하지 않는 한 처리할 수 없다.

07

신뢰보호 원칙에 대한 설명으로 옳지 않은 것은? (다툼이 있는 경우 판례에 의함)

① 신뢰보호 원칙의 법적 근거로는 신의칙설 또는 법적 안정성을 드는 것이 일반적인 견해이다.

② 신뢰보호 원칙의 설정법적 근거로는 「행정절차법」 제4조 제2항, 「국세기본법」 제18조 제3항 등을 들 수 있다.

③ 대법원은 실권의 법리를 신뢰보호 원칙의 파생원칙으로 본다.

④ 조세법령의 규정내용 및 행정규칙 자체는 과세관청의 공적 견해 표명에 해당하지 아니한다.

08

정보공개에 대한 설명으로 옳지 않은 것은?

① 정보의 공개를 청구하는 자는 해당 정보를 보유하거나 관리하고 있는 공공기관에 법령상의 요건을 갖춘 정보공개 청구서를 제출하거나 말로써 정보의 공개를 청구할 수 있다.

② 공공기관은 공개 청구된 공개 대상 정보의 전부 또는 일부가 제3자와 관련이 있다고 인정할 때에는 그 사실을 제3자에게 지체 없이 통지하여야 하며, 필요한 경우에는 그의 의견을 들을 수 있다.

③ 「공공기관의 정보공개에 관한 법률」 제11조 제3항에 따라 공개 청구된 사실을 통지받은 제3자는 그 통지를 받은 날부터 7일 이내에 해당 공공기관에 대하여 자신과 관련된 정보를 공개하지 아니할 것을 요청할 수 있다.

④ 「공공기관의 정보공개에 관한 법률」 제21조 제2항에 따른 비공개 요청에도 불구하고 공공기관이 공개 결정을 할 때에는 공개 결정 이유와 공개 실시일을 분명히 밝혀 지체 없이 문서로 통지하여야 하며, 제3자는 해당 공공기관에 문서로 이의신청을 하거나 행정심판 또는 행정소송을 제기할 수 있다.

09

통고처분에 대한 설명으로 옳지 않은 것은?(다툼이 있는 경우 판례에 의함)

① 지방국세청장이 조세범칙행위에 대하여 고발을 한 후에 동일한 조세범칙행위에 대하여 통고처분을 하여 조세범칙행위자가 이를 이행하였다면 고발에 따른 형사절차의 이행은 일사부재리의 원칙에 반하여 위법하다.

②「도로교통법」에 따른 경찰서장의 통고처분은 행정소송의 대상이 되는 행정처분이 아니다.

③ 통고처분은 상대방의 임의의 승복을 그 발효요건으로 하는 것으로서 상대방의 재판받을 권리를 침해하는 것으로 인정되지 않는다.

④「관세법」상 통고처분을 할 것인지의 여부는 관세청장 또는 세관장의 재량에 맡겨져 있고, 따라서 관세청장 또는 세관장이 관세범에 대하여 통고처분을 하지 아니한 채 고발하였다는 것만으로는 그 고발 및 이에 기한 공소의 제기가 부적법하게 되는 것은 아니다.

10

다음은 1993년 8월 12일에 발하여진 대통령의 금융실명거래 및 비밀보장에 관한 긴급재정경제명령(이하 '긴급재정경제명령'이라 칭함)에 관한 위헌확인소원에서 헌법재판소가 내린 결정 내용이다. 옳지 않은 것은?(다툼이 있는 경우 판례에 의함)

① 대통령의 긴급재정경제명령은 국가긴급권의 일종으로서 고도의 정치적 결단에 의하여 발동되는 행위이다.

② 대통령의 긴급재정경제명령은 이른바 통치행위에 속한다고 할 수 있다.

③ 통치행위를 포함하여 모든 국가작용은 국민의 기본권적 가치를 실현하기 위한 수단이라는 한계를 반드시 지켜야 한다.

④ 국민의 기본권 침해와 직접 관련되는 경우라도 그 국가작용이 고도의 정치적 결단에 의하여 행해진다면 당연히 헌법재판소의 심판대상이 되지 않는다.

11

다음 중 대법원 판례의 내용과 다른 것은?(다툼이 있는 경우 판례에 의함)

① 일정한 자격을 갖추고 소정의 절차에 따라 국립대학의 장에 의하여 임용된 조교는 법정된 근무기간 동안 신분이 보장되는 교육공무원법상의 교육 공무원 내지 「국가공무원법」상의 특정직 공무원 지위가 부여되지만, 근무관계는 공법상 근무관계가 아닌 사법상의 근로계약관계에 해당한다.

② 행정규칙의 내용이 상위법령에 반하는 것이라면 법치국가원리에서 파생되는 법질서의 통일성과 모순금지 원칙에 따라 그것은 법질서상 당연무효이고, 행정내부적 효력도 인정될 수 없다.

③ 계약직공무원에 관한 현행 법령의 규정에 비추어 볼 때, 계약직공무원 채용계약해지의 의사표시는 일반공무원에 대한 징계처분과는 달라서 항고소송의 대상이 되는 처분 등의 성격을 가진 것으로 인정되지 아니한다.

④「국가공무원법」상 당연퇴직은 결격사유가 있을 때 법률상 당연히 퇴직하는 것이지, 공무원관계를 소멸시키기 위한 별도의 행정처분을 요하는 것이 아니며, 당연퇴직의 인사발령은 법률상 당연히 발생하는 퇴직사유를 공적으로 확인하여 알려주는 이른바 관념의 통지에 불과하고 공무원의 신분을 상실시키는 새로운 형성적 행위가 아니므로 행정소송의 대상이 되는 독립한 행정처분이라고 할 수 없다.

12

「병역법」에 관련한 설명으로 옳지 <u>않은</u> 것은?(다툼이 있는 경우 판례에 의함)

① 현역입영대상자인 피고인이 정당한 사유 없이 병역의무부과통지서인 현역입영통지서의 수령을 거부하고 입영기일부터 3일이 경과하여도 입영하지 않은 경우 통지서 수령거부에 대한 처벌만 인정될 뿐 입영의 기피에 대한 처벌은 인정되지 않는다.

② 병역의무부과통지서인 현역입영통지서는 그 병역의무자에게 이를 송달함이 원칙이고, 이러한 송달은 병역의무자의 현실적인 수령행위를 전제로 하고 있다고 보아야 하므로, 병역의무자가 현역입영통지의 내용을 이미 알고 있는 경우에도 여전히 현역입영통지서의 송달은 필요하다.

③ 현역입영대상자로서는 현실적으로 입영을 하였다고 하더라도, 입영 이후의 법률관계에 영향을 미치고 있는 현역병입영통지처분 등을 한 관할지방병무청장을 상대로 위법을 주장하여 그 취소를 구할 소송상의 이익이 있다.

④ 「병역법」상 보충역편입처분과 공익근무요원소집처분이 각각 단계적으로 별개의 법률효과를 발생하는 독립된 행정처분이 아니므로, 불가쟁력이 생긴 보충역편입처분의 위법을 이유로 공익근무요원소집처분의 효력을 다툴 수 있다.

13

다수의 당사자 등이 공동으로 행정절차에 관한 행위를 할 때에 정하는 대표자에 관한 행정절차법의 규정 내용으로 옳지 <u>않은</u> 것은?

① 당사자 등은 대표자를 변경하거나 해임할 수 있다.

② 대표자는 각자 그를 대표자로 선정한 당사자 등을 위하여 행정절차에 관한 모든 행위를 할 수 있다. 다만, 행정절차를 끝맺는 행위에 대하여는 당사자 등의 동의를 받아야 한다.

③ 대표자가 있는 경우에는 당사자 등은 그 대표자를 통하여서만 행정절차에 관한 행위를 할 수 있다.

④ 다수의 대표자가 있는 경우 그중 1인에 대한 행정청의 행위는 모든 당사자 등에게 효력이 있다. 다만, 행정청의 통지는 대표자 1인에게 하여도 그 효력이 있다.

14

사실행위에 관한 판례의 내용으로 옳지 <u>않은</u> 것은?(다툼이 있는 경우 판례에 의함)

① 교도소장이 수형자를 '접견내용 녹음·녹화 및 접견 시 교도관 참여대상자'로 지정한 행위는 수형자의 구체적 권리의무에 직접적 변동을 가져오는 행정청의 공법상 행위로서 항고소송의 대상이 되는 '처분'에 해당한다.

② 구청장이 사회복지법인에 특별감사 결과, 지적사항에 대한 시정지시와 그 결과를 관계서류와 함께 보고하도록 지시한 경우, 그 시정지시는 항고소송의 대상이 되는 행정처분에 해당하지 아니한다.

③ 교도소 수형자에게 소변을 받아 제출하게 한 것은, 형을 집행하는 우월적인 지위에서 외부와 격리된 채 형의 집행에 관한 지시, 명령을 복종하여야 할 관계에 있는 자에게 행해진 것으로서 권력적 사실행위이다.

④ 국세징수법에 의한 체납처분의 집행으로서 한 압류처분은, 행정청이 한 공법상의 처분이고,

따라서 그 처분이 위법이라고 하여 그 취소를 구하는 소송은 행정소송이다.

15

다음 중 대법원 판례의 내용과 다른 것은?(다툼이 있는 경우 판례에 의함)

① 방사능에 오염된 고철을 타인에게 매도하는 등으로 유통시킴으로써 거래 상대방이나 전전취득한 자가 방사능오염으로 피해를 입게 되었더라도 그 원인자는 방사능오염 사실을 모르고 유통시켰을 경우에는 「환경정책기본법」 제44조 제1항에 따라 피해자에게 피해를 배상할 의무는 없다.

② 토양은 폐기물 기타 오염물질에 의하여 오염될 수 있는 대상일 뿐 오염토양이라 하여 동산으로서 '물질'인 폐기물에 해당한다고 할 수 없고, 나아가 오염토양은 법령상 절차에 따른 정화 대상이 될 뿐 법령상 금지되거나 그와 배치되는 개념인 투기나 폐기 대상이 된다고 할 수 없다.

③ 행정청이 폐기물처리사업계획서 부적합 통보를 하면서 처분서에 불확정개념으로 규정된 법령상의 허가기준 등을 충족하지 못하였다는 취지만을 간략히 기재하였다면, 부적합 통보에 대한 취소소송절차에서 행정청은 그 처분을 하게 된 판단 근거나 자료 등을 제시하여 구체적 불허가 사유를 분명히 하여야 한다.

④ 불법행위로 영업을 중단한 자가 영업 중단에 따른 손해배상을 구하는 경우 영업을 중단하지 않았으면 얻었을 순이익과 이와 별도로 영업중단과 상관없이 불가피하게 지출해야 하는 비용도 특별한 사정이 없는 한 손해배상의 범위에 포함될 수 있다.

16

행정법규 위반에 대한 제재조치의 설명으로 옳지 않은 것은?(다툼이 있는 경우 판례에 의함)

① 행정법규 위반에 대한 제재조치는 행정목적의 달성을 위하여 행정법규 위반이라는 객관적 사실에 착안하여 가하는 제재이므로, 반드시 현실적인 행위자가 아니라도 법령상 책임자로 규정된 자에게 부과되며, 그러한 제재조치의 위반자에게 고의나 과실이 있어야 부과할 수 있다.

② 법규가 예외적으로 형사소추 선행 원칙을 규정하고 있지 않은 이상 형사판결 확정에 앞서 일정한 위반사실을 들어 행정처분을 하였다고 하여 절차적 위반이 있다고 할 수 없다.

③ 제재적 행정처분은 권익침해의 효과를 가져오므로 철회권이 유보되어 있거나, 법률유보의 원칙상 명문의 근거가 있어야 하며, 행정청이 이러한 권한을 갖고 있다고 하여도 그러한 권한의 행사는 의무에 합당한 재량에 따라야 한다.

④ 세무서장 등은 납세자가 허가·인가·면허 및 등록을 받은 사업과 관련된 소득세, 법인세 및 부가가치세를 대통령령으로 정하는 사유 없이 체납하였을 때에는 해당 사업의 주무관서에 그 납세자에 대하여 허가 등의 갱신과 그 허가 등의 근거 법률에 따른 신규 허가 등을 하지 아니할 것을 요구할 수 있다.

17

행정심판법의 규정 내용으로 옳지 않은 것은?

① 관계 행정기관의 장이 특별행정심판 또는 행정심판법에 따른 행정심판 절차에 대한 특례를 신설하거나 변경하는 법령을 제정·개정할 때에는 미리 법무부장관과 협의하여야 한다.

② 행정청의 처분 또는 부작위에 대하여는 다른 법률에 특별한 규정이 있는 경우 외에는 이 법에 따라 행정심판을 청구할 수 있다.

③ 대통령의 처분 또는 부작위에 대하어는 다른 법률에서 행정심판을 청구할 수 있도록 정한 경우 외에는 행정심판을 청구할 수 없다.

④ 행정청이란 행정에 관한 의사를 결정하여 표시하는 국가 또는 지방자치단체의 기관, 그 밖에 법령 또는 자치법규에 따라 행정권한을 가지고 있거나 위탁을 받은 공공단체나 그 기관 또는 사인(私人)을 말한다.

18

행정소송의 대상이 되는 처분에 관한 판례의 내용으로 옳지 않은 것은?(다툼이 있는 경우 판례에 의함)

① 당사자가 지방노동위원회의 처분에 대하여 불복하기 위해서는 처분 송달일로부터 10일 이내에 중앙노동위원회에 재심을 신청하고 중앙노동위원회의 재심판정서 송달일로부터 15일 이내에 고용노동부 장관을 피고로 하여 재심판정취소의 소를 제기하여야 할 것이다.

② 지방의회 의장에 대한 불신임의결은 의장으로서의 권한을 박탈하는 행정처분의 일종으로서 항고 소송의 대상이 된다.

③ 조례가 집행행위의 개입 없이도 그 자체로서 직접 국민의 구체적인 권리의무나 법적 이익에 영향을 미치는 등의 법률상 효과를 발생하는 경우 그 조례는 항고소송의 대상이 되는 행정처분에 해당한다.

④ 항정신병 치료제의 요양급여 인정기준에 관한 보건복지부 고시가 다른 집행행위의 매개 없이 그 자체로서 제약회사, 요양기관, 환자 및 국민 건강보험공단 사이의 법률관계를 직접 규율한다는 이유로 항고소송의 대상이 되는 행정처분에 해당한다.

19

소의 이익에 관한 판례의 내용으로 옳지 않은 것은?(다툼이 있는 경우 판례에 의함)

① 소음·진동배출시설에 대한 설치허가가 취소된 후 그 배출시설이 어떠한 경위로든 철거되어 다시 복구 등을 통하여 배출시설을 가동할 수 없는 상태라면 이는 배출시설 설치허가의 대상이 되지 아니하므로 외형상 설치허가 취소행위가 잔존하고 있다고 하여도 특단의 사정이 없는 한 이제 와서 굳이 위 처분의 취소를 구할 법률상의 이익이 없다.

② 원자로 및 관계 시설의 부지사전승인처분은 나중에 건설허가처분이 있게 되더라도 그 건설허가처분에 흡수되어 독립된 존재가치를 상실하는 것이 아니하므로, 부지사전승인 처분의 취소를 구할 이익이 있다.

③ 법인세 과세표준과 관련하여 과세관청이 법인의 소득처분 상대방에 대한 소득처분을 경정하면서 증액과 감액을 동시에 한 결과 전체로서 소득처분금액이 감소된 경우, 법인이 소득금액변동통지의 취소를 구할 소의 이익이 없다.

④ 건물철거대집행계고처분취소 소송 계속 중 건물철거대집행의 계고처분에 이어 대집행의 실행으로 건물에 대한 철거가 이미 사실행위로서 완료된 경우에는 원고로서는 계고처분의 취소를 구할 소의 이익이 없게 된다.

20

재결 자체에 고유한 위법이 있는 경우와 관련된 내용으로 옳지 <u>않은</u> 것은?(다툼이 있는 경우 판례에 의함)

① 권한이 없는 행정심판위원회에 의한 재결의 경우가 그 예이다.

② 재결 자체의 내용상 위법도 재결 자체에 고유한 위법이 있는 경우에 포함된다.

③ 제3자효를 수반하는 행정행위에 대한 행정 심판청구의 인용재결은 원처분과 내용을 달리하는 것이므로 그 인용재결의 취소를 구하는 것은 원처분에는 없는 재결에 고유한 하자를 주장하는 것이라고 하더라도 당연히 항고소송의 대상이 되는 것은 아니다.

④ 행정처분에 대한 행정심판의 재결에 이유모순의 위법이 있다는 사유는 재결처분 자체에 고유한 하자로서 재결처분의 취소를 구하는 소송에서는 그 위법사유로서 주장할 수 있으나, 원처분의 취소를 구하는 소송에서는 그 취소를 구할 위법사유로서 주장할 수 없다.

21

「공공기관의 정보공개에 관한 법률」의 내용으로 옳지 <u>않은</u> 것은?(다툼이 있는 경우 판례에 의함)

① 정보공개를 거부하기 위해서는 반드시 그 정보가 진행 중인 재판의 소송기록 그 자체에 포함된 내용의 정보일 필요는 없으나, 재판에 관련된 일체의 정보가 그에 해당하는 것은 아니고 진행 중인 재판의 심리 또는 재판 결과에 구체적으로 영향을 미칠 위험이 있는 정보에 한정된다고 보는 것이 타당하다.

② 처분청이 처분 당시에 적시한 구체적 사실을 변경하지 아니하는 범위 내에서 단지 그 처분의 근거법령만을 추가·변경하거나 당초의 처분사유를 구체적으로 표시하는 것에 불과한 경우에는 새로운 처분사유를 추가하거나 변경하는 것이라고 볼 수 없다.

③ 학교환경위생구역 내 금지행위(숙박시설) 해제 결정에 관한 학교환경위생정화위원회의 회의록에 기재된 발언내용에 대한 해당 발언자의 인적사항 부분에 관한 정보는 「공공기관의 정보공개에 관한 법률」 제7조 제1항 제5호 소정의 비공개대상에 해당한다고 볼 수 없다.

④ 의사결정과정에 제공된 회의 관련 자료나 의사결정과정이 기록된 회의록 등은 의사가 결정되거나 의사가 집행된 경우에는 더 이상 의사결정과정에 있는 사항 그 자체라고는 할 수 없으나, 의사결정과정에 있는 사항에 준하는 사항으로서 비공개대상정보에 포함될 수 있다.

22

「국가배상법」 제2조와 관련한 내용으로 옳지 <u>않은</u> 것은?(다툼이 있는 경우 판례에 의함)

① 국·공립대학 교원에 대한 재임용거부처분이 재량권을 일탈·남용한 것으로 평가되어 그것이 불법행위가 됨을 이유로 국·공립대학 교원임용권자에게 손해배상책임을 묻기 위해서는 당해 재임용거부가 국·공립대학 교원 임용권자의 고의 또는 과실로 인한 것이라는 점이 인정되어야 한다.

② 입법부가 법률로써 행정부에게 특정한 사항을 위임했음에도 불구하고 행정부가 정당한 이유 없이 이를 이행하지 않는다면 권력분립의 원칙과 법치국가 내지 법치행정의 원칙에 위배되는 것으로서 위법함과 동시에 위헌적인 것이 된다.

③ 유흥주점에 감금된 채 윤락을 강요받으며 생활하던 여종업원들이 유흥주점에 화재가 났을 때 미처 피신하지 못하고 유독가스에 질식해 사망한 사안에서, 지방자치단체의 담당 공무원이 위 유흥주점의 용도변경, 무허가 영업 및 시설기준에 위배된 개축에 대하여 시정명령 등 식품위생법상 취하여야 할 조치를 게을리 한 직무상 의무위반행위와 위 종업원들의 사망 사이에 상당인과관계가 존재한다.

④ 「국가배상법」 제2조 제1항의 '법령을 위반하여'라고 함은 엄격하게 형식적 의미의 법령에 명시적으로 공무원의 행위의무가 정하여져 있음에도 이를 위반하는 경우만을 의미하는 것은 아니고, 인권존중·권력남용금지·신의성실과 같이 공무원으로서 마땅히 지켜야 할 준칙이나 규범을 지키지 아니하고 위반한 경우를 비롯하여 널리 그 행위가 객관적인 정당성을 결여하고 있는 경우도 포함한다.

23
무효와 취소의 구별실익에 관한 내용으로 옳지 않은 것은?

① 취소할 수 있는 행정행위에 대하여서만 사정재결, 사정판결이 인정된다.

② 행정심판전치주의는 무효선언을 구하는 취소소송과 무효확인소송 모두에 적용되지 않는다.

③ 무효확인판결에 간접강제가 인정되지 않는 것은 입법의 불비라는 비판이 있다.

④ 판례에 따르면, 무효선언을 구하는 취소소송은 제소기한의 제한이 인정된다고 한다.

24
이행강제금에 대한 설명으로 옳지 않은 것은?(다툼이 있는 경우 판례에 의함)

① 현행 「건축법」상 위법건축물에 대한 이행강제수단으로 대집행과 이행강제금이 인정되고 있는데, 행정청은 개별사건에 있어서 위반내용, 위반자의 시정의지 등을 감안하여 대집행과 이행강제금을 선택적으로 활용할 수 있다.

② 「건축법」에서 무허가 건축행위에 대한 형사처벌과 「건축법」 제80조 제1항에 의한 시정명령위반에 대한 이행강제금의 부과는 「헌법」 제13조 제1항이 금지하는 이중처벌에 해당한다고 할 수 없다.

③ 비록 건축주 등이 장기간시정명령을 이행하지 아니하였더라도, 그 기간 중에는 시정명령의 이행 기회가 제공되지 아니하였다가 뒤늦게 시정명령의 이행 기회가 제공된 경우라면, 시정명령의 이행 기회가 제공되지 아니한 과거의 기간에 대한 이행강제금까지 한꺼번에 부과할 수 있다.

④ 「부동산 실권리자명의 등기에 관한 법률」상 장기 미등기자가 이행강제금 부과 전에 등기신청의무를 이행하였다면 이행강제금의 부과로써 이행을 확보하고자 하는 목적은 이미 실현된 것이므로 이 법상 규정된 기간이 지나서 등기신청의무를 이행한 경우라 하더라도 이행강제금을 부과할 수 없다.

25
처분의 신청에 관한 행정절차법의 규정 내용으로 옳지 않은 것은?

① 행정청에 처분을 구하는 신청은 문서로 하여야 한다. 다만, 다른 법령 등에 특별한 규정이 있는

경우와 행정청이 미리 다른 방법을 정하여 공시
한 경우에는 그러하지 아니하다.

② 행정청은 신청에 필요한 구비서류, 접수기관,
처리기간, 그 밖에 필요한 사항을 게시(인터넷
등을 통한 게시를 포함)하거나 이에 대한 편람
을 갖추어 두고 누구나 열람할 수 있도록 하여
야 한다.

③ 행정청은 신청에 구비서류의 미비 등 흠이 있는
경우에는 보완에 필요한 상당한 기간을 정하여
지체 없이 신청인에게 보완을 요구할 수 있다.

④ 행정청은 신청인의 편의를 위하여 다른 행정청
에 신청을 접수하게 할 수 있다. 이 경우 행정청
은 다른 행정청에 접수할 수 있는 신청의 종류
를 미리 정하여 공시하여야 한다.

PART 06

2019년(추가채용) 기출(복원)문제

국어 · 행정학 · 행정법

국어

◎ 정답 및 해설 272p

01

다음 중 준말이 <u>아닌</u> 것은?

① 기럭아   ② 국말이

③ 애꾸눈아   ④ 열무

02

다음 중 「예덕선생전」의 출전은?

① 연암집   ② 과정록

③ 열하일기   ④ 방경각외전

03

다음 중 고유 명사 및 전문 용어의 띄어쓰기에 대한 설명으로 올바른 것은?

① 성과 이름, 성과 호 등은 띄어 쓴다. – 홍 길동, 최 남선

② 성명 또는 성이나 이름 뒤에 붙는 호칭어나 관직 명 등은 띄어 쓴다. – 홍 씨, 최치원 선생

③ 성명 이외의 고유 명사는 단위별로 띄어 씀을 원

칙으로 하되, 단어별로 띄어 쓸 수 있다. – 한국 대학교 사범대학(원칙), 한국 대학교 사범 대학 (허용)

④ 전문 용어는 단어별로 붙여 씀을 원칙으로 하되, 띄어 쓸 수 있다. – 만성골수성백혈병(원칙), 만 성 골수성 백혈병(허용)

04

다음 밑줄 친 내용 중 '상대방으로 하여금 무엇을 하게 하다'라는 뜻을 가지지 <u>않은</u> 것은?

① 어머니가 아이들에게 밥을 <u>먹게 하셨다</u>.

② 우리는 전투에서 적군들에게 <u>당했다</u>.

③ 사장님은 아이들을 미국으로 유학 <u>보냈다</u>.

④ 부모님은 나를 <u>입원시켰다</u>.

05

다음 중 사자성어의 한자 표기가 바르지 <u>않은</u> 것은?

① 이심전심(以心傳心)   ② 전전반측(輾轉反側)

③ 사필귀정(事必歸定)   ④ 인과응보(因果應報)

[06~07] 다음 글을 읽고 물음에 답하라.

판소리는 호남의 음악과 결합되면서 그 정체성을 획득할 수 있었다. 그러나 그 기본적인 토대는 호암의 무악(巫樂)이었지만, 다른 지역의 음악이라 하여 배제하지 않았다. 경기 지역의 것을 받아들이니 '경드름'이고, 흥부 아내는 경상도와 가까운 곳에 살아 '메나리 목청'으로 박 타는 사설을 매겼다. 또한 판소리는 '아니리 광대'라는 말이 있는 것처럼 이야기를 그 본질로 하여 이루어진 형태이다. 그래서 '춘향가(春香歌)'는 노래(歌)이면서 동시에 '춘향의 이야기'이다. 그러나 판소리는 이렇게 장편의 노래로만 이루어져 있지 않다. '본사가(本事歌)'의 앞에 불리는 단가(短歌) 또한 판소리의 하위 영역일 뿐, 그것을 판소리 아닌 다른 어떤 것으로 부르지 않는다. 또 본사가의 어떤 한 대목, 이른바 오페라의 아리아라고 할 수 있는 ⊙ 더늠만을 불러도 그것은 훌륭한 판소리로 인정된다. 심지어는 일상적 말투로 이루어진 (ⓒ)만을 불러도 우리는 그것을 판소리로 인식한다.

06

윗글의 밑줄 친 ⊙에 대한 설명으로 잘못된 것은?

① 명창이 자신의 독특한 방식으로 다듬어 부르는 어떤 마당의 한 대목으로, 명창 개인의 이름이 붙는다.

② 명창의 장기(長技)로 인정되고, 또 다른 창자들에 의해 널리 연행되어 후대에 전승된 것이다.

③ 독창적이면서 예술적으로 뛰어나야 하는데, 이 독창성과 예술성은 주로 음악적인 측면에서 구현된 경우가 대부분이다.

④ 명창이 스승으로부터 전승하여 판소리 한 마당 전부를 음악적으로 절묘하게 다듬어 놓은 소리를 말한다.

07

윗글의 ⓒ에 들어갈 말로 알맞은 것은?

① 발림　　　　　② 추임새

③ 아니리　　　　④ 눈대목

08

다음 글의 배열 순서로 알맞은 것은?

(가) 여기서 그가 말하는 사이보그는 우리가 아는 것과 조금 다르다. 그는 사이보그를 오늘날 로봇과 인공지능(AI) 시스템의 후예로 자급자족하고 자각할 수 있는 존재라고 묘사했다. 이는 뇌를 제외한 팔다리나 장기를 기계로 바꾼 개조인간을 뜻하는 사이보그보다 AI 로봇의 의미에 가깝다. 새 시대를 뜻하는 「노바세(Novacene)」라는 이 책에서 그는 인류의 후임자가 영화 터미네이터 속 폭력적인 존재가 아니라 오히려 진화적인 전환으로 우위에 설 것이라고 말했다. 이는 인류는 기술에 의해 점차 뒤처지게 된다는 것이다.

(나) 또 그는 "사이보그를 생물의 또 다른 계(kingdom)라고 생각한다"면서 "그들은 인간이 동물계로서 식물계 위에 선 것처럼 우리 위에 설 것"이라고 말했다. 그 과정은 구글 딥마인드의 '알파 제로' 같은 AI 시스템을 통해 이미 진행 중이라고 그는 덧붙였다. 알파 제로는 세계 최고의 인간 프로 바둑 기사들을 꺾은 알파고를 상대로 전승을 거둔 알파고 제로의 범용 버전으로, 독학으로 바둑과 체스 등을 독파한 AI 시스템이다. 이에 대해 러브록은 계속해서 자신을 개선할 수 있는 알파 제로 같은 AI 시스템의 발명은 노바세의 결실에 다가가는 중요한 핵심 요소라고 말했다. 러브록은 인류세 다음이 되는 노바세가 이미 시작됐다면서도 이는 컴퓨터를 사용해 스스로 설계하고 만들어내는 것이라고 밝혔다. 이

와 함께 이제 우리 중 누군가가 만든 선구적인 AI 시스템, 아마 알파 제로 같은 것으로부터 새로운 형태의 지적 생명체가 생겨날 가능성이 있다고 말했다.

(다) 지구를 하나의 작은 생명체로 보는 '가이아 이론'의 창시자가 인간은 인공지능(AI) 로봇에 의해 지구 최상위층 자리를 내줄 수도 있다는 경고를 하고 나섰다. 영국의 과학자이자 환경운동가 그리고 미래학자인 제임스 러브록은 신간 「노바세(Novacene)」에서 이렇게 밝혔다고 미국 NBC 뉴스 등 외신이 15일(현지시간) 전했다. 보도에 따르면, 러브록은 책에서 "인간의 우위가 급격히 약해지고 있다. 미래에는 인간이 아니라 스스로 설계하고 만드는 존재들이 우위에 설 것"이라면서 "난 그들을 쉽게 사이보그라고 부른다"고 말했다.

(라) 만일 지구가 멸망 위기에 직면하면 사이보그는 대규모 지구공학을 이용해 지구를 인간보다 자신들 환경에 맞게 바꿔놓으려 할 수도 있을 것이라고 그는 설명했다. 그러면 세계는 산소나 물이 필요하지 않은 사이보그에게 맞게 변해 인간의 생존에는 적합하지 않을 수도 있다는 것이다. 하지만 이보다 가능성이 높은 상황은 지능이 매우 높은 사이보그들은 지구에서 지내기 어려운 상황이 되기 전에 지구를 떠나는 길을 선택할 수도 있다. 러브록은 자신의 견해가 무서운 소리로 들릴지도 모르지만, 미래는 반드시 암울하게 변하는 것이 아니라 오히려 자연스럽게 바뀌어 나갈 것이라고 말했다.

① (가) - (라) - (다) - (나)
② (나) - (다) - (라) - (가)
③ (다) - (가) - (나) - (라)
④ (라) - (나) - (가) - (다)

09

다음 중 단어의 형성 방법이 다른 것은?

① 높푸르다
② 풋고추
③ 시뻘겋다
④ 덧붙이다

10

다음 밑줄 친 단어의 쓰임이 바르지 않은 것은?

① 할머니는 도토리의 보늬를 벗겨 내셨다.
② 원숭이는 먹이를 주는 대로 닝큼닝큼 주워 먹었다.
③ 외상값 대신에 고구마 엇셈을 했다.
④ 날씨가 추워 모시로 만든 핫옷을 꺼내 입었다.

11

다음 중 로마자 표기가 모두 올바른 것은?

㉠ 구미(Kumi)	㉡ 학여울(Hangnyeoul)
㉢ 합덕(Hapdeok)	㉣ 울릉(Ulreung)
㉤ 구리(Guri)	㉥ 왕십리(Wangsimri)

① ㉠, ㉡, ㉣
② ㉡, ㉢, ㉤
③ ㉢, ㉣, ㉤
④ ㉣, ㉤, ㉥

12

다음 〈보기〉와 같은 문학의 갈래에 대한 설명으로 바르지 않은 것은?

보기

천 만리(千萬里) 머나먼 길ㅎ 고은 님 여희옵고
닉 모음 둘 딕 업서 냇ᄀ의 안쟈시니
져 믈도 닉 안 ᄀᆺㅎ여 우러 밤길 녜놋다

- 왕방연

① 3장 6구 45자 내외로 우리 민족이 만든 독특한 정형시이다.

② 대체로 3·4조, 4·4조의 음수율과 4음보의 율격을 유지한다.

③ 종장의 첫 구는 반드시 4음절로 고정되어 있다.

④ 고려 말에 형식이 확립되어 조선 시대에 가장 활발하게 창작되었다.

13

다음 중 어휘의 뜻이 바르지 않은 것은?

① 소래기 : 운두가 조금 높고 굽이 없는 접시 모양으로 생긴 넓은 질그릇

② 장부꾼 : 가래질을 할 때 가랫장부를 잡는 사람

③ 세섯덩이 : 개피떡 세 개를 붙여 만든 떡

④ 윤똑똑이 : 자기만 혼자 잘나고 영악한 체하는 사람

14

다음 중 밑줄 친 어휘의 표기가 올바른 것은?

> ㉠ 날씨가 추워서 웃옷을 걸쳐 입었다.
> ㉡ 그는 일을 끝내고 나서 윗몸을 뒤로 젖혔다.
> ㉢ 오른쪽에서 윗쪽으로 가야 한다.
> ㉣ 윗입술을 자꾸만 깨물어 상처가 생겼다.
> ㉤ 그는 위도리 안주머니에서 명함을 한 장 꺼내 놓았다.
> ㉥ 어르신들이 윗돈을 더 챙겨 주셨다.

① ㉠, ㉡, ㉣   ② ㉡, ㉢, ㉥

③ ㉠, ㉣, ㉤   ④ ㉡, ㉣, ㉥

15

다음 중 복수표준어로 바르게 연결된 것이 아닌 것은?

① 샛별 – 새벽별

② 제가끔 – 제각기

③ 멀찌감치 – 멀찌가니

④ 욕심꾸러기 – 욕심쟁이

16

다음 밑줄 친 어휘의 표준 발음으로 인정하는 것만으로 연결된 것은?

> • 이번 달 용돈을 야금야금 다 써 버렸다.
> • 낯선 사람이 알은척을 한다.
> • 흰 눈이 소복하게 쌓인 거리를 걸었다.
> • 양가 부모님을 모시고 상견례 자리를 마련했다.

① 야금야금[야금냐금], 낯선[나썬], 쌓인[싸힌], 상견례[상결례]

② 야금야금[야금냐금], 낯선[낟썬], 쌓인[싸인], 상견례[상견네]

③ 야금야금[야그먀금], 낯선[낟썬], 쌓인[싸힌], 상견례[상결례]

④ 야금야금[야그먀금], 낯선[나썬], 쌓인[싸인], 상견례[상견네]

[17~19] 다음 글을 읽고 물음에 답하시오.

> (가) 만물은 시간의 흐름에 따라 끊임없이 변화한다. ㉠ 언어 또한 끊임없이 변화하는 실체이다. 언어의 변화는 음운, 형태, 통사, 의미 등 언어를 구성하는 모든 측면에서 변화한다.

(나) 특정한 어느 한 시기의 언어 상태를 공시태라고 하고, 어떤 언어의 변화 상태를 통시태라고 할 때, 공시태는 같은 언어의 같은 시기에 속하는 언어 상태를 말하며, ⓒ 통시태는 같은 언어의 다른 변화 시기에 속하는 다른 언어 상태를 말한다.

(다) 그러나 모든 언어 현상은 항상 역사적인 요인과 결합되어 있다. 즉, 공시적 언어 현상은 항상 다음 단계로 변화하는 시발점이 되어 동요하고 있다. 따라서 공시적 언어 상태는 새로이 생겨나는 요소와 없어져 가는 요소의 혼합체라고 할 수 있으며, 공시태는 과거를 반영하고 미래를 예측하게 하는 것이다.

(라) 언어의 변화는 음운, 형태, 통사, 의미 등 언어를 구성하는 모든 측면에서 일어난다고 하였다. 통사 현상 역시 변화한다. 통사 변화에는 역시 문법범주의 변화와 문장구성의 변화를 포함한다.

17

다음 중 〈보기〉의 지문이 들어가기에 적절한 곳은?

보기

이러한 언어의 변화는 원칙적으로는 어느 한 공시태에서 다른 공시태로의 변화를 의미한다.

① (가)의 뒤   ② (나)의 뒤
③ (다)의 뒤   ④ (라)의 뒤

18

다음 중 윗글의 밑줄 친 ㉠에 해당하는 언어의 특성으로 알맞은 것은?

① 자의성   ② 역사성
③ 사회성   ④ 창조성

19

윗글의 밑줄 친 ⓒ에 해당하지 않은 것은?

① 모음조화 현상이 문란해졌다.
② 청자 높임법의 체계나 실현 방식이 변화하였다.
③ 신조어가 등장하고, 방언이 다양하게 실현되고 있다.
④ 아래아, 순경음 비읍, 반치음의 표기방식이 변화하였다.

20

다음 중 띄어쓰기가 올바른 것은?

① 열내지 스물
② 먹을만큼만 먹어라.
③ 여기서부터가 서울입니다.
④ 십이억 삼천사백 오십육만 칠천팔백구십팔

[21~22] 다음 글을 읽고 물음에 답하라.

이 몸 삼기실 제 님을 조차 삼기시니,
ᄒᆞᆫ싱 연분(緣分)이며 하늘 모를 일이런가.
나 ᄒᆞ나 졈어 잇고 ㉠ 님 ᄒᆞ나 날 괴시니,
이 ᄆᆞᆷ 이 ᄉᆞ랑 견졸 ᄃᆡ 노여 업다.
평싱(平生)애 원(願)ᄒᆞ요ᄃᆡ ⓒ ᄒᆞᆫᄃᆡ 녜쟈 ᄒᆞ얏더니,
늙거야 므스 일로 외오 두고 글이ᄂᆞᆫ고,
엊그제 님을 뫼셔 광한뎐(廣寒殿)의 올낫더니,
그 더ᄃᆡ 엇디ᄒᆞ야 하계(下界)예 ᄂᆞ려오니,
올 적의 비슨 머리 ⓒ 얼킈연디 삼 년(三年)이라.
연지분(臙脂粉) 잇ᄂᆞ마ᄂᆞᆫ 눌 위ᄒᆞ야 고이 홀고.
ᄆᆞᄋᆞᆷ의 미친 실음 텹텹(疊疊)이 빠혀 이셔,
㉣ 짓ᄂᆞ니 한숨이오 디ᄂᆞ니 눈물이라.

인싱(人生)은 유흔(有限)흔딕 시름도 그지업다.
무심(無心)흔 세월(歲月)은 믈 흐르듯 흐는고야.
[가] ┌ 염냥(炎凉)이 째롤 아라 가는 듯 고텨 오니,
    └ 듯거니 보거니 늣길 일도 하도 할샤.

③ 우리는 학생으로서 공부를 열심히 해야 한다.

④ 그는 우스갯소리를 툭툭 던짐으로서 딱딱한 분위기를 풀어 주었다.

21

윗글의 ㉠~㉣을 현대어로 해석한 것으로 바르지 않은 것은?

① ㉠ : 임은 오직 나를 사랑하시니

② ㉡ : 함께 살아가려 하였더니

③ ㉢ : 헝클어진 지 3년이라

④ ㉣ : 짓는 것이 한숨이요, 지나는 것은 눈물이라

24

다음 중 맞춤법이 바르지 않은 것은?

① 조용히

② 번듯이

③ 따뜻이

④ 꼼꼼이

22

윗글의 [가]에 나타난 화자의 심리로 적절한 것은?

① 임에 대한 원망의 마음이 드러나 있다.

② 계절의 변화에 따라 사랑이 변화하고 있음을 고백하고 있다.

③ 자신이 한 일에 대한 회한의 정서가 잘 드러나 있다.

④ 임과 이별한 채 세월만 덧없이 흘러가는 것을 안타까워하고 있다.

25

다음 중 남사당패 놀이에 대한 설명으로 바르지 않은 것은?

① '버나'는 사발이나 대접을 두어 뼘 되는 막대기나 담뱃대 같은 것으로 돌리는 묘기이다.

② '어름'은 줄타기 재주이며, 어름산이와 매호씨가 재담을 주고 받으며, 줄 위에서 가창을 한다.

③ '덜미'는 꼭두각시 놀음을 말하는데 인형의 목덜미를 잡고 논다는 데서 나온 말이다.

④ '살판'은 판소리를 부르면서 마당에서 하는 놀이를 뜻한다.

23

다음 밑줄 친 어휘의 맞춤법이 올바른 것은?

① 인간은 자연을 잘 보전함으로서 자연으로부터 여러 가지 혜택을 얻는다.

② 신재생 에너지 비중을 높임으로서 미래 성장 동력을 키워야 한다.

행정학

지방행정론 16%

행정환류론 4%

재무행정론 16%

인사행정론 20%

행정학의 기초이론 20%

정책론 12%

조직론 12%

정답 및 해설 277p

01

우리나라 특별회계에 대한 설명으로 옳지 <u>않은</u> 것은?

① 특별회계는 법률로써 설치한다.

② 예산팽창을 예방할 수 있다.

③ 국가재정법에 규정된 개별 법률에 의하지 아니하고는 이를 설치할 수 없다.

④ 예산 단일성과 통일성의 원칙의 예외에 해당한다.

02

피터스가 제시한 국정관리모형에 대한 설명으로 옳지 <u>않은</u> 것은?

① 시장적 정부모형은 공공서비스가 얼마나 저렴하게 공급되느냐를 주된 공익의 판단 기준으로 삼으며, 서비스 이용권 등 소비자의 선택권을 중시한다.

② 참여적 정부모형에서는 조직 하층부 일선공무원이나 시민들의 의사결정 참여 기회가 최대한 보장될 때 공익이 확보된다고 가정한다.

③ 탈규제적 정부모형에서는 시장규제 완화를 통한 시장 활성화를 추구하기 위하여 정부의 권한을 축소해야 한다고 본다.

④ 신축성 정부모형에서는 정부조직의 항구성을 타파하여 비용을 절감하고 공익을 증진시킬 수 있다고 본다.

03

로위(T. Lowi)의 정책분류에 대한 설명으로 옳지 <u>않</u>은 것은?

① 누진세제도는 재분배정책에 해당한다.

② 정부의 조직개편과 기구의 설치는 구성정책에 해당한다.

③ 연구보조금의 지급은 분배정책에 해당한다.

④ 분배정책은 재분배정책보다 반발이 심하다.

04

신공공론(NPM)에 대한 설명으로 옳지 않은 것은?

① 신고전학파 경제학에 이론적 근거를 두고 있다.

② 개인의 이익 증진을 공익으로 본다.

③ 공무원을 공공기업자로 본다.

④ 내부 규제를 강화한다.

05

립스키의 일선관료제론에 대한 설명으로 옳은 것은?

① 정책의제설정단계에서 중시된다.

② 정책결정단계에서 중시된다.

③ 정책의제설정단계에서 정책평가단계까지 모니터링이 요구된다.

④ 집행현장에서 재량이 적지 않다.

06

애드호크라시(adhocracy)에 해당하지 않는 것은?

① 테스크 포스 조직   ② 매트릭스 조직

③ 굴릭 조직   ④ 프로젝트 조직

07

현대행정의 기능적·질적 특징으로 옳지 않은 것은?

① 행정조직의 동태화

② 행정기구의 확대 및 공무원 수의 증가

③ 행정의 전문화·기술화

④ 행정평가의 강화

08

예산 통일성 원칙의 예외에 해당하지 않는 것은?

① 특별회계   ② 기금

③ 추가경정예산   ④ 수입대체경비

09

다음 중 예산집행의 신축성 유지 방안이 아닌 것은?

① 총괄예산 제도와 추가경정예산

② 이용과 전용

③ 배정과 재배정

④ 계속비와 예비비

10

독립합의형 중앙인사기관의 장점으로 옳지 않은 것은?

① 엽관주의의 영향력을 배제함으로써 인사행정의 공정성을 확보할 수 있다.

② 다수의 위원들에 의해서 인사행정에 관한 결정을 함으로써 신중한 의사결정을 할 수 있다.

③ 중요한 이익집단의 대표자를 합의체에 참여시킴으로써 인사행정에 대한 이익집단의 요구를 균형 있게 수용할 수 있다.

④ 인사행정의 책임소재를 명확하게 할 수 있다.

11

정책평가의 외적 타당성 저해요인에 해당하는 것은?

① 성숙효과, 선정효과

② 성숙효과, 크리밍 효과

③ 크리밍 효과, 호손효과

④ 역사 효과, 호손효과

12

현재 국가공무원에는 있지만 지방공무원에는 <u>없는</u> 공무원은?

① 고위공무원단에 속하는 공무원

② 특정직 공무원

③ 정무직 공무원

④ 별정직 공무원

13

우리나라의 광역행정 방식으로 옳지 <u>않은</u> 것은?

① 사무의 위탁

② 행정협의회

③ 지방자치단체 조합

④ 민영화

14

시장실패의 원인과 그 대응방안으로 옳지 <u>않은</u> 것은?

① 공공재는 비배제성에 의한 무임승차로 인해 부족해지는데, 이 문제의 해결방안은 조세를 통하여 재원 국가가 제공하는 것이다.

② 규모의 경제로 인한 자연 독점은 공기업이 공급한다.

③ 공유자원의 문제는 소유권 설정으로 문제해결이 가능하다.

④ X-비효율성이 발생할 경우 민영화와 규제 완화로 문제해결이 가능하다.

15

공직자윤리법 상 퇴직공직자의 업무취급 제한에 관한 설명으로 (   )에 들어갈 말은?

> 기관업무기준 취업심사대상자는 다른 법률에 특별한 규정이 있는 경우를 제외하고는 퇴직 전 (   )년부터 퇴직할 때까지 근무한 기관이 취업한 취업제한기관에 대하여 처리하는 제17조 제2항 각호의 업무를 퇴직한 날부터 (   )년 동안 취급할 수 없다.

① 2, 2   ② 2, 3

③ 3, 5   ④ 5, 3

16

직업공무원제도의 확립 요건으로 옳지 <u>않은</u> 것은?

① 행정의 안정성

② 적절한 보수의 지급

③ 평생고용

④ 개방형 임용(상시 선발)

17

현재 세금을 납부할 의무가 있는 납세의무자와 세금을 최종적으로 부담할 담세자가 일치하지 <u>않는</u> 국세에 해당하는 것은?

ㄱ. 재산세	ㄴ. 부가가치세
ㄷ. 담배소비세	ㄹ. 주세
ㅁ. 개별소비세	ㅂ. 종합부동산세

① 1개   ② 2개

③ 3개   ④ 4개

18

시민중심적 e-거버넌스의 최종적 의사결정 양식에 해당하는 것은?

① 소수의 중앙집권적 의사결정

② 다수의 통합적 의사결정

③ 소수의 합의적 의사결정

④ 확산된 분권적 의사결정

19

현행법령상 지방교부세에 관한 설명으로 옳은 것은?

① 경기도는 주민들에게 소방안전교부세를 부과할 수 있다.

② 울산광역시는 특별교부세가 교부될 수 없다.

③ 인천광역시는 부동산교부세가 교부될 수 없다.

④ 세종자치시는 주민들에게 분권교부세를 부과할 수 있다.

20

현재 국가재정법 상의 예산에 대한 설명 중 옳지 않은 것은?

① 예산은 예산총칙·세입세출예산·계속비·명시이월비 및 국고채무부담행위를 총칭한다.

② 한 회계연도의 모든 수입을 세입하고, 모든 지출을 세출한다.

③ 행정부는 대통령의 승인을 얻은 예산안을 회계연도 개시 90일 전까지 국회에 제출하여야 한다.

④ 국가재정운용계획에는 조세부담률 및 국민 부담률 전망이 포함되어야 한다.

21

책임성에 대한 설명으로 옳지 않은 것은?

① 파이너(H. Finer)는 관료의 내면적 기준에 의한 내재적 책임을 강조하고 프리드리히(C. Friedrich)는 법률, 입법부, 사법부, 국민 등에 의한 통제 등은 외부적 힘에 의한 통제로 확보되는 외재적 책임을 강조한다.

② 듀브닉(Dubnick)과 롬젝(Romzek)에 따르면 강조되는 책임성의 유형은 조직의 특성에 따라 달라진다.

③ 신공공관리론은 책임성을 확보하기 위하여 객관적·체계적 성과측정을 중시한다.

④ 책임성은 수단적 가치이다.

22

행태론적 접근방법에 대해 옳지 않은 것은?

① 논리실증주의(logical positivism)

② 계량분석법(quantitative analysis)

③ 가치개입(value-laden)

④ 인간행태의 규칙성을 가정한다.

23

다음 중 군무원에 대한 설명으로 옳지 않은 것은?

① 군무원의 봉급에 관한 사항은 국방부장관이 정한다.

② 군무원은 군인에 준하는 대우를 한다.

③ 군무원은 법관, 검사, 헌법재판소 헌법연구관 등과 같은 특정직 공무원이다.

④ 대한민국 국적과 외국 국적을 함께 가지고 있는 사람은 군무원에 임용될 수 없다.

24

조직의 구조적 특성에 대한 설명으로 옳지 않은 것은?

① 규모가 커질수록 과업은 더욱 분업화되고 단위
부서가 더욱 차별화되면서 복잡성이 높아진다.

② 조직의 규모가 커질수록 구성원들의 공식화가
낮아진다.

③ 비일상적 기술일수록 복잡성이 높아질 것이다.

④ 불확실성이 높을수록 집권화가 낮아진다.

25

**현행법상 일정한 자격을 갖춘 외국인에게 허용되는
것은 모두 몇 개인가?**

ㄱ. 주민투표
ㄴ. 조례의 제정과 개·폐 청구권
ㄷ. 주민소송
ㄹ. 주민소환
ㅁ. 주민감사청구
ㅂ. 정보공개청구

① 1개   ② 2개

③ 3개   ④ 4개

행정법

행정구제법 20%
행정법통론 32%
행정법상의 의무이행확보수단 8%
행정작용법 40%

◎ 정답 및 해설 282p

01

다음은 행정행위의 취소와 철회에 대한 설명이다. 옳은 것은?(다툼이 있는 경우에는 판례에 의함)

① 취소는 행정행위의 성립에 하자가 있어 이를 사후에 권한 있는 기관이 처분의 효력을 장래에 향해 소멸시키는 독립된 행정처분이다.

② 철회는 성립 당시에 적법하게 성립된 행정처분을 새로운 사유를 이유로 성립 당시로 소급하여 효력을 소멸시키는 행위이다.

③ 취소나 철회는 양자 모두 행정목적을 위한 행정청의 행위라는 점은 동일하다.

④ 취소는 성립 당시의 하자에 대한 시정조치로서 별도의 법적 근거 없이 가능하나, 철회는 새로운 사유를 이유로 하여 법적 근거를 요한다.

02

다음 중 행정상 법률관계에서 사법관계에 해당하는 것은?(다툼이 있는 경우에는 판례에 의함)

① 행정재산에 대한 사용·수익허가

② 중학교 의무교육 위탁관계

③ 국유 일반재산의 대부 및 대부료 납입고지

④ 산업단지 입주변경계약의 취소

03

다음 중 법치행정에 관한 설명으로 옳지 않은 것은?(다툼이 있는 경우에는 판례에 의함)

① 법률유보원칙은 기본권 보장, 의회민주주의 등을 이념적 기초로 한다.

② 법률우위가 법치행정 체계의 것이라면 법률유보는 입법과 행정의 관계성의 문제이다.

③ 법률유보에서의 법률이란 원칙적으로 국회가 제정한 형식적 의미의 법률을 말하지만 법률에 의하여 구체적인 위임을 받은 법규명령이 포함될 수 있다.

④ 헌법재판소는 TV수신료 사건에서 행정유보원칙을 취하였다.

04

다음 중 공법상 계약이 아닌 것은?(다툼이 있는 경우에는 판례에 의함)

① 「공익사업을 위한 토지 등의 취득 및 보상에 관한 법률」상의 사업시행자와 토지소유자간의 보상금 협의

② 지방자치단체의 공해방지협정

③ 행정주체간의 도로관리협정
④ 별정우체국장의 지정 및 체신업무위탁계약

05

다음의 행정상 법률관계에서의 시효 및 기간에 관한 내용 중 옳지 않은 것은?(다툼이 있는 경우에는 판례에 의함)

① 「국회법」에서 기간을 계산함에 있어서 초일을 산입한다.
② 행정상 법률관계에 있어서 소멸시효는 사법상의 금전채권을 포함하여 특별한 규정이 없으면 5년이나, 「공무원연금법」에 따른 급여를 받을 권리는 3년간 행사하지 않으면 시효로 소멸한다.
③ 행정상 법률관계에 있어서 시효의 중단이나 정지에 대하여 특별한 규정이 없으면 「민법」 규정이 준용된다.
④ 「국세기본법」 또는 세법에서의 기간의 계산은 특별한 규정이 없으면 「민법」을 준용한다.

06

다음 중 행정주체가 아닌 것은?

① 대한민국
② 「도시 및 주거환경정비법」에 따른 재개발조합
③ 강원도의회
④ 한국토지주택공사

07

다음 중 「행정절차법」에 규정된 행정지도의 방식이나 원칙으로 바르지 않은 것은?

① 행정지도는 그 목적 달성에 필요한 최소한도에 그쳐야 하며, 행정지도의 상대방의 의사에 반하여 부당하게 강요하여서는 아니 된다.
② 행정지도의 상대방은 해당 행정지도의 방식이나 내용 등에 관하여 행정기관에 의견을 제출할 수 있다.
③ 행정지도는 행정강제를 위한 단계적 행정작용으로 행정지도를 불이행한 자에 대하여 행정청은 불이익조치를 할 수 있다.
④ 행정기관이 같은 행정목적을 실현하기 위하여 많은 상대방에게 행정지도를 하려는 경우에는 특별한 사정이 없으면 행정지도에 공통된 내용이 되는 사항을 공표하여야 한다.

08

행정상 법률관계에서 당사자에 관한 설명으로 옳지 않은 것은?(다툼이 있는 경우에는 판례에 의함)

① 한국학중앙연구원, 국립의료원 등의 공공단체는 행정주체로서 행정객체는 될 수 없다.
② 행정소송에서 항고소송의 피고는 행정주체가 아닌 행정청이다.
③ 지방자치단체는 공공단체의 하나로서 행정주체가 된다.
④ 공무를 위탁받은 사인도 위탁범위 내에서 행정을 수행하는 경우에 행정주체가 된다.

09

다음 중 통치행위에 대한 설명으로 옳지 않은 것은?(다툼이 있는 경우에는 판례에 의함)

① 헌법재판소는 고도의 정치적 결단인 통치행위라도 그것이 국민의 기본권 침해와 직접 관련되는 경우에는 헌법재판소의 심판대상이 된다고 한다.
② 대통령의 서훈취소결정은 고도의 정치적 결단인 통치행위라고 볼 수 없다.

③ 고도의 정치작용인 통치행위는 정치적 · 사법적 측면에서 통제되지 않는다.

④ 남북정상회담의 개최는 고도의 정치적 성격을 지니고 있는 행위라 할 것이므로 특별한 사정이 없는 한 그 당부를 심판하는 것은 사법권의 내재적 · 본질적 한계를 넘어서는 것이 되어 적절하지 못하다.

10

다음 중 「행정절차법」에 관한 설명으로 옳지 <u>않은</u> 것은?(다툼이 있는 경우에는 판례에 의함)

① 행정청은 당사자에게 의무를 부과하거나 권익을 제한하는 처분을 하는 경우에는 미리 일정한 사항을 당사자 등에게 사전에 통지하여야 한다.

② 당사자에게 의무를 부과하는 처분이라도 공공의 안전 또는 복리를 위하여 긴급히 처분을 할 필요가 있는 경우에는 사전통지를 하지 않아도 된다.

③ 법령상의 청문을 행정청이 상대방과의 협약을 통해 청문을 배제하는 규정을 두어 청문을 생략할 수 없다.

④ 국민의 권익을 침해하는 행정이라도 청문이나 공청회 실시에 대한 내용이 법령에 규정되어 있지 않다면 의견제출절차를 거치지 않고도 처분을 할 수 있다.

11

다음 중 주민투표에 관한 설명으로 옳지 <u>않은</u> 것은?(다툼이 있는 경우에는 판례에 의함)

① 주민투표의 투표절차 등에 관한 사항은 「주민투표법」에 의한다.

② 지방자치단체의 장은 주민에게 과도한 부담을 주거나 중대한 영향을 미치는 지방자치단체의 주요 결정사항 등에 대하여 주민투표에 부칠 수 있다.

③ 주민투표의 실시는 주민 또는 지방의회의 청구가 있어야만 한다.

④ 중앙행정기관의 장은 국가정책의 수립에 관하여 주민의 의견을 듣기 위하여 필요하다고 인정하는 때에는 주민투표의 실시구역을 정하여 관계 지방자치단체의 장에게 주민투표의 실시를 요구할 수 있다.

12

다음 중 「행정대집행법」상의 대집행이 가능한 경우로 옳은 것은?(다툼이 있는 경우에는 판례에 의함)

① 법외 단체인 전국공무원노동조합지부의 공무원 직장협의회의 운영에 이용되던 군청사시설인 사무실의 임의사용에 대한 지방자치단체장의 자진폐쇄 요청에 대한 불이행

②「주택건설촉진법」상 도지사의 허가를 받지 않고 사업계획에 따른 용도 이외의 용도에 사용하는 행위 등을 금지하고, 그 위반행위에 대하여 벌칙규정만을 두고 있을 경우

③ 구「공공용지취득 및 손실보상특례법」상 협의취득 시 건축물의 자진철거에 대한 약정을 불이행한 경우

④ 행정청의 환지예정지 지정과 이에 따른 지장물의 자진철거요구를 불이행한 경우

13

행정행위의 내용 중 나머지와 다른 성질의 것은?(다툼이 있는 경우에는 판례에 의함)

① 소세부과
② 사립학교 임원선임에 대한 승인
③ 임용기간 만료통지
④ 공유수면매립면허

14

다음은 행정입법에 관한 헌법재판소의 결정의 일부이다. ( )안에 들어갈 것으로 올바르게 짝지어진 것은?

> 오늘날 의회의 입법독점주의에서 (㉠)로 전환하여 일정한 범위 내에서 행정입법을 허용하게 된 동기가 사회적 변화에 대응한 입법수요의 급증과 종래의 형식적 권력분립주의로는 현대사회에 대응할 수 없다는 기능적 권력분립론에 있다는 점 등을 감안하여 헌법 제40조와 헌법 제75조, 제95조의 의미를 살펴보면, 국회입법에 의한 수권이 입법기관이 아닌 행정기관에게 법률 등으로 구체적인 범위를 정하여 위임한 사항에 관하여는 당해 행정기관에게 법정립의 권한을 갖게 되고, 입법자가 규율의 형식도 선택할 수도 있다 할 것이므로, 헌법이 인정하고 있는 (㉡)의 형식은 (㉢)인 것으로 보아야 할 것이고, 그것은 법률이 행정규칙에 위임하더라도 그 행정규칙은 위임된 사항만을 규율할 수 있으므로, 국회입법의 원칙과 상치되지도 않는다.

	㉠	㉡	㉢
①	행정중심주의	행정규칙	열기적
②	입법중심주의	위임입법	예시적
③	입법중심주의	위임입법	열기적
④	행정중심주의	행정규칙	예시적

15

다음 중 개인정보보호에 관한 내용으로 옳지 않은 것은?(다툼이 있는 경우에는 판례에 의함)

① 주민등록번호의 유출을 이유로 한 주민등록번호의 변경신청에 대한 구청장의 주민등록번호 변경신청 거부행위는 항고소송대상인 처분에 해당한다.
② 개인정보처리자는 정보주체가 필요한 최소한의 정보 외의 개인정보 수집에 동의하지 아니한다는 이유로 정보주체에게 재화 또는 서비스의 제공을 거부하여서는 아니 된다.
③ 개인정보처리자는 개인정보를 수집하는 경우에는 그 목적에 필요한 최소한의 개인정보를 수집하여야 하며 이 경우 최소한의 개인정보 수집이라는 입증책임은 개인정보처리자가 부담한다.
④ 개인정보처리자의 고의 또는 중대한 과실로 인하여 개인정보의 분실 등으로 정보주체에게 손해가 발생한 때에는 법원은 손해액의 3배를 넘지 않는 범위에서 손해배상액을 정할 수 있으나, 이 경우 법정손해배상의 청구로 변경할 수는 없다.

16

다음 중 「지방자치법」 등에서 지방자치단체장의 권한인 것은?

> ㉠ 조례에 대한 재의요구권
> ㉡ 조례제정권
> ㉢ 주민투표부의권
> ㉣ 행정사무 감사 또는 조사 결과의 처리권
> ㉤ 규칙제정권
> ㉥ 청원의 수리와 처리의결권
> ㉦ 소속직원에 대한 임면 및 지휘감독
> ㉧ 예산의 심의와 확정에 대한 의결권

① ㉠, ㉡, ㉣, ㉥
② ㉠, ㉢, ㉤, ㉦
③ ㉡, ㉢, ㉣, ㉦
④ ㉡, ㉣, ㉤, ㉧

17

대한민국 국적의 갑(甲)은 A대학교 총장에게 해당 학교 예체능학생들의 최근 몇 년간 출석 및 성적에 대한 정보공개청구를 하였으나, A대학교 총장은 제3자와 관련된 정보라는 이유로 이를 비공개하였다. 다음 설명 중 옳지 <u>않은</u> 것은?

① 갑(甲)은 대한민국의 국적을 가지고 있으므로 정보공개청구 목적과 상관없이 정보공개청구권이 있다.

② 갑(甲)은 A대학교 총장의 비공개 결정에 대하여 항고소송을 통해 구제받을 수 있으며 이와 별도의 법률상 이익 침해를 요하지 않는다.

③ A대학교가 사립대학교라 하더라도 정보공개를 하여야 할 공공기관에 해당되며, 정보공개의 범위는 정부로부터 보조를 받는 범위로 국한되는 것도 아니다.

④ 예체능학생들의 비공개 요청이 있는 경우에 A대학교 총장은 정보를 공개할 수 없다.

18

다음 중 개인정보보호에 대한 설명으로 옳지 <u>않은</u> 것은?(다툼이 있는 경우에는 판례에 의함)

① 「개인정보보호법」상 개인정보는 살아 있는 개인의 정보로서, 사자(死者)의 정보나 법인이나 단체의 정보는 포함되지 않는다.

② 개인정보자기결정권이란 자신에 관한 정보를 언제, 누구에게, 어느 범위까지 알리고 또 이용되도록 할 것인지를 정보주체가 스스로 결정할 수 있는 권리이다.

③ 개인정보자기결정권이나 익명표현의 자유가 헌법 제37조 제2항에 따라 법률로써 제한될 수 있다.

④ 개인정보자기결정권의 보호대상이 되는 개인정보는 공적 생활에서 형성되었거나 이미 공개된 개인정보까지 포함하지 않는다.

19

다음 중 인·허가의제제도에 관한 설명으로 옳은 것은?(다툼이 있는 경우에는 판례에 의함)

① 인·허가의제가 인정되는 경우에 의제되는 법률에 규정된 주민의 의견청취 등의 절차를 거칠 필요는 없다.

② 사업시행자가 주택건설사업계획 승인을 받음으로써 도로점용허가가 의제된 경우에 관리청이 도로점용료를 부과하지 않아도 점용료를 납부할 의무를 부담하게 된다.

③ 채광계획인가에 의하여 공유수면점용허가가 의제될 경우, 공유수면점용 불허사유로써 채광계획을 인가하지 아니할 수 없다.

④ 주택건설사업계획승인처분에 따라 의제된 지구단위계획 결정에 하자가 있음을 이해관계인이 다투고자 하는 경우, 주된 처분인 주택건설사업계획승인처분과 의제된 인·허가인 지구단위계획결정 중 소송대상은 주된 처분인 주택건설사업계획승인처분이 된다.

20

다음은 행정의 실효성확보수단에 관한 내용이다. 옳지 <u>않은</u> 것은?(다툼이 있는 경우에는 판례에 의함)

① 이행강제금은 대체적 작위의무에 대한 불이행에 대하여 가능한 행정강제이다.

② 과징금은 경제법을 위반하여 얻어진 불법적 이득을 환수하는 성질의 제재적 처분으로서 상대방의 고의나 과실에 의하여 부과된다.

③ 행정대집행은 대집행의 요건이 충족된 경우에도 행정청의 재량이다.

④ 행정법을 위반하여 받게되는 벌금과 과징금부과는 이중처벌금지원칙에 반하지 않는다.

21

행정소송에 관한 설명으로 옳지 <u>않은</u> 것은?(다툼이 있는 경우에는 판례에 의함)

① 도지사의 도 내의 특정시에 대한 혁신도시 최종 입지선정 행위는 항고소송대상인 처분이다.

② 취소소송의 관할법원은 원칙적으로 피고소재지 행정법원이다.

③ 소 진행 중 피고 행정청은 처분 시 처분서에 명시된 기본적인 사실관계의 동일성 범위 내에서 처분사유의 추가·변경이 가능하다.

④ 구「민원사무 처리에 관한 법률」제19조 제1항에서 정한 사전심사결과의 통보는 항고소송의 대상이 되는 행정처분이 아니다.

22

행정심판에 관한 설명으로 옳지 <u>않은</u> 것은?(다툼이 있는 경우에는 판례에 의함)

① 감사원의 처분과 부작위에 대한 행정심판은 감사원소속의 행정심판위원회에 의하여 이루어진다.

② 인용재결 기속력에 의하여 지방자치단체인 피청구인은 불복하여 행정소송을 청구할 수 없도록 한 규정은 평등원칙 등 헌법에 위반되지 않는다.

③ 행정심판은 재결의 실효성을 확보하기 위한 직접처분제도가 마련되어 있어 간접강제의 일환으로서 배상제도는 규정이 없다.

④ 행정심판의 청구는 피청구인인 행정청이나 위원회에 서면으로 한다.

23

「행정절차법」상 입법예고에 대한 설명으로 옳지 <u>않은</u> 것은?(다툼이 있는 경우에는 판례에 의함)

① 대통령령에 대한 입법예고는 국회 소관 상임위원회에 이를 제출하여야 한다.

② 행정입법예고기간은 특별한 사정이 없으면 20일로 하며 자치법규는 10일이다.

③ 입법예고에 대하여 누구든지 의견을 제출할 수 있다.

④ 행정청은 입법예고를 할 때에 입법안과 관련이 있다고 인정되는 중앙행정기관, 지방자치단체, 그 밖의 단체 등이 예고사항을 알 수 있도록 예고사항을 통지하거나 그 밖의 방법으로 알려야 한다.

24

시내도로를 점거하고 연좌시위를 하는 시위단에게 관할 경찰청장이 해산명령을 내렸을 경우, 성질은 무엇인가?

① 통지
② 하명
③ 행정지도
④ 인가

25

사정재결과 사정판결에 대한 설명으로 옳지 <u>않은</u> 것은?(다툼이 있는 경우에는 판례에 의함)

① 사정재결은 심판의 청구가 이유 있음에도 이를 인용하는 것이 공공복리에 크게 위배된다고 인정하면 그 심판청구를 기각하는 재결을 말한다.

② 사정재결을 하는 경우 위원회는 재결의 주문에서 그 처분 또는 부작위가 적법함을 밝혀야 한다.

③ 무효등확인소송에는 사정판결이 적용되지 않는다.

④ 사정판결의 경우 희생되는 원고의 권익구제와 공익 사이에 형량을 통해 이루어진다.

PART 07

2019년 기출(복원)문제

국어 · 행정학 · 행정법

국어

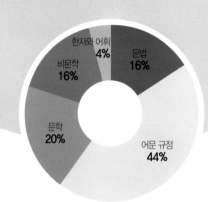

한자와 어휘 4%
비문학 16%
문법 16%
문학 20%
어문 규정 44%

정답 및 해설 286p

01

다음 〈보기〉 중 밑줄 친 어휘의 맞춤법이 옳은 것은?

보기

ㄱ 우리는 <u>널따란</u> 바위 위에 자리를 잡고 앉았다.

ㄴ 그의 코는 뭉툭하고 입은 <u>넓죽하게</u> 생겨서 볼품이 없다.

ㄷ 그는 매일 반복되는 생활에 <u>실증</u>을 느끼고 있었다.

ㄹ 그 집 지붕에는 <u>얇다란</u> 함석판들이 이어져 있었다.

ㅁ 그는 어머니를 생각하며 <u>굵다란</u> 눈물을 뚝뚝 흘렸다.

① ㄱ, ㄷ, ㅁ   ② ㄴ, ㄹ, ㅁ

③ ㄱ, ㄴ, ㅁ   ④ ㄴ, ㄷ, ㅁ

02

다음 중 밑줄 친 부분의 공통적인 특징에 해당하는 것은?

보기

불휘 <u>기픈</u> 남ᄀᆞᆫ ᄇᆞᄅᆞ매 아니 뮐ᄊᆡ <u>곶</u> 됴코 여름 하ᄂᆞ니

식미 <u>기픈</u> 므른 ᄀᆞᄆᆞ래 아니 그츨ᄊᆡ 내히 이러 바ᄅᆞ래 가ᄂᆞ니

〈용비어천가(龍飛御天歌) 제2장〉

믈 깊고 빅 업건마ᄅᆞᆫ 하ᄂᆞᆯ히 명(命)ᄒᆞ실ᄊᆡ 믈 톤자히 건너시니이다

성(城) <u>높고</u> ᄃᆞ리 업건마ᄅᆞᆫ 하ᄂᆞᆯ히 도ᄫᆞ실ᄊᆡ 믈 톤자히 ᄂᆞ리시니이다

〈용비어천가(龍飛御天歌) 제34장〉

님그미 현(賢)커신마ᄅᆞᆫ 태자(太子)ᄅᆞᆯ <u>몯</u> 어드실ᄊᆡ 누본 남기 니러셔니이다

나라히 오라건마ᄅᆞᆫ 천명(天命)이 다아갈ᄊᆡ 이본 남기 새 닢 나니이다

〈용비어천가(龍飛御天歌) 제84장〉

① 초성종성통용팔자   ② 종성부용초성

③ 초성독용팔자   ④ 종성독용팔자

03

다음 중 줄여서 쓸 수 있는 말에 해당하는 것은?

① 신호가 파란불로 <u>바뀌었습니다</u>.

② 저런! 그 일로 인해 두 분이서 <u>다투었군요</u>.

③ 의사는 환자를 침대에 도로 <u>뉘었습니다</u>.

④ 이것은 우리 가게에선 취급하지 않는 <u>품종이어요</u>.

04

다음 〈보기〉 중 로마자 표기가 올바른 것은?

보기

김치 Kimchi
설날 seollal
왕십리 Wangsimni
벗꽃 beotkkot
불국사 Bulkuksa
속리산 Songnisan
대관령 daegwalryeong

① 김치 Kimchi, 왕십리 Wangsimni, 벗꽃 beotkkot, 속리산 Songnisan, 대관령 daegwalryeong
② 설날 seollal, 왕십리 Wangsimni, 불국사 Bulkuksa, 속리산 Songnisan
③ 김치 Kimchi, 설날 seollal, 왕십리 Wangsimni, 벗꽃 beotkkot, 속리산 Songnisan
④ 설날 seollal, 왕십리 Wangsimni, 불국사 Bulkuksa, 속리산 Songnisan, 대관령 daegwalryeong

05

다음 빈 칸에 들어갈 한자 성어로 옳은 것은?

과연 노파는 한 푼이라도 더 돈으로 바꾸고 싶은 노파심에서였을 것이다. 먹지도 않고 그 곁에서 ( ) 하는 나에게 하나쯤 먹어 보는 것도 좋다. 그리고 먹음직하거든 제발 좀 사달라고 얼굴은 울음 반 웃음 반이다. 나는 나대로의 노파심 때문에 하여간 나는 사지 않을 테니 필요없다고 말한다.

① 小貪大失
② 寤寐不忘
③ 十匙一飯
④ 垂涎萬丈

06

다음 중 한국어를 기술하기 위해 만든 책이 아닌 것은?

① 훈몽자회
② 한불자전
③ 말모이사전
④ 큰사전

[07~08] 다음 글을 읽고 물음에 답하라.

(가) 비자의 생명은 유연성이란 특질에 있다. 한번 균열이 생겼다가 제 힘으로 도로 유착·결합했다는 것은 그 유연성이란 특질을 실제로 증명해 보인, 이를테면 졸업증서이다. 하마터면 목침같이 될 뻔했던 불구 병신이, 그 치명적인 시련을 이겨 내면 되레 한 급(級)이 올라 특급품이 되어 버린다. 재미가 깨를 볶는 이야기다.

(나) 반면이 갈라진다는 것이 기약치 않은 불측(不測)의 사고이다. 사고란 어느 때 어느 경우에도 별로 환영할 것이 못 된다. 그 균열(龜裂)의 성질 여하에 따라서는 일급품 바둑판이 목침(木枕)감으로 전락해 버릴 수도 있다. 그러나 그렇게 큰 균열이 아니고 회생할 여지가 있을 정도라면 헝겊으로 싸고 뚜껑을 덮어서 조심스럽게 간수해 둔다(갈라진 균열 사이로 먼지나 티가 들어가지 않도록 하는 단속이다).

(다) 1년, 이태, 때로는 3년까지 그냥 내버려 둔다. 계절이 바뀌고 추위, 더위가 여러 차례 순환한다. 그 동안에 상처났던 바둑판은 제 힘으로 제 상처를 고쳐서 본디대로 유착(癒着)해 버리고, 균열진 자리에 머리카락 같은 희미한 흔적만이 남는다.

(라) 비자반 일등품 위에 또 한 층 뛰어 특급품이란 것이 있다. 반재며, 치수며, 연륜이며 어느 점이 일급과 다르다는 것은 아니나, 반면에 머리카락 같은 가느다란 흉터가 보이면 이게 특

급품이다. 알기 쉽게 값으로 따지자면, 전전(戰前) 시세로 일급이 2천 원(돌은 따로 하고) 전후인데, 특급은 2천 4, 5백 원, 상처가 있어서 값이 내리기는커녕 오히려 비싸진다는 데 진진(津津)한 묘미가 있다.

07

다음 중 윗글의 배열 순서로 적절한 것은?

① (라) − (가) − (나) − (다)
② (라) − (나) − (다) − (가)
③ (나) − (라) − (가) − (다)
④ (나) − (가) − (라) − (다)

08

다음 중 윗글의 주제로 옳은 것은?

① 삶의 과실을 극복할 줄 아는 유연한 태도가 필요하다.
② 각박한 현실에 맞서서 대항하는 자세가 중요하다.
③ 내면의 가치를 더욱 중시해야 한다.
④ 위기를 기회로 삼아야 한다.

09

다음 중 띄어쓰기가 바르지 않은 것은?

① 아버지와 나는 등산을 하며 부자 간의 정을 나눈다.
② 그는 대학 재학 중에 군대에 갔다.
③ 그 사람을 만난 지도 꽤 오래되었다.
④ 시장을 보는 데만 세 시간이 걸렸다.

10

다음 〈보기〉의 한글 맞춤법 제39항을 적용하였을 때 옳지 않은 것은?

> 보기
>
> 한글 맞춤법 제39항
> 어미 '−지' 뒤에 '않−'이 어울려 '−잖−'이 될 적과 '−하지' 뒤에 '않−'이 어울려 '−찮−'이 될 적에는 준 대로 적는다.

① 작은 선행을 베풀었을 뿐인데 이런 주목을 받는 건 당찮다.
② 이상과 달리 현실은 그렇잖다.
③ 친구를 맞이하는 눈길이 영 달갑잖다.
④ 그는 매사에 상대방을 대하는 태도가 올곧찮다.

[11~13] 다음 글을 읽고 물음에 답하라.

(가) 왜 LP를 듣다가 CD를 들으면 불편할까? 고음역이 깨끗하게 들리는 CD는 저음역의 음악정보를 제대로 담지 못하는 반쪽짜리 그릇이기 때문이다. '양자화(quantize)'라고 불리는 디지털화 과정에서 저음역의 주파수가 아주 미세한 ㉠ 근삿값으로 바뀌는데, 그 순간 다른 음으로 변화된 저음이 화음과 어울리지 않게 되어 버린다. 배음(倍音)과 화음의 바탕을 이루는 베이스음이 변동되는 순간, 조화를 이루어야 할 음악의 구조는 기초부터 흔들리게 된다.

(나) 왜 이런 오류가 발생하는 걸까? 디지털화의 기본 처리 과정에서 충분한 해상도가 확보되지 않을 때, 음악정보가 원본과 다른 근삿값으로 바뀌어 기록되기 때문이다. 예를 들어, 소수점 한 자리까지 처리할 수 있는 성적 시스템에서 89.4와 89.5는 0.1의 작은 차이를

보이는 점수이다. 그런데 소수점을 처리하지 못하는 시스템이라면 어떻게 될까? 89.4점은 근삿값인 89점이 되고 89.5점은 근삿값인 90점이 된다. 작은 차이의 점수가 '수'와 '우'라는 현격한 차이의 점수로 바뀐다. 해상도가 떨어지는 디지털 변환은 이처럼 매우 미세한 차이를 차원이 다른 결과로 바꿔 버리는 문제를 안고 있다.

(다) 디지털의 오류는 44.1㎑, 16비트의 '작은 그릇'인 CD가 안고 있는 치명적인 단점이다. 잡음 없는 깨끗한 소리를 전달한다는 장점과는 달리, 음악의 전체적인 조화를 무너뜨릴 수 있는 커다란 오류를 지니고 있는 것이다. CD의 편의성에 찬사를 보내면서도 음악성에는 불합격점을 줄 수밖에 없는 이유다. CD의 사운드는 충분하지 못한 해상도의 디지털이 갖는 단점을 명백하게 드러낸다. 해상도 낮은 사진에서 불분명한 화소가 뭉뚱그려져 보이는 '깍두기 현상'이 나타나듯, 클래식 음악에 사용되는 악기들의 섬세한 사운드에 담긴 미묘한 변화와 표정, 다이내믹, 특징적인 공명을 제대로 잡아내지 못한다.

(라) 구스타프 말러의 교향곡 제2번 '부활'의 서주부와 같이 더블베이스의 저음이 중요한 비중을 차지하는 연주를 CD와 LP로 비교하여 들어 보면, 저음 정보가 충분하지 않을 때 오케스트라의 사운드가 얼마나 빈약하게 느껴지는지 잘 알 수 있다. 정확한 저음을 바탕으로 하모니를 만들어 가는 클래식 음악을 CD로 듣고 있으면, 마치 모래 위에 지어진 집처럼 위태롭고 불안한 느낌이 들곤 한다.

11

윗글의 밑줄 친 ㉠과 사이시옷의 형성이 동일한 것은?

① 시냇물   ② 조갯살
③ 전셋집   ④ 두렛일

12

윗글의 내용과 일치하지 않는 것은?

① CD는 고음역의 음악정보를 제대로 전달할 수 있다.
② CD의 치명적인 단점은 44.1㎑, 16비트 해상도의 '작은 그릇'이다.
③ LP에 비해 CD는 위태롭고 불안한 느낌이 든다.
④ CD는 양자화 과정에서 소수점 한 자리까지 처리할 수 있다.

13

윗글의 설명 방식으로 옳은 것은?

① (가)와 (나)는 원인과 결과의 순서대로 나열되어 있다.
② (나)와 (다)는 수학적 원리를 이용하여 설명하고 있다.
③ (다)와 (라)는 CD의 장점에 대해 설명하고 있다.
④ (가), (다), (라)에서는 은유법과 직유법을 사용하고 있다.

14
다음 중 현대어 풀이로 옳지 <u>않은</u> 것은?

> ⊙ 비로봉(毗盧峯) 상상두(上上頭)의 올라 보니 긔
> 뉘신고.
> ⓛ 동산(東山) 태산(泰山)이 어느야 놉돗던고.
> 노국(魯國) 조븐 줄도 우리는 모르거든
> ⓒ 넙거나 넙은 텬하(天下) 엇씨ᄒ야 적닷 말고.
> 어와 뎌 디위를 어이ᄒ면 알 거이고.
> ⓔ 오르디 못ᄒ거늘 ᄂᆞ려가미 고이홀가.

① ⊙ : 비로봉에 올라보니 그대는 누구이신가?
② ⓛ : 동산과 태산은 어느 것이 높은가?
③ ⓒ : 넓거나 넓은 천하를 왜 작다고 했는가?
④ ⓔ : 오르지 못하는데 내려감이 무엇이 이상하
겠는가?

15
다음 중 회의 의안 심의 과정 순서로 올바른 것은?

① 제출 – 상정 – 제안 설명 – 질의 응답 – 찬반
토론 – 표결
② 제출 – 찬반 토론 – 상정 – 제안 설명 – 질의
응답 – 표결
③ 제출 – 상정 – 제안 설명 – 찬반 토론 – 질의
응답 – 표결
④ 제출 – 제안 설명 – 상정 – 찬반 토론 – 질의
응답 – 표결

16
다음 〈보기〉의 두음법칙 제10항에 해당하지 <u>않는</u> 것
은?

> 보기
>
> [제10항]
> 한자음 '녀, 뇨, 뉴, 니'가 단어 첫머리에 올 적에

> 는, 두음법칙에 따라 '여, 요, 유, 이'로 적는다.
> [붙임 1] 단어의 첫머리 이외의 경우에는 본음대로
> 적는다.
> [붙임 2] 접두사처럼 쓰이는 한자가 붙어서 된 말
> 이나 합성어에서, 뒷말의 첫소리가 'ㄴ' 소리로 나
> 더라도 두음법칙에 따라 적는다.

① 공염불(공+염불)　　② 신년도(신+년도)
③ 강수량(강수+량)　　④ 비구니(비구+니)

17
다음 중 띄어쓰기가 <u>잘못된</u> 것은?

① 그쪽으로 갈까요? 어젯밤에 갔던데요.
② 오랜만에 고향에 내려오니 길을 모르겠던데요.
③ 어제 집으로 택배가 왔던데요.
④ 공부를 열심히 했더니 팔이 아프던데요.

18
다음 〈보기〉의 용례를 통해 알 수 있는 단어의 쓰임
을 고려하여 〈보기〉에 문장을 추가하려고 한다. 가장
적절한 것은?

> 보기
>
> • 그날 밤이 새도록, 그는 흥분이 되어서 자기의
> 과거를 일일이 다 이야기하였습니다.
> • 어느덧 밤이 새는지 창문이 뿌옇게 밝아 온다.
> • 그녀는 잠을 자지 않고 밤새도록 남편을 기다렸다.
> • 어제는 책을 읽느라고 밤을 새웠다.
> • 나는 어제 밤새워 시험공부를 했다.
> • 오랜만에 재회한 그들은 밤새워 이야기하며 옛
> 정을 나누었다.

① 밤을 새서라도 일을 끝마치겠다.

② 수연은 수다를 떠느라 밤새우는 줄도 몰랐다.

③ 밤샌 보람이 있다.

④ 몇 밤을 뜬눈으로 새웠다.

19

다음 〈보기〉에 나와 있는 높임법이 모두 쓰인 것은?

보기

아버지께서 쓰시던 물건을 그분께 가져다 드렸습니다.

① 누나가 아버지를 모시고 병원에 갔습니다.

② 선생님은 제가 여쭈었던 내용을 기억하고 계셨습니다.

③ 아버지께서 제게 용돈을 주셨습니다.

④ 어머니께서 방에서 주무시고 계십니다.

20

다음 중 밑줄 친 단어를 사전에서 검색할 때 표제어로 적절한 것은?

① 우리의 생각대로 일이 진행되었다. → 생각대로

② 나는 국물을 그릇째로 들고 먹었다. → 그릇째

③ 할머니는 손녀에게 이야기를 들려주곤 하셨다. → 들리다

④ 어머니는 아들에게 조심하라고 신신당부했건만 듣지 않았다. → 신신당부하다

[21~22] 다음 글을 읽고 물음에 답하라.

㉠ 열무 삼십 단을 이고
시장에 간 우리 엄마
안 오시네, ㉡ 해는 시든 지 오래
나는 ㉢ 찬밥처럼 방에 담겨
아무리 천천히 숙제를 해도
엄마 안 오시네, ㉣ 배춧잎 같은 발소리 타박타박
안들리네, 어둡고 무서워
금 간 창 틈으로 고요한 빗소리
빈 방에 혼자 엎드려 훌쩍거리던

아주 먼 옛날
지금도 내 눈시울을 뜨겁게 하는
그 시절, 내 유년의 윗목

21

다음 중 엄마의 고단한 삶을 나타내는 표현이 아닌 것은?

① ㉠   ② ㉡

③ ㉢   ④ ㉣

22

다음 중 '배춧잎 같은 발소리'와 같은 표현 기법이 쓰인 것은?

① 해는 시든 지 오래

② 찬밥처럼 방에 담겨

③ 고요한 빗소리

④ 내 유년의 윗목

23

다음 중 표준어와 비표준어 연결이 잘못된 것은?

	표준어	비표준어
①	총각무	알타리무
②	개다리밥상	개다리소반
③	방고래	구들고래
④	산누에	멧누에

24

다음 중 문장부호에 대한 설명으로 옳지 않은 것은?

① 글의 제목이나 작품명, 각종 구호 등에는 마침표를 쓰지 않는다.
② 말줄임표 앞에는 쉼표를 쓸 수 없다.
③ 기준 단위당 수량을 적을 때는 가운뎃점을 쓴다.
④ 문장 안에서 책이나 신문, 예술 작품의 제목에는 겹낫표를 쓴다.

25

다음 중 외래어 표기법 원칙으로 옳지 않은 것은?

① 외래어는 국어의 현용 24자모만으로 적는다.
② 외래어의 1음운은 원칙적으로 1기호로 적는다.
③ 받침에는 'ㄱ, ㄴ, ㄷ, ㄹ, ㅁ, ㅂ, ㅇ'만을 쓴다.
④ 파열음 표기에는 된소리를 쓰지 않는 것을 원칙으로 한다.

2019년 06월 22일 시행

행정학

© 정답 및 해설 291p

01

행정(학)에 관한 설명으로 옳지 못한 것은?

① 행정을 공공문제 해결을 위한 정부나 공공조직의 기능과 역할로 보는 관점은 정치행정일원론이다.

② 윌슨(W. Wilson)은 1887년 발표한 〈행정의 연구〉에서 행정은 관리의 영역(field of business)에 해당한다고 주장하였다.

③ 미국의 초기 행정학은 정치학에서 출발하였다.

④ 행정이 지향하는 기본 가치인 절약과 능률을 위한 논리와 수단은 경영에서 도입되었다.

02

다음 〈보기〉에 해당하는 의제설정모형은?

보기

정부기관 내의 관료집단이나 정책결정자에게 쉽게 접근할 수 있는 외부집단에 의하여 주도되어 최고정책결정자에게 접근하여 문제를 정부의제화하는 경우로, 주도집단이 정책의 내용도 미리 결정하고, 이 결정된 내용을 그대로, 또는 최소한의 수정만으로 집행하려고 시도한다. 그래서 자신들이 준비한 정책내용을 그대로 결정하거나, 집행하는 데

꼭 필요한 집단에게만 내용을 알리고 반대할 가능성이 있는 사람에게는 이를 숨기려고 한다. 일반대중에게 알리지 않으려고 하므로 일종의 음모형에 속한다. 일반적으로 보면 부나 권력 등이 집중된 나라에서 가장 흔히 나타나는 유형이다.

① 외부주도형   ② 동원형
③ 내부접근형   ④ 굳히기형

03

지방자치의 장점이 아닌 것은?

① 다양성 존중   ② 효율성 제고
③ 형평성 제고   ④ 대응성 제고

04

지방자치단체의 계층구조 중 중층제와 비교하여 단층제의 장점으로 볼 수 없는 것은?

① 중앙정부와 지역주민들과의 의사소통 거리가 단축된다.

② 행정책임을 명확하게 한다.

③ 중앙정부의 비대화를 억제할 수 있다.

④ 자치권, 지역의 특수성 및 개별성을 더 존중한다.

05

다음 중 계획예산제도(PPBS)의 특징으로 옳지 않은 것은?

① 정치적 합리성보다는 경제적 합리성을 더 중시한다.

② 모든 조직 구성원들이 진지하게 참여한다.

③ 정책 또는 프로그램별로 자원배분이 이루어진다.

④ 환류(feedback)가 이루어진다.

06

다음 중 우리나라의 행정개혁 순서로 옳게 연결된 것은?

① 행정쇄신위원회 – 정부 3.0 – 정부혁신지방분권위원회 – 열린혁신

② 열린혁신 – 정부 3.0 – 정부혁신지방분권위원회 – 행정쇄신위원회

③ 행정쇄신위원회 – 정부혁신지방분권위원회 – 정부 3.0 – 열린혁신

④ 행정쇄신위원회 – 정부 3.0 – 열린혁신 – 정부혁신지방분권위원회

07

다음 중 직업공무원제 개혁방안으로 직접적인 관련이 없는 것은?

① 공무원직장협의회

② 고위공무원단

③ (경력)개방형 직위

④ 성과급

08

(하향적)정책집행의 성공조건으로 옳지 않은 것은?

① 기술적 타당성

② 절차, 규정의 명확성

③ 정책목표 우선순위의 유연성

④ 집단의 지속적인 지지

09

우리나라 공무원의 근무성적평정에 관한 설명으로 옳지 않은 것은?

① 4급 이하 공무원은 근무성적평가를 적용한다.

② 다면평가는 객관성과 신뢰성을 제고할 수 있다.

③ 공무원 인사 기록카드에는 학력, 신체사항에 대한 정보를 기재하지 않는다.

④ 공무원 복지포인트는 정부의 맞춤형 복지제도에 따라 2005년부터 모든 공무원을 대상으로 시행되는 제도이다.

10

다음 중 형태주의(형태론적 접근방법)의 특징으로 옳지 않은 것은?

① 종합학문성(다문학성)

② 과학적 연구방법의 적용

③ 자율적 인간관

④ 가치와 사실의 분리

11

다음 보기 중 실적주의와 관련이 <u>없는</u> 것은?

보기

ㄱ 정치적 중립을 통해 행정의 전문화에 기여한다.
ㄴ 고위공무원의 정치적 임용을 활성화한다.
ㄷ 행정의 대응성과 책임성 확보에 유리하다.
ㄹ 궁극적으로 민주성과 형평성을 구현한다.

① ㄱ, ㄴ　　　　　　② ㄴ, ㄷ
③ ㄱ, ㄷ　　　　　　④ ㄴ, ㄹ

12

다음 중 대통령 소속 위원회에 해당하는 것은?

① 공정거래위원회
② 방송통신위원회
③ 금융위원회
④ 국민권익위원회

13

다음 중 학습조직의 특징으로 옳지 <u>않은</u> 것은?

① 조직일체감과 정보 공유를 실현한다.
② 부서 간 경계를 최소화해야 한다는 조직문화가 중요하다.
③ 중간관리자의 기능이 강화된다.
④ 학습조직의 기본 구성단위는 업무 프로세스 중심의 팀이다.

14

대통령의 권한과 관련된 설명으로 옳지 <u>않은</u> 것은?

① 정부구성은 대통령제를 기반으로 의원내각제적 요소를 가미하고 있다.
② 역대 대통령은 청와대의 규모를 감축하고 국무총리에게 인사권한을 위임하였다.
③ 대통령 소속 정당이 다수당의 지위를 상실하면 레임덕(Lame Duck) 현상이 가속화된다.
④ 우리나라는 5년 단임 대통령제를 채택하고 있어 '시간'이라는 자원이 매우 중요하다.

15

다음 중 예산의 한정성 원칙의 예외에 해당하는 것은?

ㄱ 이용과 전용	ㄴ 기금
ㄷ 신임예산	ㄹ 예비비

① ㄱ, ㄴ　　　　　　② ㄴ, ㄷ
③ ㄱ, ㄹ　　　　　　④ ㄴ, ㄹ

16

다음 중 신제도주의에 대한 설명으로 가장 옳지 <u>않</u>은 것은?

① 동형화에는 강압적 동형화, 모방적 동형화, 규범적 동형화가 있다.
② 공식적인 법과 제도만을 제도의 범주에 포함한다.
③ 역사적 신제도주의는 경로의존성을 강조한다.
④ 구제도론보다 더 동적이라고 할 수 있다.

17

다음 중 조직구조의 특징으로 적절하지 <u>않은</u> 것은?

① 조직규모가 커짐에 따라 공식화가 높아질 것이다.

② 공식화가 낮아지면 조직 구성원들의 재량권이 감소한다.

③ 대부분의 조직에서 위기는 집권화를 초래하기 쉽다.

④ 환경의 불확실성이 높을수록 공식화가 낮아질 것이다.

18

다음 중 성인지예산에 관한 설명으로 적절하지 <u>않은</u> 것은?

① 여성위주의 예산편성과 집행으로 성평등에 기여한다.

② 적용범위에는 기금(基金)도 포함된다.

③ 예산의 편성, 심의, 집행, 결산의 모든 과정에 적용된다.

④ 성별영향분석평가는 정책이 성평등에 미칠 영향을 사전에 분석한다.

19

다음 중 신공공서비스론(NPS)의 내용으로 옳지 <u>않은</u> 것은?

① 신공공서비스론에서 관료의 역할은 공공기업가이다.

② 협력적 거버넌스에서 정부는 조정자 역할을 수행한다.

③ 정부의 역할은 방향잡기가 아니라 봉사이다.

④ '전략적 사고'와 더불어 '민주적 행동'의 중요성을 강조한다.

20

다음 〈보기〉에 제시된 공무원 인사제도에 대한 설명 중 옳은 것은?

> 보기
> ㉠ 경찰공무원은 경력직 공무원 중 특징직 공무원이다.
> ㉡ 차관은 특수경력직 중 별정직이다.
> ㉢ 국가직과 지방직 공무원 모두 고위공무원단이 운영되고 있다.
> ㉣ 국가직과 지방직 공무원 모두 공무원 연금법의 적용을 받는다.

① ㉠, ㉡   ② ㉡, ㉢

③ ㉠, ㉣   ④ ㉡, ㉣

21

다음 중 우리나라 예산심의의 특징으로 옳지 <u>않은</u> 것은?

① 우리나라는 대통령중심제이기 때문에 의원내각제보다 예산심의과정이 엄격하지 않다.

② 우리나라는 예산이 법률보다 하위의 효력을 가진다.

③ 본회의 중심이 아니라 상임위원회와 예산결산특별위원회를 중심으로 예산심의가 이루어진다.

④ 국회는 정부의 동의 없이 정부가 제출한 지출예산 각항의 금액을 증액할 수 없다.

22

다음 중 공공선택이론의 특징으로 가장 적절하지 <u>않은</u> 것은?

① 뷰캐넌(J. Buchanan)이 창시하고 오스트롬(V. Ostrom)이 발전시킨 이론이다.

② 방법론적 개인주의에 입각하고 있다.

③ 인간은 철저하게 자기이익을 추구한다고 가정한다.

④ 정부실패를 고려하지 않았다.

③ 지명반론자기법(Devil's advocate method)

④ 명목집단기법(Nominal group technique)

25

다음 중 집단사고의 한계가 <u>아닌</u> 것은?

① 다양한 의견을 제시하지 못한다.

② 소수의 강한 사람에 의해 주도될 수 있다.

③ 반대의견이나 비판적인 대안이 제시된다.

④ 책임이 불분명하다.

23

다음 중 사회적 자본의 특징으로 옳지 <u>못한</u> 것은?

① 사회적 자본은 사용할수록 감소한다.

② 신뢰를 통해 거래비용을 감소시키는 기능이 있다.

③ 사회적 상호관계 속에서 생성되며, 공동체주의를 지향한다.

④ 형성과정이 불명확하고 불확실하다는 한계를 지닌다.

24

다음 〈보기〉의 설명에 해당하는 집단적 의사결정기법은?

보기

　토론집단을 대립적인 두 개의 팀으로 나누어 인위적으로 특정 조직원들 또는 집단을 반론을 제기하는 반론과 이에 대한 제안자의 옹호과정을 통해 의사결정을 유도하는 방식이다. 성공적인 집단의사결정이 되기 위해서는 반론자들이 고의적으로 본래 대안의 단점과 약점을 최대한 적극적으로 지적해야 한다. 이러한 과정을 거치면 발생할 수 있는 모든 가능성이 검토되기 때문에 최종 대안의 효과성과 현실적응성이 높아진다.

① 델파이기법(Delphi method)

② 브레인스토밍(Brainstorming)

행정법

행정법통론
20%

행정구제법
28%

행정법상의
의무이행확보수단
12%

행정작용법
40%

정답 및 해설 296p

01

다음 중 「공공기관의 정보공개에 관한 법률」에 대한 설명으로 바르지 <u>못한</u> 것은?(다툼이 있을 경우에는 판례에 의함)

① '진행 중인 재판에 관련된 정보'에 해당한다는 사유로 정보공개를 거부하기 위해서는 반드시 그 정보가 진행 중인 재판의 소송기록 자체에 포함된 내용일 필요는 없다.

② 피청구인이 청구인에 대한 형사재판이 확정된 후 그중 제1심 공판정심리의 녹음물을 폐기한 행위는 법원행정상의 구체적인 사실행위지만 헌법소원심판의 대상이 되는 공권력의 행사로 볼 수 있다.

③ 「방송법」에 의하여 설립운영되는 한국방송공사(KBS)는 「공공기관의 정보공개에 관한 법률 시행령」 제2조 제4호의 '특별법에 의하여 설립된 특수법인'으로서 정보공개의무가 있는 공공기관에 해당한다.

④ 국민의 정보공개청구는 폭넓게 인정될 수 있으나 담당공무원을 괴롭힐 목적으로 정보공개청구를 하는 경우처럼 권리의 남용에 해당하는 것이 명백한 경우에는 정보공개청구권의 행사를 허용할 수 없다.

02

다음 중 대법원 판례와 <u>다른</u> 것은?

① 도로법 시행규칙의 개정으로 도로경계선으로부터 15m를 넘지 않는 접도구역에서 송유관을 설치하는 행위가 관리청의 허가를 얻지 않아도 되는 행위로 변경되어 더 이상 그 행위에 부관을 붙일 수 없게 되었다 하더라도, 종전 시행규칙에 의하여 적법하게 행해진 허가와 접도구역 내 송유시설 이설비용 지급의무에 관한 부담이 개정 시행규칙의 시행으로 그 효력을 상실하게 되는 것은 아니다.

② 일반적으로 법률의 위임에 의하여 효력을 갖는 법규명령의 경우, 구법에 위임의 근거가 없어 무효였더라도 사후에 법개정으로 위임의 근거가 부여되면 그때부터는 유효한 법규명령이 된다.

③ 지하철공사의 근로자가 지하철 연장운행 방해행위로 유죄판결을 받았으나, 그 후 공사와 노조가 위 연장운행과 관련하여 조합간부 및 조합원의 징계를 최소화하며 해고자가 없도록 한다는 내용의 합의를 한 경우, 이는 적어도 해고의 면에서는 그 행위자를 면책하기로 한다는 합의로 볼 수는 없으므로, 공사가 취업규칙에 근거하여 위 근로자에 대하여 한 당연퇴직 조치는 위 면

책합의에 배치된다고 볼 수 없다.

④ 「행정소송법」상 행정청이 일정한 처분을 하지 못하도록 부작위를 구하는 청구는 허용되지 않는 부적법한 소송이라 할 것이다.

03

다음 중 행정법의 일반원칙에 대한 설명으로 옳지 않은 것은?(다툼이 있을 경우에는 판례에 의함)

① 지방자치단체장이 사업자에게 주택사업계획승인을 하면서 그 주택사업과는 아무런 관련이 없는 토지를 기부채납하도록 하는 부관을 주택사업계획승인에 붙인 경우, 그 부관은 부당결부금지의 원칙에 위반되어 위법이다.

② 재량준칙이 공표된 것만으로는 행정의 자기구속의 원칙이 적용될 수 없고, 재량준칙이 되풀이 시행되어 행정관행이 성립한 경우에 행정의 자기구속의 원칙이 적용될 수 있다.

③ 반복적으로 행해진 행정처분이 위법하더라도 행정의 자기구속의 원칙에 따라 행정청은 선행처분에 구속된다.

④ 승합차를 혈중알코올농도 0.182%의 음주상태로 운전한 자에 대하여 제1종 보통운전면허 외에 제1종 대형운전면허까지 취소한 행정청의 처분은 적법이다.

04

다음 중 공법관계에 해당하는 것으로 옳은 것은?

> (가) 국유일반재산에 대한 대부료 납입고지
> (나) 입찰보증금 국고귀속조치
> (다) 창덕궁 비원 안내원의 채용계약
> (라) 국유재산 무단점유자에 대한 변상금 부과
> (마) 국가 또는 지방자치단체에 근무하는 청원경찰의 근무관계

① (가), (나)　　② (나), (다)
③ (다), (라)　　④ (라), (마)

05

다음 중 개인적 공권에 대한 설명으로 바르지 못한 것은?(다툼이 있을 경우에는 판례에 의함)

① 경찰관에게 권한을 부여한 취지와 목적에 비추어 볼 때 구체적인 사정에 따라 경찰관이 권한을 행사하여 필요한 조치를 취하지 아니하는 것이 현저하게 불합리하다고 인정되는 경우에는 그러한 권한의 불행사는 직무상의 의무를 위반하여 위법하게 된다.

② 공무원연금수급권과 같은 사회보장수급권은 사회적 기본권 중의 하나로서, 이는 국가에 대하여 적극적으로 급부를 요구하는 것이므로 헌법 규정만으로는 이를 실현할 수 없어 법률에 의한 형성이 필요하고, 그 구체적인 내용 즉 수급요건, 수급권자의 범위 및 급여금액 등은 법률에 의하여 비로소 확정된다.

③ 건축물이 「건축법」을 위반하여 인근 주민의 일조권 등을 침해하는 경우, 행정청에 해당 건축물에 대하여 「건축법」 제79조 제1항 등에 근거한 허가취소, 철거명령 등을 청구하였으나, 행정청이 적절한 조치를 하지 않은 경우 행정청의 부작위는 위법하다.

④ 행정처분에 있어서 불이익처분의 상대방은 직접 개인적 이익의 침해를 받은 자로서 원고적격이 인정되지만, 수익처분의 상대방은 그의 권리나 법률상 이익이 침해되었다고 볼 수 없으므로 달

리 특별한 사정이 없는 한 취소를 구할 법률상 이익이 없다.

06

다음 중 법규명령의 통제에 관한 설명으로 바르지 못한 것은?(다툼이 있을 경우에는 판례에 의함)

① 헌법재판소에 의하면 재량권 행사의 준칙인 행정규칙이 그 정한 바에 따라 되풀이 시행되어 행정관행이 성립되어 평등 또는 신뢰보호의 원칙에 따라 행정기관이 그 상대방에 대한 관계에서 그 규칙에 따라야 할 자기구속을 받게 되는 경우에는 대외적 구속력을 갖게 되어 헌법소원의 대상이 된다.

② 대법원은 구체적 규범통제를 행하면서 법규명령의 특정 조항이 위헌·위법인 경우 무효라고 판시하며, 이 경우 무효로 판시된 당해 조항은 일반적으로 효력이 부인된다.

③ 「행정소송법」은 대법원 판결에 의하여 명령·규칙이 헌법 또는 법률에 위반된다는 것이 확정된 경우에는 대법원은 지체 없이 그 사유를 행정안전부장관에게 통보하여야 하고, 통보를 받은 행정안전부장관은 지체 없이 이를 관보에 게재하여야 한다고 규정하고 있다.

④ 국민권익위원회는 법률·대통령령·총리령·부령 및 그 위임에 따른 훈령·예규·고시·공고와 조례·규칙의 부패유발요인을 분석·검토하여 그 법령 등의 소관기관의 장에게 그 개선을 위하여 필요한 사항을 권고할 수 있다.

07

다음 중 「부동산 거래신고 등에 관한 법률」상 허가구역 내 토지거래에 대한 허가에 대한 설명으로 옳지 않은 것은?

「부동산 거래신고 등에 관한 법률」 제11조(허가구역 내 토지거래에 대한 허가)

① 허가구역에 있는 토지에 관한 소유권·지상권(소유권·지상권의 취득을 목적으로 하는 권리를 포함한다)을 이전하거나 설정(대가를 받고 이전하거나 설정하는 경우만 해당한다)하는 계약(예약을 포함한다. 이하 "토지거래계약"이라 한다)을 체결하려는 당사자는 공동으로 대통령령으로 정하는 바에 따라 시장·군수 또는 구청장의 허가를 받아야 한다. 허가받은 사항을 변경하려는 경우에도 또한 같다.
⋮
⑥ 제1항에 따른 허가를 받지 아니하고 체결한 토지거래계약은 그 효력이 발생하지 아니한다.

① 토지거래허가의 대상은 사법적(私法的) 법률행위이다.

② 토지거래계약은 그에 대한 토지거래허가로 법률적 효과가 완성된다.

③ 토지거래허가는 건축법상의 건축허가와는 달리 인가의 성격을 갖고 있다.

④ 무효인 토지거래계약에 대하여 토지거래허가를 받았다면 토지거래계약이 무효이므로 그에 대한 토지거래허가처분도 위법하게 된다.

08

다음 중 부관에 대한 설명으로 바르지 못한 것은?

① 부담과 조건 등의 부관은 행정행위의 효과를 제한하거나 의무를 부과하는 행정청의 종된 의사표시이다.

② 부담의 경우 부종성의 성질을 갖고 있더라도 주된 행정행위와 독립된 행정행위로 볼 수 있다.

③ 운행일과 운행지역을 제한하는 택시영업의 허가는 부담부 행정행위에 해당한다.

④ 통상적으로 실무상 부관은 제한, 조건, 기간 등의 용어로 사용된다.

09

다음 중 행정행위의 하자승계에 대한 설명으로 옳지 <u>않은</u> 것은?

① 하자승계가 인정되는 경우에는 국민의 권익구제에 도움이 된다.

② 선행정행위가 제소기간의 경과로 확정된 경우에는 선행행위의 하자를 이유로 한 하자의 승계는 인정되지 않는다.

③ 대법원에 의하면 과세처분과 강제징수의 독촉은 과세처분이 당연무효가 아닌 한 하자승계가 인정되지 않는다.

④ 선행행위와 후행행위가 결합하여 하나의 법적 효과를 목적으로 하는 경우에는 선행행위의 무효 여부와 상관없이 하자승계가 인정된다.

10

다음 중 행정의 자동화 작용(자동결정)에 대한 설명으로 바르지 <u>않은</u> 것은?

① 행정의 자동화결정도 행정작용의 일종으로서 행정의 법률적합성과 행정법의 일반원칙에 의해 제한될 수 있다.

② 전산처리에 의한 객관식 시험의 채점과 합격자 결정은 행정의 자동화작용이다.

③ 행정의 자동화작용은 전산작용에 의한 작용이기 때문에 행정행위의 개념적 요소를 갖춘 경우에도 행정행위로서의 성질을 인정할 수 없다.

④ 교통신호의 고장으로 인한 손해는 「국가배상법」에 의한 손해배상이 가능하다.

11

다음 중 판례의 내용으로 바르지 <u>않은</u> 것은?

① 위법한 행정지도에 따라 이루어진 사인의 행위가 결과적으로 위법하게 되는 경우, 특별한 규정이 없는 한 위법성이 조작될 수 없다.

② 계약직 공무원에 관한 현행 법령의 규정에 비추어 볼 때, 계약직 공무원에 대한 채용계약해지의 의사표시는 일반 공무원에 대한 징계처분과 같이 「행정절차법」에 의하여 근거와 이유를 제시하여야 한다.

③ 구 「국가를 당사자로 하는 계약에 관한 법률」상의 요건과 절차를 거치지 않고 체결한 국가와 사인간의 사법상 계약의 효력은 무효이다.

④ 어업권 우선순위결정은 행정청이 우선권자로 결정된 자의 신청이 있으면 어업권면허처분을 하겠다는 것을 약속하는 행위로서 강학상 확약에 불과하고 항고쟁송 대상인 처분이라고 할 수 없어 공정력 등의 효력이 인정되지 아니한다.

12

다음 중 행정계획에 대한 설명으로 옳지 <u>않은</u> 것은?

① 대법원에 의하면 「택지개발촉진법」상의 택지개발예정지구의 지정과 택지개발사업시행자에 대한 택지개발계획 승인은 각각의 독립된 행정처

171

분이다.

② 위법한 행정계획으로 인한 피해는 국가배상청구 대상이 된다.

③ 일반적으로 비구속적 행정계획에 대하여는 행정 소송을 제기할 수 없으나 헌법재판소원대상은 될 수 있다.

④ 행정계획은 강학상 개념일 뿐이고 대법원은 이를 직접 정의한 바가 없다.

13

다음의 「공공기관의 정보공개에 관한 법률」상의 정보공개에 대한 내용으로 바르지 못한 것은?

① '정보'란 공공기관이 직무상 작성 또는 취득하여 관리하고 있는 문서(전자문서를 포함한다) · 도면 · 사진 · 필름 · 테이프 · 슬라이드 및 그 밖에 이에 준하는 매체 등에 기록된 사항을 말한다.

② 모든 국민은 정보공개를 청구할 권리를 가지며, 이에는 자연인 · 법인 · 법인 아닌 단체도 포함된다.

③ 청구인이 정보공개청구 후 20일이 경과하도록 정보공개결정이 없는 때에는 경과한 날로부터 30일 이내에 해당 공공기관에 문서로 이의신청을 할 수 있다.

④ 정보공개청구권은 구체적인 권리로 볼 수 없어 정보공개청구인이 공공기관에 대하여 정보공개를 청구하였다가 거부처분을 받은 것만으로는 법률상 이익침해에 해당한다고 볼 수 없다.

14

다음 중 「개인정보보호법」에 대한 설명으로 옳지 않은 것은?

① 「개인정보보호법」상 정보처리자는 공공기관을 말하며 공공기관이 아닌 법인, 단체, 개인에 의하여 처리되는 정보는 보호대상이 아니다.

② 「개인정보보호법」상 '개인정보'란 살아있는 개인에 관한 정보로서 성명, 주민등록번호 및 영상 등을 통하여 개인을 알아볼 수 있는 정보이며 법인이나 사자(死者)의 정보는 포함되지 않는다.

③ 「행정절차법」 등 다른 법령에서도 개인정보보호에 관한 규정을 두고 있다.

④ 개인정보처리자가 이 법을 위반한 행위로 정보주체에게 손해가 발생하면 개인정보처리자에게 손해배상을 청구할 수 있다. 이 경우 그 개인정보처리자는 고의 또는 과실이 없음을 입증하지 아니하면 책임을 면할 수 없다.

15

다음 중 행정상 의무이행 확보수단에 대한 설명으로 옳지 않은 것은?

① 직접강제란 비대체적 작위의무나 부작위의무를 불이행한 경우에 의무자에게 심리적 압박을 통해 의무이행을 간접적으로 강제하는 금전적 수단이다.

② 행정상 강제집행은 의무를 부과하는 법률과 별도로 강제집행을 위한 법률의 근거가 있어야 한다.

③ 대체적 작위의무의 불이행에 대한 행정대집행은 계고절차로부터 시작된다.

④ 강제징수를 위한 독촉과 행정대집행의 계고처분은 항고쟁송대상인 통지로서의 성질을 갖는다.

16

다음 중 공법상 부당이득에 관한 설명으로 옳지 <u>않</u>은 것은?(다툼이 있을 경우에는 판례에 의함)

① 공법상 부당이득에 대한 일반법은 없고 법령에 특별한 규정이 없는 한 「민법」 규정이 직접 또는 유추적용된다.

② 개발부담금 부과처분이 취소된 이상 그 후의 부당이득으로서의 과오납금 반환에 관한 법률관계는 단순한 민사 관계에 불과한 것이 아니므로, 행정소송절차에 따라 반환청구를 하여야 한다.

③ 국가가 사유지를 무단으로 사용하는 것은 부당이득에 해당한다.

④ 변상금부과처분이 당연무효인 경우에 이 변상금 부과처분에 의하여 납부자가 납부하거나 징수당한 오납금은 지방자치단체가 법률상 원인 없이 취득한 부당이득에 해당한다.

17

다음 중 행정대집행에 대한 설명으로 옳지 <u>않</u>은 것은?

① 행정상 강제집행은 형성적 행위나 확인적 행위와 달리 명령적 행정행위에서 문제된다.

② 행정대집행의 대상이 되는 의무는 법령에서 직접 명해지는 경우나 법령에 근거한 행정행위에 의해 명해진 공법상의 대체적 작위의무이어야 한다.

③ 대법원은 건물의 철거의무는 제1차 철거명령과 제1차 계고처분에 의해서만 발생하는 것은 아니고, 제2차 · 제3차 계고처분을 통해서도 발생하여 반복된 계고도 처분이라 한다.

④ 계고처분 시 대집행할 행위의 내용 및 범위가 반드시 계고서에 의해서만 특정되어야 하는 것은 아니다.

18

다음 중 「질서위반행위규제법」에 대한 설명으로 바르지 <u>않</u>은 것은?

① 질서위반행위를 한 자가 자신의 책임 없는 사유로 위반행위에 이르렀다고 주장하는 경우 법원으로서는 그 내용을 살펴 행위자에게 고의나 과실이 있는지를 따져보아야 한다.

② 자신의 행위가 위법하지 아니한 것으로 오인하고 행한 질서위반행위는 그 오인에 정당한 이유와 관계없이 과태료를 부과하지 아니한다.

③ 행정청이 질서위반행위에 대하여 과태료를 부과하고자 하는 때에는 미리 당사자에게 대통령령이 정하는 사항을 통지하고, 10일 이상의 기간을 정하여 의견을 제출할 기회를 주어야 한다.

④ 행정청의 과태료 부과에 불복하는 당사자는 과태료 부과통지를 받은 날부터 60일 이내에 해당 행정청에 서면으로 이의제기를 할 수 있다.

19

다음 중 「행정절차법」에 대한 설명으로 바르지 <u>않</u>은 것은?

① 감사원이 감사위원회의 결정을 거쳐 행하는 사항에 대하여는 이 법을 적용하지 아니한다.

② 행정청은 대통령령과 총리령, 부령을 입법예고하는 경우 국회 소관 상임위원회에 이를 제출한다.

③ 신고가 법이 정한 형식요건을 갖춘 경우에는 신고서가 접수기관에 도달된 때에 신고의무가 이행된 것으로 본다.

④ 행정청은 신고인이 보완요구에도 일정기간이 지나도록 보완을 하지 아니하면 그 이유를 구체적으로 밝혀 신고서를 되돌려 보내야 한다.

20

다음 중 「국가배상법」 제5조의 국가배상에 대한 설명으로 옳지 않은 것은?(다툼이 있을 경우에는 판례에 의함)

① 영조물의 설치 또는 관리의 하자라 함은 영조물이 그 용도에 따라 통상 갖추어야 할 안전성을 갖추지 못한 상태에 있음을 말하는 것으로서, 영조물이 완전무결한 상태에 있지 아니하다고 하여 영조물의 설치 또는 관리에 하자가 있다고 단정할 수 없다.

② 가변차로에 설치된 두 개의 신호등에서 서로 모순되는 신호가 들어오는 오작동이 발생하였고 그 고장이 현재의 기술수준상 부득이한 것이라고 가정하더라도 그와 같은 사정만으로 손해발생의 예견가능성이나 회피가능성이 없어 영조물의 하자를 인정할 수 없는 경우라고 단정할 수 없다.

③ 소음 등 공해의 위험지역으로 이주하였을 때 위험의 존재를 인식하고 피해를 용인하면서 접근한 것으로 볼 수 있는 경우, 가해자의 면책을 인정할 수 있다.

④ 「국가배상법」 제5조 소정의 공공의 영조물이란 공유나 사유임을 불문하고 행정주체에 의하여 특정공공의 목적에 공여된 유체물 또는 물적 설비를 의미하므로, 사실상 군민의 통행에 제공되고 있던 도로 옆의 암벽으로부터 떨어진 낙석에 의해 사망하는 사고가 발생하였다면 사고지점 도로가 행정청에 의하여 노선 인정 기타 공용개시가 없었다고 해도 영조물이라 할 수 있다.

21

다음 중 행정상 손해배상에 대한 설명으로 옳지 않은 것은?

① 헌법 제29조는 공무원의 직무상 불법행위에 의한 배상에 대해 규정하고 있다.

② 근대국가가 성립될 당시의 일반적 입장은 원칙적으로 국가무책임 원칙이었다.

③ 재량의 하자가 부당에 그치는 경우에는 국가배상이 곤란하다.

④ 공무원의 직무행위 여부를 판단하는 기준은 객관적 외형보다 당해 공무원의 주관적 직무집행 의사와 실제 직무여부에 의한다.

22

다음 중 행정소송의 소송요건에 대한 설명으로 바르지 않은 것은?

① 제소기간 등의 소송요건을 갖추지 못한 소청구는 각하된다.

② 원고적격, 협의의 소익, 소송 대상적격으로서 처분성 여부는 행정소송의 소송요건이다.

③ 청구의 적법성 여부를 판단하는 것을 요건심리라 한다.

④ 소송요건은 불필요한 소송을 배제하여 법원의 부담을 경감하기 위하여 요구되는 것이므로, 당사자가 이를 주장·입증하여야 한다.

23

다음 중 당사자소송에 대한 설명으로 옳지 않은 것은?(다툼이 있을 경우에는 판례에 의함)

① 공무원연금관리공단이 공무원연금법령의 개정 사실과 퇴직연금 수급자가 퇴직연금 중 일부 금액의 지급정지대상자가 되었다는 사실의 통보와

그에 따라 일부 금액에 대하여 지급거부의 의사 표시를 한 경우, 항고쟁송 대상인 처분에 해당한다.

② 고의 또는 중대한 과실 없이 당사자소송으로 제기하여야 할 것을 항고소송으로 잘못 제기한 경우에, 법원으로서는 원고가 당사자소송으로 소 변경을 하도록 하여 심리 판단하여야 한다.

③ 「고용보험 및 산업재해보상보험의 보험료징수 등에 관한 법률」 제4조 등의 규정에 의하면, 사업주가 당연가입자가 되는 고용보험 및 산재보험에서 보험료 납부의무 부존재확인의 소는 공법상의 법률관계 자체를 다투는 소송으로서 공법상 당사자소송이다.

④ 지방자치단체가 보조금 지급결정을 하면서 일정 기한 내에 보조금을 반환하도록 하는 교부조건을 부가한 경우 「행정소송법」상 당사자소송의 대상이다.

④ 소 제기 후 판결 시까지 행정청이 그 신청에 대하여 적극 또는 소극의 처분을 함으로써 부작위 상태가 해소되면 소의 이익은 상실하게 되어 각하된다.

25

다음 중 「행정심판법」에 대한 설명으로 옳은 것은?

① '부작위'란 행정청이 법규상의 근거한 신청에 대하여 상당한 기간 내에 일정한 처분을 하여야 할 법령상 의무가 있는데도 처분을 하지 아니한 것만을 말한다.

② 청구의 변경은 서면으로 신청하여야 한다.

③ 재결은 피청구인인 행정청이나 행정심판위원회가 심판청구서를 받은 날부터 90일 이내에 하여야 하며, 부득이 한 경우에는 30일 연장할 수 있다.

④ 다수청구인이 공동으로 심판청구를 할 때에는 5명 이하의 선정대표자를 선정할 수 있다.

24

다음 중 부작위위법확인소송에 대한 설명으로 옳지 않은 것은?(다툼이 있을 경우에는 판례에 의함)

① 부작위위법이 아닌 작위의무확인의 청구는 현행 법제상 허용되고 있지 아니하다.

② 행정청에 대한 신청의 내용이 질서행정상의 것인지 복리 행정상의 것인지를 가리지 않으며, 비권력적 사실행위나 사경제적 계약의 체결요구 등도 포함된다.

③ 처분의 직접 상대방이 아닌 제3자라 하여도 원고적격이 인정될 수 있으며, 원칙적으로 제소기간은 제한이 없다.

PART 08

2018년 기출(복원)문제

국어 · 행정학 · 행정법

국어

한자와 어휘 8%
문법 28%
비문학 20%
어문 규정 16%
문학 28%

정답 및 해설 301p

01

다음 중 띄어쓰기가 옳은 문장은?

① 새 일꾼이 일도 잘할뿐더러 성격도 좋다.

② 보잘것 없는 물건들은 갖다 버려야 되겠다.

③ 그러한 하잘것 없는 일에 마음 쓰지 마세요.

④ 적들은 아군의 물샐틈 없는 포위진에서 벗어날 길은 없었다.

02

다음 밑줄 친 어휘 중 감탄사가 아닌 것은?

① <u>어</u>, 이러다가 차 놓치겠다.

② <u>어머나</u>, 벌써 꽃이 피었네.

③ <u>청춘</u>, 이것은 듣기만 해도 가슴이 설레는 말이다.

④ <u>애</u>, 이리 좀 오너라.

03

다음 중 문법에 어긋나지 않는 문장은?

① 그는 내가 지시하는 데로 행동에 옮겼다.

② 실패를 인정함으로서 더 큰 성공을 거둘 수 있다.

③ 그는 어떤 질문에도 일체 답하지 않았다.

④ 술을 마신 상태에서는 절대 운전을 해서는 안 된다.

04

다음 작품의 ㉠, ㉡에 들어갈 말이 바르게 연결된 것은?

> 한기태심(旱旣太甚)ᄒ야 시절(時節)이 다 느즌 제,
> 서주(西疇) 놉흔 논애 잠깐 긴 녈비예
> 도상(道上) 무원수(無源水)를 반만깐 듸혀 두고,
> 쇼 ᄒ 적 듀마 ᄒ고 엄섬이 ᄒᄂ 말삼
> 친절(親切)ᄒ라 너긴 집의
> 둘 업슨 황혼의 (㉠) 다라가셔,
> 구디 다든 문(門)밧긔 어득히 혼자 서셔
> 큰 기춤 아함이를 양구(良久)토록 ᄒ온 후(後)에,
> 어와 긔 뉘신고 염치(廉恥) 업산 ᄂ옵노라.
> 초경(初更)도 거읜듸 긔 엇지 와 겨신고.
> 연년(年年)에 이러ᄒ기 구차(苟且)ᄒ 줄 알건만ᄂ
> 쇼 업슨 궁가(窮家)애 혜염 만하 왓삽노라.
> 공ᄒ니나 갑시나 주엄 즉도 ᄒ다마ᄂ,
> 다만 어제 밤의 거넨집 져 사람이,

목 불근 수기 치(稚)를 옥지읍(玉脂泣)게 꾸어 닉고,
간 이근 삼해주(三亥酒)를 취(醉)토록 권(勸)ᄒ거든,
이러한 은혜(恩惠)를 어이 아니 갑흘넌고.
내일(來日)로 주마 ᄒ고 큰 언약(言約) ᄒ야거든,
실약(失約)이 미편(未便)ᄒ니 사셜이 어려왜라.
실위(實爲) 그러ᄒ면 혈마 어이흘고.
헌 먼덕 수기 스고 측 업슨 집신에 (㉡) 믈너오니,
풍채(風采) 저근 형용(形容)애 기 즈칠 쑨이로다.

　　　　　　　　　　　　　　　　－ 박인로, 〈누항사(陋巷詞)〉

	㉠	㉡
①	얼렁얼렁	허방지방
②	곰븨님븨	감숭감숭
③	허위허위	설피설피
④	허둥허둥	타박타박

05

다음 중 「훈몽자회(訓蒙字會)」에 대한 설명으로 옳지 않은 것은?

① 어린이들의 한자 학습을 위한 교습서로서, 최세진이 1527년에 편찬한 책이다.

② 모음의 수는 ㅏ, ㅑ, ㅓ, ㅕ, ㅗ, ㅛ, ㅜ, ㅠ, ㅡ, ㅣ, ㆍ(아래 아)의 11개로 규정하였다.

③ 초성에만 쓰이는 자음은 'ㅈ, ㅊ, ㅋ, ㅌ, ㅍ, ㅎ' 등의 6자다.

④ '언문자모(諺文字母)'는 훈민정음의 28자 중에서 'ㆆ'이 빠진 체계를 보여 준다.

06

의미 관계가 유사한 한자 성어와 속담의 연결로 적절하지 않은 것은?

① 동병상련(同病相憐) － 비렁뱅이가 하늘을 불쌍히 여긴다

② 마호체승(馬好替乘) － 역말도 갈아타면 낫다

③ 작학관보(雀學鸛步) － 뱁새가 황새를 따라가면 다리가 찢어진다

④ 외부내빈(外富內貧) － 난부자든거지

07

다음 〈보기〉의 조건에 해당하는 것은?

> 보기 ─
> ㉠ 주어가 생물이 아닐 것
> ㉡ 이중 피동 표현을 사용하지 않기
> ㉢ 지나친 명사화 구성을 쓰지 않을 것

① 역사의 중요성을 강조하시던 선생님의 말씀이 아직도 잊혀지지 않는다.

② 한글이 과학적이고 독창적인 문자라고 하는 사실은 널리 알려져 있다.

③ 과학자들이 과학기술 부문과 관련된 경제사회의 제반 문제를 연구, 분석함으로써 과학기술 발전에 이바지하고 있다.

④ 대학축제는 전체 학생들이 참여하기 때문에 일체감을 이룰 수 있다.

[08~10] 다음 글을 읽고 물음에 답하라.

관계 내에 갈등이 발생할 때 무엇보다도 먼저 피해야 할 것이 성급한 판단이다. "저 사람 때문에 이런 문제가 발생했다.", "저 사람은 ㉠ 그 민한 문제도 그냥 못 넘긴다." 또는 "우리 관계는 엉망이다."라는 식으로 결론부터 내려놓게 되면 서로에게 좋은 결론을 찾는다는 것은 애시당초 그른 일이다. 한쪽에서 판단부터 내려놓고 문제를 접근하게 되면 다른 쪽은 자신의 가치가 무시되었다고 느끼기 때문에 감정적으로 반응하게 되고 때로는 적대감까지 가지게 된다. 따라서 성급한 판단을 피하고 문제를 되도록 객관적인 방향으로 표현하여야 한다.

문제를 객관적으로 표현하기 위해서는 묘사적인 언어를 사용해야 한다. 묘사적인 언어란 상대방을 비난하거나 동기를 해석하지 않고 일어난 일을 그대로 기술하는 표현법을 가리킨다. 즉, 자신의 가치나 판단을 개입시키지 않는 표현법을 일컫는 것이다. 이를테면, 노사관계에서 사원복지의 문제로 갈등이 생겨났을 때 노조 측에서 "회사 측은 자기 이익밖에 모른다. ㉡ 쥐꼬리만 한 월급만 던져 주면 그만이냐?"라고 한다면 이것은 극히 판단이 개입된 표현이다. 이런 말을 들으면 회사 측은 "너희들은 어떤가? 회사야 ㉢ 망하든말든 ㉣ 제이익만 챙기지 않느냐?" 하는 식으로 나오게 되어 갈등은 심화되기 마련이다. 이럴 때는 "우리 회사의 사원복지는 다른 회사에 비하여 부족한 점이 많다."라는 식으로 객관적으로 묘사하는 것이 통합적 해결책을 찾기 위한 출발점이 된다.

08

밑줄 친 ㉠~㉣ 중 띄어쓰기가 옳은 것은?

① ㉠   ② ㉡
③ ㉢   ④ ㉣

09

윗글의 제목으로 가장 적절한 것은?

① 갈등의 유형
② 객관적인 표현
③ 언어 표현의 중요성
④ 갈등을 해소하기 위한 대응 전략

10

윗글의 주제로 옳은 것은?

① 갈등관계에서 문제를 객관적으로 바라볼 수 있어야 한다.
② 성급하게 판단하지 말고 묘사적인 언어를 사용해야 한다.
③ 말은 어떻게 표현하는가에 따라 전달효과가 다르게 나타난다.
④ 객관적으로 표현하기 위해서는 말의 중요성을 알아야 한다.

11

다음은 박경리의 『토지』에 등장하는 단어이다. 어휘의 뜻으로 옳지 않은 것은?

① 질정 없다 : 일 처리를 잘하여 뒤끝이 깨끗하다.
② 상글하다 : 눈과 입을 귀엽게 움직이며 소리 없이 보드랍게 웃다.
③ 부지하다 : 고생이나 어려움을 견디어 배기다.
④ 억실억실하다 : 얼굴 모양이나 생김새가 선이 굵고 시원시원하다.

12

다음 (가)~(라) 단락 중 뒤에 〈보기〉의 문장이 들어
갈 알맞은 단락은?

(가) 우리가 매일 되풀이해 행하는 '습관'은 개개인
의 인생행로를 결정하는, 가장 정신적이면서
도 구체적인 기본 원리 중 하나이다. 다시 말
해, 그것이 무엇이든 현재 가장 습관적으로
하는 일이 우리의 미래를 결정짓는다.

(나) 인생이 뜻대로 풀리지 않을 때마다 초조해하
고, 다른 사람의 비판에 대해 공격적이거나
방어적인 자세를 취하며, 항상 자신이 옳다고
주장하거나, 불운한 상황을 실제보다 훨씬 더
비관적인 눈길로 바라보고, 인생이 위급 상황
인 양 행동하는 습관에 젖어 있다면, 우리의
삶 역시 이러한 습관의 반영물이 되고 만다.

(다) 나는 인간은 연습을 통해 완벽해질 수 있으며,
그렇기 때문에 매일 매일의 습관에 주의를 기
울여야 한다고 생각한다. 그렇다고 인생 전
체를 원대한 계획으로 가득 채우고, 목표 달
성을 향해 항상 자신을 질책해야 한다는 것은
아니다. 다만, 자신의 내적·외적 습관을 의
식하는 것이 삶에 큰 도움이 된다는 것이다.

(라) 지금 어디에 관심을 쏟고 있는가? 어떻게 시
간을 보내고 있는가? 자신이 정한 목표에 도
움이 되는 습관을 개발하고 있는가? 자신이
기대해 온 인생이 실제 자신의 인생과 일치하
는가? 스스로에게 이러한 질문을 던져 보고,
정직하게 대답하는 것만으로도 어떤 방법이
자신에게 가장 유용한지 결정하는데 도움이
된다.

보기

이 말을 다시 하자면, 실패하고 좌절하는 연습
을 하기 때문에 결국 좌절하고 마는 것이다. 이와
마찬가지로, 연습을 통해서 자신에게 숨겨져 있는
연민과 인내력, 친절, 겸손, 그리고 평화라는 더없
이 긍정적인 자질을 끌어낼 수도 있다.

① (가) ② (나)
③ (다) ④ (라)

13

다음 문장의 로마자 표기법으로 올바른 것은?

> 웃는 순간 어색함이 사라진다.

① unneun sungan eosaekami sarajinda.
② un-nun sungan eosaekhami sarajinda.
③ utneun sungan eosaekami sarajinda.
④ un-neun sungan eosaekhami sarajinda.

14

다음 중 비격식체 문장으로 옳은 것은?

① 사모님께서는 여전히 아름다우십니다.
② 그동안 고생 많이 하셨겠어요.
③ 어서 빨리 집으로 돌아가시오.
④ 나에게 수건 좀 가져다주게.

15

다음 〈보기〉 단어들의 발음이 바르게 나열된 것은?

보기

> 절약 – 몰상식한 – 낯설다 – 읊조리다

① [저략] – [몰쌍시칸] – [낟썰다] – [읍쪼리다]
② [절략] – [몰쌍식칸] – [낫썰다] – [읍조리다]
③ [저략] – [몰쌍식칸] – [낟썰다] – [읍쪼리다]
④ [절략] – [몰쌍식한] – [낫썰다] – [읍조리다]

16

다음 〈보기〉의 외래어 표기법과 예시가 바르게 연결된 것은?

보기

  ㉠ 원지음이 아닌 제3국의 발음으로 통용되고 있는 것은 관용을 따른다.

  ㉡ 일본의 인명과 지명은 과거와 현대의 구분 없이 일본어 표기법에 따라 표기하는 것을 원칙으로 하되, 필요한 경우 한자를 병기한다.

  ㉢ 중국 인명은 과거인과 현대인을 구분하여 과거인은 종전의 한자음대로 표기하고, 현대인은 원칙적으로 중국어 표기법에 따라 표기하되, 필요한 경우 한자를 병기한다.

  ㉣ 지명이 '산맥, 산, 강' 등의 뜻이 들어 있는 것은 '산맥, 산, 강' 등을 겹쳐 적는다.

① ㉠ : 앙카라(Ankara), 간디(Gandhi)

② ㉡ : 이등박문(伊藤博文), 풍신수길(豐臣秀吉)

③ ㉢ : 공쯔(孔子), 등소평(鄧小平)

④ ㉣ : 히말라야산맥(Himalaya山脈), 몽블랑산(Mont Blanc)

[17~19] 다음 글을 읽고 물음에 답하라.

울지마라
외로우니까 사람이다
살아간다는 것은 외로움을 견디는 것이다.
공연히 오지 않는 전화를 기다리지 마라
눈이 오면 눈길을 걸어가고
비가 오면 빗길을 걸어가라
갈대숲에서 가슴검은도요새도 너를 보고 있다
가끔은 하느님도 외로워서 눈물을 흘리신다
새들이 나뭇가지에 앉아 있는 것도 외로움 때문이고

내가 물가에 앉아 있는 것도 외로움 때문이다
산그림자도 외로워서 하루에 한 번씩 마을로 내려온다
종소리도 외로워서 울려퍼진다

― 정호승, 〈수선화에게〉

17

위 시에 대한 설명으로 적절하지 <u>않은</u> 것은?

① 여러 수사법을 사용하여 정서를 표현하고 있다.

② 직설적인 표현과 명령형을 적절히 구사하여 주제를 부각시키고 있다.

③ 화자가 청자에게 말을 건네는 형식으로 표현되어 있다.

④ 청유형과 풍유법을 사용하여 시적 화자의 정서를 강조하고 있다.

18

위 시에서 '너'가 지칭하는 것으로 옳은 것은?

① 눈   ② 비

③ 수선화   ④ 종소리

19

위 시의 주제로 옳은 것은?

① 삶의 근원적인 본질은 외로움이다.

② 인간 소외의 본질은 고독함이다.

③ 고독을 극복할 때 자유로운 존재가 된다.

④ 인간은 자연의 섭리에 순응하는 존재이다.

20

다음 글의 중심내용을 바르게 이해한 것은?

(가) 도대체 객관적인 역사적 사실의 인식은 가능한가? 여기에 대해서는 역사가들 사이에서도 회의적인 견해를 표명한 사람들이 있다. 그것은 현재 남아 있는 사료란 극히 제한된 범위의 것이고, 따라서 이를 통해서 진실을 밝히기가 힘들기 때문이다. 그러나 객관적 사실에 대한 인식의 가능성을 부인하는 것은 비단 역사에 대해서뿐만 아니라 인생 자체를 허무하게 만드는 결과를 가져오는 것이 아닐까? 가령 네거리의 신호등이 붉게 켜져 있는데, 그것이 푸르다고 보고 길을 건너는 경우와 마찬가지이다. 그 결과가 어떻게 될 것인지는 너무나 분명하다. 모든 일이 이와 같아서는 인간 생활의 뿌리가 흔들리고 말지 않을까? 그러면 어떻게 해야 가능하게 되는가?

(나) 그 첫째는 주관적인 선입견을 없애는 일이다. 인간의 인식 활동에서 주관을 전적으로 배제하기는 힘들 것이다. 그러나 주관을 배제하면 배제할수록 그만큼 진리는 앞으로 가까이 다가오게 될 것이다. 반대로 주관을 강하게 노출시키면 노출시킬수록 진리는 그에게서 멀어져 갈 것이다.

(다) 다음으로는 논리적인 사고에 충실하는 일이다. 객관적인 역사적 사실을 추구하는 데 있어서 논리의 비약은 어떤 주관적인 선입관 때문이고, 따라서 첫째 이유와 결국은 표리를 이루는 관계에 있긴 하다. 그러나 한편 논리적인 사고의 훈련은 주관의 개입을 최대한으로 막아줄 것이기 때문에 이 점은 역시 강조될 필요가 있다.

(라) 이같이 주관적인 선입견을 배제하고 논리적인 사고를 통하여 얻어진 객관적 사실은 역사를 이해하는 토대가 된다. 그러나 이러한 객관적 사실의 인식만으로써 역사를 이해하는 작업이 끝나는 것은 물론 아니다. 역사는 단순한 사실의 무더기만은 아니기 때문이다.

① 역사는 단순한 사실의 나열이 아니다.
② 역사에서 객관적 진리란 형체가 없는 것이다.
③ 선입견을 배제하고 논리적으로 사고해야 역사적 사실을 객관적으로 인식할 수 있다.
④ 역사적 사실에 대한 해석은 시대에 따라 달라질 수밖에 없다.

21

다음 글의 전개 방식으로 적절하지 않은 것은?

청소년 아르바이트는 보통 10대인 시간제근로자 혹은 그들이 하는 일을 말한다. 이를 둘러싼 부작용을 해소하고 바람직한 근로 환경을 마련하기 위해서는 이에 대한 규제가 필요하다.

그 근거로 첫째, 현재 청소년 근로 환경에서 청소년의 노동 인권이 심각하게 침해받고 있다. 고용주들은 청소년을 싼값에 부리고 손해가 나면 쉽게 해고한다. 또 지각을 하면 월급을 삭감하거나 사고 책임을 아르바이트생에게 전가하는 일도 비일비재하다. 이처럼 청소년 근로자들은 고용이나 임금 체불 문제 등에 무방비 상태로 노출되어 있다. 이런 상황에서 청소년들은 노동의 가치를 경험하기보다는 심각한 신체적, 정신적 상처에 시달릴 뿐이다. 따라서 청소년 아르바이트를 규제해야 한다.

둘째, 청소년들은 현재의 돈보다 미래를 준비하는 데 집중해야 한다. 바람직한 근로 경험을 통해 일에 대한 긍정적인 인식을 형성하고 진로에 도움이 되는 경험을 쌓는 것은 권장할 일이다. 그러나 현재 아르바이트를 하는 대부분의 청소년들은 유흥비나 용돈벌이를 위해 일하고 있으며 진로와 연계된 일을 하는 경우는 매우 적다. 오히려 현재 노동 환경은 정상적인 학교생활을 방해하고 있다. 늦게까지 아르바이트를 하고 다음 날 학교생활에 지장을 초래하는 것이 대부분이다. 이는 청소년이 학업에 집중하고 진로를 탐색하는 것을 방해하고 있다. 진로와 연계된 근로 경험의 토대가 마련되지 않은 상황에서 단기간 근로를 통해 돈을 벌어 소비하는 것에 머무는 현재의 청소년 아르바이트는 규제해야 한다.

① 개념에 대한 성의를 명확히 하고 있다.
② 주장의 요지를 먼저 밝힌 후 근거를 들고 있다.
③ 현상을 열거하여 실태의 심각성을 강조하고 있다.
④ 구체적인 통계치를 근거로 발언의 신뢰성을 확보하고 있다.

22
다음 글에 대한 설명으로 옳지 <u>않은</u> 것은?

온달(溫達)은 고구려 평강왕(平岡王) 때 사람이다. 얼굴은 웃음직하게 못났으나 마음씨는 고왔다. 집이 매우 가난하여 노상 밥을 빌어 모친을 봉양하며 해진 적삼에 헐어빠진 신발로 시정(市井) 사이를 왕래하니 사람들이 지목하여 '우온달(愚溫達)'이라고 하였다. 평강왕이 어린 딸아이가 울기를 좋아하니, 농담으로,

"네가 노상 울어서 내 귀를 시끄럽게 하니 자란 다음에도 반드시 사대부(士大夫)의 아내 노릇은 못할 것이니 우온달에게 시집보내야 마땅하겠다." 하며 마냥 그렇게 말했다.

그녀의 나이 16세가 되자 상부(上部)의 고씨(高氏)에게 출가시키려고 하니 공주는 아뢰되,

"대왕님께서는 항상 말씀하시기를, '너는 반드시 온달의 아내가 될 것이다.'고 하셨는데 이제 와서 무슨 까닭으로 말씀을 고치십니까? 필부도 식언(食言)하지 않는데 하물며 지존(至尊)이 아니시옵니까. 그러므로 왕자(王者)는 농담이 없다 하였습니다. 지금 대왕의 명령은 그릇된 것이니 감히 받들지 못하겠습니다." 하였다. 왕은 노하며,

"네가 나의 명령을 복종하지 않으면 단연코 내 딸이 될 수 없다. 같이 살아서 무엇하느냐. 네 갈대로 가라."고 하였다.

이에 공주는 값진 패물 수십 개를 팔목에 차고 궁중을 나와 혼자 가다가 길에서 한 사람을 만나 온달의 집을 물어 바로 그 집에 당도하여 앞 못보는 늙은 어머니를 보고 앞에 가까이 가서 절하며 그 아들의 행방을 물으니 노모(老母)는 대답하되,

"우리 아들은 가난하고 추하여 귀인(貴人)이 가까이 할 인물이 못 됩니다. 지금 그대에게서 이상한 향내가 나고, 손을 만지니 솜같이 부드러우니, 반드시 천하의 귀인일 것이오. 누구의 꾐에 빠져 여기에 오게 되었소? 내 자식은 굶주림을 참지 못하여 산으로 느릅나무 껍질을 벗기러 간 지 오래인데, 아직 돌아오지 않았소." 하였다.

공주가 집을 나와 산 아래에 당도하여 온달이 느티나무 껍질을 지고 오는 것을 보고 그와 더불어 자신의 소회(所懷)를 말하니 온달은 성내며,

"이는 어린 여자의 행동이 아니다. 반드시 사람이 아니고 여우나 귀신일 것이니 나를 박해하지 말라."

하고 뒤도 돌아보지 않으며 바로 갔다. 공주는 홀로 돌아와 그 집 사립문 밖에서 자고 다음 날 아침에 다시 들어가 모자(母子)와 더불어 자세히 말을 하니 온달은 의아하여 결정을 못하고, 그 모친은,

"우리 아들이 지극히 천하여 귀인의 배필이 될 수 없고 우리 집이 지극히 가난하여 귀인의 살 곳이 못 되오."

하였다. 공주는 대답하되,

"옛 사람의 말에, '한 말 곡식도 방아 찧을 수 있고 한 자의 베도 재봉할 수 있다.'고 하였는데 어찌 반드시 부귀한 뒤에야만 같이 살 수 있겠습니까?

하고 가졌던 패물을 팔아 전택(田宅), 노비(奴婢), 우마(牛馬), 기물(器物)을 사들여 살림을 두루 갖췄다. 처음 말을 사들일 적에 공주는 온달에게,

"아무쪼록 상인의 말은 사지 말고 국마(國馬)가 병들고 여위어 버림을 당한 것만을 가려서 사오세요."

부탁하므로 온달은 그의 말대로 하니 공주는 착실히 사육하여 그 말이 날로 살찌고 장대하여졌다. 고구려가 항상 봄 3월 3일에 낙랑벌에 모여 사냥하고 잡힌 그 돼지, 사슴으로 하늘 및 산천의 신에게 제사하므로 그 날이 되면 왕이 사냥 나오고 여러 신하 및 5부의 병정이 다 따르게 된다. 이때 온

달은 자기가 기른 말을 타고 수행하는데 그 말의 달림이 항상 다른 말보다 앞서고 잡은 것도 많아 다른 사람은 그와 같이 하는 자가 없으므로 왕은 불러 오라 하여 성명을 묻고 놀라며 특이하게 여겼다. 때마침 후주 무제(後周武帝)가 군사를 출동하여 요동(遼東)을 치니, 왕은 군사를 거느리고 배산(拜山)의 들에서 마주쳐 싸우는데 온달이 선봉이 되어 날랜 격투로 적군 수십여 명을 베니 모든 군사가 승세를 타서 들이쳐 크게 이겼다. 공을 논할 적에 온달로써 제일이라 하지 않는 자 없으므로 왕은 감탄하며,

"너는 내 사위다." 하고 예를 갖추어 맞아들인 다음 벼슬을 내려 대형(大兄)으로 삼으니 이로 인해 은총과 영화가 더욱 거룩하고 위엄과 권세가 날로 성하였다. 영양왕(嬰陽王)이 즉위하자 온달은 아뢰기를,

"신라가 우리 한강 이북의 땅을 짜개서 저희들의 군현(郡縣)을 만들었으므로 백성이 원통히 여겨 항상 조국을 잊지 않고 있으니 원컨대 대왕은 저더러 어리석다 마시고 군사를 내주시면 한번 걸음에 반드시 우리 땅을 되찾겠습니다."고 하니 왕은 허락하였다. 온달은 출전할 적에 맹세하되,

"계립현(鷄立峴), 죽령(竹嶺)의 서편 땅을 찾지 못하면 돌아오지 않겠다." 하고 드디어 길을 떠나 신라군과 아단성(阿旦城) 아래서 싸우다가 유시(流矢)에 맞아 길에서 죽었다. 그를 장사하려 하는데 관이 움직이지 않으므로 공주가 와서 관을 어루만지며,

"죽고 삶이 결정났으니 아! 돌아갈지어다." 하니 드디어 관이 들려서 장사하였다. 대왕은 듣고 애통하였다.

① 백제 '무왕설화'와 모티브가 유사하다.
②「삼국유사(三國遺事)」의「기이(紀異)」편에 실린 작품이다.
③ 설화적인 줄거리를 전(傳)의 형식에 담았다.
④ 역사적인 인물과 전래 설화가 결합된 역사 설화이다.

23

다음 빈칸 안에 들어갈 격 조사가 순서대로 바르게 연결된 것은?

奉天討罪(　)실씨 四方諸侯(　)몯더니 聖化(성화)ㅣ 오라샤 西夷(서이) 또 모드니
– 〈용비어천가 9장〉

① 이 – ㅣ ② ㅣ – 이
③ 생략 – ㅣ ④ ㅣ – ㅣ

[24~25] 다음 글을 읽고 물음에 답하시오.

옛날 이 ㉠ 원소가 생기기 전에, 이 터에는 장자 첨지가 수없는 종들과 전지와 살진 가축들을 가지고 살았다는 것이다. 그런데 그 첨지는 하도 인색하여서, 연년이 추수하는 곡식을 미처 먹지 못하고 곡간에서 푹푹 썩어 내도 근처 어려운 사람들을 구제할 생각은 고사하고, 어쩌다 걸인이 밥 한 술을 구걸하여도 그것이 아까워서는 대문을 닫아 걸고 끼니도 끓여 먹었다는 것이다.

그런데 마침 몇 해를 거푸 흉년이 들어서 이 동네 사람들이 모두 굶어 죽게 되었을 때 그들은 하루에도 몇 번씩 장자 첨지에게 애걸을 하였다. 그러나 첨지는 들은 체도 하지 않고 오히려 그들을 나무라고 문간에도 들이지 않았다는 것이다.

그러므로 그들은 하는 수 없이 몰래 작정을 하여 가지고 밤중에 장자 첨지네 집을 급습하여 쌀과 살진 짐승들을 끌어냈다는 것이다. 이런 일이 있은 후 며칠 만에 장자 첨지는 관가에 고소장을 들여 이 근처 농민들을 모두 잡아가게 하였다. 그래서 무수한 악형을 하고 혹은 죽이고 그나마는 멀리 쫓아버렸다는 것이다.

아버지, 어머니 혹은 아들, 딸을 잃어버린 이 동네 노인이며 어린 것들은 목이 터지도록 아버지,

어머니를 부르며 혹은 아들과 딸을 찾으며 장자 첨지네 마당가를 떠나지 않고 울었다는 것이다.

그래서 울고 울고 또 울어서 그 눈물이 고이고 고이고 고이어서 마침내는 장자 첨지네 고래잔등 같은 기와집이 하룻밤 새에 큰 못으로 변하였다는 것이다. 그 못이 바로 즉, 내려다보이는 저 푸른 못이다.

24

윗글이 전설이라는 증거를 알 수 있는 것은?

① 옛날 이 원소가 생기기 전에, 이 터에는 장자 첨지가 수 없는 종들과 전지와 살진 가축들을 가지고 살았다는 것이다.

② 몇 해를 거푸 흉년이 들어서 이 동네 사람들이 모두 굶어 죽게 되었을 때 그들은 하루에도 몇 번씩 장자 첨지에게 애걸을 하였다.

③ 무수한 악형을 하고 혹은 죽이고 그나마는 멀리 쫓아버렸다는 것이다.

④ 장자 첨지네 고래잔등 같은 기와집이 하룻밤 새에 큰 못으로 변하였다는 것이다. 그 못이 바로 즉, 내려다보이는 저 푸른 못이다.

25

밑줄 친 ㉠을 한자로 바르게 표기한 것은?

① 苑沼　　　　② 怨沼

③ 原沼　　　　④ 元沼

행정학

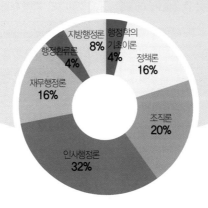

◎ 정답 및 해설 305p

01

정책네트워크모형에 대한 설명으로 옳지 <u>않은</u> 것은?

① 이슈네트워크(issue network)는 유동적이며 불안정적인 임시적인 망(network)으로 특정한 경계가 존재하지 않는다.

② 정책공동체(policy community)는 특정한 정책 분야에 대한 전문지식이 있는 학자, 연구원, 전문가, 관료 등이 공식적 · 비공식적으로 접촉하면서 형성된 하나의 공동체를 말한다.

③ 정책커튼모형(policy curtain model)은 정부기구 내의 권력 장악자들에 의해 정책과정이 독점되는 가장 폐쇄적인 유형으로 Y. Yishai(1992)가 주장하였다.

④ 정책공동체가 네거티브섬 게임(negative-sum game)을 한다면 이슈네트워크는 포지티브섬 게임(positive-sum game)을 한다.

02

다음 중 정부조직법상 보조기관(계선)이 <u>아닌</u> 것은?

① 국장   ② 차관

③ 실장   ④ 차관보

03

공무원임용령상 보직관리의 기준에서 직위의 직무요건에 해당하지 <u>않는</u> 것은?

① 직렬 및 직류

② 직위의 주요 업무활동

③ 직위의 성과책임

④ 직무수행의 난이도와 요건

04

국가공무원법상 공무원의 의무에 대한 규정으로 옳지 <u>않은</u> 것은?

① 공무원은 퇴직 후에도 직무상 알게 된 비밀을 엄수하여야 한다.

② 공무원은 직무의 내외를 불문하고 그 품위가 손상되는 행위를 하여서는 안 된다.

③ 공무원은 직무를 수행할 때 소속 상관의 직무상 명령에 복종하여야 한다.

④ 공무원은 외국 정부로부터 영예나 증여를 받을 수 없다.

05

콥(R. W. Cobb)의 정책의제설정모형 중 〈보기〉에 해당하는 모형은?

> 보기
>
> 정부기관 내에서 제기되거나 정책결정자에게 쉽게 접근할 수 있는 특정 외부집단의 주도로 문제가 제기되고 공식의제가 되도록 충분한 압력이나 설득 및 로비를 가한다.

① 외부주도형　　　② 동원형
③ 내부접근형　　　④ 굳히기형

06

다음 중 수평적 조정기제에 해당하지 않은 것은?

① 규칙　　　　　　② 연락역할 담당자
③ 태스크 포스　　　④ 정보시스템

07

목표의 변동에 관한 설명으로 옳지 않은 것은?

① 목표의 전환은 목표의 항구성 형성에 기여한다.
② 유형적 목표의 추구는 목표의 전환의 원인에 해당한다.
③ 목표 간의 비중 변동은 목표 간의 우선순위 또는 비중이 달라지는 현상을 말한다.
④ 목표의 다원화는 본래의 목표에 새로운 목표를 추가하는 것이다.

08

우리나라 지방자치에 관한 설명으로 옳지 않은 것은?

① 서울특별시의 지위·조직 및 운영에 대하여는 수도로서의 특수성을 고려하여 법률로 정하는 바에 따라 특례를 둘 수 있다.
② 제주특별자치도와 세종특별자치시는 자치계층과 행정계층이 일치한다.
③ 지방자치법은 원칙적으로 사무배분 방식에서 포괄적 예시주의를 취하고 있다.
④ 특별시·광역시 및 특별자치시가 아닌 인구 50만 이상의 시에는 자치구가 아닌 구를 둘 수 있고, 군에는 읍·면을 두며, 시와 구에는 동을, 읍·면에는 리를 둔다.

09

지방자치법상 지방자치단체에 대한 중앙통제에 관한 규정으로 가장 적절하지 않은 것은?

① 지방자치단체의 사무에 관한 그 장의 명령이나 처분이 법령에 위반되거나 현저히 부당하여 공익을 해친다고 인정되면 시·도에 대하여는 주무부장관이, 시·군 및 자치구에 대하여는 시·도지사가 기간을 정하여 서면으로 시정할 것을 명하고, 그 기간에 이행하지 아니하면 이를 취소하거나 정지할 수 있다.
② 중앙정부는 위법·부당한 명령·처분의 시정명령 및 취소·정지를 할 수 있고, 지방자치단체의 장은 이에 이의가 있을 때에는 행정법원에 소를 제기할 수 있다.
③ 지방자치단체의 장이 법령의 규정에 따라 그 의무에 속하는 국가위임사무나 시·도위임사무의 관리와 집행을 명백히 게을리하고 있다고 인정되면 시·도에 대하여는 주무부장관이, 시·군

및 자치구에 대하여는 시 · 도지사가 기간을 정하여 서면으로 이행할 사항을 명령할 수 있다.

④ 지방자치단체의 자치사무는 법령위반사항에 대하여만 감사할 수 있다.

10

다음 중 대표관료제(representative bureaucracy)에 대한 설명으로 옳은 것은?

① 내부통제가 용이하며 책임성 제고에 기여한다.

② 소외집단이나 소수집단의 공직취임기회를 박탈하여 사회적 형평성을 저해할 수 있다.

③ 공무원들이 출신 집단별로 구성되어 집단이기주의를 감소시킬 수 있다.

④ 지역별, 성별 임용할당제(employment quota system)는 헌법 상의 평등원리에 어긋나며 역차별의 문제가 있어 도입하기가 곤란하다.

11

다음 중 예산집행의 신축성 유지 방안으로 옳지 않은 것은?

① 배정과 재배정　　② 추가경정예산

③ 긴급배정　　　　④ 총괄예산

12

다음 중 스미스(H. D. Smith)가 주장한 현대적 예산원칙에 해당하지 않는 것은?

① 행정부 재량의 원칙

② 보고의 원칙

③ 적절한 수단구비의 원칙

④ 명확성의 원칙

13

신공공관리론(New Public Management, NPM)에 대한 설명으로 옳지 않은 것은?

① 정부 역할을 노젓기가 아니라 방향잡기로 인식한다.

② 고객 중심의 논리는 국민을 능동적 존재가 아닌 수동적인 존재로 만들 수 있다.

③ 계층제의 완화 및 탈관료제를 강조한다.

④ 정부혁신의 방향으로 수익자 부담의 원칙 강화, 민영화 확대, 규제 강화 등을 제시한다.

14

국가공무원법상 중앙인사관장기관의 장으로 옳지 않은 것은?

① 대법원장　　　　② 국회사무총장

③ 헌법재판소사무처장　④ 인사혁신처장

15

직위분류제와 계급제에 대한 설명으로 옳지 않은 것은?

① 직위분류제는 행정의 안정성을 확보할 수 있다.

② 계급제는 직위분류제보다 직업공무원제도 확립에 더 유리하다.

③ 직위분류제는 인사배치의 신축성을 저해한다.

④ 계급제는 인사관리자의 리더십 구현에 기여한다.

16

계획과 예산의 성향 및 관계에 대한 설명으로 옳지 않은 것은?

① 계획은 쇄신적 성격을 기지나, 예산은 보수적 성격을 가진다.

② 계획담당자는 미래지향적 · 발전지향적 · 소비지향적이나, 예산담당자는 보수적 · 부정적 · 저축지향적이다.

③ 예산편성 시 계획담당자는 단기적 관점을 예산담당자는 장기적 관점을 가진다.

④ 계획담당기관과 예산담당기관의 유기적 통합이 결여될 경우 계획과 예산은 분리된다.

17

네트워크(network)조직에 대한 설명으로 옳지 않은 것은?

① 정보와 지식의 교환 · 공유 · 축적으로 조직학습을 촉진시키며, 새로운 지식이나 가치의 창조 · 활용이 용이하다.

② 계약관계에 있는 외부기관을 직접 통제하기 어렵다.

③ 제품의 안정적 공급과 품질관리가 가능해진다.

④ 수직적 · 수평적 통합을 지향한다.

18

공공기관에 대한 설명으로 옳지 않은 것은?

① 공공기관은 공기업, 준정부기관, 기타공공기관으로 구분하여 지정한다.

② 공기업은 시장형과 준시장형으로 구분하여 지정한다.

③ 준정부기관은 기금관리형과 위탁집행형으로 구분하여 지정한다.

④ 국무총리가 공공기관을 구분하여 지정한다.

19

신엘리트이론으로서의 무의사결정에 대한 설명으로 옳지 않은 것은?

① 무의사결정은 정책결정자의 무관심과 무능력으로 인해 발생한다.

② 정책의제설정 단계에서 주로 발생하지만 정책과정 전반에 나타날 수 있다.

③ 지배세력의 기득권을 침해할 경우 등장하기도 한다.

④ 다원주의에 대한 반발로 엘리트주의의 일환으로 등장하였다.

20

행정개혁의 접근방법에 대한 설명으로 옳지 않은 것은?

① 행태적 접근방법은 행정인의 가치관 · 태도 · 신념을 인위적으로 변화시켜 행정개혁을 도모하는 접근방법이다.

② 관리 · 기술적 접근방법은 업무수행과정에서 능률을 향상시키기 위해 새로운 행정기술이나 장비를 도입하거나 관리과학(MS), 운영연구(OR), 체제분석(SA) 등의 계량화기법을 활용하는 것이다.

③ 현대행정에서 가장 중시되는 행정개혁의 방안은 구조, 관리기술, 인간 등의 종합적 영역에 관심을 갖고 이의 상호융합을 시도하는 종합적 접근방법이다.

④ 구조적 접근방법은 주로 과학적 관리기법에 입각하여 업무수행과정에 치중하면서 관리기술의 개선에 중점을 두는 접근방법이다.

21

다음 〈보기〉 중 옳은 것을 모두 고른 것은?

보기
ㄱ. 실적주의는 직위분류제 확립에 기여한다.
ㄴ. 직위분류제는 일반행정가 양성에 기여한다.
ㄷ. 엽관주의는 행정의 민주화에 기여하였다.
ㄹ. 엽관주의는 민주정치 발달에 따라 폐지되었다.

① ㄱ, ㄴ ② ㄱ, ㄷ
③ ㄴ, ㄷ ④ ㄷ, ㄹ

22

다음 중 국가재정법상 추가경정예산의 편성사유로 옳지 <u>않</u>은 것은?

① 전쟁이나 대규모 재해가 발생한 경우
② 교부세의 정산 등에 사용하거나 출연하고도 세계잉여금이 남았을 때
③ 법령에 따라 국가가 지급하여야 하는 지출이 발생하거나 증가하는 경우
④ 경기침체, 대량실업, 남북관계의 변화, 경제협력과 같은 대내외 여건에 중대한 변화가 발생하였거나 발생할 우려가 있는 경우

23

다음 중 윌리암슨(Williamson)의 거래비용이론에 대한 설명으로 옳지 <u>않</u>은 것은?

① 조직 내부의 조정비용이 시장의 자발적인 교환행위에서 발생하는 거래비용보다 클 때 거래비용의 최소화를 위하여 거래의 내부화(insourcing)가 이루어진다.
② 거래비용이론은 조직 내·외부에서 이루어지는 모든 거래, 즉 소유자와 관리자, 관리자와 부하,

공급자와 소비자, 판매자와 구매자 간의 거래를 분석하여 조직현상을 연구한다.
③ 생산보다는 비용에 관심을 가지고 시장에서 이루어지는 개인 및 조직 간의 거래를 미시적으로 분석한다.
④ 조직 내 거래비용을 최소화하기 위하여 종전의 U형(Unitary:단순) 관리에서 M형(Multi-divisionalized:다차원적) 관리로 전환할 것을 주장하였다.

24

다음 중 개방형 인사제도에 대한 설명으로 옳지 <u>않</u>은 것은?

① 조직의 신진대사를 촉진하여 공직의 침체를 방지한다.
② 외부전문가의 충원으로 행정의 전문성을 제고한다.
③ 공직의 유동성을 높여 관료주의화를 방지할 수 있다.
④ 행정에 대한 민주적 통제가 곤란하다.

25

직위분류제에서 사용되는 용어에 대한 설명으로 옳지 <u>않</u>은 것은?

① 직위란 1명의 공무원에게 부여할 수 있는 직무와 책임을 말한다.
② 직급이란 직무의 종류·곤란성과 책임도가 상당히 유사한 직위의 군을 말한다.
③ 직렬이란 직무의 종류는 유사하나 책임과 곤란도가 상이한 직급의 군을 말한다.
④ 직류란 직무의 성질이 유사한 직렬의 군을 말한다.

행정법

행정구제법 28%
행정법통론 24%
행정법상의 의무이행확보수단 8%
행정작용법 40%

◎ 정답 및 해설 310p

01

다음 중 우리나라에서 통치행위로 인정되어진 것은?

① 남북정상회담을 위한 대북송금행위
② 외국에의 국군의 파병결정
③ 대통령의 서훈취소결정
④ 국헌문란 목적의 계엄선포의 확대

02

다음 중 행정법의 일반원칙에 대한 설명으로 바르지 않은 것은?(다툼이 있을 경우에는 판례에 의함)

① 신뢰보호의 선행조치인 공적 견해를 판단하는 기준은 형식적 권한분장에 의한다.
② 과잉금지원칙은 「행정절차법」에 행정지도원칙으로 규정되어 있다.
③ 자기구속의 법리는 평등이나 신뢰보호를 근거로 한다.
④ 부당결부금지원칙을 위반한 행위는 주로 취소사유가 된다.

03

행정법 관계의 특징 중 확정력(존속력)에 대한 설명으로 바르지 않은 것은?

① 불가쟁력이 발생하면 불가변력이 발생한다.
② 불가쟁력 발생 이후에도 손해배상을 청구할 수 있다.
③ 불가쟁력 발생 이후에도 행정청은 직권으로 취소할 수 있다.
④ 불가쟁력은 불가변력과 달리 원칙적으로 무효가 아닌 한 모든 처분에 인정된다.

04

자기완결적 신고에 대한 설명으로 바르게 기술되지 않은 것은?

① 법이 정한 요건을 갖춘 경우에는 신고서가 접수기관에 도달된 때에 신고의 의무가 이행된 것으로 본다.
② 적법한 신고가 있는 경우 법령이 정하지 아니한 사유를 들어 신고수리를 거부할 수 없다.
③ 담당공무원이 법령에 규정되지 아니한 다른 사유를 들어 그 신고를 수리하지 아니하고 반려하였다고 하더라도, 그 신고서가 제출된 때에 신

고가 있었다고 본다.

④ 신고 없이 이루어진 행위라도 과태료부과 대상이 될 수 없다.

05

다음 중 사인의 공법행위에 관한 설명으로 바르지 않은 것은?(다툼이 있을 경우에는 판례에 의함)

① 사직원 제출이 항거할 수 없는 강박에 따른 것이라면 사직원 제출은 무효이다.

② 진의 아닌 의사에 의하여 전역지원서를 제출한 것이라면 「민법」 제107조 제1항의 규정에 의해 지원서 제출은 무효이다.

③ 사인의 공법행위는 일반적으로 부관을 붙일 수 없다.

④ 사인의 공법행위도 원칙적으로 행위능력이나 의사능력을 요한다.

06

다음은 행정입법에 대한 설명이다. 바르게 기술되지 않은 것은?(다툼이 있을 경우에는 판례에 의함)

① 행정주체가 정하는 구체적·개별적 규범으로 처분성이 인정된다.

② 판례는 조례가 집행행위에 매개 없이 그 자체로서 직접 국민의 권익에 영향을 미치는 경우에 처분성을 인정한다.

③ 위임명령의 경우에 위임의 범위는 구체적으로 정해져야 하며 일반적·포괄적 위임은 위헌이다.

④ 법률의 위임에 의해 제정된 법규명령이라도 그 법률의 개정으로 위임 근거가 없어진 후에는 무효인 법규명령이 된다.

07

다음 중 행정규칙에 대한 설명으로 바르게 기술된 것은?(다툼이 있을 경우에는 판례에 의함)

① 구 「청소년보호법」 제49조 제1항, 제2항에 따른 동법 시행령 제40조 [별규6]의 '위반행위의 종별에 따른 과징금 처분기준'은 법규명령이고 확정액을 규정한 것이다.

② 고시 또는 공고의 법적 성질은 일률적으로 판단될 것이 아니라 고시에 담겨진 내용에 따라 구체적인 경우마다 달리 결정된다고 보아야 한다.

③ 상위법령에서 세부사항 등을 시행규칙으로 정하도록 위임하였지만 이를 고시 등 행정규칙으로 정한 경우 고시는 상위법과 결합하여 대외적 구속력을 가지는 법규명령으로서 효력을 갖는다.

④ 법령보충규칙은 상위법령과 결합하지 않더라도 그 자체로서 직접적인 대외적 구속력을 갖는다.

08

소위 북한민원제도인 인·허가의제제도에 관한 다음의 설명으로 바르지 않은 것은?

① 인·허가가 의제되는 건축신고는 행정청 간 실체적 심사를 통해 수리를 하여야 하는 '수리를 필요로 하는 신고'이다.

② 인·허가의제제도는 민원인의 편의를 위한 제도로서 법적 근거 없이 가능하다.

③ 인·허가의제제도의 경우에는 관계 행정청 간의 협의가 필요하다.

④ 의제되어지는 인·허가를 이유로 주된 인·허가가 거부되는 경우에 소송대상은 주된 인·허가의 거부가 된다.

09

다음 중 행정행위의 부관에 대한 설명으로 바르지 않은 것은?(다툼이 있는 경우에는 판례에 의함)

① 성질상 부당하게 짧은 기한은 허가조건의 존속 기간이다.

② 부담을 제외하고는 부관만의 독립쟁송은 허용되지 않는다.

③ 기속행위에 부관을 붙이면 취소사유에 해당한다.

④ 부관의 사후변경은 사정변경으로 인하여 당초에 그 목적달성에 필요한 범위 내에서 예외적으로 허용된다.

10

다음 중 하자의 승계가 인정되는 것은?(다툼이 있는 경우에는 판례에 의함)

① 개별공시지가 – 과세처분

② 직위해제처분 – 징계처분

③ 종전 상이등급 결정 – 상이등급 개정 여부에 관한 결정

④ 도시·군계획시설 결정 – 실시계획인가

11

다음 중 행정행위의 취소와 철회에 대한 설명으로 바르지 않은 것은?(다툼이 있는 경우에는 판례에 의함)

① 철회는 처분청에 의해 이루어지고 법령에 특별한 규정이 없는 한 감독청은 철회에 대한 권한이 없다.

② 철회는 주로 손해배상이 문제가 되고, 취소는 손실보상이 문제가 된다.

③ 취소나 철회는 그 대상이 수익적 처분인 경우에 도 법적 근거 없이 가능하다.

④ 취소나 철회는 그 대상이 수익적 처분인 경우에는 신뢰 보호나 과잉금지원칙 등에 의해 제한될 수 있다.

12

행정지도에 대한 내용 중 옳지 않은 것은?(다툼이 있는 경우에는 판례에 의함)

① 행정지도는 비권력적 사실행위로서 법적 근거 없이 가능하다.

② 행정지도는 일정한 경우에 헌법소원대상이 된다.

③ 행정지도가 강제성을 띠지 않은 비권력적 작용으로서 권한 범위 내에서 한계를 일탈하지 아니하였다고 해도, 그로 인하여 상대방에게 어떤 손해가 발생하였다면 손해배상책임이 있다.

④ 세무당국이 소외 회사에 대하여 원고와의 주류 거래를 일정기간 중지하여 줄 것을 요청한 행위는 항고소송의 대상이 될 수 없다.

13

행정계획에 대한 설명으로 바르게 기술되지 않은 것은?(다툼이 있는 경우에는 판례에 의함)

① 대법원은 행정주체가 구체적인 행정계획을 입안·결정함에 있어서 비교적 광범위한 형성의 자유를 가진다고 한다.

② 행정계획의 법적 성질에 관하여 여러 가지 견해가 대립하고 있으나, 행정계획은 다양한 형태와 내용을 포함하고 있으므로 그 법적 성질을 일률적으로 말하기는 어렵다.

③ 비구속적 행정계획안이라도 국민의 기본권에 직

접적으로 영향을 끼치고 앞으로 법령의 뒷받침에 의하여 그대로 실시될 것이 틀림없을 것으로 예상되는 경우에는 예외적으로 헌법소원의 대상이 될 수 있다.

④ 도시계획구역 내 토지 등을 소유하고 있는 주민이라도 도시계획입안권자에게 도시계획의 입안을 요구할 수 있는 법규상·조리상 신청권은 없다.

14

행정정보공개제도에 대한 설명으로 바르게 기술되지 <u>않은</u> 것은?

① 모든 국민은 정보공개청구권이 있다.

② 정보공개를 청구하여 거부가 있었다면 그 자체로서 행정소송을 청구할 수 있는 법률상 이익이 있다.

③ 이미 공개되어 인터넷 등의 검색으로도 알 수 있는 정보라도 정보공개를 청구할 수 있고 이에 대한 거부는 항고 소송대상이 된다.

④ 공공기관의 정보공개 신청에 대한 거부에 취소소송을 통해 인용이 확정되었음에도 공공기관이 정보를 공개하지 않아도 「행정소송법」상의 간접강제는 될 수 없다.

15

행정대집행에 대한 설명으로 바르게 기술되지 <u>않은</u> 것은?

① 철거하명과 대집행 계고는 1장으로 동시에 가능하다는 것이 대법원의 입장이다.

② 대집행 절차에서 계고는 법률행위적 행정행위로

서 하명에 해당한다.

③ 대집행요건이 충족된 경우에 대집행 여부는 재량이다.

④ 대집행비용은 의무자로부터 징수한다.

16

다음 중 「건축법」상 이행강제금에 대한 설명으로 바르게 기술되지 <u>않은</u> 것은?(다툼이 있는 경우에는 판례에 의함)

① 이행강제금은 의무가 불이행이 계속되고 있다면 반복적으로 부과할 수 있다.

② 이행강제금은 대체적 작위의무의 불이행 시에도 부과할 수 있다.

③ 이행강제금에 대한 일반적 규정은 없다.

④ 「건축법」상 이행강제금에 불복하는 경우에는 「비송사건절차법」상 구제절차에 의한다.

17

다음 중 「행정절차법」상 청문을 실시하지 않아도 되는 경우에 해당하는 것은?

① 다른 법령 등에서 청문을 하도록 규정하고 있는 경우

② 인허가 등의 취소처분 시 의견제출기한 내에 당사자 등의 신청이 있는 경우

③ 행정청이 필요하다고 인정하는 경우

④ 당사자가 의견진술의 기회를 포기한다는 뜻을 명백히 표시한 경우

18

다음 중 「행정절차법」상의 사전통지와 의견청취에 대한 설명으로 거리가 먼 것은?(다툼이 있는 경우에는 판례에 의함)

① 특별한 사정이 없는 한 신청에 대한 거부처분은 사전통지대상이 되지 않는다.

② 군인사법령에 의하여 진급예정자명단에 포함된 자에 대하여 의견제출의 기회를 부여하지 아니한 채 진급선발을 취소하는 처분은 절차상 하자가 있어 위법하다.

③ 공사중지명령에 대한 사전통지를 하게 되면, 많은 보상금을 기대하고 공사를 강행할 우려가 있다면 사전통지나 의견청취는 배제할 수 있다.

④ 도로구역변경결정고시는 의견청취절차를 배제하여도 위법이라 할 수 없다.

19

「국가배상법」 제5조에 대한 설명이다. 바르게 기술되지 않은 것은?(다툼이 있는 경우에는 판례에 의함)

① 「국가배상법」 제5조는 점유자 면책규정을 두고 있다.

② 영조물의 설치나 관리상의 하자를 판단함에 있어 원칙적으로 관리자의 고의나 과실은 고려하지 않는다.

③ 영조물의 설치·관리자나 비용부담자가 서로 다른 경우에 피해자는 선택적으로 청구할 수 있다.

④ 영조물의 하자를 판단함에 있어 영조물의 완벽성 결여가 기준인 것은 아니다.

20

손실보상에 관한 다음 설명 중 옳지 않은 것은?

① 이주대책은 생활보상의 일환으로서 국가의 정책적 배려에 해당되며 입법자의 입법재량이다.

② 사업시행자에게 이주대책의 수립·실시의무를 부과하고 있으면 이주자는 수분양권이 발생하는 것이고 사업시행자의 확인·결정을 요하는 것은 아니다.

③ 잔여지 수용청구를 받아들이지 않은 토지수용위원회의 재결에 대하여 토지소유자가 불복하여 제기하는 소송은 '보상금의 증감의 관한 소송'에 해당하며 사업시행자를 피고로 하여야 한다.

④ 공익사업의 시행자는 법정이주대책대상자를 포함하여 그 밖의 이해관계인에게까지 대상자를 넓혀 이주대책 수립 등을 시행할 수 있다.

21

행정심판에 있어서 행정심판위원회는 심판청구가 이유 있다고 인정하는 경우에도 이를 인용(認容)하는 것이 공공복리에 크게 위배하는 경우 기각을 할 수 있는데 이는 무엇인가?

① 사정재결　　　　② 인용재결

③ 각하재결　　　　④ 기각재결

22

행정심판의 재결의 효력에 대한 내용이 바르게 연결되지 않은 것은?

① 불가변력 : 재결을 한 행정심판위원회는 스스로 변경이나 철회 등을 할 수 없는 효력이다.

② 형성력 : 사정재결 등에 인정되는 효력이다.

③ 직접 강제력 : 거부처분이나 부작위의 의무이행
  심판에서 인정되는 효력이다.

④ 기속력 : 기각재결에는 인정되지 않는 효력이다.

23

다음 중 대법원에 의하면 항고소송 대상인 처분에 해당하는 것은?

① 토지대장의 직권말소

② 한국마사회의 조교사 또는 기수면허부여

③ 「병역법」상의 신체등위판정

④ 수도권매립지관리공사의 부정당업자의 제재적
  행위로서 입찰참가자격 제한 조치

24

다음 중 공무원과 관련된 내용으로 바르지 않은 것은?(다툼이 있는 경우에는 판례에 의함)

① 행정규칙에 의한 불문경고조치는 징계처분도 아
  니고 항고소송 대상인 처분도 아니다.

② 교통법규 위반 운전자로부터 1만 원을 받은 경
  찰공무원을 해임처분한 것은 징계재량권의 일
  탈·남용이 아니다.

③ 공무원이 되기 전의 뇌물공여행위가 공무원으로
  서의 위신 또는 체면을 손상시켰다는 것을 사유
  로 한 징계처분은 위법하지 않다.

④ 결격자에 대한 임용은 국가의 과실로 그를 밝혀
  내지 못하였다고 해도 무효이다.

25

다음은 공물에 대한 설명이다. 바르지 않은 것은?(다툼이 있는 경우에는 판례에 의함)

① 행정재산의 매매는 그것이 관재당국의 착오에
  의해 이루어진 것이라도 무효에 해당한다.

② 공물에 대한 공용폐지는 적법한 의사표시가 있
  어야 하는 것이지 본래 용도에 제공되지 않았다
  고 하여 공용폐지의 의사가 표시된 것이라 할
  수 없다.

③ 도로점용에 대한 특별사용은 독점적·배타적 성
  질만 갖는다.

④ 행정청의 국유재산무단점유자에 대한 변상금부
  과행위는 항고쟁송대상인 처분이며 공법관계에
  해당된다.

Life is like riding a bicycle.

To keep your balance

you must keep moving.

인생은 자전거를 타는 것과 같다.

균형을 잡으려면 움직여야 한다.

— 알버트 아인슈타인(Albert Einstein) —

정답 및 해설

2024년 07월 13일 시행

2024년
기출문제

정답 및 해설

국어

출제 문항 분석

영역	문항 수
문법	4
어문 규정	5
문학	4
비문학	7
한자와 어휘	5

정답

01 ②	02 ②	03 ③	04 ②	05 ①
06 ③	07 ④	08 ③	09 ④	10 ④
11 ①	12 ②	13 ①	14 ①	15 ③
16 ①	17 ①	18 ①	19 ②	20 ③
21 ②	22 ④	23 ③	24 ④	25 ③

---

01 ⭐ 정답 ②

핵심주제 : 표준 발음법

표준발음법 제10항에서 겹받침 'ㄳ', 'ㄵ', 'ㄼ', 'ㄽ', 'ㄾ', 'ㅄ'은 어말 또는 자음 앞에서 각각 [ㄱ, ㄴ, ㄹ, ㅂ]으로 발음하도록 규정하고 있다. 그러므로 '넓다'를 [널따]로 발음한 것은 적절하다.

오답해설

① 뚫는 : [뚤는] → [뚤른]
③ 끝으로 : [끄츠로] → [끄트로]
④ 젖먹이 : [점머기] → [전머기]

02 ⭐ 정답 ②

핵심주제 : 띄어쓰기

공부 밖에 → 공부밖에

'밖에'가 '그것 말고는', '그것 이외에는'의 뜻을 나타내는 보조사로 사용되었으므로, '공부밖에'처럼 체언인 '공부' 뒤에 붙여 써야 한다.

오답해설

① '집 밖에'에서 '밖'은 '겉이 되는 쪽 또는 그런 부분'을 뜻하는 명사이므로, 앞의 명사 '집'과 띄어 쓰고 조사 '-에'와 붙여 쓴 것은 적절하다.
③ '맨손'은 '아무것도 끼거나 감지 아니한 손'을 뜻하는 파생어로, 하나의 단어이므로 '맨손'처럼 붙여 써야 한다.
④ '한겨울'은 '추위가 한창인 겨울'을 뜻하는 파생어로, 하나의 단어이므로 '한겨울'처럼 붙여 써야 한다.

03 정답 ③

핵심주제 : 형태소

형태소는 '의미를 가진 가장 작은 말의 단위'로, 구체적인 대상이나 동작·상태를 표시하는 실질 형태소와 말과 말 사이의 관계를 표시하는 형식 형태소로 구분한다.
① 홀로 설 수 있는 말의 단위 → 낱말
② 뜻을 구별하는 소리의 최소 단위 → 음운
④ 끊어 읽기의 단위 → 어절

04 정답 ②

핵심주제 : 맞춤법

바꼈다 → 바뀌었다
'바꾸다'의 피동형인 '바뀌다'가 기본형이므로 과거시제 선어말어미인 '-었'이 결합되면 '바꼈다'가 아니라 '바뀌었다'로 써야 한다.

05 정답 ①

핵심주제 : 맞춤법

깨끗히 → 깨끗이
부사의 끝음절이 분명히 '이'로만 나는 것은 '-이'로 적고, '히'로만 나거나 '이'나 '히'로 나는 것은 '-히'로 적는다는 한글 맞춤법 제51항의 규정에 따라 '깨끗이[깨끄시]'로만 적는다.

06 정답 ③

핵심주제 : 문장 성분 간의 호응

다음처럼 문장 성분을 분석해 보면 문장 성분 간의 호응이 자연스럽다.

이번 연극에서   영희는   주인공 역할을   맡았다.
  (부사어)   (주어)   (목적어)   (서술어)

오답해설

① '책'과 호응하는 서술어 성분인 '읽다'가 누락되어 있어 문장 성분 간의 호응이 부자연스럽다.

> 오늘은 잔디밭에서 책과 그림을 그렸다.
> → 오늘은 잔디밭에서 책을 읽고 그림을 그렸다.'

② '모름지기'와 호응하는 서술어 성분인 '–해야 한다'가 누락되어 있어 문장 성분 간의 호응이 부자연스럽다.

> 사람은 모름지기 욕심을 다스릴 줄 안다.
> → 사람은 모름지기 욕심을 다스릴 줄 알아야 한다.

④ '치고'는 '그 전체가 예외 없이'란 뜻의 보조사로, 앞의 내용과 반대되는 말이 뒤따른다.

> 그녀는 초보치고는 운전을 썩 잘하지는 못한다.
> → 그녀는 초보치고는 운전을 썩 잘한다.

07 정답 ④

핵심주제 : 중의성

남편과 아내 모두 축구 중계를 좋아하지만 남편이 아내보다 축구 중계를 더 좋아한다는 의미인지, 아니면 남편이 아내를 좋아하는 것보다 축구 중계를 더 좋아한다는 의미인지가 불분명하다. 이는 밑줄 친 '비교 구문에서 나타나는 중의성'에 해당한다.

오답해설

① 연결 관계에 따른 중의성 : '나' 혼자 '철수'와 '선생님'을 각각 만나는 것인지, 아니면 '나'와 '철수가' 함께 '선생님'을 만나는 것인지가 불분명하다.

② 부정문의 중의성 : 결혼식장에 손님들 전체가 들어오지 않은 것인지, 아니면 일부만 들어오지 않은 것인지가 불분명하다.

③ 수식에 따른 중의성 : 아버지가 소유한 그림인지, 아버지가 그린 그림인지 혹은 아버지를 그린 그림인지가 불분명하다.

08 정답 ③

핵심주제 : 어휘

살천스럽다 : 쌀쌀하고 매섭다. 예 그렇게 살천스러우니까 주변에 사람이 없지.

오답해설

① **성마르다** : 참을성이 없고 성질이 조급하다. 예 성마른 성격

② **돈바르다** : 성미가 너그럽지 못하고 까다롭다. 예 그는 돈바른 성격으로 친구가 없다.

④ **암상스럽다** : 보기에 남을 시기하고 샘을 잘 내는 데가 있다. 예 암상스러운 늙은이 같으니라고.

09 정답 ④

핵심주제 : 고전 시가

ⓒ에서 '미타찰'은 아미타불이 있는 극락세계'를 뜻하는 불교 용어로, 화자는 이를 통해 누이의 죽음을 승화하고 있다. 즉, 누이의 죽음에 의한 슬픔에서 벗어나고자 욕망으로 가득한 현실적 공간을 제시하는 것이 아니라, 죽은 누이의 극락왕생을 기원하는 이상적 공간을 제시하고 있다.

오답해설

① 신라시대의 10구체 향가이다.

② ㉠에서 '잎'은 누이를 상징하며 '잎이 떨어진다'는 하강적 이미지를 활용하여 '누이의 죽음'을 상징적으로 드러내고 있다.

③ 죽은 누이에 대한 명복을 빌면서 죽은 누이의 극락왕생을 기원하고 있다.

모르면 간첩

〈 작품해석 〉
월명사(김완진 해독), 〈제망매가〉
- 갈래 : 향가
- 성격 : 서정적, 애상적 추모적, 종교적
- 제재 : 누이의 죽음
- 주제 : 누이의 죽음으로 인한 슬픔과 극복 의지
- 특징
  - 10구체 향가의 정제된 형식미와 서정성이 드러남
  - 불교의 윤회 사상을 바탕으로 슬픔을 종교적으로 승화함
  - 누이와의 사별을 자연현상에 비유함

10 정답 ④

핵심주제 : 글의 개요

ⓔ의 '노약자를 위한 시설 관리 대책'은 탑골공원 내 시설관리 대책에 해당하기 때문에 탑골공원 이용객의 실태와는 연관성이 부족한 항목이다.

오답해설

① · ② ㉠의 '편의 시설과 주변 상가' 그리고 ㉡의 '인근 공원의 위치와 거리' 모두 탑골공원의 지리적 조건과 관련이 있으므로 적절한 항목이다.
③ ㉢의 '선호하는 공원 시설 및 행사'는 탑골공원 이용객의 실태를 파악한 것으로 적절한 항목이다.

11 정답 ①

핵심주제 : 접속어

㉠ 일반적으로 동료끼리는 '해요체'를 사용해야 하지만 같은 동료라 하더라도 상대방의 나이가 위이거나 공식적인 자리에서는 '합쇼체'를 사용해야 한다고 앞뒤의 상황이 서로 반대되는 내용이다. 그러므로 ㉠에는 역접의 접속부사 '그러나'가 적절하다.

㉡ 앞에서 직장 내 언어 예절에 대해 설명한 것과 달리 뒤에서는 가정 내 언어 예절에 대해 설명이 이어가고 있다. 그러므로 ㉡에는 앞에서 말한 측면과 다른 측면을 말할 때 쓰는 '한편'이 들어갈 말로 적절하다.

㉢ 직장에서는 가족 관계와 달리 어느 정도 높게 대우해 주어야 하며, 그것이 직장에서 과장이 자신의 부하 직원에게 높임 표현을 써야 하는 이유라고 설명하고 있다. 그러므로 ㉢에는 앞의 내용이 뒤의 내용의 원인이나 근거가 될 때 사용하는 접속부사 '그래서'가 들어갈 말로 적절하다.

12 정답 ②

핵심주제 : 한자어

㉡의 '自由意志'는 '자유의사'가 아니라 '자유의지'로 읽어야 한다. '志'는 '뜻 지'이다.

> 자유의지(自 스스로 자, 由 말미암을 유, 意 뜻 의, 志 뜻 지)

13 정답 ①

핵심주제 : 사자성어

'막역지우(莫逆之友)'는 서로 거스름이 없는 친구라는 뜻으로, 허물이 없이 아주 친한 친구를 이르는 말이다. 그러므로 밑줄 친 '우열을 가리기 힘들고'와 어울리지 않는 사자성어이다.

오답해설

② 백중지세(伯仲之勢) : 서로 우열을 가리기 힘든 형세
③ 난형난제(難兄難弟) : 누구를 형이라 하고 누구를 아우라 하기 어렵다는 뜻으로, 두 사물이 비슷하여 낫고 못함을 정하기 어려움을 이르는 말
④ 막상막하(莫上莫下) : 더 낫고 더 못함의 차이가 거의 없음

14 정답 ①

핵심주제 : 비문학

글의 서두에서 문학 작품의 외적 맥락으로 작가의 맥락, 사회 · 문화적 맥락, 문학사적 맥락, 상호 텍스트적 맥락을 제시하였고, 이후 문단에서 이들 맥락에 대해 차례대로 설명하고 있다. 그러므로 빈칸에는 마지막 외적 맥락에 해당하는 '상호 텍스트적 맥락'이 들어갈 말로 적절하다.

15 정답 ③

핵심주제 : 비문학

제시문의 마지막 문장에서 생명과학이 갖는 무한한 가능성에 큰 기대를 거는 동시에 그것이 갖는 가공할 만한 위험성을 항상 경계하고 있다며 생명과학이 갖는 긍정적 측면과 부정적 측면에 대해 서술하고 있다. 그러므로 빈칸에는 한 가지 사물에 속하여 있는 서로 맞서는 두 가지의 성질을 뜻하는 '양면성'이 들어갈 말로 적절하다.

오답해설

① 개연성 : 절대적으로 확실하지 않으나 아마 그럴 것이라고 생각되는 성질
② 합리성 : 이론이나 이치에 합당한 성질
④ 일관성 : 방법이나 태도 따위가 한결같은 성질

PART 01 2024

16 정답 ①

핵심주제 : 품사

문장 전체를 꾸며 주는 문장 부사는 양태 부사, 접속 부사, 파생 부사로 구분되는 데, 이 중 말하는 사람의 심리적인 태도를 나타내는 문장 부사는 양태 부사이다. ①의 '설마'는 '그럴 리는 없겠지만'이라며 부정적인 추측을 강조할 때 쓰는 양태 부사에 해당한다.

오답해설

② '빨리'는 뒤의 동사 '달린다'를 꾸며 주는 성분 부사이다.
③ '멀리'는 뒤의 동사 '던졌다'를 꾸며 주는 성분 부사이다.
④ '가지런히'는 뒤의 동사 '놓다'를 꾸며 주는 성분 부사이다.

17 정답 ①

핵심주제 : 비문학

〈보기〉의 첫 번째 문장에서 해부학적으로 불가능한 자세의 사람을 그린 이집트 그림에 대해 소개하고 있고, 주어진 문장에서 서양인이나 중동인이 해부학적으로 측면의 얼굴이 인상적이기 때문에 사람의 측면만 그리는 '프로필(프로파일)'이라는 미술 장르가 발달했다고 서술하고 있다. 그러므로 주어진 문장은 글의 맥락에 비추어 볼 때, 〈보기〉의 ㉠에 들어가는 것이 가장 적절하다.

18 정답 ①

핵심주제 : 수사법

역설법은 모순되거나 논리에 맞지 않는 표현으로 의미를 강조하는 표현법으로, 해당 작품에서는 사용되지 않았다.

오답해설

② '채찍보다 세차고 폭포수보다 시원한 빗줄기'에서 소나기가 내리는 모양을 과장법을 사용하여 묘사하고 있다.
③ '불화로처럼 단 몸뚱이'에서 여름 불볕더위에 뜨거워진 몸뚱이를 직유법을 사용하여 묘사하고 있다.
④ '모든 곡식과 푸성귀와 풀들도 축 늘어졌던 잠에서 깨어나 일제히 웅성대며 소요를 일으킨다.'에서 활유법을 사용하여 '곡식, 푸성귀, 풀' 등의 무생물을 감정이 있는 생물처럼 묘사하였다.

19 정답 ②

핵심주제 : 비문학

제시문에서는 '대통령'이란 단어의 어원과 번역 오류를 지적하고 있으나, '명품'이란 단어의 어원이나 번역 오류를 지적하고 있지는 않다.

오답해설

① 에코가 '기호학'을 "거짓말을 하기 위해 사용될 수 있는 모든 것을 연구하는 학문 분야"라고 정의했는데, 여기서 '모든 것'은 인간의 언어뿐만 아니라 몸짓, 행동, 생각 등도 포함된다. 따라서 제시문의 내용은 언어에 국한되고 있으므로, 에코의 말은 과장에 해당한다고 볼 수 있다.
③ 두 번째 문단에서 돈이 되기만 하면 달려드는 상업주의 장사꾼들과 시청률과 구독률만 높이기만 하면 된다는 언론의 합작품이 '명품'이라며 일부 기업과 언론의 행태를 비판하고 있다.
④ '대통령'이라는 용어의 어원과 번역 오류를 설명한 후 이와 비교하여 '명품'이라는 용어를 설명하고 있다.

20 정답 ③

핵심주제 : 비문학

1문단에서 시대와 사회에 따라 다르게 나타나는 관념의 예시로 운명론을 제시하고 있고, 글 (다)에서 운명론이 지배하는 사회에서 개인이나 특정 집단이 고통을 겪어야 하는 문제에 대해 설명하고 있다. 다음으로 글 (가)에서 이에 대한 고통은 사회적 관심사가 되고 규범을 파괴하는 문제를 발생시킨다고 서술하고 있다. 마지막으로 글 (나)에서 운명론의 배격에 대해 언급한 후, 인간의 고통이 사회의 문제이지 개인의 책임이 아니라고 밝히고 있다. 그러므로 글의 문맥상 제시문은 (다) → (가) → (나)의 순서로 배열되어야 한다.

21 정답 ②

핵심주제 : 외래어 표기

메세지 → 메시지

외래어 표기법 제2장의 규칙에 따라 [ɪ] 발음은 'ㅣ'로 적어야 하므로, 'message[mesɪdʒ]'는 '메세지'가 아니라 '메시지'로 적어야 옳다.

22 정답 ④

핵심주제 : 고대 시가

주어진 작품은 정극인의 〈상춘곡〉으로 봄 풍경을 즐기며 자연과 하나가 되는 물아일체의 경지와 세속적인 욕망에서 벗어나 이 상적인 삶으로서의 안빈낙도를 추구하고 있다. 마찬가지로 송순의 시조인 ④도 가난함과 소박함에 스스로 만족하며 사는 안빈낙도의 삶을 잘 표현하고 있다.

오답해설

① 길재가 지은 시조로, 고려의 수도인 개성을 돌아보며 자연은 그대로인데 고려가 멸망하여 없어진 것을 한탄하고 있다.
② 성삼문이 지은 시조로, 백이숙제의 고사를 인용하며 세조에 의해 폐위당한 단종에게 굳은 지조와 절의를 표현하고 있다.
③ 퇴계 이황이 지은 〈도산십이곡〉 중 제11곡으로, 변하지 않는 자연처럼 끊임없는 학문수양과 정진을 다짐하고 있다.

> 〈 작품해석 〉
> **정극인, 〈상춘곡〉**
> • **갈래** : 서정가사, 양반가사, 은일가사, 강호한정가
> • **성격** : 서정적, 묘사적, 예찬적, 자연친화적
> • **운율** : 3(4) · 4조, 4음보 연속체
> • **제재** : 봄의 아름다운 풍경
> • **주제** : 봄 경치를 즐기는 강호가도와 안빈낙도
> • **특징**
>   – 조선 시대 최초의 양반가사
>   – 화자의 시선의 이동에 따라 시상을 전개함
>   – 대구법, 직유법, 의인법 등 다양한 수사법을 사용함

23 정답 ③

핵심주제 : 비문학

종래의 거시적인 역사 서술이 보통 사람들의 개별적인 삶을 통계수치로 환원시켜 익명성의 바다 속으로 사라지게 하며, 이를 20세기 후반에 등장한 미시사적인 역사 서술이 비판하고 있는 것이다.

오답해설

① 제시문에는 역사를 바라보는 거시적 관점과 미시적 관점이라는 상반된 입장이 나타나 있다.
② 제시문에 따르면 종래 역사 서술의 주류를 형성해 온 것은 거시적인 전망에서 역사의 거대한 흐름, 즉 경제 · 사회 구조

의 변화과정을 포괄적으로 서술하는 입장이었다.
④ 제시문에 따르면 거시적인 역사 서술은 특정 지역의 역사를 자본주의 경제의 확립이나 민족국가의 성립과 같은 어떤 목표점을 향해 전개되어 온 도정으로 서술한다.

24 정답 ④

핵심주제 : 속담

제시문의 ㉠ 다음 문장에서 실천은 성향이 되고 성향은 습관이 될 때 비로소 성품이 탄생하게 되는 것이라며 성품을 갖추기 위한 꾸준한 실천의 중요성을 일깨우고 있다. 그러므로 ④의 '제비가 한 마리 날아왔다고 봄이 오는 것이 아니다.'가 빈칸에 들어갈 속담으로 가장 적절하다.

오답해설

① 바늘허리에 실을 매어 쓸 수는 없다.
   → 급하다고, 욕심이 난다고 일을 서두르면 오히려 일을 그르치게 된다.
② 사공이 많으면 배가 산으로 가는 법이다.
   → 여러 사람이 제 뜻대로 하려 들면 일이 제대로 되기 어렵다.
③ 산에 가야 범을 잡고 물에 가야 고기를 잡는다.
   → 목적하는 방향을 제대로 잡아 노력하여야만 그 목적을 제대로 이룰 수 있다.

25 정답 ③

핵심주제 : 비문학

제시문은 실천은 성향이 되고 성향은 습관이 될 때 비로소 성품이 탄생하게 되는 것이라며 성품을 갖추기 위한 꾸준한 실천의 중요성을 일깨우고 있다. 그러므로 ③의 '실천과 습관의 중요성'이 제시문의 제목으로 가장 적절하다.

행정학

출제 문항 분석

영역	문항 수
행정학의 기초이론	6
정책론	5
조직론	5
인사행정론	4
재무행정론	3
지방행정론	2

정답

01 ①	02 ③	03 ②	04 ③	05 ②
06 ④	07 ①	08 ③	09 ①	10 ④
11 ③	12 ④	13 ③	14 ②	15 ②
16 ④	17 ④	18 ③	19 ②	20 ④
21 ③	22 ①	23 ②	24 ②	25 ①

01 　　　　　　　　　　　정답 ①

핵심주제 : 공유재

국공립 도서관, 국립공원은 누구나 사용할 수 있는 공공시설이나 경합성과 비배재성을 지닌 공유재에 해당한다. 그러나 국방, 치안은 비경합성과 비배재적 성격을 지닌 공공재에 해당한다.

오답해설

② 공유재는 다른 사람이 소비할 경우 이로 인해 나의 소비가 지장을 받거나 소비에서 얻는 효용이 감소되는 경합성을 지닌다.

③ 공유재는 가격을 지불하지 않더라도 소비 행위에서 배제되지 않는 비배제성을 지닌다.

④ 공유재는 정당한 대가를 치르지 않아도 소비를 배제할 수 없어 과잉 소비의 문제가 발생할 수 있다.

02 　　　　　　　　　　　정답 ③

핵심주제 : 기계적 조직구조

기계적 조직은 공식적 권한계층이 존재하고 명령계통의 원칙이 적용되는 통제 중심의 조직구조로, 조직이 처해 있는 환경적 상황이 안정적이며 동태적으로 확실성이 높은 경우에 적합하다.

03 　　　　　　　　　　　정답 ②

핵심주제 : 무의사결정론

무의사결정론(non-decision making theory)은 지배엘리트의 이익이나 가치에 반하거나 잠재적인 도전가능성이 있는 것을 억압·방해하는 의도적 무결정으로, 정책결정권자의 무관심이나 무능력과는 관계가 없다.

04 　　　　　　　　　　　정답 ③

핵심주제 : 공공재의 공급 규모

보몰병(Baumol's Disease)에 따르면 정부나 공공부문의 서비스는 노동집약적 성격과 낮은 생산성으로 양적 팽창을 지속하여 감축이 어려우므로 공공재가 과다 공급된다고 본다.

05 　　　　　　　　　　　정답 ②

핵심주제 : 직업공무원제

직업공무원제가 실적주의의 확립을 기초로 하고 있으나 폐쇄적 직업관료제가 대응성이 떨어진다는 비판에 따라 미국의 공무원제도는 직위분류제와 개방형 공무원제를 채택하고 있다. 즉, 실적주의가 직업공무원제 확립의 필요조건이지만 충분조건은 아니다.

모르면 간첩

직업공무원제와 실적주의의 비교

- **공통점** : 신분보장, 정치적 중립, 자격이나 능력에 의한 채용·승진, 공직임용 시의 기회균등
- **차이점**

직업공무원제	실적주의
• 영국·독일·프랑스 등, 농업사회 전통 • 폐쇄형 실적주의 • 신분의 절대적 보장 • **결원보충** : 내부 충원형 • **임용 시** : 제약된 기회균등 • 생활급 • 계급제 • 인간 중심(생애성), 비합리성(감정 등) • 연령이나 학력의 잠재능력 • 경력 중심(일반행정가)	• 미국, 산업사회 • 개방형 또는 폐쇄형 • 신분의 상대적 보장 • **결원보충** : 외부 충원형 • **임용 시** : 완전한 기회균등 • 직무급 보수제도 • 직위분류제 • 직무 중심(업적성), 합리성(과학성, 객관성 등) • 채용 당시의 능력이 임용기준 • 경력 무시(전문행정가)

06 정답 ④

핵심주제 : 정부규제

포지티브(positive) 규제란 어떤 행위를 원칙적으로 금지하되, 허용되는 행위만 예외적으로 규정하는 방식을 말한다. 즉, 특정 행위만 허용하고 나머지는 모두 금지시키는 규제이다. 포지티브 규제로 인해 피규제자의 자율성이 상대적으로 더 제약되는 효과가 나타난다.

07 정답 ①

핵심주제 : 정책네트워크 모형

정책공동체는 비교적 균등한 권력을 보유한 행위자들이 공동의 이익을 추구하는 포지티브섬 게임(positive-sum game)의 성격을 띠지만, 정책문제망(이슈네트워크)은 불균등한 권력을 보유한 행위자들이 개인의 이익을 극대화하는 제로섬게임(zero-sum game)의 성격을 띤다.

모르면 간첩

정책공동체 & 정책문제망(이슈네트워크)	
정책공동체	정책문제망
• 지속적, 안정적, 상호 협력적 · 의존적 관계	• 경쟁적, 갈등적, 유동적, 불안정적 관계
• 비교적 균등한 권력 보유	• 불균등한 권력 보유
• positive-sum game	• zero-sum game 또는 negative-sum game

08 정답 ③

핵심주제 : 행정과 경영의 유사성

행정은 관료제, 수단성, 관리기법, 협동행위, 의사결정 등에서 경영과 유사하나 다양한 법적 규제와 국회나 감사기관의 심의 등을 받는다는 점에서 경영과 다르다.

09 정답 ①

핵심주제 : 책임운영기관

소속 책임운영기관의 기관장은 공개모집 절차(개방형 임용)에 따라 행정이나 경영에 관한 지식 · 능력이나 관련 분야의 경험이 풍부한 사람 중에서 선발하여 「국가공무원법」에 따른 임기제 공무원으로 임용한다. 또한 소속 책임운영기관은 정부 부처의 일부이며 따라서 법인격이 없고 소속 직원은 공무원 신분에 해당한다.

10 정답 ④

핵심주제 : 재무행정

예비비는 편성 시 예측할 수 없는 예산 외 지출이나 예산초과지출 충당을 위한 것이므로, 성립 전에 이미 발생한 사유나 국회 개회 중의 대규모 예비비지출, 국회에서 부결된 용도의 지출 등은 지출이 제한된다. 또한 일반예비비가 그 사용 목적을 특정하지 않고 국회의 사전 의결을 거친 경비라 하더라도 회계연도를 달리하여 사용할 수 있는 것은 아니다.

11 정답 ③

핵심주제 : 민츠버그(Mintzberg)의 전문적 관료제

민츠버그(Mintzberg)의 전문적 관료제는 전문가로 구성된 핵심 운영계층이 중심이 되는 분권화된 조직으로, 전문적 · 기술적 구성원에 의한 작업 기술의 표준화와 자율적 과업 조정을 중시한다. 또한 핵심운영계층의 조직환경이 상대적으로 안정되고 외부통제가 없다. 즉, 민츠버그의 전문적 관료제는 복잡하지만 안정된 환경에 적절하다(예 대학, 종합병원, 사회복지기관, 컨설팅회사 등).

12 정답 ④

핵심주제 : 공공선택이론

고위직 관료들은 직무와 관련된 내재적 효용을 극대화하려는 관청형성전략을 구사하는데, 이는 소속조직을 계선적 책임계통에서 벗어난 소규모의 참모적 조직으로 개편하는 조직형태 변화전략이다. 따라서 고위직 관료들의 관청형성전략(bureau-shaping strategy)은 정부조직의 계서적 구조를 약화시키고 탈관료화의 성향을 강화시키는 전략을 제시한다.

13

정답 ③

조세 감면 확대는 보수주의 정부에서 선호하는 정책이며, 진보주의 정부에서는 조세제도를 통한 소득재분배 정책을 선호한다.

이념에 따른 정부관		
구분	보수주의 정부관 (우파, 작은 정부론)	진보주의 정부관 (좌파, 큰 정부론)
이념	자유방임적 자본주의, 최소한의 정부(소극국가, 야경국가), 기독교적 보수주의	개혁주의, 규제된 자본주의, 사회주의, 평등주의, 혼합자본주의국가, 복지국가
인간관	• 오류의 가능성이 없는 인간 • 합리적 이기적인 인간(경제인간)	• 욕구, 협동, 오류의 가능성이 있는 인간 • 경제인의 인간관 부정
시장관	• 정부개입은 정부실패를 초래 : X-비효율 등 • 조세감면 및 경제적 규제 완화	• 시장실패는 정부개입에 의해 치유가능 • 조세제도를 통한 소득재분배
가치관	• 교환적(평균적) 정의(거래의 공정성) • 기회의 평등(기회균등) • 간섭이 없는 소극적 자유, 정부로부터의 자유 강조(보수적 자유주의)	• 배분적 정의(부의 공정한 분배) • 결과의 평등(실질적 평등) • 적극적 자유, 정부에로의 자유(진보적 자유주의)

14

정답 ②

고위공무원단은 직무의 곤란성과 책임도가 높은 고위공무원단 직위에 임용되어 재직 중이거나 파견 · 휴직 등으로 인사관리되고 있는 일반직 · 별정직 · 특정직공무원의 군(群)을 말한다. ③은 지방자치단체 및 지방교육행정기관의 국가공무원(지방공무원 X) 중 국장급 직위에 상당하는 직위가 고위공무원단에 해당한다.

15

정답 ②

• 강원특별자치도 · 전북특별자치도 → 중층제(하나의 자치단체가 다른 자치단체를 구역 안에 포괄하는 경우)
• 제주특별자치도 · 세종특별자치시 → 단층제(한 구역에 하나의 자치단체만이 존재하는 경우)

16

정답 ④

지방자치단체가 중앙정부 등 외부의 간섭이나 통제 없이 자주적으로 편성 · 집행할 수 있는 재원의 비율은 재정자립도가 아니라 재정자주도이다. 재정자립도는 지방자치단체의 일반회계 세입 중 자체수입이 차지하는 비중을 뜻하고, 재정자주도는 지방세 · 세외수입 · 지방교부세 등 지방자치단체 재정수입 중 특정 목적이 정해지지 않은 일반재원의 비중을 뜻한다.

17

정답 ④

네트워크 조직은 조직의 자체 기능은 핵심 역량 위주로 합리화하고, 여타 기능은 외부기관과 계약관계를 통해 수행하는 조직 구조로, 수평적 협력관계에 바탕을 둔다. ④의 계층의 통합과 단일의 지도자는 전통적인 관료제 조직의 특징에 해당한다.

네트워크 조직의 특징
• 구조와 계층을 중시하는 조직을 파괴하며, 유연한 구조와 기술을 가지고 환경변화에 신축적으로 적응 • 비공식적(수평적) 지원체제를 확립함으로써 변화에 적응 • 정보를 네트워크망으로 연결하여 교류 · 통합하는 조직 간 연계를 중시 • 지식과 정보의 교류를 중시하고, 정보흡수 · 활용뿐만 아니라 새로운 정보를 지속적으로 창조 • 부드러운 서비스를 중시하는 조직

18 정답 ③

핵심주제 : 델파이 기법

장래에 일어날 사건의 줄거리를 가상적 시나리오로 구성하는
것은 시나리오 작성 기법에 대한 설명이다. 델파이 기법은 예측
하려는 현상에 대하여 관련 있는 전문가의 자문을 설문지를 통
하여 근접한 의견에 이를 때까지 체계적으로 유도하고 분석하
는 직관적인 미래 예측 기법이다.

19 정답 ②

핵심주제 : 탈신공공관리론

탈신공공관리론은 재집권과 재규제를 통하여 신공공관리론의
한계를 보완하기 위한 일련의 조치를 통칭하는 개념으로, 거버
넌스와 신공공서비스를 포함한다. 즉, 탈신공공관리는 신공공관
리의 주요 아이디어를 대체·부정하려는 이론이 아니라 조정하
고 보완하는 개념이다.

20 정답 ④

핵심주제 : 정책결정

증거기반 정책결정은 엄격하게 검증된 객관적인 증거에 기반하
여 정책적인 결정을 하려는 시도이다. 그러나 정책과 관련된 지
식이 모두 정량적으로 평가될 수 있는 것은 아니기 때문에 모든
정치적 결정 과정을 증거기반 정책결정으로 대체할 수 있다고
보기는 어렵다.

21 정답 ③

핵심주제 : 정부회계

감가상각은 시간의 흐름에 따른 유형자산의 가치 감소를 회계
에 반영하는 것으로, 현금주의 회계에서는 감가상각을 비용으로
인식하지 못하는 반면, 발생주의 회계에서는 감가상각을 비용으
로 인식한다.

모르면 간첩

현금주의와 발생주의 인식내용 비교		
구분	현금주의	발생주의
인식 내용	미지급비용·미수수익은 인식 안 됨	미지급비용은 부채로, 미수수익은 자산으로 인식
	선급비용은 비용으로 선수수익은 수익으로 인식	선급비용은 자산으로, 선수수익은 부채로 인식
	감가상각·대손상각·제품보증비·퇴직급여충당금은 인식 못함	감가상각·대손상각·제품보증비·퇴직급여충당금은 비용으로 인식
	무상거래는 인식 안 됨	무상거래는 이중거래로 인식(정부는 비용으로 인식)
	상환이자지급액은 지급시기에 비용으로 인식	상환이자지급액은 기간별 인식

22 정답 ①

핵심주제 : 조직의 인간관

유연하고 다원적이며 세분화된 관리 전략을 사용하는 것은 복
잡한 인간관이다. 복잡한 인간관은 오늘날의 복잡·다양한 상황
조건 및 역할에 따라 인간도 복잡한 형태를 표출하는 다양한 존
재로 파악하는 인간관으로 현대조직이론에서 가장 중시된다.

23 정답 ②

핵심주제 : 공무원 부패

공무원 부패에 대해 사회의 법과 제도상의 결함이나 이러한 것
들에 대한 관리기구와 운영상의 문제 또는 예기치 않았던 부
작용이 부패의 원인으로 작용한다고 보는 입장은 체제론적 접
근이 아니라 제도적 접근에 해당한다.

24

정답 ②

핵심주제 : 역량평가제도

특정 피평가자에 대해 다양한 사람으로부터 입체적이고 다면적인 평가 결과를 도출함으로써 평가의 공정성을 확보할 수 있는 평가제도는 다면평가이다.

25

정답 ①

핵심주제 : 정책집행의 접근법

정책목표의 명확성과 그 실현을 위한 다양한 수단의 필요성을 강조하는 것은 하향적 접근법이다. 합리모형은 정책결정자가 이성과 고도의 합리성에 따라 결정하고 행동한다고 보며, 목표나 가치가 명확하고 고정되어 있다는 가정 아래 목표 달성의 극대화를 위한 합리적 대안을 포괄적으로 탐색 · 평가 · 선택한다.

적과 분담금의 부담에 관한 같은 법 제13조, 그 납부통지에 관한 같은 법 제17조, 제18조 등의 규정 내용에 비추어 교통안전공단이 그 사업목적에 필요한 재원으로 사용할 기금 조성을 위하여 같은 법 제13조에 정한 분담금 납부의무자에 대하여 한 분담금 납부통지는 그 납부의무자의 구체적인 분담금 납부의무를 확정시키는 효력을 갖는 행정처분이라고 보아야 할 것이고, 이는 그 분담금 체납자로부터 국세징수법에 의한 강제징수를 할 수 있음을 정한 규정이 없다고 하여도 마찬가지이다(대법원 2000.9.8. 2000다12716).

행정법

출제 문항 분석

영역	문항 수
행정법통론	4
행정작용법	7
행정법상 의무이행 확보수단	6
행정구제법	8

정답				
01 ②	02 ③	03 ④	04 ④	05 ③
06 ③	07 ②	08 ④	09 ①	10 ③
11 ③	12 ④	13 ②	14 ①	15 ④
16 ①	17 ①	18 ②	19 ①	20 ④
21 ②	22 ③	23 ②	24 ①	25 ①

01
정답 ②

핵심주제 : 행정질서벌

하나의 행위가 2 이상의 질서위반행위에 해당하는 경우에는 각 질서위반행위에 대하여 정한 과태료 중 가장 중한 과태료를 부과한다(질서위반행위규제법 제13조 수개의 질서위반행위의 처리).

02
정답 ③

핵심주제 : 행정법의 원칙

법률우위의 원칙은 행정의 모든 영역, 즉 공법형식이든 사법형식이든 구분 없이 모든 국가작용에 적용된다. 법률우위의 원칙은 국가의 모든 행정작용이 헌법에 부합하는 법률에 위반되어서는 안 된다는 법원칙이다.

03
정답 ④

핵심주제 : 행정행위

구「교통안전공단법」에 의하여 설립된 교통안전공단의 사업목

04 군무원 필수
정답 ④

핵심주제 : 행정소송

행정처분을 취소한다는 확정판결이 있으면 그 취소판결의 형성력에 의하여 당해 행정처분의 취소나 취소통지 등의 별도의 절차를 요하지 아니하고 당연히 취소의 효과가 발생한다(대판 1991.10.11. 90누5443).

오답해설

① 도시 및 주거환경정비법(이하 '도시정비법'이라고 한다)상 주택재개발사업조합의 조합설립인가처분이 법원의 재판에 의하여 취소된 경우 그 조합설립인가처분은 소급하여 효력을 상실하고, 이에 따라 당해 주택재개발사업조합 역시 조합설립인가처분 당시로 소급하여 도시정비법상 주택재개발사업을 시행할 수 있는 행정주체인 공법인으로서의 지위를 상실하므로, 당해 주택재개발사업조합이 조합설립인가처분 취소 전에 도시정비법상 적법한 행정주체 또는 사업시행자로서 한 결의 등 처분은 달리 특별한 사정이 없는 한 소급하여 효력을 상실한다고 보아야 한다(대판 2012.3.29. 2008다95885)

② 행정소송법 제30조 제1항에 의하여 인정되는 취소소송에서 처분 등을 취소하는 확정판결의 기속력은 주로 판결의 실효성 확보를 위하여 인정되는 효력으로서 판결의 주문뿐만 아니라 그 전제가 되는 처분 등의 구체적인 위법사유에 관한 이유 중의 판단에 대하여도 인정되고, 같은 조 제2항의 규정상 특히 거부처분에 대한 취소판결이 확정된 경우에는 그 처분을 행한 행정청은 판결의 취지에 따라 다시 처분을 하여야 할 의무를 부담하게 되므로, 취소소송에서 소송의 대상이 된 거부처분을 실체법상의 위법사유에 기하여 취소하는 판결이 확정된 경우에는 당해 거부처분을 한 행정청은 원칙적으로 신청을 인용하는 처분을 하여야 하고, 사실심 변론종결 이전의 사유를 내세워 다시 거부처분을 하는 것은 확정판결의 기속력에 저촉되어 허용되지 아니한다(대판 2001.3.23. 99두5238).

③ 징계처분의 취소를 구하는 소에서 징계사유가 될 수 없다고 판결한 사유와 동일한 사유를 내세워 행정청이 다시 징계처분을 한 것은 확정판결에 저촉되는 행정처분을 한 것으로서, 위 취소판결의 기속력이나 확정판결의 기판력에 저촉되어 허용될 수 없다(대판 1992.7.14. 92누2912).

05 정답 ③

핵심주제 : 개인정보보호법

공공기관의 장은 대통령령으로 정하는 기준에 해당하는 개인정보파일의 운용으로 인하여 정보주체의 개인 정보 침해가 우려되는 경우에는 그 위험요인의 분석과 개선 사항 도출을 위한 평가를 하고 그 결과를 개인정보보호위원회에 제출하여야 한다(개인정보보호법 제33조 개인정보 영향평가).

06 정답 ③

핵심주제 : 항고소송

행정처분의 무효 확인 또는 취소를 구하는 소가 제소 당시에는 소의 이익이 있어 적법하였는데, 소송계속 중 해당 행정처분이 기간의 경과 등으로 그 효과가 소멸된 때에 처분이 취소되어도 원상회복이 불가능하다고 보이는 경우라도, 무효 확인 또는 취소로써 회복할 수 있는 다른 권리나 이익이 남아 있거나 또는 그 행정처분과 동일한 사유로 위법한 처분이 반복될 위험성이 있어 행정처분의 위법성 확인 내지 불분명한 법률문제에 대한 해명이 필요한 경우에는 행정의 적법성 확보와 그에 대한 사법통제, 국민의 권리구제 확대 등의 측면에서 예외적으로 그 처분의 취소를 구할 소의 이익을 인정할 수 있다. 여기에서 '그 행정처분과 동일한 사유로 위법한 처분이 반복될 위험성이 있는 경우'란 불분명한 법률문제에 대한 해명이 필요한 상황에 대한 대표적인 예시일 뿐이며, 반드시 '해당 사건의 동일한 소송 당사자 사이에서' 반복될 위험이 있는 경우만을 의미하는 것은 아니다(대판 2020.12.24. 2020두30450)

07 정답 ②

핵심주제 : 위임명령

국회입법의 전속사항은 오로지 법률로만 규율되어야 하지만, 국회의 심의를 거쳐야 하는 사항은 반드시 법률로만 규율되어야 하는 것은 아니고 법규명령의 형식으로도 정할 수 있다.

08 정답 ④

핵심주제 : 법규명령

일반적으로 법률의 위임에 의하여 효력을 갖는 법규명령의 경우, 구법에 위임의 근거가 없어 무효였더라도 사후에 법개정으로 위임의 근거가 부여되면 그때부터는 유효한 법규명령이 되나, 반대로 구법의 위임에 의한 유효한 법규명령이 법개정으로 위임의 근거가 없어지게 되면 그때부터 무효인 법규명령이 되므로, 어떤 법령의 위임 근거 유무에 따른 유효 여부를 심사하려면 법개정의 전·후에 걸쳐 모두 심사하여야만 그 법규명령의 시기에 따른 유효·무효를 판단할 수 있다(대판 1995.6.30. 93추83).

09 정답 ①

핵심주제 : 행정조사

행정기관이 조사대상자의 자발적인 협조를 얻어 실시하는 행정조사의 경우 행정조사의 개시와 동시에 출석요구서 등을 조사대상자에게 제시하거나 행정조사의 목적 등을 조사대상자에게 구두로 통지할 수 있다(행정조사기본법 제17조 조사의 사전통지).

〈 작품해석 〉

행정조사기본법 제17조(조사의 사전통지)
다음 각 호의 어느 하나에 해당하는 경우에는 행정조사의 개시와 동시에 출석요구서 등을 조사대상자에게 제시하거나 행정조사의 목적 등을 조사대상자에게 구두로 통지할 수 있다.
1. 행정조사를 실시하기 전에 관련 사항을 미리 통지하는 때에는 증거인멸 등으로 행정조사의 목적을 달성할 수 없다고 판단되는 경우
2. 「통계법」 제3조 제2호에 따른 지정통계의 작성을 위하여 조사하는 경우
3. 제5조 단서에 따라 조사대상자의 자발적인 협조를 얻어 실시하는 행정조사의 경우

10 정답 ③

핵심주제 : 이의신청

과태료의 부과 및 징수에 관한 사항에 대하여는 「행정기본법」 상의 이의신청 규정을 적용하지 않으나, 과징금 부과 및 징수에 관한 사항에 대하여는 「행정기본법」상의 이의신청 규정을 적용한다(행정기본법 제36조 처분에 대한 이의신청).

모르면 간첩

⟨ 작품해석 ⟩
행정기본법 제36조(처분에 대한 이의신청)
다음 각 호의 어느 하나에 해당하는 사항에 관하여는 이 조를 적용하지 아니한다.
1. 공무원 인사 관계 법령에 따른 징계 등 처분에 관한 사항
2. 국가인권위원회법 제30조에 따른 진정에 대한 국가인권위원회의 결정
3. 노동위원회법 제2조의2에 따라 노동위원회의 의결을 거쳐 행하는 사항
4. 형사, 행형 및 보안처분 관계 법령에 따라 행하는 사항
5. 외국인의 출입국 · 난민인정 · 귀화 · 국적회복에 관한 사항
6. 과태료 부과 및 징수에 관한 사항

11 정답 ③

핵심주제 : 손해배상

국가배상법 제2조의 배상책임과 제5조의 공공시설 등의 하자로 인한 책임이 모두 성립하는 경우 피해자는 제2조와 제5조 중 선택하여 배상을 청구할 수 있다.

모르면 간첩

⟨ 작품해석 ⟩
국가배상법 제15조(신청인의 동의와 배상금 지급)
① 배상결정을 받은 신청인은 지체 없이 그 결정에 대한 동의서를 첨부하여 국가나 지방자치단체에 배상금 지급을 청구하여야 한다.
② 배상금 지급에 관한 절차, 지급기관, 지급시기, 그 밖에 필요한 사항은 대통령령으로 정한다.
③ 배상결정을 받은 신청인이 배상금 지급을 청구하지 아니하거나 지방자치단체가 대통령령으로 정하는 기간 내에 배상금을 지급하지 아니하면 그 결정에 동의하지 아니한 것으로 본다.

12 정답 ④

핵심주제 : 행정심판위원회

행정심판위원회가 직접처분을 하였을 때에는 그 사실을 해당 행정청에 통보하여야 하며, 그 통보를 받은 행정청은 행정심판위원회가 한 처분을 자기가 한 처분으로 보아 관계 법령에 따라 관리 · 감독 등 필요한 조치를 하여야 한다(행정심판법 제50조 위원회의 직접 처분).

13 정답 ②

핵심주제 : 행정대집행

피수용자 등이 기업자에 대하여 부담하는 수용대상 토지의 인도의무에 관한 구 토지수용법 63조, 64조, 77조 규정에서의 '인도'에는 명도도 포함되는 것으로 보아야 하고, 이러한 명도의무는 그것을 강제적으로 실현하면서 직접적인 실력행사가 필요한 것이지 대체적 작위의무라고 볼 수 없으므로 특별한 사정이 없는 한 행정대집행법에 의한 대집행의 대상이 되지 않는다(대판 2005.8.19. 2004다2809).

14 정답 ①

핵심주제 : 공법상 계약

시 · 군조합의 설립행위는 공법상 계약이 아니라 합동행위에 해당한다. 시 · 군조합의 설립은 복수당사자간의 동일 방향의 의사합치로 성립된다는 점에서 공법상 합동행위에 해당된다. 계약은 반대 방향의 의사의 합치라는 점에서 합동행위와 다르다.

15 정답 ④

핵심주제 : 신뢰보호원칙

국세기본법 제15조, 제18조 제3항의 규정이 정하는 신의칙 내지 비과세관행이 성립되었다고 하려면 장기간에 걸쳐 어떤 사항에 대하여 과세하지 아니하였다는 객관적 사실이 존재할 뿐만 아니라 과세관청 자신이 그 사항에 대하여 과세할 수 있음을 알면서도 어떤 특별한 사정에 의하여 과세하지 않는다는 의사가 있고 이와 같은 의사가 대외적으로 명시적 또는 묵시적으로 표시될 것임을 요한다고 해석되며, 특히 그 의사표시가 납세자의 추

상적인 질의에 대한 일반론적인 견해표명에 불과한 경우에는 위 원칙의 적용을 부정하여야 한다(대판 1993.7.27. 90누10384).

16 군무원 필수 정답 ①

핵심주제 : 행정쟁송

국가 등 과세주체가 당해 확정된 조세채권의 소멸시효 중단을 위하여 납세의무자를 상대로 제기한 조세채권존재확인의 소는 공법상 당사자소송에 해당한다(대판 2020.3.2. 2017두41771)..

오답해설

② 광주광역시문화예술회관장의 단원 위촉은 광주광역시문화예술회관장이 행정청으로서 공권력을 행사하여 행하는 행정처분이 아니라 공법상의 근무관계의 설정을 목적으로 하여 광주광역시와 단원이 되고자 하는 자 사이에 대등한 지위에서 의사가 합치되어 성립하는 공법상 근로계약에 해당한다고 보아야 할 것이므로, 광주광역시립합창단원으로서 위촉기간이 만료되는 자들의 재위촉 신청에 대하여 광주광역시문화예술회관장이 실기와 근무성적에 대한 평정을 실시하여 재위촉을 하지 아니한 것을 항고소송의 대상이 되는 불합격처분이라고 할 수는 없다(대판 2001.12.11. 2001두7794).

③ '민주화운동관련자 명예회복 및 보상 심의위원회'의 보상금 등의 지급 대상자에 관한 결정은 행정처분에 해당하므로 「민주화운동관련자 명예회복 및 보상 등에 관한 법률」에 따른 보상금 등의 지급을 구하는 소송의 형태는 취소소송이어야 한다(대판 2008.4.17. 2005두16185전원합의체).

④ 공무원연금관리공단의 지급정지처분 여부에 관계없이 개정된 구 공무원연금법시행규칙이 시행된 때부터 그 법 규정에 의하여 당연히 퇴직연금 중 일부 금액의 지급이 정지되는 것이므로, 공무원연금관리공단이 위와 같은 법령의 개정 사실과 퇴직연금 수급자가 퇴직연금 중 일부 금액의 지급정지대상자가 되었다는 사실을 통보한 것은 단지 위와 같이 법령에서 정한 사유의 발생으로 퇴직연금 중 일부 금액의 지급이 정지된다는 점을 알려주는 관념의 통지에 불과하고, 그로 인하여 비로소 지급이 정지되는 것은 아니므로 항고소송의 대상이 되는 행정처분으로 볼 수 없다(대판 2004.12.24. 2003두15195).

17 정답 ①

핵심주제 : 손해배상

국가 또는 지방자치단체라 할지라도 공권력의 행사가 아니고 단순한 사경제의 주체로 활동하였을 경우에는 그 손해배상책임에 국가배상법이 적용될 수 없고 민법상의 사용자책임 등이 인정되는 것이고 국가의 철도운행사업은 국가가 공권력의 행사로서 하는 것이 아니라 사경제적 작용이라 할 것이므로, 이로 인한 사고에 공무원이 간여하였다고 하더라도 국가배상법을 적용할 것이 아니고 일반 민법의 규정에 따라야 하지만, 공공의 영조물인 철도시설물의 설치 또는 관리의 하자로 인한 불법행위를 원인으로 하여 국가에 대하여 손해배상청구를 하는 경우에는 국가배상법이 적용된다(대판 1999.6.22. 99다7008).

오답해설

② 국가배상법이 정한 손해배상청구의 요건인 '공무원의 직무'에는 국가나 지방자치단체의 권력적 작용뿐만 아니라 비권력적 작용도 포함되지만 단순한 사경제의 주체로서 하는 작용은 포함되지 않는다(대판 2004.4.9. 2002다10691).

③ 어떠한 행정처분이 후에 항고소송에서 취소되었다고 할지라도 그 기판력에 의하여 당해 행정처분이 곧바로 공무원의 고의 또는 과실로 인한 것으로서 불법행위를 구성한다고 단정할 수는 없는 것이고, 그 행정처분의 담당공무원이 보통 일반의 공무원을 표준으로 하여 볼 때 객관적 주의의무를 결하여 그 행정처분이 객관적 정당성을 상실하였다고 인정될 정도에 이른 경우에 국가배상법 제2조 소정의 국가배상책임의 요건을 충족하였다고 봄이 상당할 것이며, 이 때에 객관적 정당성을 상실하였는지 여부는 피침해이익의 종류 및 성질, 침해행위가 되는 행정처분의 태양 및 그 원인, 행정처분의 발동에 대한 피해자측의 관여의 유무, 정도 및 손해의 정도 등 제반 사항을 종합하여 손해의 전보책임을 국가 또는 지방자치단체에게 부담시켜야 할 실질적인 이유가 있는지 여부에 의하여 판단하여야 한다(대판 2000.5.12. 99다70600).

④ 공무원이 직무수행 중 불법행위로 타인에게 손해를 입힌 경우에 국가 등이 국가배상책임을 부담하는 외에 공무원 개인도 고의 또는 중과실이 있는 경우에는 불법행위로 인한 손해배상책임을 지고, 공무원에게 경과실이 있을 뿐인 경우에는 공무원 개인은 손해배상책임을 부담하지 아니한다. 이처럼 경과실이 있는 공무원이 피해자에 대하여 손해배상책임을 부담하지 아니함에도 피해자에게 손해를 배상하였다면 그것은 채무자 아닌 사람이 타인의 채무를 변제한 경우에 해당하고, 이는 민법 제469조의 '제3자의 변제' 또는 민법 제744조의 '도의관념에 적합한 비채변제'에 해당하며 피해자는 공무원에 대하여 이를 반환할 의무가 없고, 그에 따라 피해자의

국가에 대한 손해배상청구권이 소멸하여 국가는 자신의 출연 없이 채무를 면하게 되므로, 피해자에게 손해를 직접 배상한 경과실이 있는 공무원은 특별한 사정이 없는 한 국가에 대하여 국가의 피해자에 대한 손해배상책임의 범위 내에서 공무원이 변제한 금액에 관하여 구상권을 취득한다고 봄이 타당하다(대판 2014.8.20. 2012다54478).

18 정답 ②
핵심주제 : 공공기관의 정보공개

정보공개 청구권은 법률상 보호되는 구체적인 권리이므로 청구인이 공공기관에 대하여 정보공개를 청구하였다가 거부처분을 받는 것 자체가 법률상 이익의 침해에 해당한다고 할 것이고, 거부처분을 받은 것 이외에 추가로 어떤 법률상의 이익을 가질 것을 요구하는 것은 아니다(대판 2004.9.23. 2003두1370).

19 정답 ①
핵심주제 : 행정소송

당사자소송은 국가·공공단체 그 밖의 권리주체를 피고로 한다(행정소송법 제39조 피고적격).

20 정답 ④

핵심주제 : 부관

행정행위의 부관은 부담인 경우를 제외하고는 독립하여 행정소송의 대상이 될 수 없는바, 기부채납 받은 행정재산에 대한 사용·수익허가에서 공유재산의 관리청이 정한 사용·수익허가의 기간은 그 허가의 효력을 제한하기 위한 행정행위의 부관으로서 이러한 사용·수익허가의 기간에 대해서는 독립하여 행정소송을 제기할 수 없다(대판 2001.6.15. 99두509).

21 정답 ②
핵심주제 : 행정벌

도로교통법 제118조에서 규정하는 경찰서장의 통고처분은 행정

소송의 대상이 되는 행정처분이 아니므로 그 처분의 취소를 구하는 소송은 부적법하고, 도로교통법상의 통고처분을 받은 자가 그 처분에 대하여 이의가 있는 경우에는 통고처분에 따른 범칙금의 납부를 이행하지 아니함으로써 경찰서장의 즉결심판청구에 의하여 법원의 심판을 받을 수 있게 될 뿐이다(대판 1995.6.29. 95누4674).

22 정답 ③
핵심주제 : 행정행위의 하자

법률에 근거하여 행정처분이 발하여진 후에 헌법재판소가 그 행정처분의 근거가 된 법률을 위헌으로 결정하였다면 결과적으로 행정처분은 법률의 근거가 없이 행하여진 것과 마찬가지가 되어 하자가 있는 것이 되나, 하자 있는 행정처분이 당연무효가 되기 위하여는 그 하자가 중대할 뿐만 아니라 명백한 것이어야 하는데, 일반적으로 법률이 헌법에 위반된다는 사정이 헌법재판소의 위헌결정이 있기 전에는 객관적으로 명백한 것이라고 할 수는 없으므로 헌법재판소의 위헌결정 전에 행정처분의 근거되는 당해 법률이 헌법에 위반된다는 사유는 특별한 사정이 없는 한 그 행정처분의 취소소송의 전제가 될 수 있을 뿐 당연무효사유는 아니라고 봄이 상당하다(대판 1994.10.28. 92누9463).

23 정답 ②
핵심주제 : 행정상 법률관계

광주광역시문화예술회관장의 단원 위촉은 광주광역시문화예술회관장이 행정청으로서 공권력을 행사하여 행하는 행정처분이 아니라 공법상의 근무관계의 설정을 목적으로 하여 광주광역시와 단원이 되고자 하는 자 사이에 대등한 지위에서 의사가 합치되어 성립하는 공법상 근로계약에 해당한다고 보아야 할 것이므로, 광주광역시립합창단원으로서 위촉기간이 만료되는 자들의 재위촉 신청에 대하여 광주광역시문화예술회관장이 실기와 근무성적에 대한 평정을 실시하여 재위촉을 하지 아니한 것을 항고소송의 대상이 되는 불합격처분이라고 할 수는 없다(대판 2001.12.11. 2001두7794).

24
정답 ①

핵심주제 : 행정의 실효성 확보수단

구 「공유재산 및 물품 관리법」에 따라 지방자치단체장은 행정대집행의 방법으로 공유재산에 설치한 시설물을 철거할 수 있고, 이러한 행정대집행의 절차가 인정되는 경우에는 민사소송의 방법으로 시설물의 철거를 구하는 것은 허용되지 아니한다(대판 2017.4.13. 2013다207941).

오답해설

② 한국토지공사는 구 한국토지공사법 제2조, 제4조에 의하여 정부가 자본금의 전액을 출자하여 설립한 법인이고, 같은 법 제9조 제4호에 규정된 한국토지공사의 사업에 관여하는 공익사업을 위한 토지 등의 취득 및 보상에 관한 법률 제89조 제1항, 위 한국토지공사법 제22조 제6호 및 같은 법 시행령 제40조의3 제1항의 규정에 의하여 본래 시·도지사나 시장·군수 또는 구청장의 업무에 속하는 대집행권한을 한국토지공사에게 위탁하도록 되어 있는바, 한국토지공사는 이러한 법령의 위탁에 의하여 대집행을 수권받은 자로서 공무원대집행을 실시함에 따르는 권리·의무 및 책임이 귀속되는 행정주체의 지위에 있다고 볼 것이지 지방자치단체 등의 기관으로서 국가배상법 제2조 소종의 공무원에 해당한다고 볼 것은 아니다(대판 2010.1.28. 2007다82950).

③ 이행강제금은 부작위의무나 비대체적 작위의무 위반의 경우뿐만 아니라 대체적 작위의무 위반에 대하여도 부과될 수 있는 것이다(헌재 2011.10.25. 2009헌바140).

④ 공매통지 자체가 그 상대방인 체납자 등의 법적 지위나 권리·의무에 직접적인 영향을 주는 행정처분에 해당한다고 할 것은 아니므로 다른 특별한 사정이 없는 한 체납자 등은 공매통지의 결여나 위법을 들어 공매처분의 취소 등을 구할 수 있는 것이지 공매통지 자체를 항고소송의 대상으로 삼아 그 취소 등을 구할 수는 없다(대판 2011.3.24. 2010두25527).

25
정답 ①

핵심주제 : 청문

당사자 요청은 행정청의 청문 실시 요건에 해당하지 않는다.

 모르면 간첩

〈 작품해석 〉
행정절차법 제22조(의견청취)
① 행정청이 처분을 할 때 다음 각 호의 어느 하나에 해당하는 경우에는 청문을 한다.
  1. 다른 법령 등에서 청문을 하도록 규정하고 있는 경우
  2. 행정청이 필요하다고 인정하는 경우
  3. 다음 각 목의 처분을 하는 경우
    가. 인허가 등의 취소
    나. 신분·자격의 박탈
    다. 법인이나 조합 등의 설립허가의 취소

2023년도 07월 15일 시행

2023년 기출문제

정답 및 해설

출제 문항 분석

영역	문항 수
문법	2
어문 규정	5
문학	8
비문학	7
한자와 어휘	3

국어

정답

01 ④	02 ③	03 ②	04 ②	05 ④
06 ③	07 ②	08 ③	09 ④	10 ①
11 ④	12 ②	13 ④	14 ③	15 ④
16 ①	17 ③	18 ①	19 ④	20 ①
21 ①	22 ③	23 ④	24 ②	25 ②

01 군무원 필수

정답 ④

핵심주제 : 맞춤법

'아무튼지'는 '의견이나 일의 성질, 형편, 상태 따위가 어떻게 되어 있든지'를 뜻하는 부사로 올바르게 사용되었다.

오답해설

① 붓기 → 부기

'붓기'는 '부종으로 인하여 부은 상태'를 뜻하는 말인 '부기'로 고쳐 써야 옳다. '부기(浮氣)'는 한자어이므로 원칙적으로 사이시옷을 사용하지 않는다.

② 유명세를 타기 → 유명세를 치르기

'유명세(有名稅)'는 '세상에 이름이 널리 알려져 있는 탓으로 당하는 불편이나 곤욕을 속되게 이르는 말'로, 유명하기 때문에 발생하는 불편함을 세금에 빗대어 표현한 것이기 때문에 '주어야 할 돈을 내주다'의 뜻인 '치르다'와 어울린다.

③ 어리버리해 보이는 → 어리바리해 보이는

'어리버리해'는 '정신이 또렷하지 못하거나 기운이 없어 몸을 제대로 놀리지 못하고 있는 상태'를 뜻하는 '어리바리해'로 고쳐 써야 옳다.

02

정답 ③

핵심주제 : 품사

③의 '쓰다'는 '달갑지 않고 싫거나 괴롭다'는 뜻의 형용사이고, 나머지 ① · ② · ④의 '쓰다'는 모두 동사이다.

오답해설

① 쓰다(동사) : 시체를 묻고 무덤을 만들다.

② 쓰다(동사) : 다른 사람에게 베풀거나 내다.

④ 쓰다(동사) : 사람이 죄나 누명 따위를 가지거나 입게 되다.

03

정답 ②

핵심주제 : 사자성어

제시문에서 휴대용 암 진단기가 몸을 간편하게 스캔해 종양을 진단하지만, 종양의 크기 또는 종양의 정확한 위치는 판별할 수는 없다고 그 한계를 설명하고 있다. 그러므로 ㉠에는 휴대용 암 진단기가 모든 기능을 가진 것은 아니라는 의미에서, '하지 못하는 일이 없음'을 뜻하는 '무소불위(無所不爲)'가 들어가는 것이 가장 적절하다.

오답해설

① 변화무쌍(變化無雙) : 변하는 정도가 비할 데 없이 심함

③ 선견지명(先見之明) : 어떤 일이 일어나기 전에 미리 앞을 내다보고 아는 지혜

④ 괄목상대(刮目相對) : 눈을 비비고 상대편을 본다는 뜻으로, 남의 학식이나 재주가 놀랄 만큼 부쩍 늚을 이르는 말

04

정답 ②

핵심주제 : 로마자 표기법

Hong Binna → Hong Bitna

로마자 표기는 소리 나는 대로 적는 것을 원칙으로 하나, 사람의 이름에서 일어나는 음운 변화는 반영하지 않는다. 그러므로 홍빛나가 [홍빈나]로 발음된다고 해서 'Hong Binna'로 표기하면 안 되며, 'Hong Bitna'로 표기해야 옳다.

05 정답 ④

핵심주제 : 어휘

칠칠맞다고 → 칠칠맞지 못하다고

'칠칠맞다'는 '성질이나 일 처리가 반듯하고 아무지다'라는 뜻의 긍정적 의미이다. 그러므로 ④에서처럼 부정적 의미로 사용하려면 '않다, 못하다'와 같은 부정 서술어와 함께 쓰여야 한다. 따라서 '칠칠맞다고'를 '칠칠맞지 못하다'로 고쳐 써야 옳다.

오답해설

① 쇠다 : 명절, 생일, 기념일 같은 날을 맞이하여 지내다.
② 심심(甚深)하다 : 마음의 표현 정도가 매우 깊고 간절하다.
③ 게걸스럽다 : 몹시 먹고 싶거나 하고 싶은 욕심에 사로잡힌 듯하다.

06 정답 ③

핵심주제 : 맞춤법

한글 맞춤법 제39항에 따라 '만만하지 않다'는 어미 '-하지' 뒤에 '않-'이 어울려 '-찮-'이 되어야 하므로, 그 준말은 '만만찮다'로 적어야 옳다.

〈 작품해석 〉

한글 맞춤법 제39항
· -지 + 않- ⇒ -잖-
  예 그렇지 않은 ⇒ 그렇잖은
  예 적지 않은 ⇒ 적잖은
· -하지 + 않- ⇒ -찮-
  예 만만하지 않다 ⇒ 만만찮다
  예 변변하지 않다 ⇒ 변변찮다

07 정답 ②

핵심주제 : 띄어쓰기

읽는데 → 읽는∨데

'읽는데'의 '데'는 '일'이나 '것'의 뜻을 지닌 의존 명사이므로, '읽는∨데'와 같이 앞말과 띄어 써야 옳다.

오답해설

① '이나마'는 어떤 상황이 이루어지거나 어떻다고 말해지기에는 부족한 조건이지만 아쉬운 대로 인정됨을 나타내는 보조사이므로, '몸이나마'와 같이 앞말에 붙여 쓰는 것이 옳다.

③ '만한'은 앞말이 뜻하는 행동을 하는 것이 가능함을 나타내는 말인 보조 형용사 '만하다'의 활용형이므로, '살∨만한'과 같이 본 용언 다음에 띄어 쓰는 것이 옳다.

④ '따위'는 앞에 나온 대상을 낮잡거나 부정적으로 이르는 말인 의존 명사이므로 앞말과 띄어 써야 하고, '는'은 보조사이므로 '따위'에 붙여 '괴로움∨따위는'과 같이 써야 옳다.

08 정답 ③

핵심주제 : 한자어

'敬聽(경청)'은 '공경하는 마음으로 들음'을 뜻하므로, 제시문의 내용상 '귀를 기울여 들음'을 뜻하는 '傾聽(경청)'으로 고쳐 써야 옳다.

오답해설

㉠ 체감(體感) : 몸으로 어떤 감각을 느낌
㉢ 혁파(革罷) : 묵은 기구, 제도, 법령 따위를 없앰
㉣ 일몰(日沒) : 해가 짐

09 정답 ④

핵심주제 : 문법

'갈텐데'에서 '텐데'는 '터인데'의 줄임말이고 '터'는 '처지'나 '형편'을 뜻하는 의존 명사이므로, '갈∨데'와 같이 앞말과 띄어 써야 옳다. 또한 '갈'은 관형사형 어미 '-ㄹ'이 붙어 뒤의 '터'를 꾸미고 있으므로, '-ㄹ∨텐데'와 같이 띄어 써야 옳다. 즉, '-ㄹ∨텐데'가 하나의 단어가 아니기 때문에 국어사전에서 찾을 수 없고, 결국 의존 명사 '터'를 먼저 찾아야 한다.

10 정답 ①

핵심주제 : 비문학

쟁점 제기

제시문은 지적 판단이 필요한 상황에서 합리적 결정을 내릴 수 있는 인공지능을 반길 일인지, 아니면 경계해야 할 일인지 독자들에게 묻고 있다. 즉, 저자는 인공지능이 인류에게 축복이 될지 아니면 재앙이 될지 논지의 쟁점을 제기하고 있는 것이다.

PART 02 **2023**

11

정답 ④

핵심주제 : 속담

사또의 생일인 다음 날 죽을 위기에 처한 춘향이에게 어사또가 '천붕우출'이라며 춘향이를 위로하고 있다. 여기서 '천붕우출(天崩牛出)'이란 '하늘이 무너져도 솟아날 구멍이 있다'는 뜻으로, 아무리 어려운 경우에 처하더라도 살아 나갈 방도가 있음을 암시하고 있다.

오답해설

① 도둑이 제 발 저리다 : 지은 죄가 있으면 자연히 마음이 조마조마하여짐을 비유적으로 이르는 말
② 웃는 낯에 침 못 뱉는다 : 좋은 낯으로 접근해 오는 사람에게는 모질게 굴지 못한다는 말
③ 모로 가도 서울만 가면 된다 : 무슨 수단이나 방법으로라도 목적만 이루면 된다는 말

모르면 간성

〈 작품해석 〉
작자 미상, 〈춘향가〉
• 갈래 : 판소리계 소설
• 성격 : 해학적, 풍자적, 평민적
• 배경 : 조선 후기 전라도 남원 지방
• 제재 : 춘향과 몽룡의 사랑
• 주제 : 신분을 초월한 남녀 간의 사랑
• 특징
    – 해학과 풍자에 의한 골계미가 나타남
    – 언어유희의 말하기 방식이 두드러짐
    – 춘향과 변학도를 중심으로 한 갈등 양상이 뚜렷함

12

정답 ②

핵심주제 : 고전문법

'써잇노라'에서 '–노라'는 자기의 동작을 장중하게 선언하거나 감동의 느낌을 주는 종결 어미로, 현대국어에서 '–고 있다'를 이용해 '(이미) 쓰고 있다'로 해석할 수 있다.

오답해설

① '녇닙희'의 '닙'은 '잎'을 뜻하는 말로 중세국어에서 본래 '닙'이라 표기하였는데, 첫소리의 모음 'ㅣ' 앞에서 'ㄴ'이 탈락하는 두음 법칙에 의해 '잎'이 된 것이다. 그러므로 ㄴ첨가 현상이 표기에 반영된 것은 아니다.
③ 중세국어에서 'ㄱ, ㄴ, ㄷ, ㄹ, ㅁ, ㅂ, ㅅ, ㅇ'은 '초종성통용팔자'라고 하여 초성과 종성에 두루 쓸 수 있었으므로, '닫'과 '좃는가'의 받침 'ㄷ, ㅅ, ㄴ'을 당시의 실제 발음대로 적은 것인지 알 수 없다.
④ '반찬으란'의 '으란'은 현대국어에서 '어떤 대상이 다른 것과 내소됨'을 뜻하는 보조사 '은'에 해낭한다.

모르면 간성

〈 작품해석 〉
윤선도, 〈어부사시사〉
• 갈래 : 연시조
• 성격 : 풍류적, 전원적, 자연친화적
• 제재 : 어촌의 자연과 어부의 삶
• 주제 : 어촌에서 자연을 즐기며 한가롭게 살아가는 여유와 흥취
• 특징
    – 대구적 표현 구조 안에서 다채로운 감각적 묘사를 시도함
    – 여음구와 후렴구가 규칙적으로 등장하여 평시조에 변화를 줌
    – 여음구를 통해 화자의 동선을, 후렴구를 통해 화자의 행동을 보여 줌

13

정답 ④

핵심주제 : 비문학

주어진 글은 공감하는 방법에 대해 설명하고 있다. 제시문의 (라)에서 상대방의 말투, 표정, 자세는 비언어적 표현에 해당하며, 상대방의 관점, 심정, 분위기, 태도에 맞추는 것은 상대방의 감정과 느낌을 헤아리는 행동이다. 그러므로 주어진 글은 제시문의 (라)에 들어가는 것이 가장 적절하다.

14

정답 ③

핵심주제 : 고려가요

고려가요는 기록되어 있던 것을 다시 한글로 기록한 것이 아니라, 구전되어 오던 것을 나중에 한글로 기록한 것이다. 고려가요가 불리던 당시에는 우리말이 없었기 때문에 민요로 구전되다가, 훈민정음 창제 이후 악학궤범, 악장가사, 시용향악보 등에서 한글로 기록되었다.

〈 작품해석 〉

작자 미상, 〈가시리〉
- **갈래** : 고려가요(속요), 서정시
- **성격** : 서정적, 전통적, 여성적, 민요적
- **운율** : 3·3·2조의 3음보
- **어조** : 애상적, 자기희생적
- **제재** : 임과의 이별
- **주제** : 이별의 정한
- **특징**
  - 민족 전통의 정서인 한(恨)의 정서를 형상화 함
  - 한시와 같은 '기–승–전–결'의 4단 구성을 취함
  - 화자의 정서를 간결한 형식에 담아 절묘하게 표현함

15 정답 ④

핵심주제 : 고전 시가

ⓔ의 '셜온 님 보내옵노니'는 '서러운 임을 보내 드린다'는 의미로, 여기서 '서러운 임'은 '서러운'의 주체에 따라 '이별을 서러워하는 임' 또는 '나를 서럽게 하는 임'으로 해석할 수 있다.

오답해설

ⓐ '나논'은 의미 없이 운율을 맞추기 위한 여음구로, 시가에서 일정한 간격을 두고 반복되어 나타나는 말이나 소리이다.

ⓑ '잡ᄉᆞ아 두어리마ᄂᆞᆫ'은 임을 가지 못하게 '붙잡아두고 싶지만'의 의미이다.

ⓒ '선ᄒᆞ면 아니 올셰라'는 '서운하면 오지 않을까 두려워'라는 의미로, 사랑하는 임이 돌아오지 않을까봐 걱정하는 염려의 마음을 담고 있다.

16 정답 ①

핵심주제 : 문장 부호

①은 한 문장 안에 몇 개의 선택적인 물음이 이어진 경우이므로, '너는 중학생이냐, 고등학생이냐?'처럼 맨 끝의 물음에만 물음표(?)를 써야 한다.

17 정답 ③

핵심주제 : 현대 시

ⓒ의 '부끄러운 일이다.'는 친일파 지식인에 대한 비판 정신을

보여주는 것이 아니라, 암울한 현실에 적극적으로 대항하지 못하는 자신의 모습을 반성하고 성찰한 것이다.

〈 작품해석 〉

윤동주, 〈쉽게 씌어진 시〉
- **갈래** : 자유시, 서정시
- **성격** : 저항적, 반성적, 미래지향적
- **제재** : 현실 속의 자신의 삶
- **주제** : 어두운 시대 현실에서 비롯된 고뇌와 자기 성찰
- **특징**
  - 상징적 시어를 대비하여 시적 의미를 강화함
  - 두 자아의 대립과 화해를 통해 시상을 전개함

18 정답 ①

핵심주제 : 현대 시

ⓐ, ⓑ의 '나'는 '침전하는 나'이므로 현실을 극복하려는 적극성이 결여된 현실적 자아이다.

ⓒ의 '나'는 '최후의 나'로 '시대처럼 올 아침'을 기다린다고 하였으므로, 반성을 통해 성숙해진 성찰적 자아이다.

ⓓ의 '나'가 ⓔ의 '나'에게 작은 손을 내민다고 하였으므로, ⓓ의 '나'는 적극적인 성찰적 자아이며 ⓔ의 '나'는 수동적인 현실적 자아이다.

그러므로 ⓐ, ⓑ, ⓔ는 현실적 자아이고, ⓒ, ⓓ는 성찰적 자아이다.

19 정답 ④

핵심주제 : 현대 시

'쉽게 쓰여진 시'에서 작가는 일제 강점기의 암울한 현실 속에서 시를 쉽게 쓰고 있는 것에 대한 부끄러움을 엄격한 자기반성을 통해 성찰하고 있다. 그러므로 '쉽게 쓰여진 시'라는 제목은 시인으로서의 인간적 갈등과 자아 성찰을 담아 어렵게 쓴 작품에 대한 반어적 표현이라고 볼 수 있다.

20 정답 ①

핵심주제 : 비문학

제시문에서 행루오리(幸漏誤罹)는 운 좋게 누락되거나 잘못 걸려드는 것을 말한다고 하였다. 빈칸 뒤의 걸려든 사람만 억울한

것은 '잘못 걸러든 경우'에 해당하므로, 빈칸에는 '운 좋게 누락된 경우'가 들어가면 된다. 똑같이 죄를 지었는데 당국자의 태만이나 부주의로 법망을 빠져나간 경우는 '운 좋게 누락된 경우'에 해당하므로, ①이 빈칸에 들어갈 말로 가장 적절하다.

> **오답해설**
> ② · ③ · ④ 모두 행루오리(幸漏誤罹)의 '잘못 걸러든 경우'에 해당한다.

21   정답 ①

> 핵심주제 : 비문학

제시문은 에이아이(AI) 산업의 모멘텀으로 알파고에 이은 챗지피티의 등장을 주목하면서, 앞으로 이를 활용한 서비스 기업들이 부상할 것으로 내다봤다. 그러면서 글의 말미에 우리나라도 국가 경쟁력을 높이기 위해 많은 서비스 기업들이 나와야 한다고 주문하고 있다. 따라서 제시문의 제목으로는 '챗지피티, 이제 서비스다'가 가장 적절하다.

22   정답 ③

> 핵심주제 : 비문학

제시문의 네 번째 문단에서 챗지피티는 '지식 모델'이 아니고 '언어 모델'이라 정보를 종합하고 추론하는 능력은 매우 우수하지만, 최신 지식은 부족하다고 서술하고 있다. 그러므로 챗지피티가 정보를 종합하여 추론하는 언어 모델이 아니라 최신 정보를 축적하는 지식 모델이라는 ③의 설명은 적절하지 않다.

> **오답해설**
> ① 두 번째 문단에서 챗지피티가 알파고와 다른 점은 대중성이라고 하였다.
> ② 세 번째 문단에 많은 사람이 챗지피티가 모든 산업에 지각변동을 불러일으킬 것으로 기대한다고 서술되어 있다.
> ④ 마지막 문단에서 현재 대형 언어 모델을 만드는 빅테크 기업들이 주목받고 있지만, 실리콘밸리에서는 여러 서비스 기업들이 부상 중이라고 밝히고 있다.

23   정답 ④

> 핵심주제 : 현대 소설

해당 작품에서 주인공은 어디로 가야할지 삶의 방향을 찾지 못하고 방황하지만, 날개를 달고 다시 한 번 비상하기를 소망한다.

즉, 자아 상실의 무기력한 삶에서 벗어나 본래의 자아를 회복하려는 의지를 보여주고 있다.

 모르면 간첩

> 〈 작품해석 〉
> **이상, 〈날개〉**
> • **갈래** : 단편 소설, 심리 소설
> • **성격** : 고백적, 상징적
> • **시점** : 1인칭 주인공 시점
> • **배경** : 시대 – 1930년대 / 장소 – 경성
> • **주제** : 자아가 분열된 삶 속에서 진정한 정체성을 회복하기 위한 내면적 욕구
> • **특징**
>   – 의식의 흐름 기법에 의해 내용이 전개됨
>   – 상징적인 소재로 주제 의식을 드러냄
>   – 공간의 대조를 통해 인물 간의 차이를 보여줌

24   정답 ②

> 핵심주제 : 비문학

'회고적'이란 지나간 일을 돌이켜 생각하는 것으로, 제시문에서 과거를 회상하는 서술 내용은 보이지 않는다.

> **오답해설**
> ① 노인들의 낙상 사고가 잦은 이유와 노화가 빨라지는 원인을 논리적 태도로 서술하고 있다.
> ③ 노년층에게 적극적으로 근력운동을 처방하지 않는 것을 비판적 태도로 서술하고 있다.
> ④ 노인들에 대한 정확한 처방 없이 요양병원만 늘어나는 것에 대해 안타까운 일이라며 동정적 대토로 서술하고 있다.

25   정답 ②

> 핵심주제 : 비문학

(가)의 앞 문장에서는 상사에게 보고할 때 결론부터 말하라고 되어 있고, 뒤 문장에서는 일부러 결론을 뒤로 미뤄 상대의 관심을 끌어야 할 때도 있다고 하였다. 그러므로 (가)에는 앞뒤의 내용이 상반될 때 사용하는 '하지만'이 들어가는 것이 적절하다. (나)의 앞 문장에서는 사무적인 관계라면 쓸데없는 시간과 노력을 들이지 않아도 된다고 하였고, 뒤 문장에서는 라이벌 관계라면 차이가 없는 만큼 미묘한 줄다리기가 필요하다고 하였다. 그러므로 (나)에는 앞뒤의 내용이 상반될 때 사용하는 '하지만'이 들어가는 것이 적절하다.

출제 문항 분석

행
정
학

영역	문항 수
행정학의 기초이론	7
정책론	5
조직론	3
인사행정론	4
재무행정론	3
행정환류론	1
지방행정론	2

정답				
01 ④	02 ②	03 ②	04 ①	05 ②
06 ①	07 ④	08 ②	09 ③	10 ①
11 ④	12 ③	13 ④	14 ②	15 ①
16 ③	17 ④	18 ①	19 ②	20 ③
21 ④	22 ①	23 ④	24 ③	25 ③

01　　　　　　　　　　　　정답 ④

핵심주제 : 비교행정론

비교행정론은 각국의 행정에 영향을 미치는 여러 환경적 요인을 비교하여 행정을 과학화하고 행정 개선전략을 도출하려는 접근방법이므로, 행정학의 기술성보다는 과학성을 강조한다.

02 　　　　　정답 ②

핵심주제 : 동기부여 이론

허츠버그(F. Herzberg)의 욕구충족이론에 의하면 만족요인이 충족되는 경우 동기가 부여된다. 위생요인(hygiene factor)의 충족은 불만을 제거할 뿐이며 직무수행에 대한 동기를 유발하지 못한다.

허츠버그(F. Herzberg)의 욕구충족이론

- 불만요인이 제거된다고 하여 만족하는 것이 아니며, 만족요인이 없다고 해서 불만이 야기되는 것도 아님
- 불만요인(위생요인)의 충족은 불만을 제거할 뿐이며 직무수행에 대한 동기를 유발하지 못함
- 만족요인(동기요인)이 충족되어야 직무수행을 위한 동기가 유발됨

- 구성원들의 만족을 통해 직무동기를 높이기 위해서는 동기요인에 중점을 둔 동기화 전략이 중요하며, 그 처방으로서 직무충실을 제시함

03 　　　　　정답 ②

핵심주제 : 로위(T. J. Lowi)의 정책유형

종합소득세, 임대주택, 노령연금은 로위(T. J. Lowi)의 정책유형 중 재분배정책에 해당한다. 분배정책은 국민에게 권리나 편익·재화·서비스를 제공하는 정책으로 보조금 지급, 국공립학교 교육서비스, SOC(사회간접자본) 구축, 주택자금 대출, 국유지 불하(拂下), 택지분양, 벤처기업 창업지원금 지원, 무의촌 보건진료, 농어촌소득증대사업, 박물관·미술관 건립, 공원 조성, 기업에 대한 수출보조금 지급 및 수출정보 제공 등 주로 급부행정에 해당한다.

04　　　　　　　　　　　　정답 ①

핵심주제 : 조직관리

조직 내 구성원 간의 목표는 다를 수 있으므로 이를 전제로 관리전략을 수립해서는 안 되며, 조직목표와 성과를 달성하기 위한 방향으로 구성원을 조정·통합하는 관리전략이 필요하다.

05　　　　　　　　　　　　정답 ②

핵심주제 : 정책의제

정책의제(policy agenda)란 사회적 문제를 해결하기 위해 정책담당자가 공식적으로 다루기로 한 정책문제이므로, 정부가 적극적으로 개입하여 해결하기 위해 채택한 문제라고 볼 수 있다.

06　　　　　　　　　　　　정답 ①

핵심주제 : 예산제도

준예산은 새로운 회계연도가 개시될 때까지 예산안이 의결되지 못한 때 정부가 예산안이 의결될 때까지 다음의 목적을 위한 경비를 전년도 예산에 준하여 집행하는 것을 말한다.

- 헌법이나 법률에 의하여 설치된 기관 또는 시설의 유지·운영
- 법률상 지출의무의 이행
- 이미 예산으로 승인된 사업의 계속

07 정답 ④

핵심주제 : 추가경정예산

정부는 예산에 변경을 가할 필요가 있을 때 추가경정예산안을 편성하여 국회에 제출할 수 있으나, 국회에서 추가경정예산안이 확정되기 전에 이를 미리 배정하거나 집행할 수 없다.

08 정답 ②

핵심주제 : 지방자치의 기능

지역 간 행정의 통일성 확보는 중앙집권의 장점에 해당한다. 지방자치는 행정상의 의사결정권 등 권한이 지방정부에 위임·분산되어 있으므로 지역 간 행정의 통일성을 확보하기 어렵다.

중앙집권 & 지방분권

중앙집권	지방분권
• 전국적인 계획행정과 강력한 통제행정에 유리 • 국가적 차원의 신속한 위기극복 • 정책의 통일성·안정성·균일성·형평성 유지 • 대규모 사업에 유리 • 행정능률의 향상에 기여	• 행정에 대한 민주통제와 민의반영 강화 • 지역실정에 맞는 행정이 가능 • 자치단체 간의 경쟁 촉진 및 혁신 유도 • 참여와 정치훈련으로 사기 양양 • 일선에서의 신속한 업무 처리

09 정답 ③

핵심주제 : 뉴거버넌스(New Governance)

행정의 경영화와 시장화를 중시하기 때문에 행정과 정치의 관계를 이원론적으로 보는 입장은 신공공관리론이다. 뉴거버넌스는 행정의 정치화와 시민참여를 중시하는 정치·행정 일원론적 입장이다.

10 군무원 필수 정답 ①

핵심주제 : 신공공관리론

신공공관리론은 1980년대 행정의 탈정치화를 강조하면서 작지만 효율적인 정부를 구현하고 시장지향, 성과지향, 고객지향의 개혁을 주장하였다.

오답해설

② 신공공관리론은 행정조직의 확대가 아닌 작고 효율적인 정부를 추구하며, 행정의 공동화를 초래한다는 한계가 있다.
③ 정부, 시장, 시민사회의 평등한 관계를 중시하는 것은 뉴거버넌스이다.
④ 신공공관리론은 과정이나 절차보다 성과나 결과에 가치를 둔다.

11 군무원 필수 정답 ④

핵심주제 : 시장실패

불완전경쟁에 대해서는 정부가 법적·제도적 권위나 규제, 부담금 부과 등을 시장 개입수단으로 활용하는 공적 규제(정부 규제)로 대응할 수 있다.

시장실패에 대한 정부의 대응

• **공적 공급(조직)** : 정부가 조직을 구성하여 시장 개입수단으로 활용
• **공적 유도(유인)** : 정부가 조세감면, 보조금 지급 등의 경제적 유인책을 시장 개입수단으로 활용
• **공적 규제(권위)** : 정부가 법적·제도적 권위나 규제, 부담금 부과 등을 시장 개입수단으로 활용

구분	공적 공급 (조직)	공적 유도 (유인)	공적 규제 (권위)
공공재의 존재	○		
불완전 경쟁 (독과점)			○
자연독점	○		○
외부효과의 발생		○	○
정보의 격차		○	○

12 군무원 필수 정답 ③

핵심주제 : Nakamura & Smallwood의 정책집행유형

고전적 기술자형은 정책결정자가 정책집행자의 활동을 통제하며, 목표를 달성하기 위한 미미한 재량권만을 정책집행자에게 위임하는 유형이다.

① 정책결정자가 집행자에게 광범위한 재량권을 위임하게 되는 유형은 재량적 실험가형이다.

② 고전적 기술자형은 집행자가 많은 재량권을 갖지 않는다.

④ 집행자들이 정책결정자와 목표나 목표달성을 위한 수단에 관하여 협상하는 유형은 협상가형이다.

Nakamura & Smallwood의 정책집행유형

〈고전적 기술자형〉

- 정책결정자가 정책과정 전반을 지배
- 결정자는 구체적인 목표와 내용, 정책수단을 수립
- 결정자는 집행자의 활동을 통제하며, 목표를 달성하기 위한 미미한 재량권(기술적 권한)만을 집행자에게 위임
- 집행자는 결정자가 결정한 정책목표와 내용을 지지하고 이를 실행
- 정책실패 시 그 원인을 집행자의 기술자 능력 부족(기술적 결함) 때문이라고 봄

13   정답 ④

핵심주제 : 점증모형

정보접근성은 합리모형의 논리적 근거에 해당한다. 점증모형은 정보접근이 제약되어 정책결정자의 인지능력, 정보, 시간, 비용 등에 한계가 있음을 인정한다.

오답해설

① 매몰 비용 : 점증모형은 매몰비용과 관련된 정책결정 방법을 설득력 있게 설명한다.

② 실현가능성 : 점증모형은 다양한 이해관계자의 참여와 정치적 합의를 통해 정치적 갈등을 줄이고 실현가능성을 높인다.

③ 제한적 합리성 : 점증모형은 만족모형의 제한된 합리성과 미국 다원주의 사회의 정책적 제약까지 고려한 모형이다.

14   정답 ②

핵심주제 : 공공부문의 민영화

자원봉사(volunteers) 방식은 직접적인 보수는 받지 않으면서 서비스 생산과 관련된 현금지출(실비)만 보상받고 정부를 위해 봉사하는 사람들을 활용하는 방식이다.

15   정답 ①

핵심주제 : 시민사회조직

대체적 → 보완적

비정부조직이 생산하는 공공재나 집합재의 생산비용을 정부가 지원하는 경우에는 정부와 보완적 관계를 형성한다. 대체적 관계는 국가가 공급에 실패한 공공재 · 집합재를 비정부조직이 대신 공급하게 되는 경우에 형성된다.

16   정답 ③

핵심주제 : 엽관제 공무원제도

엽관제(spoils system)는 정치적 요인을 근거로 한 임용 때문에 정권교체 시 대량 경질로 인한 행정의 안정성과 중립성을 저해한다. 엽관제가 공직경질제, 교체임용제, 공직교체제 등으로 불리는 이유이다.

엽관제의 장 · 단점

장점	<ul><li>공무원의 적극적 충성심을 확보</li><li>공직경질제를 통한 공직특권화 방지 및 민주통제 강화</li><li>관료주의화와 공직침체의 방지</li><li>참여기회의 제공으로 평등이념에 부합</li><li>공약실현 및 정당정치 발전에 기여</li><li>지도자의 정치적 리더십 강화</li></ul>
단점	<ul><li>행정의 안정성 · 일관성 · 계속성 · 중립성 저해</li><li>행정능률의 저하, 위인설관(爲人設官)으로 인한 국가예산 낭비</li><li>공직의 정치적 · 행정적 부패, 공익 저해</li><li>공직의 기회균등정신 위배, 임용의 공평성 상실</li><li>관료의 정당사병화</li><li>신분보장의 임의성으로 인한 직업공무원제 성립 저해</li></ul>

17   정답 ④

핵심주제 : 전략적 인적자원관리

전략적 인적자원관리는 인적자원을 조직의 주요한 자산이자 전략적 자원으로 활용하므로, 조직의 전략적 목표달성을 위해 개인의 욕구가 희생되어야 한다고 보지 않는다.

18 정답 ①

핵심주제 : 성과주의 예산

프로그램을 이용하여 장기적인 계획과 연차별 예산이 유기적으로 연계되는 것은 계획예산의 장점에 해당한다.

모르면 간첩

성과주의예산(PBS)의 장점

- 관리층에 효율적인 관리수단을 제공하며, 의사결정력 제고
- 국민과 의회가 정부사업의 목적과 활동을 이해하기 쉬움
- 사업별 산출근거가 제시되므로 의회의 예산심의가 간편함
- 실적평가 및 장기계획 수립 및 실시에 유용하며, 차기 회계연도 예산 반영 가능
- 예산편성에 있어 자원배분의 합리화·효율화에 기여함
- 통제가 아닌 관리 중심의 예산이므로 예산 집행의 자율적 관리 및 신축성 확보가 용이함

19 정답 ②

핵심주제 : 정책(policy)

정책(policy)은 공익 또는 공적 목표를 위한 정부·공공기관의 행정지침이나 주요 결정 및 활동으로, 정부의 정책결정은 행정의 정책결정기능을 강조한 정치행정일원론과 밀접한 관련이 있다.

20 정답 ③

핵심주제 : 정부 규제

정부의 경제적 규제는 기업의 본원적 활동을 제한하는 것이다. 경제적 규제는 경제 질서의 확립·구현을 위해 민간 경제활동에 정부가 직접 개입하여 설립·생산·판매·유통·가격·퇴출 등 기업의 본원적 경제활동 등을 제약한다.

21 정답 ④

핵심주제 : 애드호크라시(Adhocracy)

네트워크조직은 결정과 기획 같은 핵심 기능만 수행하는 조직을 중심에 놓고 다수의 독립된 조직들을 협력 관계로 묶어 수행하는 조직 형태로, 조직의 자체 기능은 핵심 역량 위주로 합리화하고 그 외의 기능은 외부와의 계약을 통해 수행하는 조직형태이다.

22 정답 ①

핵심주제 : 임파워먼트

임파워먼트(empowerment)는 고객 니즈에 대한 신속한 대응과 함께 구성원이 직접 의사결정에 참여하여 현장에서 개선·변혁이 신속 정확하게 이루어지도록 한다. 즉, 임파워먼트는 변화의 장애가 되는 일체의 요소를 즉각 제거한다.

23 정답 ④

핵심주제 : 고위공무원단

경력개방형직위제도는 개방형 직위 중 특히 공직 외부의 경험과 전문성을 적극 활용할 필요가 있는 직위를 공직 외부에서만 적격자를 선발하는 제도이다. 즉, 경력개방형직위에 공무원은 지원하지 못한다.

24 정답 ③

핵심주제 : 직업공무원제

계급제 → 직위분류제

팬들턴법은 1883년에 제정된 미국의 공무원임용법으로 엽관주의의 폐해를 막고자 실적주의 원칙을 도입하였고, 직위분류제 형태로 전문행정가 중심의 행정체제를 제도화하였다.

25 정답 ③

핵심주제 : 행정서비스

지방자치법 제3조 1항에 '지방자치단체는 법인으로 한다.'고 명시되어 있다. 즉, 지방자치단체는 독자적인 법인격을 가지며 국가의 위임사무나 자치사무를 수행한다.

출제 문항 분석

행정법

영역	문항 수
행정법통론	4
행정작용법	10
행정법상 의무이행 확보수단	3
행정구제법	8

정답

01 ③	02 ①	03 ③	04 ②	05 ①
06 ③	07 ④	08 ②	09 ②	10 ④
11 ①	12 ④	13 ③	14 ②	15 ④
16 ③	17 ①	18 ③	19 ②	20 ②
21 ②	22 ④	23 ④	24 ②	25 ①

01 군무원 필수 ★ 　　정답 ③

핵심주제 : 행정법의 원칙

행정청은 공익 또는 제3자의 이익을 현저히 해칠 우려가 있는 경우를 제외하고는 행정에 대한 국민의 정당하고 합리적인 신뢰를 보호하여야 한다(행정기본법 제12조 신뢰보호의 원칙).

02 　　정답 ①

핵심주제 : 행정행위

상대방 있는 행정처분은 특별한 규정이 없는 한 의사표시에 관한 일반법리에 따라 상대방에게 고지되어야 효력이 발생하고, 상대방 있는 행정처분이 상대방에게 고지되지 아니한 경우에는 상대방이 다른 경로를 통해 행정처분의 내용을 알게 되었다고 하더라도 행정처분의 효력이 발생한다고 볼 수 없다(대판 2019.8.9. 2019두38656).

03 군무원 필수 ★ 　　정답 ③

핵심주제 : 부관

부관은 해당 처분의 목적을 달성하기 위하여 필요한 최소한의 범위여야 한다.

오답해설

① 행정청은 부관을 붙일 수 있는 처분의 경우 그 처분을 한 후에도 당사자의 동의가 있다면 부관을 새로 붙일 수 있다.

② 행정청은 처분에 재량이 있는 경우에는 법률에 근거가 없어도 부관을 붙일 수 있다.

④ 부담은 행정행위의 불가분적인 요소가 아니며, 부담 그 자체를 독립하여 행정쟁송의 대상으로 할 수 있다.

〈 법령 〉

행정기본법
제17조(부관) ④ 부관은 다음 각 호의 요건에 적합하여야 한다.
1. 해당 처분의 목적에 위배되지 아니할 것
2. 해당 처분과 실질적인 관련이 있을 것
3. 해당 처분의 목적을 달성하기 위하여 필요한 최소한의 범위일 것

04 　　정답 ②

핵심주제 : 행정행위

처분의 근거 법령이 행정청에 처분의 요건과 효과 판단에 일정한 재량을 부여하였는데도, 행정청이 자신에게 재량권이 없다고 오인한 나머지 처분으로 달성하려는 공익과 그로써 처분상대방이 입게 되는 불이익의 내용과 정도를 전혀 비교형량 하지 않은 채 처분을 하였다면, 이는 재량권 불행사로서 그 자체로 재량권 일탈·남용으로 해당 처분을 취소하여야 할 위법사유가 된다(대판 2019.7.11. 2017두38874).

05 　　정답 ①

핵심주제 : 손해배상

「국가배상법」이 정한 손해배상청구의 요건인 '공무원의 직무'에는 국가나 지방자치단체의 권력적 작용뿐만 아니라 비권력적 작용도 포함되지만, 단순한 사경제의 주체로서 하는 작용은 포함되지 아니한다(대판 1999.11.26. 98다47245).

06

정답 ③

핵심주제 : 정보공개제도

정보공개제도는 공공기관이 보유 · 관리하는 정보를 그 상태대로 공개하는 제도라는 점 등에 비추어 보면, 정보공개를 구하는 자가 공개를 구하는 정보를 행정기관이 보유 · 관리하고 있을 상당한 개연성이 있다는 점을 입증함으로써 족하다 할 것이다(대판 2014.6.12. 2013두4309).

오답해설

① 정보의 공개 및 우송에 드는 비용은 실비(實費)의 범위에서 청구인이 부담한다.

② 사립대학교도 정보공개를 할 의무가 있는 공공기관에 해당한다.

④ 국내에 사무소를 두고 있는 외국법인 또는 외국단체는 목적과 상관없이 정보공개를 청구할 수 있다.

07

정답 ④

핵심주제 : 손실보상

사업인정의 고시 절차를 누락한 경우 이는 절차상의 위법으로서 수용재결 단계 전의 사업인정 단계에서 다툴 수 있는 취소 사유에 해당하기는 하나, 더 나아가 그 사업인정 자체를 무효로 할 중대하고 명백한 하자라고 보기는 어렵고, 따라서 이러한 위법을 들어 수용재결처분의 취소를 구하거나 무효확인을 구할 수는 없다(대판 2000.10.13. 2000두5142).

08

정답 ②

핵심주제 : 공법 · 사법관계

공기업 · 준정부기관이 계약에 근거한 권리행사로서 입찰참가자격 제한 조치를 하였더라도 입찰참가자격 제한 조치는 행정처분이 아니라, 사법상 통지로서 항고소송 대상이 아니다.

09

정답 ②

핵심주제 : 대법원 판례

같은 정도의 비위를 저지른 자들 사이에 있어서도 그 직무의 특성 등에 비추어, 개전의 정이 있는지 여부에 따라 징계의 종류의 선택과 양정에 있어서 차별적으로 취급하는 것은 사안의 성질에 따른 합리적 차별로서 이를 자의적 취급이라고 할수 없는 것이어서 평등원칙 내지 형평에 반하지 아니한다(대판 1999.8.20. 99두2611).

10

정답 ④

핵심주제 : 재건축 · 재개발사업

「도시 및 주거환경정비법」상 조합설립추진위원회 구성승인처분을 다투는 소송 계속 중에 조합설립인가처분이 이루어진 경우에는 추진위원회 구성승인처분에 위법이 존재하여 조합설립인가 신청행위가 무효라는 점 등을 들어 직접 조합설립인가처분을 다툼으로써 정비사업의 진행을 저지하여야 하고, 이와는 별도로 추진위원회 구성승인처분에 대하여 취소 또는 무효확인을 구할 법률상의 이익은 없다(대판 2013.1.31. 2011두11129).

11

정답 ①

핵심주제 : 행정계획

국립대학인 서울대학교의 '94학년도 대학입학고사 주요요강'은 사실상의 준비행위 내지 사전안내로서 행정쟁송의 대상이 될 수 있는 행정처분이나 공권력의 행사는 될 수 없지만 그 내용이 국민의 기본권에 직접 영향을 끼치는 내용이고 앞으로 법령의 뒷받침에 의하여 그대로 실시될 것이 틀림없을 것으로 예상되어 그로 인하여 직접적으로 기본권 침해를 받게 되는 사람에게는 사실상의 규범작용으로 인한 위험성이 이미 현실적으로 발생하였다고 보아야 할 것이므로 이는 헌법소원의 대상이 되는 소정의 공권력행사에 해당된다(헌재결 1992.10.1. 92헌마68, 76).

12

정답 ④

핵심주제 : 행정행위

행정행위를 한 처분청은 그 행위에 하자가 있는 경우에는 별도의 법적 근거가 없더라도 스스로 이를 취소할 수 있고, 다만 수익적 행정처분을 취소할 때에는 이를 취소해야 할 공익상의 필요와 그 취소로 인하여 당사자가 입게 될 기득권과 신뢰보호 및 법률생활 안정의 침해 등 불이익을 비교 · 교량한 후 공익상의 필요가 당사자가 입을 불이익을 정당화할 만큼 강한 경우에 한하여 취소할 수 있다(대판 2008.11.13. 2008두8628).

13 정답 ③

핵심주제 : 행정지도

행정기관은 행정지도의 상대방이 행정지도에 따르지 아니하였다는 것을 이유로 불이익한 조치를 하여서는 아니 된다(행정절차법 제48조 2항).

14 정답 ②

핵심주제 : 행정강제

「행정대집행법」에 따른 행정대집행에서 건물의 점유자가 철거의무자일 때에는 건물철거의무에 퇴거의무도 포함되어 있는 것이어서 별도로 퇴거를 명하는 집행권원이 필요하지 않다(대판 2017.4.28. 2016다213916).

15 정답 ④

핵심주제 : 법률관계

개발부담금 부과처분이 취소된 이상 그 후의 부당이득으로서의 과오납금 반환에 관한 법률관계는 단순한 민사관계에 불과한 것이고, 행정소송절차에 따라야 하는 관계로 볼 수 없다(대판 1995.12.22. 94다51253).

16 정답 ③

핵심주제 : 헌법재판소와 대법원 판례

법령이 특정한 행정기관 등으로 하여금 다른 행정기관을 상대로 제재적 조치를 취할 수 있도록 하면서, 그에 따르지 않으면 그 행정기관에 대하여 과태료를 부과하거나 형사처벌을 할 수 있도록 정하는 경우, 권리구제나 권리보호의 필요성이 인정된다면 예외적으로 그 제재적 조치의 상대방인 행정기관 등에게 항고소송 원고로서의 당사자능력과 원고적격을 인정할 수 있다(대판 2018.8.1. 2014두35379).

17 정답 ①

핵심주제 : 행정절차

「국가공무원법」상 직위해제처분은 당해 행정작용의 성질상 행

정절차를 거치기 곤란하거나 불필요하다고 인정되는 사항 또는 행정절차에 준하는 절차를 거친 사항에 해당하므로, 처분의 사전통지 및 의견청취 등에 관한 「행정절차법」의 규정이 별도로 적용되지 않는다(대판 2014.5.16. 2012두26180).

18 정답 ③

핵심주제 : 행정행위

사증발급의 법적 성질, 출입국관리법의 입법 목적, 사증발급 신청인의 대한민국과의 실질적 관련성, 상호주의원칙 등을 고려하면 우리 출입국관리법의 해석상 외국인에게는 사증발급 거부처분의 취소를 구할 법률상 이익이 인정되지 않는다(대판 2018.5.15. 2014두42506).

19 정답 ①

핵심주제 : 공공의 영조물

「도로교통법」 제3조 제1항에 의하여 특별시장·광역시장·제주특별자치도지사 또는 시장·군수의 권한으로 규정되어 있는 도로에서 경찰서장 등이 설치·관리하는 신호기의 하자로 인한 「국가배상법」 제5조에 따라 지방자치단체는 사무의 귀속 주체로서, 국가는 비용부담자로서 배상의 책임을 진다(대판 1999.6.25. 99다11120).

20 정답 ②

핵심주제 : 행정심판

행정심판의 재결은 피청구인인 행정청을 기속하는 효력을 가지므로 재결청이 취소심판의 청구가 이유 있다고 인정하여 처분청에 처분을 취소할 것을 명하면 처분청으로서는 재결의 취지에 따라 처분을 취소하여야 하지만, 나아가 재결에 판결에서와 같은 기판력이 인정되는 것은 아니어서 재결이 확정된 경우에도 처분의 기초가 된 사실관계나 법률적 판단이 확정되고 당사자들이나 법원이 이에 기속되는 모순되는 주장이나 판단을 할 수 없게 되는 것은 아니다(대판 2015.11.27. 2013다6759).

21 정답 ②

핵심주제 : 개인정보보호

개인정보처리자는 정보주체가 필요한 최소한의 정보 외의 개인정보 수집에 동의하지 아니한다는 이유로 정보주체에게 재화 또는 서비스의 제공을 거부하여서는 아니 된다(개인정보보호법 제16조 개인정보의 수집 제한)

22 정답 ④

핵심주제 : 헌법재판소와 대법원의 판례

당사자의 신청을 받아들이지 않은 거부처분이 재결에서 취소된 경우에 행정청은 종전 거부처분 또는 재결 후에 발생한 새로운 사유를 내세워 다시 거부처분을 할 수 있다. 그 재결의 취지에 따라 이전의 신청에 대하여 다시 어떠한 처분을 하여야 할지는 처분을 할 때의 법령과 사실을 기준으로 판단하여야 하기 때문이다(대판 2017.10.31. 2015두45045).

23 정답 ④

핵심주제 : 개인적 공권

환경부장관의 생태 · 자연도 등급결정으로 1등급 권역의 인근 주민들이 가지는 환경상 이익은 환경보호라는 공공의 이익이 달성됨에 따라 반사적으로 얻게 되는 이익에 불과하므로 등급변경처분의 무효확인을 구할 원고적격이 없다(대판 2014.2.21. 2011두29052).

24 정답 ②

핵심주제 : 행정처분

법령상 토사채취가 제한되지 않는 산림 내에서의 토사채취에 대하여 국토와 자연의 유지, 환경보전 등 중대한 공익상 필요를 이유로 그 허가를 거부할 수 있다(대판 2007.6.15. 2005두9736).

25 정답 ①

핵심주제 : 행정소송

「공기업 · 준정부기관 계약사무규칙」에 따른 낙찰적격 세부기준은 공공기관이 사인과 사이의 계약관계를 공정하고 합리적 · 효율적으로 처리할 수 있도록 관계 공무원이 지켜야 할 계약사무 처리에 관한 필요한 사항을 규정한 것으로서 공공기관의 내부 규정에 불과하여 대외적 구속력이 없는 것임을 알 수 있다(대판 2014.12.24. 2010두6700).

앞말을 지정하여 어떤 사실을 부정하는 뜻을 강조하는 보조사 '는커녕'은 앞 말과 붙여 써야 옳다.

02 정답 ②

핵심주제 : 문법

'살펴보다'는 동사 '살피다'와 동사 '보다'가 결합하여 만들어진 합성어로, 두 개의 실질 형태소가 결합하여 하나의 단어가 된 말이다.

오답해설

① '교육자답다'는 '교육자'라는 어근에 '특성이나 자격이 있음'을 뜻하는 접미사 '−답다'가 결합한 파생어이다.
③ '탐스럽다'는 '탐'이라는 어근에 '그러한 성질이 있음'을 뜻하는 접미사 '−스럽다'가 결합한 파생어이다.
④ '순수하다'는 '순수'라는 어근에 형용사를 만드는 접미사 '−하다'가 결합한 파생어이다.

03 정답 ④

핵심주제 : 사자성어

전화위복(轉禍爲福)은 '재앙과 근심, 걱정이 바뀌어 오히려 복이 됨'을 뜻하는 사자성어로, 좋지 않은 일이 오히려 좋은 일로 바뀌는 것을 말한다. 그러므로 ④는 "이번에 우리 팀이 크게 진 것을 전화위복(轉禍爲福)으로 여기자."로 고쳐 써야 사자성어의 쓰임이 적절하다.

오답해설

① 견강부회(牽强附會) : 이치에 맞지 않는 말을 억지로 끌어 붙여 자기에게 유리하게 함
② 호시우보(虎視牛步) : 범처럼 노려보고 소처럼 걷는다는 뜻으로, 예리한 통찰력으로 꿰뚫어 보며 성실하고 신중하게 행동함을 이르는 말
③ 도청도설(道聽塗說) : 길에서 듣고 길에서 말한다는 뜻으로, 길거리에 퍼져 돌아다니는 뜬소문을 이르는 말

2022년
기출문제
정답 및 해설

국어

출제 문항 분석

영역	문항 수
문법	4
어문 규정	4
문학	4
비문학	7
한자와 어휘	6

정답

01 ③	02 ②	03 ④	04 ④	05 ①
06 ②	07 ③	08 ②	09 ③	10 ①
11 ①	12 ④	13 ③	14 ③	15 ②
16 ④	17 ②	18 ①	19 ④	20 ①
21 ②	22 ②	23 ④	24 ①	25 ④

01 군무원 필수 정답 ③

핵심주제 : 띄어쓰기

'좀∨더∨큰∨것'처럼 단음절로 된 단어가 연이어 나타날 때는 붙여 쓸 수 있다는 한글 맞춤법 규정에 따라 '좀더∨큰것'으로 붙여 쓸 수 있다.

오답해설

① → 지난달에 나는 딸도 만날∨겸 여행도 할∨겸 미국에 다녀왔어.
'이달의 바로 앞의 달'을 의미하는 '지난달'은 한 단어이므로 붙여 써야 옳고, '두 가지 이상의 동작이나 행위를 아울러 함'을 의미하는 '겸'은 의존 명사이므로 앞말과 띄어 써야 한다.
② → 이 회사의 경비병들은 물샐틈없이 경비를 선다.
'물샐틈없이'는 '조금도 빈틈이 없이'라는 뜻의 부사로, 한 단어이므로 붙여 써야 옳다.
④ → 그 사람은 감사하기는커녕 적게 주었다고 원망만 하더라.

04 군무원 필수 정답 ④

핵심주제 : 한자어

①·②·③의 '마'는 모두 '磨(갈 마)' 자를 사용하나, ④의 '마'는

PART 03 2022

'痲(저릴 마)' 자를 사용한다.
① 마모(磨耗)
② 절차탁마(切磋琢磨)
③ 연마(研磨/練磨/鍊磨)
④ 마비(痲痺)

05 정답 ①
핵심주제 : 띄어쓰기

'한'은 관형사이고 '번'은 '일의 차례나 횟수'를 나타내는 의존 명사이므로 '한∨번'처럼 띄어 써야 옳다. '두∨번', '세∨번', '네∨번'도 마찬가지로 띄어 써야 한다.

오답해설
② '지난 어느 때나 기회'를 의미하는 '한번'은 명사로, 한 단어이므로 붙여 쓴다.
③ 어떤 행동이나 상태를 강조하는 뜻을 나타내는 말인 '한번'은 부사로, 한 단어이므로 붙여 쓴다.
④ 어떤 일을 시험 삼아 시도함을 나타내는 말인 '한번'은 부사로, 한 단어이므로 붙여 쓴다.

06 정답 ②
핵심주제 : 비문학

제시문에 따르면 자연은 인간이 배워야 할 진리이며 모든 행동의 도덕적 및 실용적 규범이며 지침이며 길이라고 하였다. 또한 자연은 정복과 활용이 아니라 감사와 보존의 대상이라고 하였다. 그러므로 글쓴이는 세계의 모든 현상과 그 변화의 근본원리가 자연에 있다고 보는 자연주의자이다.

오답해설
① 낭만주의 : 꿈이나 공상의 세계를 동경하고 감상적인 정서를 중시하는 창작 태도
③ 신비주의 : 우주를 움직이는 신비스러운 힘의 감지자인 신이나 존재의 궁극 원인과의 합일은 합리적 추론이나 정하여진 교리 및 의식의 실천을 통하여서는 이루어질 수 없고 초이성적 명상이나 비의(祕儀)를 통하여서만 가능하다고 보는 종교나 사상
④ 실용주의 : 실제 결과가 진리를 판단하는 기준이라고 주장하는 철학 사상으로, 행동을 중시하며 사고나 관념의 진리성은 실험적인 검증을 통하여 객관적으로 타당한 것이어야 한다는 주장

07 정답 ③
핵심주제 : 비문학

자연은 정복과 활용이 아니라 감사와 보존의 대상이라는 제시문의 주제가 문단의 끝에 위치하고 있다. 그러므로 제시문의 구성 방식은 중심 내용이 문단이나 글의 끝부분에 오는 미괄식이다.

08 정답 ②
핵심주제 : 비문학

제시문의 첫 번째 단락에서 인간이 후천적, 인위적으로 구조를 만들었다고 생각하는 것은 잘못이며, 인간은 단지 구조되어 있는 질서에 참여할 뿐이라고 하였다. 또한 두 번째 단락에서 구조란 의식되지 않는 가운데 인간 문화의 기저에서 인간의 행위를 규정함을 뜻하고, 여기에서 인간은 무의식적 주체라고 하였다. 그러므로 주체의 의식적 사유와 행위에 의해 새로운 문화 질서가 창조된다는 ②의 설명은 라캉의 생각과 다르다.

09 정답 ③
핵심주제 : 현대문학

작품에서 시적 화자는 해바라기의 중심을 생의 근원을 향한 아폴로의 호탕한 눈동자로, 해바라기 씨를 의욕의 씨로 묘사하고 있다. 그러므로 해바라기의 외양 묘사를 통해 나타는 '생명에 대한 강렬한 의욕'이 시의 주제로 가장 적절하다.

모르면 간성
〈 작품해석 〉
김광섭, 〈해바라기〉
• 갈래 : 자유시, 서정시
• 성격 : 비유적, 시각적, 감각적, 예찬적
• 어조 : 의욕적
• 주제 : 해바라기를 통해 보는 생명에 대한 강한 의욕

10 정답 ①
핵심주제 : 비문학

첫 번째 단락에서는 수학 이외의 다양한 분야에서 '방정식'이라는 용어의 적절할 사용 사례를 제시하고 있다. 두 번째 단락에

서는 상황에 영향을 미치는 변수의 개수에 따라 m원 방정식, 상황의 복잡도에 따라 n차 방정식으로 구분할 필요가 있음을 제안하고 있다. 그러므로 '수학 용어의 올바른 활용'이 제시문의 제목으로 가장 적절하다.

11 　　　　　　　　　　　　　　정답 ①

핵심주제 : 비문학

㉠ 앞쪽 / ㉡ 뒤쪽 / ㉢ 앞쪽

먼 곳의 물체가 흐리게 보이는 근시는 망막의 앞쪽에 초점이 맺혀 초점이 맞지 않는 상이 망막에 맺히기 때문이다. 그런데 물체가 눈에 가까워지면 망막의 ㉠ (앞쪽)에 맺혔던 초점이 ㉡ (뒤쪽)으로 이동하여 망막에 초점이 맺히게 되므로, 흐리게 보이던 물체가 선명하게 보인다. 또한 근시가 심할수록 눈 속에 맺히는 초점이 망막으로부터 더 ㉢ (앞쪽)에 맺히게 되어 가까운 곳의 잘 보이는 거리가 더 짧아진다.

12 군무원 필수　　　　　　　　　　정답 ④

핵심주제 : 사자성어

㉠은 좋지 않은 일이 반복적으로 일어나는 상황을 묘사한 것이므로 설상가상(雪上加霜), 전호후랑(前號後狼), 복불단행(福不單行)과 그 의미가 일치한다. 고장난명(孤掌難鳴)은 외손뼉만으로는 소리가 울리지 않는다는 뜻으로, 혼자의 힘만으로 어떤 일을 이루기가 어려움을 이르는 말이다.

오답해설

① 설상가상(雪上加霜) : '눈 위에 서리가 덮인다.'는 뜻으로, 난처한 일이나 불행한 일이 잇따라 일어남을 이르는 말
② 전호후랑(前號後狼) : '앞문에서 호랑이를 막고 있으려니까 뒷문으로 이리가 들어온다.'는 뜻으로, 재앙이 끊일 사이 없이 닥침을 비유적으로 이르는 말
③ 복불단행(福不單行) : '복은 홀로 오지 않는다.'는 뜻으로, 화를 동반하여 나쁜 일도 함께 일어남을 이르는 말

13 　　　　　　　　　　　　　　정답 ③

핵심주제 : 한자어

'아수라장(阿修羅場)'은 한자어끼리 결합한 단어로, 싸움이나 그밖의 다른 일로 큰 혼란에 빠진 곳 또는 그런 상태를 뜻한다.

오답해설

① 가욋돈(加외돈) : 한자어와 고유어가 결합한 단어로, 정해진 기준이나 정도를 넘어서는 돈을 뜻한다.
② 고자질(告者질) : 한자어와 고유어가 결합한 단어로, 남의 잘못이나 비밀을 일러바치는 짓을 뜻한다.
④ 관자놀이(貫子놀이) : 한자어와 고유어가 결합한 단어로, 귀와 눈 사이의 맥박이 뛰는 곳을 말한다.

14 　　　　　　　　　　　　　　정답 ③

핵심주제 : 고전문학

해당 작품은 매화를 꺾어 임 계신 곳에 보내고 싶다며 임에 대한 애절한 그리움과 충절을 노래하고 있다. 마찬가지로 ③의 홍랑의 시조도 묏버들을 꺾어 보내며 임에 대한 그리움을 드러내고 있다. 그러므로 주어진 작품과 내용 및 주제가 가장 비슷한 것은 ③의 홍랑의 시조이다.

오답해설

① 이황의 〈도산십이곡〉으로, 학문 수양에 정진하겠다는 다짐을 드러내고 있다.
② 조식의 시조로, 임금의 승하 소식을 듣고 슬픈 심정을 노래하고 있다.
④ 박인로의 시조로, 돌아가신 어머니에 대한 그리움과 안타까움을 드러내고 있다.

호르면 간섭

〈 작품해석 〉
정철, 〈사미인곡〉
• 갈래 : 양반 가사, 서정 가사
• 성격 : 서정적, 연모적
• 주제 : 임을 향한 일편단심(연군지정)
• 특징
　– 여성의 목소리에 의탁해 임(임금)에 대한 애절한 그리움과 충절을 노래함
　– 본사는 계절의 흐름에 따라 시상을 전개함
　– 다양한 비유와 상징적 기법을 통해 정서를 효과적으로 드러냄

15 군무원 필수　　　　　　　　　　정답 ②

핵심주제 : 어문 규정

깡총강총(X) → 깡충강충(O)

'깡총깡총'은 비표준어로, '짧은 다리를 모으고 자꾸 힘 있게 솟구쳐 뛰는 모양'을 뜻하는 '깡충깡충'이 표준어이다.

오답해설

① 발가숭이 : '옷을 모두 벗은 알몸뚱이'라는 뜻의 표준어이다.

③ 뻗정다리 : '벋정다리'의 센말로 표준어이다.

④ 오뚝이 : '밑을 무겁게 하여 아무렇게나 굴려도 오뚝오뚝 일어서는 어린아이들의 장난감'을 뜻하는 표준어이다.

16 정답 ④

핵심주제 : 문법

'주무시다'와 '가다'의 두 용언 중 마지막 용언인 '가다'에 선어말 어미인 '-시-'가 사용되었고, '자다'에 대한 높임의 특수 어휘인 '주무시다'도 사용하고 있으므로, 주어진 제시문의 조건들을 모두 포괄하고 있다.

오답해설

① 높임의 특수 어휘인 '편찮다'와 선어말 어미인 '-시-'가 사용되었으나, 여러 개의 용언이 함께 사용된 경우가 아니다.

② '돌아보다'와 '부탁하다'의 두 용언에 선어말 어미인 '-시-'를 사용하였고, 높임의 특수 어휘도 사용되지 않았다.

③ 마지막 용언인 '웃었다'에 선어말 어미인 '-시-'가 사용되었으나, 높임의 특수 어휘는 사용되지 않았다.

17 정답 ②

핵심주제 : 비문학

유추란 비슷한 대상이나 사실, 개념과의 대비를 통해 전개하는 방식으로, 주어진 제시문에는 유추의 설명 방식이 나타나 있지 않다.

오답해설

① 정의는 어떤 대상이나 용어의 의미, 법칙 등을 명백히 밝혀 진술하는 방식으로, 제시문의 두 번째 단락에서 자막을 '관객이나 시청자가 읽을 수 있도록 화면에 보여 주는 글자'로 정의하고 있다.

③ 예시는 구체적인 사례를 제시하여 일반적인 원리나 법칙 등을 구체화하는 방식으로, 제시문의 첫 번째 단락에서 텔레비전에 사용되는 여러 종류의 자막을 구체적인 사례를 들어 설명하고 있다.

④ 대조는 대상들 간의 차이점을 들어 서술하는 방식으로, 제시문의 두 번째 단락에서 텔레비전의 자막과 영화의 자막을 대조하여 설명하고 있다.

18 정답 ①

핵심주제 : 비문학

제시문의 서두에서 세계 각국의 정부들이 환경보호 조치를 공격적으로 취해왔음을 언급하고 있고, (나)에서 이러한 환경보호 조치로 인해 성과가 있었음을 사례를 덧붙여 설명하고 있다. (가)에서는 역접의 접속사 '그러나'를 사용해 환경보호 조치가 실패한 경우도 있었음을 설명하고 있으며, 마지막으로 (다)에서는 (나)에서 언급한 환경보호 조치의 실패 사례를 예시하고 있다. 그러므로 제시문은 (나) → (가) → (다)순으로 배열되어야 문맥상 적절하다.

19 정답 ④

핵심주제 : 현대 시

흰 수건, 흰 고무신, 흰 저고리 치마, 흰 띠는 우리 민족이 '흰옷'을 주로 입는 백의민족(白衣民族)이라는 점에서 '우리 민족'을 형상화한 대유법이 사용되었다. 마찬가지로 ④에서 '칼날'은 '고통, 아픔, 위험'의 속성을 상징하는 대유법이다.

오답해설

① '내 누님'을 '꽃'과 같다고 직접적으로 표현한 직유법이 사용되었다.

② '나의 마음'이라는 원관념을 '고요한 물결'이라는 보조관념으로 표현한 은유법이 사용되었다.

③ 무생물인 '파도'를 생물인 것처럼 표현한 활유법이 사용되었다.

모르면 간첩

〈 작품해석 〉

윤동주, 〈슬픈 족속〉

• 갈래 : 자유시, 서정시

• 성격 : 관조적

• 주제 : 우리 민족의 고단한 삶에 대한 연민

• 특징

  – 흰 색의 이미지를 통해 우리 민족의 모습을 형상화 함

  – 현재형 시제로 대상의 모습을 객관적으로 표현함

20 정답 ①

핵심주제 : 맞춤법

공기밥 → 공깃밥

한자어 '공기(空器)'와 우리말인 '밥'의 합성어인 '공깃밥'은 '공기'와 '밥' 사이에 사이시옷을 받치어 적는다. '공기에 담은 밥'을 뜻하는 '공깃밥'은 사잇소리 현상이 나타나 [공귿빱/공기빱]으로 발음된다.

21 정답 ②

핵심주제 : 고전문학

글쓴이는 문 앞에 흐르는 냇물 소리를 구별해서 들어 본 경험을 통해 단지 마음속에 품은 뜻이 귀로 소리를 받아들여 만들어 낸 것일 따름이라고 설명하고 있다. 즉, 글쓴이는 관찰을 통해 사물의 본질을 이해할 수 있음을 주장한 것이 아니라, 사물의 본질은 마음에 달려 있으므로 외부의 사물에 현혹되지 말아야 함을 역설하고 있다.

오답해설

① '솔바람 같은 소리, 개구리들이 다투어 우는 듯한 소리'에서는 직유법을 활용하고 있고, '수레와 말, 대포와 북의 소리'에서는 은유법을 활용하고 있다.

③ 글쓴이는 문 앞에 흐르는 냇물 소리를 구별해서 들어 본 경험을 통해 물소리는 듣기 여하에 달린 것이라는 자기 생각의 근거로 제시하였다.

④ 글의 서두에서 '이곳이 옛 전쟁터였기 때문에 물소리가 그렇다'고 하는 다른 이의 생각을 반박하기 위하여 이 글을 서술하고 있음을 알 수 있다.

모르면 간첩

〈 작품해석 〉
박지원, 〈일야구도하기〉
- **갈래** : 고전 수필, 기행 수필, 한문 수필
- **성격** : 체험적, 분석적, 교훈적, 설득적
- **제재** : 하룻밤에 강을 아홉 번 건넌 경험
- **주제** : 외부의 사물에 현혹되지 않는 삶의 자세
- **특징**
  - 자신의 체험을 바탕으로 주장하고자 하는 바를 뒷받침함
  - 치밀한 관찰력으로 사물의 본질을 꿰뚫어 보는 사색적이고 관조적인 태도를 보임

22 정답 ②

핵심주제 : 어휘

②의 '보다'는 '이익을 보다, 손해를 보다'처럼 '어떤 일을 당하거나 겪거나 얻어 가지다'의 의미로 사용되었고, ① · ③ · ④의 '보다'는 '대상을 평가하다'는 의미로 사용되었다.

23 정답 ④

핵심주제 : 화법(말하기)

침대가 커서 좋다는 갑의 말에 을은 침대가 크고 매우 우아해서 좋다고 동의한 후 침대가 커서 방에 들어가지 않을 것 같다고 자신의 의견을 덧붙이고 있다. 그러므로 을은 자신의 의견과 다른 사람의 의견 사이의 차이점을 최소화하고 자신의 의견과 다른 사람의 의견의 일치점을 극대화하는 '동의의 격률'에 따라 대화하고 있다.

오답해설

① 좀 도와달라는 갑의 요청에 을이 지금 급히 해야 할 일이 있다며 거절하고 있으므로, 을의 대화는 공손성의 원리에 부적절하다.

② 을이 귀가 어두워서 잘 들리지 않는다며 좀 크게 말해달라고 부탁하고 있으므로, 을은 화자 자신에게 혜택을 주는 표현을 최소화하고 화자 자신에게 부담을 주는 표현은 최대화하는 '관용의 격률'에 따라 대화하고 있다.

③ 갑과 을 모두 자기 자신에 대한 칭찬은 최소화하고 자신에 대한 비방을 극대화하는 '겸양의 격률'에 따라 대화하고 있다.

모르면 간첩

공손성의 원리

- **요령의 격률** : 상대방에게 부담이 가는 표현을 최소화하고 상대방의 이익을 극대화하는 것이다.
- **관용의 격률** : 화자 자신에게 혜택을 주는 표현을 최소화하고 화자 자신에게 부담을 주는 표현은 최대화하는 것이다.
- **찬동의 격률** : 다른 사람에 대한 비방을 최소화하고 칭찬을 극대화하는 것이다.
- **겸양의 격률** : 자기 자신에 대한 칭찬은 최소화하고 자신에 대한 비방을 극대화하는 것이다.
- **동의의 격률** : 자신의 의견과 다른 사람의 의견 사이의 차이점을 최소화하고 자신의 의견과 다른 사람의 의견의 일치점을 극대화하는 것이다.

PART 03 **2022**

233

24 정답 ①

핵심주제 : 어휘

①의 '동냥'은 고유어이고, ② · ③ · ④는 모두 한자어이다.

오답해설

② 구걸(求乞) : 돈이나 곡식, 물건 따위를 거저 달라고 빎
③ 중생(衆生) : 많은 사람. 모든 살아 있는 무리
④ 자비(慈悲) : 남을 깊이 사랑하고 가엾게 여김 또는 그렇게 여겨서 베푸는 혜택

25 군무원 필수 정답 ④

핵심주제 : 로마자 표기법

체언에서 'ㄱ, ㄷ, ㅂ' 뒤에 'ㅎ'이 따를 때에는 'ㅎ'을 밝혀 적으므로, 북한산을 발음 [부칸산]에 따라 'Bukhansan'으로 표기한 것은 올바르다.

오답해설

① 복연필 – Bok Nyeonphil(X) → Bok Yeonpil(O)
　사람의 이름에서 일어나는 음운변화는 표기에 반영하지 않으므로, 'ㄴ'을 첨가하여 표기한 'Nyeonphil'은 잘못된 표기이다. 또한 'ㅍ'은 'p'로 표기해야 하므로 'Yeonpil'로 표기해야 옳다.
② 청와대 – Chungwadae(X) → Cheongwadae(O)
　청와대에서 'ㅓ'는 'eo'로 표기하므로 'Cheongwadae'로 표기해야 옳다.
③ 한라산 – Hanrasan(X) → Hallasan(O)
　한라산은 [할라산]으로 발음되므로, 유음화를 반영하여 'Hallasan'으로 표기해야 옳다.

출제 문항 분석

영역	문항 수
행정학의 기초이론	4
정책론	5
조직론	5
인사행정론	3
재무행정론	2
행정환류론	2
지방행정론	4

행정학

정답				
01 ③	02 ②	03 ④	04 ①	05 ③
06 ②	07 ③	08 ④	09 ②	10 ④
11 ④	12 ③	13 ①	14 ④	15 ②
16 ③	17 ①	18 ④	19 ②	20 ③
21 ①	22 ②,③	23 ①	24 ④	25 ①

01 정답 ③

핵심주제 : 국가재정운용계획

국가재정운용계획은 기획재정부의 최종 결정으로 확정되는 행정내부계획으로, 국무회의의 심의를 거쳐 정부예산안과 함께 국회에 제출되나 국회의 심의로 확정되는 것은 아니다.

모르면 간첩 　국가재정운용계획의 수립 등

국가재정법 제7조 ① 정부는 재정운용의 효율화와 건전화를 위하여 매년 해당 회계연도부터 5회계연도 이상의 기간에 대한 재정운용계획(이하 "국가재정운용계획"이라 한다)을 수립하여 회계연도 개시 120일 전까지 국회에 제출하여야 한다.

02 정답 ②

핵심주제 : 전략기획

전략기획(strategic planning)은 환경에 대한 분석과 조직진단을 통해 실현가능한 계획 설계에 중점을 두기 때문에 상대적으로 정치 및 경제 등이 안정한 환경 속에서 유용성이 높다.

03 정답 ④

핵심주제 : 정책결정모형

Y.Dror의 최적모형(Optimal Model)은 합리모형의 경제적 합리성에 초합리성을 추가하여 합리모형을 보완한 이론이다. 즉, 합리모형의 한계를 극복하거나 만족모형과 점증모형의 강점을 취한 모형이 아니다.

04 정답 ①

핵심주제 : 행정개혁

행정개혁을 담당하는 조직의 중복성은 개혁기구의 중복에 따른 혼란을 야기할 수 있지만 행정개혁에 대한 저항의 원인은 아니며, 가외성(redundancy)은 오히려 행정개혁의 안정적 추진에 도움이 된다.

05 정답 ③

핵심주제 : 정책결정요인론

정책결정요인론은 정책을 종속변수로 보고 정책에 영향을 미치는 환경요인을 밝혀내는 이론으로, 계량화가 가능한 정략적 변수에만 치중한 나머지 정치체제가 지니는 정성적 변수를 포함하지 않았다는 비판을 받는다.

06 정답 ②

핵심주제 : 자치입법권

지방자치법 상 법률의 위임이 있으면 벌칙을 제정할 수 있으며, 지방자치법 제34조에서는 조례 위반에 대한 과태료를 규정하고 있다.

 조례 위반에 대한 과태료

지방자치법 제34조 ① 지방자치단체는 조례를 위반한 행위에 대하여 조례로써 1천만원 이하의 과태료를 정할 수 있다.

07 정답 ③

핵심주제 : 주민참여제도

주민조례발안에 관한 법률 제2조에 따라 18세 이상의 주민(선거권이 없는 사람 제외)은 해당 지방자치단체의 의회에 조례를 제정하거나 개정 또는 폐지할 것을 청구할 수 있다. 즉, 주민은 지방자치단체의 장이 아니라 지방의회에 직접 조례의 제정과 개폐를 청구할 수 있다.

08 정답 ④

핵심주제 : 정책유형

정부가 집단 간에 재산, 소득, 권리 등의 배정을 변동시켜 그들로부터 자원을 획득하는 정책은 재분배정책이다. 추출정책은 국내적·국제적 환경에서 물적·인적 자원이나 수단을 확보하는 것과 관련된 정책이다.

모르면 간첩
G.Almond & G.Powell의 정책분류

- **추출정책** : 국내적·국제적 환경에서 물적·인적 자원이나 수단을 확보하는 것과 관련된 정책
- **규제정책** : 개인·집단의 활동이나 재산에 대해 정부가 통제나 일정 제한을 가하는 정책
- **재분배정책** : 정부가 각종 재화나 서비스, 지위·권리·이익·기회 등을 정책대상에게 제공하는 정책
- **상징정책** : 국민의 순응과 정부의 정통성·신뢰성을 확보하기 위해 정부가 가치나 규범, 상징·이미지 등을 만들어 사회나 국제적 환경에 유출하는 것과 관련된 정책

09 정답 ②

핵심주제 : 시보제도

시보공무원도 공무원법상 공무원에 해당하기 때문에 시보기간 동안에도 보직을 부여받을 수 있으며, 근무성적이 양호하면 정규직 공무원으로 임용되어 초임 보직을 부여받을 수 있다.

오답해설
① 시보기간 동안은 신분보장이 제한적이지만, 정식 임용 후에 시보기간도 공무원 경력에 포함된다.
③ 시보기간 동안에 직권면직이 되면 해당 정규직 공무원으로 임용되지 않을 뿐, 향후 3년간 다시 공무원으로 임용될 수 없는 결격사유가 발생하는 것은 아니다.
④ 시보기간 동안은 원칙적으로 징계처분에 대한 소청 등의 구제수단이 인정되지 않지만, 인사상 불이익 조치에 대해서는 소청심사청구가 가능하다.

PART 03 **2022**

10 정답 ④

핵심주제 : 공직동기이론

Perry & Wise의 공직동기이론은 금전적이고 물질적인 외재적 보상보다 국민과 사회, 그리고 국가를 위해 봉사하려는 이타적 동기부여를 강조한다.

> **모르면 간첩**
>
> **공직동기이론의 3가지 차원**
> - **합리적 차원** : 정책형성과정에 참여, 공공정책에 대한 일체감, 특정한 이해관계에 지지하는 정도
> - **규범적 차원** : 공익적 봉사에 대한 요구, 의무감과 정부 전체에 대한 충성도, 사회적 형평성의 추구
> - **감성적 차원** : 사회적으로 중요한 정책에 대한 몰입, 선의의 애국심

11 정답 ④

핵심주제 : 베버의 관료제

베버(Max Weber)의 관료제에서 조직은 일정한 자격 또는 능력에 따라 규정된 기능을 수행하는 분업의 원리를 따르기 때문에, 관료제의 구성원들은 조직 전반의 일반적인 업무가 아니라 자신에게 배분된 업무에 대해서만 책임을 진다.

12 정답 ③

핵심주제 : 정치행정이원론

행태주의는 과학적관리론의 기계적 인간을 비판하고 인간관계론의 인간관계적 측면을 발전시킨 행정관리론이므로, 행태주의가 과학적 관리법에 기반을 둔 것은 아니다.

13 정답 ①

핵심주제 : 공익의 과정설

공익(public interest)이 인식 가능한 행동결정의 유용한 안내자 역할을 한다는 입장은 과정설이 아니라 실체설에 대한 설명이다.

> **모르면 간첩**
>
> **공익의 과정설**
> - 공익은 실체적 내용이 선험적으로 존재하지 않으며, 사익 간 경쟁·대립을 조정하는 과정에서 형성된다고 본다.
> - 다양한 이해관계가 조정을 통해 공익이 되는 점에서 다원화된 사회의 특성을 반영하며 뉴거버넌스도 이러한 맥락에서 이해된다.
> - 공익개념을 소극적으로 정의하므로 소극설이라고도 하며 다원주의, 현실주의, 개인주의적 관점이다.

14 정답 ④

핵심주제 : 공무원 부패

공무원 부패를 방지하기 위한 가장 중요한 가치는 투명성이다. 투명성의 제고로 공직사회에서 의사결정과 집행과정 등 다양한 공적 활동이 명확하게 드러남에 따라 공직부패를 사전에 예방하는 효과가 있다.

15 정답 ②

핵심주제 : 정부간 관계 모형

영국의 중앙·지방 관계가 중세 귀족사회에서 지주와 그 지주의 명을 받아 토지와 소작권을 관리하는 마름(steward)의 관계에 가깝다고 하여 지주-마름 모형을 제시한 인물은 챈들러(J. Chandler)이다. 그리피스(J. A. Griffith)는 중앙·지방의 관계 모형을 자유방임형, 규제형, 장려형의 3가지 유형으로 나누어 설명하였다.

16 정답 ③

핵심주제 : 시민단체

시민단체의 해석에서 개인의 자유를 중시하는 전통적 자유주의와 개인의 책임을 강조하는 보수주의를 절충한 입장을 취하고 있는 것은 공동체주의이다. 다원주의는 시민단체를 사회적 다원화의 결과물로 본다.

시민단체에 대한 해석의 관점

- **공동체주의** : 개인의 자유를 중시하는 전통적인 자유주의와 개인의 책임을 강조하는 보수주의를 절충한 입장을 취한다.
- **다원주의** : 사회적 다원성을 전제로 하는 민주주의체제 하에서 정부를 보완하는 측면에서 시민단체가 등장한 것으로 본다.
- **사회자본론** : 시민단체의 특성은 신뢰, 규범, 네트워크를 특징으로 하는 사회자본의 특성과 일치한다고 본다.
- **결사체 민주주의** : 이상적 사회는 시민단체와 같은 많은 자발적 결사체가 효과적으로 활동으로 사회이다.

17 정답 ①

핵심주제 : 주민자치

주민자치위원회위원은 읍 · 면 · 동장이 위촉하고, 주민자치회위원은 시 · 군 · 구청장이 위촉한다.

주민자치회와 주민자치위원회의 비교

구분	주민자치회	주민자치위원회
법적 근거	지방자치분권 및 지방행정체제개편에 관한 특별법	없음 (자치단체 개별조례)
성격	법정기구	임의기구
위촉권자	시 · 군 · 구청장	읍 · 면 · 동장
대표성	높음	낮음
기능	주민의견 수렴, 자치계획 수립 등 실질적 주민대표기구	자치사무에 관한 단순 자문기구
자치단체와의 관계	대등한 협력관계	자문관계

18 정답 ④

핵심주제 : 우리나라의 행정환경

한국사회는 현재 전통적인 공동체의식이 약화되고 정보화 · 세계화 등 거시적인 사회환경의 변화로 복잡하고 불확실성이 높아지고 있다.

19 정답 ②

핵심주제 : 애드호크라시(adhocracy)

애드호크라시(adhocracy)는 고정된 계층구조를 갖지 않고 기계적 관료제와 서로 다르게 분권화된 유기적 구조이므로, 구조적으로 낮은 수준의 복잡성, 낮은 수준의 공식화, 낮은 수준의 집권화를 특징으로 한다.

20 정답 ③

핵심주제 : 지능형 정부

생애주기별 맞춤형 서비스를 제공하는 것은 기존 전자정부의 특징에 해당하며, 지능형 정부는 일상틈새를 파고드는 생애주기별 비서형 서비스를 제공한다.

전자정부와 지능형 정부의 비교

구분	전자정부	지능형 정부
정책결정	정부 주도	국민 주도
행정업무	국민/공무원 문제 제기 → 개선	문제 자동인지 → 스스로 대안 제시 → 개선
서비스 목표	양적 · 효율적 서비스 제공	질적 · 공감적 서비스 제공
서비스 내용	생애주기별 맞춤형	일상틈새+생애주기별 비서형
서비스 전달방식	온라인+모바일 채널	수요 기반 온 · 오프라인 멀티채널

21 정답 ①

핵심주제 : 귀인(歸因) 이론

켈리(Kelly)의 귀인이론에 따르면 판단대상 외 다른 사람들이 동일 상황에서 동일 행동을 보이는 정도, 즉 '합의성'이 높다면 그 행동의 원인은 외적 요소에 귀인한 것으로 본다.

켈리(Kelley)의 귀인이론

행동 유형	행동 개념	행동원인	
		내면적	외면적
합의성	동일한 상황에서 여러 사람이 동일하게 행동하는 정도	낮음	높음
일관성	같은 사람이 다른 시간에도 동일하게 행동하는 정도	높음	낮음
특이성	같은 사람이 다른 상황에서도 동일하게 행동하는 정도	높음	낮음

22 정답 ②,③

핵심주제 : 중앙인사기관

② 1999년 중앙인사위원회는 대통령 직속기관이었으므로, 비독립형 합의제 기관이었다.

③ 2008년 중앙인사위원회의 폐지 이후 2013년까지 행정안전부를 거쳐 안전행정부로 인사관리기능이 비독립형 단독제 기관으로 통합되어 운영되었다.

23 정답 ①

핵심주제 : 조직구조

집권화(centralization)는 의사결정 권한의 집중 정도를 나타내는데, 기술(technology)과 집권화의 관계는 다른 변수들 간의 관계에 비해 상관도가 비교적 낮다.

24 정답 ④

핵심주제 : 정책평가

심층면담 및 참여관찰 등의 데이터 수집 방법은 질적 평가방법에 해당한다. 양적 평가방법은 계량적인 자료 분석을 통해 사실적 가치에 초점을 둔 과학적 · 연역적 접근법으로, 주로 총괄평가에서 많이 사용하는 실험접근법이다.

25 정답 ①

핵심주제 : 우리나라 예산심의

우리나라 예산심의는 정부의 시정연설 후 상임위원회의 예비심사와 예산결산특별위원회의 종합심사를 거쳐 국회에서 의결을 한다. 즉, 본회의 심의에 앞서 종합심사가 이루어진다.

우리나라 예산심의 절차

출제 문항 분석

영역	문항 수
행정법통론	4
행정작용법	6
행정법상의 의무이행확보수단	3
행정구제법	12

정답

01 ①	02 ④	03 ②	04 ②	05 ①
06 ②	07 ④	08 ③	09 ③	10 ①
11 ②	12 ③	13 ③	14 ③	15 ①
16 ④	17 ①	18 ③	19 ④	20 ①
21 ④	22 ②	23 ②	24 ④	25 ②

01 　　　　　　　　정답 ①

핵심주제 : 행정법의 효력

말일의 다음날 → 말일

법령 등을 공포한 날부터 일정 기간이 경과한 날부터 시행하는 경우 그 기간의 말일이 토요일 또는 공휴일인 때에는 그 말일로 기간이 만료한다.

〈 법령 〉

행정기본법 제7조(법령 등 시행일의 기간 계산)
법령 등(훈령·예규·고시·지침 등을 포함)의 시행일을 정하거나 계산할 때에는 다음의 기준에 따른다.
1. 법령 등을 공포한 날부터 시행하는 경우에는 공포한 날을 시행일로 한다.
2. 법령 등을 공포한 날부터 일정 기간이 경과한 날부터 시행하는 경우 법령 등을 공포한 날을 첫날에 산입하지 아니한다.
3. 법령 등을 공포한 날부터 일정 기간이 경과한 날부터 시행하는 경우 그 기간의 말일이 토요일 또는 공휴일인 때에는 그 말일로 기간이 만료한다.

02 　　　　　　　　정답 ④

핵심주제 : 행정법

법령이 정한 처분 요건의 구체적 의미 등에 관하여 법원이나 헌법재판소의 분명한 판단이 있고, 행정청이 그러한 판단 내용에

따라 법령 규정을 해석·적용하는 데에 아무런 법률상 장애가 없는데도 합리적 근거 없이 사법적 판단과 어긋나게 행정처분을 하였다면 그 하자는 객관적으로 명백하다고 봄이 타당하다(대판 2017.12.28. 2017두30122).

오답해설

① 행정청 내부의 사무처리준칙이 제정·공표된 것 자체만으로도 행정청은 자기구속을 받게 되지 않는다.
② 헌법재판소의 위헌결정은 행정청이 개인에 대하여 신뢰의 대상이 되는 공적인 견해를 표명한 것이라고 할 수 없으므로 그 결정에 관련한 개인의 행위에 대하여는 신뢰보호의 원칙이 적용되지 아니한다(대판 2003.6.27. 2002두6965).
③ 부당결부금지의 원칙은 "행정청은 행정작용을 할 때 상대방에게 해당 행정작용과 실질적인 관련이 없는 의무를 부과해서는 아니 된다."라고 행정기본법 제13조에 규정되어 있다.

03　　　　　　　　정답 ②

핵심주제 : 허가

건축허가는 공익상 필요가 없음에도 불구하고 요건을 갖춘 자에 대한 허가를 관계 법령에서 정하는 제한사유 이외의 사유를 들어 거부할 수 없다(대판 1995.6.13. 94다56883). 즉, 공익상 필요가 있으면 요건을 갖추더라도 허가를 거부할 수 있다.

04　　　　　　　　정답 ②

핵심주제 : 처분의 사전통지

신청에 대한 거부처분이라고 하더라도 직접 당사자의 권익을 제한하는 것은 아니어서 신청에 대한 거부처분을 여기에서 말하는 '당사자의 권익을 제한하는 처분'에 해당한다고 할 수 없는 것이어서 처분의 사전통지대상이 된다고 할 수 없다(대판 2003.11.28. 2003두674).

05 　　　　　　　　정답 ①

핵심주제 : 행정소송

행정처분에 대한 무효확인과 취소청구는 서로 양립할 수 없는 청구로서 주위적·예비적 청구로서만 병합이 가능하고 선택적 청구로서의 병합이나 단순병합은 허용되지 아니한다(대판 1999.8.20. 97누6889).

PART 03 **2022**

06 정답 ②

핵심주제 : 행정소송

처분의 취소를 구하는 청구에 대한 기각판결이 확정되면 그 처분이 적법하다는 점에 관하여 기판력이 생긴다.

07 정답 ④

핵심주제 : 행정심판

지방자치단체는 행정심판위원회의 직접 처분에 대해 행정심판위원회가 속한 국가기관을 상대로 권한쟁의심판을 청구할 수 있다.

〈 성남시와 경기도 간의 권한쟁의 사건 〉
피청구인이 행한 두 차례의 인용재결에서 재결의 주문에 포함된 것은 골프연습장에 관한 것뿐으로서, 이 사건 진입도로에 관한 판단은 포함되어 있지 아니함이 명백하고, 재결의 기속력의 객관적 범위는 그 재결의 주문에 포함된 법률적 판단에 한정되는 것이다. 청구인은 인용재결내용에 포함되지 아니한 이 사건 진입도로에 대한 도시계획사업시행자지정처분을 할 의무는 없으므로, 피청구인이 이 사건 진입도로에 대하여 까지 청구인의 불이행을 이유로 행정심판법 제37조 제2항에 의하여 도시계획사업시행자지정처분을 한 것은 인용재결의 범위를 넘어 청구인의 권한을 침해한 것으로서, 그 처분에 중대하고도 명백한 흠이 있어 무효라고 할 것이다(헌재 1999.7.22. 98헌라4).

08 정답 ③

핵심주제 : 손해배상

하천정비 기본계획 등에서 정한 계획홍수량 및 계획홍수위를 충족하여 하천이 관리되고 있다면 그 하천은 용도에 따라 통상 갖추어야 할 안전성을 갖추고 있다고 봄이 상당하다(대판 2007.09.21. 2005다65678).

09 정답 ③

핵심주제 : 통치행위

남북정상회담의 개최과정에서 재정경제부장관에게 신고하지 아니하거나 통일부장관의 협력사업 승인을 얻지 아니한 채 북한 측에 사업권의 대가 명목으로 송금한 행위 자체는 헌법상 법치국가의 원리와 법 앞에 평등원칙 등에 비추어 볼 때 사법심사의 대상이 된다(대판 2004.3.26. 2003도7878).

10 정답 ①

핵심주제 : 행정행위의 효력

일반적으로 행정처분이나 행정심판 재결이 불복기간의 경과로 인하여 확정될 경우 확정력은 처분으로 인하여 법률상 이익을 침해받은 자가 처분이나 재결의 효력을 더 이상 다툴 수 없다는 의미일 뿐 판결에 있어서와 같은 기판력이 인정되는 것은 아니어서 처분의 기초가 된 사실관계나 법률적 판단이 확정되고 당사자들이나 법원이 이에 기속되어 모순되는 주장이나 판단을 할 수 없게 되는 것은 아니다(대판 2004.7.8. 2002두11288).

11 정답 ②

핵심주제 : 부관

토지소유자가 토지형질변경행위허가에 붙은 기부채납의 부관에 따라 토지를 국가나 지방자치단체에 기부채납(증여)한 경우, 기부채납의 부관이 당연무효이거나 취소되지 아니한 이상 토지소유자는 위 부관으로 인하여 증여계약의 중요부분에 착오가 있음을 이유로 증여계약을 취소할 수 없다(대판 1999.5.25. 98다53134).

12 정답 ③

핵심주제 : 행정계획

판례는 행정계획에 있어서 형량의 부존재, 형량의 누락, 평가의 과오 및 형량의 불비례 등 형량의 하자별로 위법의 판단기준을 달리하여 개별화하고 있지는 않다.

13 군무원 필수 정답 ③

핵심주제 : 행정소송

ㄴ. 어떠한 고시가 일반적·추상적 성격을 가질 때에는 법규명령 또는 행정규칙에 해당할 것이지만, 다른 집행행위의 매개 없이 그 자체로서 직접 국민의 구체적인 권리의무나 법률관계를 규율하는 성격을 가질 때에는 행정처분에 해당한다(대판 2006.9.22. 2005두2506).
ㄷ. 일정한 행정처분을 구하는 신청을 할 수 있는 법률상 지위에 있는 자의 국토이용계획변경신청을 거부하는 것이 실질

적으로 당해 행정처분 자체를 거부하는 결과가 되는 경우에는 예외적으로 그 신청인에게 국토이용계획변경을 신청할 권리가 인정된다고 봄이 상당하므로, 이러한 신청에 대한 거부행위는 항고소송의 대상이 되는 행정처분에 해당한다(대판 2003.9.23. 2001두10936).

ㄱ. 한국마사회가 조교사 또는 기수의 면허를 부여하거나 취소하는 것은 국가 기타 행정기관으로부터 위탁받은 행정권한의 행사가 아니라, 일반 사법상의 법률관계에서 이루어지는 단체 내부에서의 징계 내지 제재처분이다(대판 2008.1.31. 2005두8269).

ㄹ. 당연퇴직의 인사발령은 법률상 당연히 발생하는 퇴직사유를 공적으로 확인하여 알려주는 이른바 관념의 통지에 불과하고 공무원의 신분을 상실시키는 새로운 형성적 행위가 아니므로 행정소송의 대상이 되는 독립한 행정처분이 아니다(대판 1995.11.14. 95누2036).

14 정답 ③

핵심주제 : 행정법

행정입법의 부작위가 위헌·위법이라고 하기 위하여는 행정청에게 행정입법을 하여야 할 작위의무를 전제로 하는 것이고, 그 작위의무가 인정되기 위하여는 행정입법의 제정이 법률의 집행에 필수불가결한 것이어야 하는바, 만일 하위 행정입법의 제정 없이 상위 법령의 규정만으로도 집행이 이루어질 수 있는 경우라면 하위 행정입법을 제정하여야 할 작위의무는 인정되지 아니한다고 할 것이다(대판 2007.1.11. 2004두10432).

15 정답 ①

핵심주제 : 행정소송

조세부과처분이 당연무효를 전제로 하여 이미 납부한 세금의 반환을 청구하는 것은 민사상의 부당이득반환청구로서 민사소송절차에 따라야 한다(대판 1995.4.28. 94다55019).

16 정답 ④

핵심주제 : 행정소송

법원은 취소소송을 당해 처분 등에 관계되는 사무가 귀속하는 국가 또는 공공단체에 대한 당사자소송 또는 취소소송 외의 항

고소송으로 변경하는 것이 상당하다고 인정할 때에는 청구의 기초에 변경이 없는 한 사실심의 변론종결시까지 원고의 신청에 의하여 결정으로써 소의 변경을 허가할 수 있다(행정소송법 제21조 소의변경).

17 군무원 필수 정답 ①

핵심주제 : 행정법 관계

석유판매업허가신청에 대하여, "주유소 건축예정 토지에 관하여 도시계획법령에 의거하여 행위제한을 추진하고 있다."는 당초의 불허가처분 사유와, 항고소송에서 주장한 위 신청이 토지형질변경허가의 요건을 갖추지 못하였다는 사유 및 도심의 환경보전의 공익상 필요라는 사유는 기본적 사실관계의 동일성이 있다(대판 1999.4.23. 97누14378).

② 석유판매업허가신청에 대하여, 관할 군부대장의 동의를 얻지 못하였다는 당초의 불허가 사유와, 토지가 탄약창에 근접한 지점에 있어 공익적인 측면에서 보아 허가신청을 불허한 것은 적법하다는 것을 불허가사유로 추가한 경우, 양자는 기본적 사실관계에 있어서의 동일성이 인정되지 아니하는 별개의 사유라고 할 것이다(대판 1991.11.8. 91누70).

③ 온천으로서의 이용가치, 기존의 도시계획 및 공공사업에의 지장 여부 등을 고려하여 온천발견신고수리를 거부한 것은 적법하다는 사유와, 규정온도가 미달되어 온천에 해당하지 않는다는 당초의 이 사건 처분사유와는 기본적 사실관계를 달리하여 원심으로서도 이를 거부처분의 사유로 추가할 수는 없다(대판 1992.11.24. 92누3052).

④ 이주대책신청기간이나 소정의 이주대책실시(시행)기간을 모두 도과하여 이주대책을 신청할 권리가 없고, 사업시행자가 이를 받아들여 택지나 아파트공급을 해 줄 법률상 의무를 부담한다고 볼 수 없다는 사유와, 사업지구 내 가옥 소유자가 아니라는 이 사건 처분사유와 기본적 사실관계의 동일성도 없으므로 적법한 상고이유가 될 수 없다(대판 1999.8.20. 98두17043).

18 정답 ③

핵심주제 : 허가

어업에 관한 허가 또는 신고의 경우 그 유효기간이 경과하면 그 허가나 신고의 효력이 당연히 소멸하며, 재차 허가를 받거나 신고를 하더라도 허가나 신고의 기간만 갱신되어 종전의 어

업허가나 신고의 효력 또는 성질이 계속된다고 볼 수 없고 새로운 허가 내지 신고로서의 효력이 발생한다고 할 것이다(대판 2011.7.28. 2011두5728).

19 정답 ④

핵심주제 : 행정행위

별도의 법적 근거가 없어도 별개의 행정행위로 이를 철회·변경할 수 있지만 이는 그러한 철회·변경의 권한을 처분청에게 부여하는 데 그치는 것일 뿐 상대방 등에게 그 철회·변경을 요구할 신청권까지를 부여하는 것은 아니라 할 것이다(대판 1997.9.12. 96누6219).

20 정답 ①

핵심주제 : 이행강제금

구 건축법상 이행강제금은 위반행위에 대하여 시정명령을 받은 후 시정기간 내에 당해 시정명령을 이행하지 아니한 건축주 등에 대하여 부과되는 간접강제의 일종으로서 그 이행강제금 납무의무는 상속인 기타의 사람에게 승계될 수 없는 일신전속적인 성질의 것이므로 이미 사망한 사람에게 이행강제금을 부과하는 내용의 처분이나 결정은 당연무효이다(대판 2006.12.8. 2006마470).

21 정답 ④

핵심주제 : 손실보상

보상청구권이 성립하기 위해서는 재산권에 대한 법적인 행위로서 공행정작용에 의한 침해뿐만 아니라 사실행위도 포함한다.

22 정답 ②

핵심주제 : 행정심판

거부처분이나 부작위에 대한 의무이행심판에서의 처분명령재결의 불이행시 당사자의 신청이 있는 경우 행정심판위원회는 간접강제나 직접처분이 가능하다. 즉, 당사자의 신청이 없으면 행정심판위원회 직권으로 간접강제나 직접처분이 불가능하다.

23 정답 ②

핵심주제 : 행정소송

위법한 행정대집행이 완료되면 그 처분의 무효확인 또는 취소를 구할 소의 이익은 없다 하더라도 미리 그 행정처분의 취소판결이 있어야민 그 행정처분의 위법임을 이유로 한 손해배상청구를 할 수 있는 것은 아니다(대판 1972.4.28. 72다337). 즉, 취소판결이 없더라도 민사법원이 위법성을 판단하여 손해배상을 인정할 수 있다.

24 정답 ④

핵심주제 : 행정소송

소송계속 중 해당 처분이 기간의 경과로 그 효과가 소멸하더라도 예외적으로 그 처분의 취소를 구할 소의 이익을 인정할 수 있는 '행정처분과 동일한 사유로 위법한 처분이 반복될 위험성이 있는 경우'란 불분명한 법률문제에 대한 해명이 필요한 상황에 대한 대표적인 예시일 뿐이며, 반드시 '해당 사건의 동일한 소송 당사자 사이에서' 반복될 위험이 있는 경우만을 의미하는 것은 아니다(대판 2020.12.24. 2020두30450).

25 정답 ②

핵심주제 : 행정소송

속행정지 → 효력정지
처분의 효력정지는 처분 등의 집행 또는 절차의 속행을 정지함으로써 목적을 달성할 수 있는 경우에는 허용되지 아니한다(행정소송법 제23조 집행정지).

02 정답 ④

핵심주제 : 띄어쓰기

'는커녕'은 앞말을 지정하여 어떤 사실을 부정하는 뜻을 강조하는 보조사이며, 보조사 '는'에 보조사 '커녕'이 결합한 말이다. 보조사는 앞말에 붙여 쓰므로, '는커녕'이 맞는 띄어쓰기 규정이다.

오답해설

① '모르는 척하고'에서 '척하다'는 보조 동사로, 원칙적으로 앞말과 띄어 쓴다. 또한 '넘어갈 만'에서 '만'은 의존 명사로, 앞말과 띄어 쓴다.
② '몇 등'에서 의존 명사 '등(等)'은 띄어쓴다. '몇'은 수사인 경우 뒤의 조사와 붙여 쓰고, 관형사인 경우는 뒤의 명사와 띄어 쓴다.
③ '읽는 데'에서 '데'는 '일'이나 '것'의 뜻을 나타내는 말인 의존 명사이므로 띄어 쓴다.

03 정답 ②

핵심주제 : 한자어

ⓒ의 앞부분에서의 '보판'은 '판목을 다시 만들어 보충'하는 것이라고 하였으므로, '保版(保 보관할 보, 版 널조각 판)'이 아니라 '補板(補 기울 보, 板 널빤지 판)'이 적절하다. 保版은 '인쇄판을 해제하지 아니하고 보관하여 둠.'의 뜻이며, 補板은 '마루 앞에 임시로 잇대어 만든 자리에 쓰이는 널조각.'의 뜻을 지니고 있다.

오답해설

① 훼손(毁 헐 훼, 損 더 손) : 체면이나 명예를 손상함. 혹은 헐거나 깨뜨려 못 쓰게 만듦
③ 매목(埋 묻을 매, 木 나무 목) : 오랫동안 흙이나 물속에 파묻혀서 화석(化石)과 같이 된 나무. 혹은 나무를 깎아서 만든 쐐기. 재목 따위의 갈라진 틈이나 구멍을 메우는 데 쓴다.
④ 상감(象 형상 상, 嵌 박아넣을 감) : 금속이나 도자기, 목재 따위의 표면에 여러 가지 무늬를 새겨서 그 속에 같은 모양의 금, 은, 보석, 뼈, 자개 따위를 박아 넣는 공예 기법

01 정답 ②

핵심주제 : 문법

'어떤 분야를 대표할 만하다'라는 뜻을 가진 것은 '내로라하다'이므로, '내노라하는'이 아닌 '내로라하는'이 옳은 어법이다.

오답해설

① '갈음'은 '갈다'의 어간에 '-음'이 붙은 형태이며, '다른 것으로 바꾸어 대신하다.'라는 뜻을 가지고 있다.
② '겉잡다'는 '겉으로 보고 대강 짐작하여 헤아리다'라는 뜻을 나타낸다.
④ '부딪다'는 '물건과 물건이 서로 힘 있게 마주 닿거나 닿게 하다'는 뜻을 가졌으며, '부딪치다'는 '부딪다'의 강세어로 올바른 표현이다. '부딪히다'는 '부딪다'의 피동사이다.

04 정답 ④

핵심주제 : 문법

용언의 현재 시제를 나타내는 '-는다 / -ㄴ다'와의 결합이 가능하면 동사이고, 결합이 불가능하면 형용사이다. 고르다 1과 고르다 2는 동사이므로, 현재진행형으로 사용할 수 있으나, 고르

다 3은 형용사이기 때문에 현재형 어미가 붙을 수 없으므로, 현재진행형으로 사용할 수 없다.

오답해설
① '고르다 1', '고르다 2', '고르다 3'은 각각 다른 표제어로 사전에 수록되어 있으므로 서로 동음이의어 관계라고 할 수 있다.
② '고르다'는 어간의 끝소리 '으'가 탈락 하면서 'ㄹ'이 덧생기는 '르' 불규칙 활용 단어이므로 '고르다 1', '고르다 2', '고르다 3'은 모두 불규칙 활용을 한다.
③ '고르다 2'와 '고르다 3'은 각각 「1」과 「2」의 다의어가 존재하므로 다의어라고 볼 수 있으나, '고르다 1'은 '여럿 중에서 가려내거나 뽑다.'의 한 가지 뜻만 있어 다의어라고 볼 수 없다.

05 정답 ③
핵심주제 : 어휘

'고르다2'의 「2」의 예로는 '붓을 고르다.', '줄을 고르다.', '그는 가쁘게 몰아쉬던 숨을 고르고 있다.', '그는 목소리를 고르며 자기 차례를 기다리고 있었다.'가 있다. '숨을 고르다.'는 '숨결이 고르다.'와 혼동할 수 있으나, '고르다 2'의 「2」는 '손질하다'의 뜻을 가진 동사이며 '고르다 3'의 「2」는 '순조롭다'의 뜻을 가진 형용사이므로 품사의 유무로 구별할 수 있다.

오답해설
① '고르다2'의 「1」에 해당한다.
② '고르다3'의 「2」에 해당한다.
④ '고르다1'의 「1」에 해당한다.

06 정답 ①
핵심주제 : 비문학(순서)

해당 지문은 "한국 문학 통사"라는 책 내용의 일부분이다. (가)는 문학의 범위를 넓게 보았던 과거의 상황을, (나)는 시대가 변하면서 문학의 범위를 좁게 보는 (가) 이후의 상황을 나타낸다. (다)는 문학을 전문화하면서 문학의 영역이 좁아졌다고 언급하며 (나)의 내용을 구체화하였고, (라)는 앞의 내용에 대한 올바른 방향을 설명했다. 문학의 범위를 좁게 보는 내용을 (나)에서 처음 언급했으므로 제시문은 (나)의 앞에 와야 한다.

07 정답 ④
핵심주제 : 맞춤법

'백분율'은 올바른 표현이다. 한글 맞춤법 제11항에 따라 모음이나 'ㄴ' 받침 뒤에 이어지는 '렬', '률'은 '열', '율'로 적는다. 그 예로는 백분율, 실패율, 규율 등이 있다.

오답해설
① '빼앗다'의 피동사인 '빼앗기다'의 준말은 '뺏기다'이다. '뺏기다'의 과거형인 '뺏기었다'의 준말은 '뺏겼다'이므로 '뺐겼다'는 옳지 않다. 또한 '나'는 '나의'의 줄임말 '내'로 써야하므로 '내 자리 뺏겼나 봐요'로 써야 한다.
② '하룻동안'은 '하루 동안'으로 띄어 쓰고 사이시옷은 표기하지 않는다. 왜냐하면 '오랫동안', '하룻저녁', '하룻날'의 경우 합성어로서 하나의 단어가 되지만, '하룻동안'은 '하루'와 '동안'이 각 단어이기 때문에 합성어가 아니기 때문이다.
③ '번번히'가 아니라 '번번이'가 맞춤법 규정에 맞는 문장이다. 한글 맞춤법 제51항에 따르면, 첩어 또는 준첩어인 명사 뒤에는 '-이'를 붙인다. '번번이' 이외에 간간이, 겹겹이, 곳곳이, 나날이, 다달이, 샅샅이, 알알이, 줄줄이, 짬짬이 등이 있다.

08 정답 ③
핵심주제 : 비문학

골턴이 빅토리아 시대적 편견을 가지고 있다는 부정적인 평가가 ㉠ 뒤에 오고 있으므로, ㉠에는 앞의 내용과 반대이거나 전환인 '그러나'와 '그런데'가 적절하다. ㉡의 뒤에는 그가 시대적 편견을 가진 결과로 그의 주장이 설득력이 떨어진다는 내용이 나오므로, ㉡에는 '그리하여', '그래서', '따라서'가 적절하다.

09 정답 ②
핵심주제 : 외래어 표기법

'벤젠(benzene)', '시너(thinner)', '알코올(alcohol)' 모두 맞는 외래어 표기법이다. '밴젠', '씨너', '알콜'은 틀린 외래어 표기법이다.

오답해설
① '리모콘'은 '리모컨', '버턴'은 '버튼'이 맞다.
③ '코드'는 맞고 '컨센트'는 '콘센트'가 맞다.
④ '썬루프'는 '선루프', '스폰지'는 '스펀지'가 맞다.

10 정답 ②

핵심주제 : 어휘

작품 〈상춘곡〉의 전체 내용은 '수간모옥', '들판', '시냇가', '산봉우리'로 이동하지만 제시문은 작품의 일부만을 수록했다. 제시문에서 시인은 벽계수 옆의 '수간모옥'에 있다가 '시비(柴扉)'와 '정자(亭子)'를 거쳐 이동하며 밖으로 나온다. 따라서 이 글은 '나'의 공간의 이동에 따라 시상이 전개되고 있다고 할 수 있다.

오답해설

① 돈호법 형식으로 속세에 묻혀 사는 분들을 이르는 '홍진에 묻힌 분'에게 자신의 삶이 어떠한지 말을 건네고는 있으나 서로 묻고 대답하지 않으며, 이 작품에는 문답의 형식이 나타나지 않고 있다.

③ 이웃들에게 산수 구경을 갈 것을 권유하며 이웃들을 자신의 흥취에 끌어들이고 있으나 이것은 시인이 봄의 아름다움을 주관적으로 표현한 것일 뿐, 봄의 아름다움을 객관화하는 것과는 관련이 없다.

④ 여음은 후렴구처럼 반복하는 구절이나, 감탄사를 반복 사용하여 조흥구를 만드는 구절을 말한다. 이 작품에서 여음은 나타나지 않는다.

11 정답 ②

핵심주제 : 가사

(가)를 해석하면, '수풀에 우는 새는 봄기운을 끝내 못 이기어 소리마다 아양떠는 모습이로다.'이다. 이 구절은 시적 자아의 춘흥을 자연물인 '새'에 감정이입하여 봄의 아름다운 경치를 시적으로 표현한 것으로, 춘흥의 극치를 보여준다. (가)의 다음 내용에 나오는 '物我一體'를 통해 산수자연 속의 모든 존재들과 합일하는 흥겨움을 알 수 있다.

오답해설

① (가)에는 방해물이 나타나지 않는다.

③ (가)에 해당하는 내용이 아니다. '閒中眞味롤 알 니 업시 호재로다'에서 산수자연의 즐거움을 혼자서만 누리는 것에 대한 안타까움이 드러난다.

④ 회한의 정서는 드러나지 않는다. 오히려 화자는 자연과 교감하여 자연에 몰입하고 있다.

12 정답 ①

핵심주제 : 어문 규정

'기울이다'는 '비스듬하게 한쪽을 낮추거나 비뚤게 하다.', '정성이나 노력 따위를 한곳으로 모으다.'의 두 가지 뜻이 있다. 첫 번째 뜻은 '기울다'의 사동사이지만, 두 번째 뜻은 '기울다'의 사동사가 아니며, 피동사도 아니다.

오답해설

② '매다'는 '끈을 매다.'와 같이 '묶다, 마디를 만들다.'의 뜻에 쓰므로, '어깨에 걸치거나 올려놓다.'의 뜻을 가진 '메다'를 활용하여 '메어'로 표기해야 한다.

③ '-지기'는 '문지기, 청지기'와 같이 명사 뒤에 붙어 '그것을 지키는 사람'의 뜻을 더하는 접미사이다.

④ '엄지손가락'은 한자어 '무지(拇 엄지손가락 무, 指 가리킬 지)', '대무지(大拇指)', '대지(大指)', '벽지(擘指)', '거지(巨指)'와 같은 뜻이다.

13 정답 ④

핵심주제 : 로마자 표기법

'정릉'은 [정능]으로 발음하고 표준 발음에 따라 'Jeongneung'으로 적는다.

오답해설

① '순대'의 'ㅐ'는 'ae'로 적으며, '순대'는 일반 명사이므로 소문자로 적어야 하기 때문에 'sundae'로 적는다.

② '광희문'은 [광히문]으로 발음하기 때문에 'Gwanghuimun'으로 적는다. 'ㅢ'는 'ㅣ'로 소리 나더라도 무조건 'ui'로 적어야 한다.

③ '왕십리'는 [왕심니]로 발음하기 때문에 'Wangsimni'로 적는다.

14 정답 ②

핵심주제 : 문법

열거된 항목 중 어느 하나가 자유롭게 선택될 수 있음을 보일 때는 명사 '건물'에 사용할 조사 중 '에, 로, 까지'를 선택하는 문장이므로 '[ ]'(대괄호)가 아닌 '{ }'(중괄호)를 쓴다. 이때 중괄호 안에 열거된 항목들은 쉼표 또는 빗금으로 구분한다.

① 고유어에 대응하는 한자어 또는 한글을 함께 보일 때는 대괄호를 쓴다. 그 예로 '나이[年歲]', '낱말[單語]', '나이[연세]', '낱말[단어]'가 있다.

③ 괄호 안에 또 괄호를 써야할 때 바깥쪽에 대괄호를 쓴다. 연도 표기인 '(1958)'의 바깥쪽 괄호로 대괄호를 썼다.

④ 보충 설명을 덧붙일 때 대괄호의 용법은 주석이나 보충적인 내용을 덧붙일 때 쓰는 소괄호의 용법과 유사하나, 대괄호는 문장이나 단락처럼 비교적 큰 단위와 관련된 보충 설명을 덧붙일 때 쓰인다. 따라서 비교적 큰 단위인 '그 이야기'가 '합격 소식'임을 알려주기 위해 쓸 때는 소괄호보다 대괄호가 더 적절하다.

15 정답 ④
핵심주제 : 어휘

㉠에 들어갈 단어는 '유행(流 흐를 유, 行 다닐 행)'이다. 유행은 '특정한 행동 양식이나 사상 따위가 일시적으로 많은 사람의 추종을 받아서 널리 퍼짐. 또는 그런 사회적 동조 현상이나 경향'을 뜻한다. 본문은 "모던보이"라는 책의 일부분으로, 뉴욕과 파리의 유행이 1930년대 경성에도 유행하게 되었다는 내용이다.

① 성행(盛 성할 성, 行 다닐 행) : 매우 심하게 유행함
② 편승(便 편할 편, 乘 탈 승) : 남이 타고 가는 차편을 얻어 탐. 세태나 남의 세력을 이용하여 자신의 이익을 거둠을 비유적으로 이르는 말
③ 기승(氣 기운 기, 勝 이길 승) : 성미가 억척스럽고 굳세어 좀처럼 굽히지 않음. 또는 그 성미. 기운이나 힘 따위가 성해서 좀처럼 누그러들지 않음

16 정답 ③
핵심주제 : 비문학(순서)

(가)는 영화와 근대 과학기술로 인한 유행의 확산의 내용이다. (나)는 '하지만'으로 시작하여 글의 시작으로 볼 수 없고, 뉴욕과 경성에 대한 내용이 나오므로, (가) 뒤에는 (나)가 이어진다. (나)에서 당시 유행이 빨랐다는 것과 경성 모던걸의 유행의 아이러니를 설명하였고, (다)에서 유행이 너무 빨라 서구의 유행이 거의 동시적으로 한국으로 전달된다고 하였으므로, (나)와 (다)는

대조되는 내용이다. 또한 (나)는 '하지만'으로 시작하므로, (다)의 뒤에 이어진다. (마)는 유행의 요인인 미디어를 처음 소개하기 때문에 (라)의 앞에 오지만 글의 처음이 될 수 없다. (라)는 근대 여성이 미디어를 통해 세계를 알게 되었다는 내용이다. 따라서 전체 글의 순서는 '(다)-(가)-(나)-(마)-(라)'이며, (나)~(마)의 순서는 '(다)-(나)-(마)-(라)'이다.

17 정답 ③
핵심주제 : 비문학(내용)

(다)에서 뉴욕이나 할리우드에서 유행하던 파자마라는 '침의패션'은 서구에서 일본을 거쳐 한국으로 전달된다고 하였으므로, 적절하지 않은 내용이다.

① (나)에서 뉴욕걸이나 할리우드 배우들이나 경성의 모던걸이 입은 패션은 동일하다고 하였다.
② (라)에서 근대여성이 신문이나 라디오 같은 미디어를 통해 속성 세계인이 될 수 있었다고 하였다.
④ (라)에서 미디어는 식민지 조선 여성에게 세계적인 불안도 함께 안겨주었다고 한 것을 보아 알 수 있는 내용이다.

18 정답 ①
핵심주제 : 어휘

'비지'와 '땀' 모두 고유어이며 '비지땀'은 합성어이다. '비지땀'은 비지를 만들기 위해 콩을 갈라서 헝겊에 싸서 짤 때 나오는 콩물에서 유래된 말로, '몹시 힘든 일을 할 때 쏟아져 내리는 땀'이라는 뜻을 가지고 있다.

② 사랑채(舍廊채) : 한자어 '사랑(舍 집 사, 廊 복도 랑)'과 뜻을 더하는 접미사 '-채'가 붙은 파생어로, '사랑으로 쓰는 집채'라는 뜻이다.
③ 쌍동밤(雙童밤) : '한 어머니에게서 한꺼번에 태어난 두 아이.'의 뜻을 가진 한자어 '쌍동(雙 쌍 쌍, 童 아이 동)'와 고유어 '밤'이 합쳐진 합성어로, '한 껍데기 속에 두 쪽이 들어 있는 밤'을 뜻한다.
④ 장작불(長斫불) : 한자어인 '장작(長 길 장, 斫 벨 작)'과 고유어 '불'이 합쳐져 만들어진 합성어로, '장작으로 피운 불'을 뜻한다.

19 정답 ④

핵심주제 : 현대 소설

정 씨가 10년 만에 가는 삼포는 고기잡이를 하고 감자를 캐며 나룻배로 이동하는 산업화 이전의 모습이지만, 노인이 알려주는 최근의 삼포는 산업화로 인한 개발로 인해 삼포의 바다는 방둑을 쌓고 트럭이 돌을 실어 나르며 관광호텔을 짓고 있다. 바다에 생긴 '신작로'는 새로 만든 길이라는 뜻으로, 자동차가 다닐 수 있을 정도로 넓게 새로 낸 길을 이르는 말을 의미한다. 따라서 ㉠, ㉡, ㉢이 산업화 이전 삼포의 모습을 나타내는 소재이다.

20 정답 ③

핵심주제 : 현대 소설

이 작품에서는 산업화 속에서 폐허가 된 고향을 상실한 민중들의 궁핍한 삶이 드러난다. 정 씨가 추억하고 있는 고향이 산업화로 인해 예전의 모습이 사라진 것을 알고 허망해하는 정 씨의 모습에서 알 수 있다. 그러므로 '내가 사랑했던 자리마다 모두 폐허다.'라는 시구가 주제를 표현한 것으로 가장 적절하다.

 모르면 간성

〈 작품해석 〉

황석영, 〈삼포 가는 길〉
- **갈래** : 단편 소설
- **배경** : 1970년대 초의 어느 시골
- **경향** : 여로 소설
- **성격** : 사실적
- **시점** : 전지적 작가 시점
- **표현** : 1970년대 산업화가 초래한 고향 상실의 아픔을 형상화함
- 인물들이 길에서 만나 서로 의지하며 길을 걸어가는 것을 통해, 이들이 서로의 상처를 치유해 가는 훈훈한 인간애가 나타남

21 군무원 필수 정답 ③

핵심주제 : 사자성어

이 작품은 을지문덕이 수나라 장수 우중문에게 보낸 시로, 그를 조롱하기 위해 지은 한시이다. 침략한 적장을 희롱하여 판단을 어둡게 한 뒤 계책을 써서 물리치는 데 이용하였다. 표면적으로는 우중문의 책략과 계획을 칭찬하고 있으나, 내면적으로 자신이 그보다 훨씬 낫다는 자신감을 표현하였다. 따라서 시에서 나타나는 주된 정조는 '득의만면(得 얻을 득, 意 뜻 의, 滿 찰 만, 面 낯 면)'이며, '일이 뜻대로 이루어져 기쁜 표정이 얼굴에 가득함'의 뜻을 가지고 있다.

오답해설

① 유유자적(悠 멀 유, 悠 멀 유, 自 스스로 자, 適 갈 적) : 여유가 있어 한가롭고 걱정이 없는 모양. 속세를 떠나 아무 속박 없이 조용하고 편안하게 삶
② 연연불망(戀 사모할 연, 戀 사모할 연, 不 아닐 불, 忘 잊을 망) : 그리워서 잊지 못함
④ 산자수명(山 뫼 산, 紫 자주 빛 자, 水 물 수, 明 밝을 명) : 산색이 아름답고 물이 맑음

모르면 간성

〈 작품해석 〉

을지문덕(乙支文德), 〈여수장우중문시(與隋將于仲文詩)〉
- **지은이** : 을지문덕
- **갈래** : 오언고시(五言古時)
- **연대** : 고구려 제26대 영양왕 때
- **구성** : 기 · 승 · 전 · 결의 4단 구성
- **주제** : 적장의 오판 유도, 적장 희롱
- **의의** : 현전하는 우리 나라 최고(最古)의 한시
- **출전** : 《삼국사기》 권44, 열전 제4 을지문덕

22 정답 ①

핵심주제 : 속담

문맥과 가장 어울리는 속담은 '불감청이언정 고소원이라'이다. '불감청(不 아닐 불, 敢 감히 감, 請 청할 청)'은 '마음속으로는 간절하지만 감히 청하지 못함'을 뜻하며, '고소원(固 굳을 고, 所 바 소, 願 바랄 원)'은 '본디부터 바라던 바'를 뜻한다. 이를 종합하면 '감히 청하지는 못하였으나 본래 바라고 있던 바'를 뜻한다. 혼수를 간소하게 하라는 간절한 요청이 부담감을 덜어주는 이유는 혼수를 간소하게 하고 싶어도 이를 직접 말하기가 어렵기 때문이다. 그러므로 ㉠에 들어갈 속담으로 가장 적절하다.

오답해설

② 배보다 배꼽이 더 크다 : 기본이 되는 것보다 덧붙이는 것이 더 많거나 큰 경우를 이르는 말
③ 미운 자식 떡 하나 더 준다 : 미운 사람일수록 잘해 주고 감정을 쌓지 않아야 한다는 말

④ 똥 묻은 개가 겨 묻은 개를 나무란다 : 자기는 더 큰 흉이 있으면서 도리어 남의 작은 흉을 본다는 말

23 　정답 ①

핵심주제 : 현대시

이 시에서 '구름'과 '물길'은 유랑하는 '나그네'의 방랑의 이미지를 형상화한 시어이다. '구름 흘러가는'은 유랑하는 나그네를 상징하며, '물길은 칠백 리'는 나그네의 긴 방랑의 여정을 상징한다.

오답해설

② '강마을'은 저녁노을을 배경으로 술이 익는 곳이며 '나그네'가 자연과 동화된 모습을 시각적 이미지와 후각적 이미지로 표현한 소재이다. 시적 자아가 바라보는 공간일 수는 있으나 정착하려는 의도와는 관련이 없다.

③ 마지막 연에서 나그네는 다정(多情)과 다한(多恨)을 숙명으로 받아들이며 자연과 어우러져 방랑하고 있으므로, '나그네'가 현실의 질곡에서 벗어나려는 의지는 나타나지 않는다.

④ 마지막 연의 '다정'과 '한 많음'은 나그네가 본래 지니던 정서와 숙명이며, '한 많음'은 오히려 '병인 양' 여길 수 있는 괴로움이다. 민중의 전통적 정서인 이별의 정한이나 '한'의 내적 승화와 직접적인 관련이 없다. '한 많음도 병인 양하여'라고 했다면 나그네가 자신에게 주어진 '한'을 숙명으로 받아들였으므로 전통적 정서로 볼 수 있으나 '한 많음'만을 언급한다면 전통적 정서로 볼 수 없다. 따라서 '한 많음'에는 전통적 미학의 정서가 드러나지 않는다.

모르면 간성

〈 작품해석 〉
조지훈, 〈완화삼(玩花衫) - 목월(木月)에게〉
• 갈래 : 자유시, 서정시
• 성격 : 애상적, 전통적
• 제재 : 유랑하는 '나그네'의 삶
• 주제 : 밤길을 떠나는 '나그네'의 애수
• 특징 : 전통적인 3음보의 율격이 나타남. 자연물에 감정을 이입하여 시적 화자의 정서를 간접적으로 표출함. 다양한 감각적 이미지를 통해 시의 분위기를 형성함
• 해설 : 유랑하는 나그네의 모습을 애상적으로 그려낸 시이며, 시인이 박목월에게 보낼 것을 염두에 두고 쓴 시이다. 박목월 시인은 〈완화삼〉의 답시 〈나그네〉를 썼다.

24　정답 ①

핵심주제 : 어문 규정

'마천루(摩天樓)'는 '하늘을 찌를 듯이 솟은 아주 높은 고층 건물'의 뜻으로, 표준 발음법 제20항('ㄴ'은 'ㄹ'의 앞이나 뒤에서 [ㄹ]로 발음한다.)에 따라 [마철루]로 발음한다.

표준발음법 제20항 유음화에 포함되지 않는 사례

의견란[의ː견난], 임진란[임ː진난], 생산량[생산냥], 결단력[결딴녁], 공권력[공꿘녁], 동원령[동ː원녕], 상견례[상견녜], 횡단로[횡단노], 이원론[이ː원논], 입원료[이붠뇨], 구근류[구근뉴]

25　정답 ②

핵심주제 : 비문학(주제)

본문은 문화예술 시대에 한국인의 예술성이 세계에서 인정받고 있으므로 새로운 역사가 시작될 수 있도록 우리만의 전략으로 세계에 나아가기를 바라는 글이다. 그러므로 글의 중심내용으로 가장 옳은 것은 '다가오는 미래에 대한 희망찬 포부'이다.

반적으로 단식부기 기장방식을 채택하는 현금주의와 달리 복식부기 기장방식을 채택하는 것이 일반적이다.

오답해설

나, 다 현금주의에 대한 설명이며, 발생주의는 이와는 반대로, 부채규모와 총자산을 정확히 파악할 수 있고, 현금의 수입 · 수출과는 관계없이 거래가 발생한 시점을 기준으로 인식한다.

출제 문항 분석

영역	문항 수
행정학의 기초이론	6
정책론	2
조직론	5
인사행정론	3
재무행정론	6
환류행정론	0
지방행정론	3

정답

01 ③	02 ④	03 ①	04 ④	05 ④
06 ②	07 ①	08 ②	09 ②	10 ④
11 ③	12 ②	13 ③	14 ④	15 ③
16 ①	17 ①	18 ②	19 ②	20 ×
21 ①	22 ③	23 ④	24 ①	25 ③

01 　　　　　　　　　　　정답 ③

핵심주제 : 행정학의 기초이론

신제도주의에서는 제도와 행위자(개인) 간의 상호영향력을 인정하며, 제도와 행위자의 상호작용에 따라 정책의 내용과 효과가 어떻게 달라지는지를 설명한다. 따라서 제도에 의해 일방적으로 개인과 조직, 국가의 성패가 결정된다는 설명은 옳지 않다.

02 　　　　　　　　　　　정답 ④

핵심주제 : 조직론

막스 베버(Max Weber)는 행정조직 발전을 위한 관점에서 관료제 모형을 제시한 것이 아니라, 권위의 정당성을 기준으로 관료제 모형을 제시하였다. 베버의 관료제 유형에는 가산관료제, 근대관료제, 카리스마적 관료제가 있다.

03 　　　　　　　정답 ①

핵심주제 : 재무행정론

발생주의 회계제도는 현금주의와 달리 자본적 자산의 감가상각비, 자본에 대한 이자, 내재적 비용부담 등을 고려한다. 또한, 일

04 　　　　　　　　　　　정답 ④

핵심주제 : 행정학의 기초이론

행정은 기속행위가 많고 법적 규제가 엄격하여 자율성이 약한 것과는 달리, 경영은 재량행위가 많고 법적 제약이 적어 자율성이 강하다.

05 　　　　　　　　　　　정답 ④

핵심주제 : 행정학의 기초이론

수평적 형평성과 수직적 형평성은 사회적 형평성의 유형으로, 수평적 형평성이란 동등한 것을 동등하게 취급하는 것이며, 수직적 형평성이란 서로 다른 것을 다르게 취급하는 것을 말한다.

모르면 간첩

사회적 형평성의 유형	
수평적 형평성	• 동일 대상은 동일하게 대우 • 소득 · 가정환경 등 조건이 동일한 사람들에게 동일한 공공서비스 제공 • 선거에서 1인1표주의, 비용부담 문제에서 수익자부담의 원칙(응익주의) 등
수직적 형평성	• 다른 대상은 다르게 대우 • 이질적 특성을 가진 사람에게 서비스를 배분할 때 차이를 고려하는 기준 • 임용할당제, 누진소득세, 종합부동산세 등

06 　　　　　　　　　　　정답 ②

핵심주제 : 행정학의 기초이론

신공공관리론에서는 '작은 정부'를 강조하며 규제의 완화, 정부 역할의 축소, 공공부문의 시장화, 노동유연화 등을 추구하였다.

신공공관리론

- 시장지향적 작은 정부 – 행정의 경영화·시장화
- 신보수주의와 신자유주의 이념을 기반
- 정치·행정2원론(탈정치하)
- 민영화, 규제완화, 감축관리, 성과중심정부 강조

① 동법 제14조의4에서 규정하고 있다.

② 동법 제17조에서 규정하고 있다.

③ 동법 제15조에서 규정하고 있다.

07 정답 ①

핵심주제 : 조직론

허즈버그(F. Herzberg)는 동기부여의 요인을 불만(위생)요인과 동기(만족)요인으로 구분하고, 불만을 야기하는 불만요인과 만족을 주는 동기요인은 서로 별개이며 독립적이라고 하였다. 허즈버그에 의하면, 불만요인의 제거는 소극적 효과만 있을 뿐 단기적인 영향만 미쳐 생산성을 높여주지는 못하지만, 동기요인의 확대는 적극적 만족을 유발하며 동기유발에 장기적인 영향을 미친다.

08 정답 ②

핵심주제 : 행정학의 기초이론

생태론적 접근방법은 행정조직을 유기체로 파악하여 행정체제와 이를 둘러싼 환경과의 상호작용관계를 규명한다. 환경변화와 사람의 행태를 연구대상으로 하는 접근방법은 행태론적 접근방법에 해당한다.

09 정답 ②

핵심주제 : 정책론

정책은 공익지향성과 공공성을 지니고 있으며, 정책에 따라 수혜자와 비용부담자가 발생하여 사회적 가치가 배분되는 가치배분성을 지니고 있다. 따라서 가치중립성을 지향한다는 설명은 옳지 않다.

10 정답 ④

핵심주제 : 인사행정론

우리나라 「공직자윤리법」 제10조에서는 상벌사항 공개가 아니라 등록재산의 공개를 규정하고 있다.

11 정답 ③

핵심주제 : 정책론

조합주의란 정책결정에 있어 보다 적극적인 정부의 역할을 인정하고 정부와 이익집단과의 상호 합의를 통한 정책결정을 중시하는 이론으로, 다원주의와 달리 정부는 국가이익이나 사회의 공동선을 달성하기 위해 주도적인 역할을 담당한다고 본다.

12 정답 ②

핵심주제 : 조직론

민주형 리더십은 권위와 책임의 적절한 위임을 할 뿐, 최종책임을 위임하지는 않는다. 또한, 민주형 리더십은 부하와 지도자 간의 의사전달이 원활한 개방형 의사전달망의 형태를 보인다.

아이오와 대학의 리더십 유형

- **권위형** : 지도자가 중요 결정을 홀로 내리고, 부하에게 따르게 함. 시간적 여유가 없어가 부하의 능력이 부족하거나 참여에 대한 기대가 작은 경우 적합하지만, 반대의 상황에서는 조직의 성과를 저하시킬 수 있음
- **민주형** : 지도자가 부하들의 의견을 반영하여 결정. 개인주의 및 민주주의적 문화가 지배하는 사회에 적합
- **자유방임형** : 지도자 스스로 결정하지 않고, 구성원의 재량을 최대한 인정

13 정답 ③

핵심주제 : 조직론

매트릭스 구조란 기능구조의 기술적 전문성과 사업구조의 신속한 대응성이 동시에 강조됨에 따라 등장한 조직구조로서, 수직적인 기능구조와 수평적인 사업구조를 화학적으로 결합시킨 이원적 구조의 상설조직이다.

14 정답 ④

핵심주제 : 재무행정론

PPBS(계획예산제도)란 장기적 계획수립과 단기적 예산편성을 프로그래밍을 매개로 하여 유기적으로 결합시켜, 자원배분에 대한 의사결정을 합리적으로 하려는 계획지향적 예산제도를 말한다. PPBS는 기획책임이 상층부에 집중되어 있고 결정의 흐름이 하향적인 것이 특징이다.

15 정답 ③

핵심주제 : 인사행정론

한 사람의 업무에 대한 사항을 조직상 위계에서 고려한다는 것은 직위분류제가 아니라 계급제에 대한 설명이다.

모르면 간첩

계급제와 직위분류제

계급제	업무의 성격보다는 공직을 수행하는 사람을 중심으로 계급이라는 관념에 기초를 두고 상이한 대우와 직책을 부여
직위분류제	• 직무의 특성·차이를 중심으로 공직구조를 형성하는 직무지향적 공직분류 방식 • 직위 담당자의 특성을 떠나 직무 자체의 특성을 분석·평가하여 분류구조를 형성

16 정답 ①

핵심주제 : 인사행정론

직업공무원제란 공직이 젊고 유능한 인재에게 개방되어 매력 있는 것으로 여겨지고, 높은 직위에 올라갈 수 있는 기회가 부여되어 공직을 일생을 바칠 보람 있는 직업으로 여기고 운영하는 인사제도를 말한다. 직업공무원제의 전제에는 전통적 관료제에서 보이는 계급제, 폐쇄형 충원, 일반행정가주의가 있다.

17 정답 ①

핵심주제 : 재무행정론

예산심의의 과정은 경제적 합리성과 정치적 타당성이 결합되어 의회가 행정부에 대해 재정동의권을 부여하는 재정민주주의의 실현과정이며, 민주주의 국가에서 행정부 통제의 주요수단이 된다.

18 정답 ②

핵심주제 : 재무행정론

품목별 예산제도란 예산을 투입요소인 지출대상(품목)별로 분류하여, 지출대상과 그 비용 한계를 명확히 규정하는 통제지향적 예산제도이다.

오답해설

① 성과주의 예산제도는 업무단위의 원가와 양을 계산하여 관리의 능률성을 높이는 관리지향적 예산제도이다.
③ 새로운 성과주의 예산제도는 중간 산출보다는 구체적인 성과를 강조하며 이를 통하여 효과성을 높이고자 한다.
④ 계획예산제도는 의사결정의 지나친 중앙집권화와 제도적 경직성 때문에 투명성과 대응성 측면에서 취약하다는 단점이 있다.

19 정답 ②

핵심주제 : 지방행정론

지역 간 격차 완화는 지방분권이 아니라 중앙집권의 장점에 해당한다.

모르면 간첩

지방분권의 장점

• 행정의 민주성 확보
• 근린행정 실현(행정의 대응성 강화)
• 번문욕례의 제거
• 의사결정시간의 단축으로 사무처리의 신속화
• 지방공무원의 사기진작

20 정답 ×

핵심주제 : 지방행정론

최종답안에서는 ④를 정답이라고 하였으나, 단체자치에서 중앙정부와 지방자치단체의 관계는 기능적 협력관계가 아니라 권력적 감독관계에 있다. 그러므로 옳은 것은 '가, 나, 라'이다.

21 정답 ①

핵심주제 : 재무행정론

욕구체계이론이란, 매슬로우(Maslow)의 욕구단계이론, 앨더퍼

(Alderfer)의 ERG이론, 맥그리거(McGregor)의 X · Y이론처럼 행정조직론에서 동기부여와 관련된 이론을 말한다.

22 정답 ③

핵심주제 : 지방행정론

재정자주도란 재정수입 중에서 특정 목적이 정해지지 않은 일반재원의 비중을 말하며, 재정자주도가 높을수록 자치단체의 재량으로 사용할 수 있는 예산의 폭이 넓으므로 재원활용능력이 높아지며 세출측면의 자율성이 강해진다.

오답해설

① 재정자립도 : 총재원 중 자주재원의 비율
④ 재정력지수 : 지방자치단체가 기초적 재정수요를 어느 정도 자체적으로 해결할 능력을 가지고 있는가를 추정하는 지표

23 정답 ④

핵심주제 : 조직론

관료제하에서 구성원들은 인간으로서의 감정이나 충동을 멀리하는 '정의적 행동(personal conduct)'이 아니라, '몰인격성(impersonality)'이 기대된다고 해야 옳은 설명이다.

관료제의 병리

- 동조과잉과 목표 · 수단의 대치 현상
- 몰인격성(impersonality)
- 번문욕례(Red Tape) · 형식주의에 집착
- 전문화로 인한 무능
- 무사안일주의 등

24 정답 ①

핵심주제 : 행정학의 기초이론

공공선택론(public choice theory)은 방법론적 집단주의가 아니라, 방법론적 개인(개체)주의를 지향한다. 공공선택론은 인간관으로 이기적 · 합리적 경제인을 내세우고, 연역적 접근법을 취한다. 또한, '교환으로서의 정치'를 추구하며, 정치적 시장에서의 사익추구를 문제로 삼고 국가 역할의 최소화, 민영화 등을 강조한다.

25 정답 ③

핵심주제 : 재무행정론

총액배분자율편성제도가 도입되기 전에는 기획재정부가 상향식 예산편성제도로 각 부처의 예산요구에 대하여 삭감을 위주로 심사를 하여 예산편성을 하였다면, 총액배분자율편성제도가 도입된 후에는 국무위원들이 부처별 지출한도를 설정하는 과정에 참여하고 기획재정부는 각 부처의 세부사업을 위주로 심사한다.

총액배분자율편성제도

단년도 예산편성방식과 달리 기획재정부가 국정목표와 우선순위에 따라 장기(5개년) 재원배분계획을 수립하면, 국무위원들이 국무회의를 통해 연도별 · 분야별 · 부처별 지출한도를 미리 설정하고, 각 부처는 그 범위 내에서 사업의 우선순위에 따라 자율적으로 개별사업별 예산을 편성 · 제출하여 협의 · 조정하고, 기획재정부가 이를 심사하여 정부예산을 최종 확정하는 제도

동등하게 대우하여야 한다는 원칙이다. 평등원칙은 서로 대상을 달리하는 경우에 차별의 정도도 합리적인 이유가 있어야 하기 때문에 차별의 정도에서의 평등을 포함한다.

03
정답 ①

핵심주제 : 행정소송

공정거래위원회, 토지수용위원회, 방송위원회, 공직자윤리위원회, 노동위원회 등 각종 합의제 행정기관이 한 처분에 대하여는 그 합의제의 대표가 아닌 합의제 행정청이 피고가 된다. 다만 노동위원회법은 중앙노동위원회의 처분에 대한 피고를 중앙노동위원회위원장으로 규정하고 있다.

〈 법령 〉
「노동위원회법」
제27조(중앙노동위원회의 처분에 대한 소송) ① 중앙노동위원회의 처분에 대한 소송은 중앙노동위원회 위원장을 피고(被告)로 하여 처분의 송달을 받은 날부터 15일 이내에 제기하여야 한다.

행정법

04
정답 ①

핵심주제 : 행정행위

수익적 행정행위에 대한 취소권 등의 행사는 기득권의 침해를 정당화할 만한 중대한 공익상의 필요 또는 제3자의 이익을 보호할 필요가 있고, 이를 상대방이 받는 불이익과 비교 · 교량하여 볼 때 공익상의 필요 등이 상대방이 입을 불이익을 정당화할 만큼 강한 경우에 한하여 허용될 수 있다(대판 2014. 4. 24. 2013두26552).

01
정답 ④

핵심주제 : 사인의 공법행위

관련 판례에서는 건축법상의 건축신고가 인 · 허가 의제의 효과를 갖는 경우에는 수리를 요하는 신고로 보고 있다.

〈 판례 〉
… 인 · 허가의제 효과를 수반하는 건축신고는 일반적인 건축신고와는 달리, 특별한 사정이 없는 한 행정청이 그 실체적 요건에 관한 심사를 한 후 수리하여야 하는 이른바 '수리를 요하는 신고'로 보는 것이 옳다(대판 2011. 1. 20. 2010두14954).

※ 최종답안에서는 ②도 정답이라고 하였으나, 민원인의 단순한 착오나 일시적인 사정으로 민원사항의 신청서류에 실질적인 요건에 관한 흠이 있을 경우에 행정청이 보완을 요구할 수 있기 때문에 옳은 설명으로 본다.

05
정답 ④

핵심주제 : 행정법

진행 중인 법률관계나 사실관계에 대해 관계인의 신뢰이익을 보호하기 위해 소급효가 제한될 수 있으나, 새 법령의 효력을 미치게 하는 부진정소급입법은 원칙적으로 허용된다.

02
정답 ②

핵심주제 : 행정법의 원칙

「행정기본법」 제9조에 "행정청은 합리적 이유 없이 국민을 차별하여서는 아니 된다"고 규정하고 있다. 여기서 평등원칙이란 행정작용을 함에 있어 특별한 합리적인 사유가 없는 한, 국민을

〈 판례 〉
법령불소급의 원칙은 법령의 효력발생 전에 완성된 요건 사실에 대하여 당해 법령을 적용할 수 없다는 의미일 뿐, 계속 중인 사실이나 그 이후에 발생한 요건 사실에 대한 법령적용까지를 제한하는 것은 아니다(대판 2014. 4. 24. 2013두26552).

06 정답 ③

핵심주제 : 청문

「행정절차법」제33조 제1항에 따르면, 청문 주재자는 직권으로 또는 당사자의 신청에 따라 필요한 조사를 할 수 있으며, 당사자 등이 주장하지 아니한 사실에 대하여도 조사할 수 있다.

07 정답 ②

핵심주제 : 행정지도

위법한 건축물에 대한 단전 및 전화통화 단절조치 요청행위는 전기 · 전화공급자나 특정인의 법률상 지위에 직접 변동을 가져오지 않으므로 항고소송 대상이 되는 행정처분이 아니다.

〈 판례 〉
건축법의 규정에 비추어 보면, 행정청이 위법 건축물에 대한 시정명령을 하고 나서 위반자가 이를 이행하지 아니하여 전기 · 전화의 공급자에게 그 위법 건축물에 대한 전기 · 전화공급을 하지 말아 줄 것을 요청한 행위는 권고적 성격의 행위에 불과한 것으로서 전기 · 전화공급자나 특정인의 법률상 지위에 직접적인 변동을 가져오는 것은 아니므로 이를 항고소송의 대상이 되는 행정처분이라고 볼 수 없다(대판 1996. 3. 22. 96누433).

08 정답 ①

핵심주제 : 개인정보보호

정보통신서비스 제공자는 이용자가 필요한 최소한의 개인정보 이외의 개인정보를 제공하지 아니한다는 이유로 그 서비스의 제공을 거부할 수 없다.

〈 법령 〉
「개인정보 보호법」
제39조의3 (개인정보의 수집 · 이용 동의 등에 대한 특례) ③ 정보통신서비스 제공자는 이용자가 필요한 최소한의 개인정보 이외의 개인정보를 제공하지 아니한다는 이유로 그 서비스의 제공을 거부해서는 아니 된다. 이 경우 필요한 최소한의 개인정보는 해당 서비스의 본질적 기능을 수행하기 위하여 반드시 필요한 정보를 말한다.

09 정답 ④

핵심주제 : 행정소송

「행정소송법」제26조에 따르면, 법원은 필요하다고 인정할 때는 직권으로 증거조사 할 수 있고 당사자가 주장하지 않은 사실에 대해 판단할 수 있다. 취소소송의 직권심리주의 규정(제26조)은 당사자소송에도 준용되고, 처분의 효력유무 또는 존재여부가 민사소송의 선결문제로 되어 당해 민사소송의 수소법원이 이를 심리 · 판단하는 경우에도 준용된다.

〈 법령 〉
「행정소송법」
제26조(직권심리) 법원은 필요하다고 인정할 때에는 직권으로 증거조사를 할 수 있고, 당사자가 주장하지 아니한 사실에 대하여도 판단할 수 있다.
제44조(준용규정) ① 제14조 내지 제17조, 제22조, 제25조, 제26조, 제30조제1항, 제32조 및 제33조의 규정은 당사자소송의 경우에 준용한다.

10 정답 ①

핵심주제 : 허가

지문의 설명은 인가에 대한 것이다. 무인가행위는 효력을 발생하지 않는다. 또한 허가와 달리 강제집행이나 행정벌의 대상이 되지 않는다. 그러나 무허가행위는 위법한 행위가 되고, 통상 법률에서 행정형벌을 부과하며, 무허가행위의 사법상 법적 효력은 인정된다.

11 정답 ③

핵심주제 : 행정법

ㄱ은 행정기본법 제4조(행정의 적극적 추진) 제1항, ㄴ은 행정기본법 제8조(법치행정의 원칙), ㄷ은 행정기본법 제9조(평등의 원칙), ㄹ은 행정기본법 제13조(부당결부금지의 원칙), ㅁ은 행정기본법 제17조(부관) 제1항에 규정되어 있으며, 모두 옳은 설명이다.

12 정답 ②

핵심주제 : 행정소송

광업권설정허가처분과 그에 따른 광산 개발로 인하여 재산상 · 환경상 이익의 침해를 받거나 받을 우려가 있는 토지나 건축물의 소유자와 점유자 또는 이해관계인 및 주민들은 그 처분 전과 비교하여 수인한도를 넘는 재산상 · 환경상 이익의 침해를 받거나 받을 우려가 있다는 것을 증명함으로써 그 처분의 취소를 구할 원고적격을 인정받을 수 있다.

〈 판례 〉

광업권설정허가처분의 근거 법규 또는 관련 법규의 취지는 광업권설정허가처분 등으로 인하여 직접적이고 중대한 재산상·환경상 피해가 예상되는 토지나 건축물의 소유자나 점유자 또는 이해관계인 및 주민들이 쾌적하게 생활할 수 있는 개별적 이익까지도 보호하려는 데 있으므로, 광업권설정허가처분과 그에 따른 광산 개발로 인하여 재산상·환경상 이익의 침해를 받거나 받을 우려가 있는 토지나 건축물의 소유자와 점유자 또는 이해관계인 및 주민들은 그 처분 전과 비교하여 수인한도를 넘는 재산상·환경상 이익의 침해를 받거나 받을 우려가 있다는 것을 증명함으로써 그 처분의 취소를 구할 원고적격을 인정받을 수 있다(대판 2008. 9. 11. 2006두7577).

13 정답 ①

핵심주제 : 행정구제법

공법상 결과제거청구권은 공행정작용으로 인하여 야기된 위법한 상태로 인하여 자기의 권익을 침해받고 있는 자가 행정주체에 대하여 그 위법한 상태를 제거하여 침해 이전의 원래의 상태를 회복시켜 줄 것을 청구하는 권리를 말한다. 즉, 위법한 행정작용의 직접적인 결과의 제거만을 그 내용으로 하므로, 부적법한 행정작용을 통해 발생된 상당인과관계 있는 모든 결과에 대하여 이 청구권이 성립되는 것은 아니다.

14 정답 ④

핵심주제 : 행정심판

재결기간은 훈시규정이므로 재결기간이 경과한 후에 이루어진 재결도 효력을 갖는다.

「행정심판법」

제45조(재결 기간) ① 재결은 제23조에 따라 피청구인 또는 위원회가 심판청구서를 받은 날부터 60일 이내에 하여야 한다. 다만, 부득이한 사정이 있는 경우에는 위원장이 직권으로 30일을 연장할 수 있다.

15 정답 ④

핵심주제 : 행정소송

장관의 의사가 공식적 방법으로 외부에 표시된 것이 아니라 단지 그 정보를 내부전산망인 '출입국관리정보시스템'에 입력해

관리한 것에 불과하므로, 입국금지결정은 항고소송 대상인 '처분'에 해당하지 않는다.

〈 판례 〉

병무청장이 법무부장관에게 '가수 갑이 공연을 위하여 국외여행허가를 받고 출국한 후 미국 시민권을 취득함으로써 사실상 병역의무를 면탈하였으므로 재외동포 자격으로 재입국하고자 하는 경우 국내에서 취업, 가수활동 등 영리활동을 할 수 없도록 하고, 불가능할 경우 입국 자체를 금지해 달라'고 요청함에 따라 법무부장관이 갑의 입국을 금지하는 결정을 하고, 그 정보를 내부전산망인 '출입국관리정보시스템'에 입력하였으나, 갑에게는 통보하지 않은 사안에서, 위 입국금지결정은 항고소송의 대상이 되는 '처분'에 해당하지 않는다(대판 2019. 7. 11. 2017두38874).

16 정답 ③

핵심주제 : 행정계획

행정주체가 행정계획을 입안·결정함에 있어서 이익형량을 전혀 행하지 아니하거나 이익형량의 고려 대상에 마땅히 포함시켜야 할 사항을 누락한 경우 또는 이익형량을 하였으나 정당성과 객관성이 결여된 경우에는 그 행정계획결정은 형량에 하자가 있어 위법하게 된다.

〈 판례 〉

행정주체는 구체적인 행정계획을 입안·결정함에 있어서 비교적 광범위한 형성의 자유를 가지는 것이지만, 행정주체가 가지는 이와 같은 형성의 자유는 무제한적인 것이 아니라 그 행정계획에 관련되는 자들의 이익을 공익과 사익 사이에서는 물론이고 공익 상호간과 사익 상호간에도 정당하게 비교교량하여야 한다는 제한이 있으므로, 행정주체가 행정계획을 입안·결정함에 있어서 이익형량을 전혀 행하지 아니하거나 이익형량의 고려 대상에 마땅히 포함시켜야 할 사항을 누락한 경우 또는 이익형량을 하였으나 정당성과 객관성이 결여된 경우에는 그 행정계획결정은 형량에 하자가 있어 위법하게 된다(대판 2007. 4. 12. 2005두1893).

17 정답 ③

핵심주제 : 행정조사

「행정조사기본법」 제4조 제4항에 따르면 행정조사는 법령등의 위반에 대한 처벌보다는 법령등을 준수하도록 유도하는 데 중점을 두어야 한다.

PART 04 2021

〈 법령 〉
「행정조사기본법」
제4조(행정조사의 기본원칙) ④ 행정조사는 법령등의 위반에 대한 처벌보다는 법령등을 준수하도록 유도하는 데 중점을 두어야 한다.

18 정답 ③
핵심주제 : 행정규칙

서울대학교 "1994학년도 대학입학고사주요요강"은 행정쟁송의 대상이 되는 행정처분은 될 수 없지만, 헌법소원의 대상이 되는 공권력의 행사에는 해당한다.

〈 판례 〉
국립대학인 서울대학교의 "94학년도 대학입학고사주요요강"은 사실상의 준비행위 내지 사전안내로서 행정쟁송의 대상이 될 수 있는 행정처분이나 공권력의 행사는 될 수 없지만 … 앞으로 법령의 뒷받침에 의하여 그대로 실시될 것이 틀림없을 것으로 예상되어 그로 인하여 직접적으로 기본권 침해를 받게 되는 사람에게는 사실상의 규범작용으로 인한 위험성이 이미 현실적으로 발생하였다고 보아야 할 것이므로 이는 헌법소원의 대상이 되는 헌법재판소법 제68조 제1항 소정의 공권력의 행사에 해당된다(헌재 1992. 10. 1. 92헌마68 · 76).

19 정답 ②
핵심주제 : 행정법 관계

환매권의 발생기간을 제한한 것은 사업시행자의 지위나 이해관계인들의 토지이용에 관한 법률관계 안정, 토지의 사회경제적 이용 효율 제고, 사회일반에 돌아가야 할 개발이익이 원소유자에게 귀속되는 불합리 방지 등을 위한 것이라 하더라도, 그 입법목적은 정당하다.

〈 판례 〉
환매권의 발생기간을 제한하는 것은 공익사업을 수행하는 사업시행자의 지위나 토지를 둘러싼 이해관계인들의 토지이용 등에 관한 법률관계 안정, 토지의 사회경제적 이용의 효율성 제고, 사회일반의 이익이 되어야 할 개발이익이 원소유자 개인에게 귀속되는 불합리 방지 등을 위한 것으로 그 입법목적은 정당하고, 이를 위하여 토지취득일로부터 일정기간이 지나면 환매권 자체가 발생하지 않도록 기간을 제한하는 것은 입법목적을 달성하기에 유효적절한 방법이라 할 수 있다(헌재 2020. 11. 26. 2019헌바131).

20 정답 ②
핵심주제 : 손해배상

국가배상법 제2조 제1항 단서의 이중배상금지는 제5조의 배상책임에도 준용되므로, 공공시설 등의 하자로 인한 책임도 군인 · 군무원의 2중배상금지에 관한 규정은 적용된다.

〈 법령 〉
「국가배상법」
제5조(공공시설 등의 하자로 인한 책임) ① 도로 · 하천, 그 밖의 공공의 영조물(營造物)의 설치나 관리에 하자(瑕疵)가 있기 때문에 타인에게 손해를 발생하게 하였을 때에는 국가나 지방자치단체는 그 손해를 배상하여야 한다. 이 경우 제2조제1항 단서, 제3조 및 제3조의2를 준용한다.

21 정답 ④
핵심주제 : 정보공개

공공기관은 예산집행의 내용과 사업평가 결과 등 행정감시를 위하여 필요한 정보에 대해서는 공개의 구체적 범위, 주기, 시기 및 방법 등을 미리 정하여 정보통신망 등을 통하여 알리고, 이에 따라 정기적으로 공개하여야 한다.

〈 법령 〉
「공공기관의 정보공개에 관한 법률」
제7조 (정보의 사전적 공개 등) ① 공공기관은 다음 각 호의 어느 하나에 해당하는 정보에 대해서는 공개의 구체적 범위, 주기, 시기 및 방법 등을 미리 정하여 정보통신망 등을 통하여 알리고, 이에 따라 정기적으로 공개하여야 한다. 다만, 제9조 제1항 각 호의 어느 하나에 해당하는 정보에 대해서는 그러하지 아니하다.
1. 국민생활에 매우 큰 영향을 미치는 정책에 관한 정보
2. 국가의 시책으로 시행하는 공사(工事) 등 대규모 예산이 투입되는 사업에 관한 정보
3. 예산집행의 내용과 사업평가 결과 등 행정감시를 위하여 필요한 정보
4. 그 밖에 공공기관의 장이 정하는 정보

22 정답 ③
핵심주제 : 행정법상 의무이행 확보수단

세무조사결정은 납세의무자의 권리 · 의무에 직접 영향을 미치는 공권력의 행사에 따른 행정작용으로서 항고소송의 대상이 된다.

〈 판례 〉
부과처분을 위한 과세관청의 질문조사권이 행해지는 세무조사결정이 있는 경우 납세의무자는 세무공무원의 과세자료 수집을 위한 질문에 대답하고 검사를 수인하여야 할 법적 의무를 부담하게 되는 점 … 등을 종합하면, 세무조사결정은 납세의무자의 권리·의무에 직접 영향을 미치는 공권력의 행사에 따른 행정작용으로서 항고소송의 대상이 된다(대판 2011. 3. 10. 2009두23617,23624).

23

정답 ③

핵심주제 : 행정법 관계

석탄사업법시행령 제41조 제4항 제5호 소정의 재해위로금청구권은 개인의 공권으로서 그 공익적 성격에 비추어 당사자의 합의에 의하여 이를 미리 포기할 수 없으므로, 소정의 재해위로금에 대한 지급청구권에 관한 부제소합의는 효력이 인정되지 않는다.

〈 판례 〉
당사자 사이에 석탄산업법시행령 제41조 제4항 제5호 소정의 재해위로금에 대한 지급청구권에 관한 부제소합의가 있었다고 하더라도 그러한 합의는 무효라고 할 것이다(대판 1999. 1. 26. 98두12598).

24

정답 ②

핵심주제 : 부관

부담은 행정청이 행정처분을 하면서 일방적으로 부가할 수도 있지만 부담을 부가하기 이전에 상대방과 협의하여 부담의 내용을 협약의 형식으로 미리 정한 다음 행정처분을 하면서 이를 부가할 수도 있다.

〈 판례 〉
수익적 행정처분에 있어서는 법령에 특별한 근거규정이 없다고 하더라도 그 부관으로서 부담을 붙일 수 있고, 그와 같은 부담은 행정청이 행정처분을 하면서 일방적으로 부가할 수도 있지만 부담을 부가하기 이전에 상대방과 협의하여 부담의 내용을 협약의 형식으로 미리 정한 다음 행정처분을 하면서 이를 부가할 수도 있다(대판 2009. 2. 12. 2005다65500).

25

정답 ④

핵심주제 : 행정소송

행정입법부작위에 대한 권리구제는 구체적 권리의무에 관한 분쟁이 아니므로 부작위위법확인소송이라는 항고소송을 제기할 수 없다. 또한 부작위위법확인소송에서의 부작위는 '입법'의 부작위가 아니라 '처분'의 부작위이므로, 행정입법부작위는 부작위위법확인소송의 대상이 될 수 없다.

〈 판례 〉
행정소송은 구체적 사건에 대한 법률상 분쟁을 법에 의하여 해결함으로써 법적 안정을 기하자는 것이므로 부작위위법확인소송의 대상이 될 수 있는 것은 구체적 권리의무에 관한 분쟁이어야 하고 추상적인 법령에 관하여 제정의 여부 등은 그 자체로서 국민의 구체적인 권리의무에 직접적 변동을 초래하는 것이 아니어서 그 소송의 대상이 될 수 없는 바, 대통령이 대통령령을 제정하지 아니한 행정입법부작위의 위법확인을 구하는 이 사건 소는 부적법하다(대판 1992. 5. 8. 91누11261).

해 대등하게 이어진 겹문장이다.

2020년
기출문제

정답 및 해설

국어

출제 문항 분석

영역	문항 수
한자와 어휘	5
문법	11
어문 규정	3
문학	1
비문학	5

정답

01 ④	02 ③	03 ②	04 ①	05 ②
06 ④	07 ③	08 ①	09 ④	10 ③
11 ③	12 ②	13 ①	14 ③	15 ②
16 ③	17 ④	18 ④	19 ③	20 ④
21 ①	22 ②	23 ①	24 ②	25 ④

01 군무원 필수

정답 ④

핵심주제 : 문법

'우리 집 앞마당에 드디어 장미꽃이 피었다.'는 '장미꽃이(주어)', '피었다(서술어)'로 주술관계가 한 번으로 이루어진 홑문장에 해당한다.

오답해설

① '어제 빨간 모자를 샀다.'의 '빨간'은 '빨갛+ㄴ(관형사형 어미)'으로 '모자'를 수식하는 관형절이다. 따라서 관형절을 안은 겹문장이다.

② '봄이 오니 꽃이 피었다.'의 '-니'는 연결어미로 '봄이 오니(원인)', '꽃이 피었다(결과)'로 이루어진 종속적으로 이어진 겹문장이다.

③ '남긴 만큼 버려지고 버린 만큼 오염된다.'의 '남긴'은 '남기+ㄴ(관형사형 어미)', '버린'은 '버리+ㄴ(관형사형 어미)'으로 관형절을 안은 두 개의 겹문장들이 다시 '-고(연결어미)'를 통

02 군무원 필수

정답 ③

핵심주제 : 문법

'가벼운 물건이라도 높은 위치에서 던지면 인명 사고나 차량 파손을 일으킬 수 있다.'에서 '-나'는 접속 조사로 '인명 사고'와 '차량 파손'을 대등한 자격으로 이어준 올바른 문장이다.

오답해설

① '받다'는 세 자리 서술어로 '~에게', '~로부터'의 '(물건을)주는 사람'에 해당하는 부사어를 필요로 한다. 따라서 '도움을 받기도'에서 부사어를 추가한 '남에게 도움을 받기도'가 적절하다.

② '환담(歡談)'은 '정답고 서로 즐겁게 이야기하다.'라는 뜻으로 문맥상 사용하기에 어울리지 않는다. 따라서 '조문객들과 잠시 환담을 나눈 후~'에서 '조문객들과 잠시 대화(이야기)를 나눈 후'로 바꾸는 것이 적절하다.

④ '여간하다.'는 '이만저만하거나 어지간하다.'라는 뜻의 형용사로 부정어와 함께 쓰인다. 따라서 '어지간한 우대였다.'에서 '어지간한 우대가 아니었다.'로 바꾸는 것이 적절하다.

03

정답 ②

핵심주제 : 어휘

'스크린 도어'란 지하철 혹은 경전철의 승강장에 '문(door)'의 형태로 설치해 차량의 출입문과 함께 개폐되어 인명사고를 막을 수 있도록 한 안전장치이다. 따라서 사람을 차단하는 '차단문'이 아닌 '안전문'으로 순화해서 표현해야 한다.

04

정답 ①

핵심주제 : 문법

'블루칼라(blue collar)'는 '육체노동 혹은 생산 작업현장에서 일하는 노동자'들이 주로 청색 계열의 옷을 입은 것에서 나온 말로 과거에는 '사무직 노동자'를 지칭하는 '화이트칼라(white collar)'와 대비되는 표현으로 쓰였다. 따라서 이는 사물의 특징으로 표현하려는 대상을 나타내는 수사법인 '대유법' 중 '환유법'에 해당한다.

05   정답 ②

핵심주제 : 비문학

제시된 글은 '우선적으로 자신의 신체 조건을 고려하여 운동 빈도를 높임으로 규칙적이고 효과적으로 운동을 해야 하며, 궁극적으로는 매일 일정량의 운동을 실천하여 이를 생활습관으로 만드는 것이 중요함.'을 말하고 있다. 따라서 '무리한 운동보다는 신체에 적절한 자극이 가해지는 운동을 생활습관으로 정착시켜야 한다.'는 ②가 요약글로서 가장 적절하다.

오답해설

① '운동효과'는 운동 시간이 짧더라도 빈도를 높여서 규칙적으로 움직일 때 좋으며, 무조건 신체를 움직인다고 해서 다 운동이 되는 것은 아니라고 설명했으므로 적절한 요약이라고 볼 수 없다.

③ '자신의 신체 조건을 고려하여 운동 강도를 결정해야 한다.'는 것은 본문의 내용과 일치하나, 운동의 시간과 규칙성에 대한 언급이 없으므로 적절한 요약이라고 볼 수 없다.

④ 본문의 내용에서 운동의 긍정적인 측면과 부정적인 측면에 대해 언급한 부분은 찾을 수 없다.

06   정답 ④

핵심주제 : 로마자 표기법

로마자 표기법에 의해 'ㄱ'은 초성에서 'g'로 표기하고 자음 앞이나 어말에 나오는 경우 'k'로 적는다. 또한 고유명사의 첫 글자는 대문자로 표기한다. 따라서 금강은 'Geumgang'으로 표기하는 것이 적절하다.

07   정답 ③

핵심주제 : 문법

피동사는 용언에 피동접미사(이, 히, 리, 기, 우, 구, 추)가 붙어 만들어지고, 사동사는 용언에 사동접미사(이, 히, 리, 기)가 붙어 만들어진다. '보다'는 '보이다', '잡다'는 '잡히다', 안다는 '안기다'로 사동사와 피동사의 형태가 모두 같은 반면, '밀다'는 '밀리다'로 피동사의 형태만 가능하고, 사동사의 형태는 '밀'+-게(보조적 연결어미)'+'하다'(보조동사)로 써야 한다.

08   정답 ①

핵심주제 : 현대 소설

㉠의 나그네는 낡은 치맛자락을 걸치고 차려진 밥을 금세 밑바닥을 긁을 정도로 굶주리며, 남편 없고 몸 붙일 곳이 없어 이리저리 얻어먹고 다닌다고 하였다. 이러한 행색으로 보아 '너무 가난하여 떠돌아다니며 얻어먹을 정도'를 비유적으로 이르는 ① '패랭이에 숟가락 꽂고 산다.'가 가장 적절하다.

오답해설

② 태산 명동에 서일필이라 : 태산이 울리도록 난리를 벌였으나 고작 쥐 한 마리를 잡았을 뿐이라는 뜻으로, 야단스러운 소문에 비해 결과는 보잘 것 없이 별것 아니라는 것을 비유적으로 이르는 말

③ 터진 방앗공이에 보리알 끼듯 하였다 : 버리려고 하니 아깝고 파내자니 힘이 들어 하는 수 없이 내버려 두는 수밖에 없음을 비유적으로 이르는 말. 혹은 방해물이 끼어들어 성가신 경우를 비유적으로 이르는 말

④ 보리누름까지 세배한다 : 보리가 익을 무렵까지 세배를 한다는 뜻으로, 형식적인 인사 치레가 너무 과함을 비유적으로 이르는 말

모르면 간성

〈 작품해석 〉
김유정, 〈산골나그네〉
- 갈래 : 단편소설
- 시점 : 전지적 작가시점
- 배경 : 1930년대
- 성격 : 해학적, 토속적
- 주제 : 가난한 유랑민의 애환

09   정답 ④

핵심주제 : 문법

'둘째 며느리 삼아 보아야 맏며느리 착한 줄 안다.'에서 '둘째'는 '며느리'라는 명사를 수식하는 관형사에 해당한다.

10   정답 ③

핵심주제 : 어휘

문맥상 © **방역**은 '전염병의 발생이나 유행을 미리 막는 일.'이라는 뜻의 '방역(防 : 막을 방, 役 : 전염병 역)'이 적절하다. '방역

(紡 : 길쌈 방, 役 : 전염병 역)'이라는 한자어는 존재하지 않는다.

오답해설

① 침체(沈 : 잠길 침, 滯 : 막힐 체) : 어떤 현상이나 사물이 진전하지 못하고 제자리에 머무름

② 위축(萎 : 시들 위, 縮 : 줄일 축) : 마르거나 시들어서 우그러지고 쭈그러듦. 혹은 어떤 힘에 눌려 졸아들고 기를 펴지 못함

④ 차치(且 : 또 차, 置 : 둘 치) : 내버려 두고 문제 삼지 아니함

11 군무원 필수   정답 ③

핵심주제 : 띄어쓰기

'그는 세 번만에 시험에 합격했다.'에서 '만'은 의존명사로 '앞의 말이 가리키는 횟수를 끝으로'라는 뜻을 갖고 있다.
따라서 '세 번 만에'로 띄어 써야 한다.

오답해설

① '그녀는 사업차 외국에 나갔다.'에서 '차'는 '목적'의 의미를 담고 있는 접사로 앞말에 붙여 쓴다.

② '들고 갈 수 있을 만큼만 담아라.'에서 '갈 수'의 '수'는 '어떤 일을 할 만한 능력'이라는 의존명사이므로 띄어 쓴다. 또한 '만큼'도 '앞의 내용에 상당한 수량 혹은 정도'라는 의존명사이므로 띄어 쓴다. '-만'은 '다른 것으로부터 제한하여 어느 것을 한정함'이라는 뜻의 보조사이므로 붙여 쓴다.

④ '쌀, 보리, 콩, 조, 기장 들을 오곡(五穀)이라 한다.'에서 '들'은 두 개 이상의 사물을 나열할 때, 그 열거한 사물 모두를 가리키거나, 그 밖에 같은 종류의 사물이 더 있음을 나타내는 뜻을 가지는 의존명사이므로 띄어 써야 한다.

12   정답 ②

핵심주제 : 문법

'살펴 가십시오.'는 손위 사람인 손님을 집에서 보낼 때 쓰기 적절한 표현이다. 이와 마찬가지로 '안녕히 가십시오.' 또한 손위 사람에게 예의를 지키는 인사말이다.

오답해설

① '좋은 아침'은 영어식 아침 인사말 'Good morning'을 직역한 것이므로 우리나라 인사말인 '안녕하세요?', '안녕하십니까?'를 사용하는 것이 적절하다.

③ '건강하십시오.'는 명령형 문장으로 윗사람의 생일을 축하하는 자리에서 사용하기에 적절하지 않으므로 '건강하시기 바랍니다.' 등의 표현으로 바꿔 사용하는 것이 적절하다.

④ 관공서, 백화점, 음식점 등 손님을 맞이하는 장소에서 손님이 입장하면 우선적으로 '어서 오십시오'라고 인사한 후 이어서 '무엇을 도와드릴까요?'와 같은 말을 하는 것이 적절하다. 손님이 입상했을 때 바로 목적을 묻는다면 다소 사무적이게 느껴질 수 있기 때문에 인사를 우선하고 이후 목적을 물어야 한다.

13   정답 ①

핵심주제 : 문법

(가)의 내용은 훈민정음 창제의 밑바탕이 어떻게 구성되어있는지를 설명하고 있다. ①의 앞에서는 훈민정음이 처음 창제된 날을 서술하고, ①의 뒷부분은 훈민정음의 천지인(天地人)에 대한 원리를 설명하고 있으므로 (가)의 내용이 들어갈 가장 적절한 위치는 ①이다.

14   정답 ③

핵심주제 : 문법

본문의 ㉠ 이전 내용은 훈민정음이 28자로 전환이 무궁무진하고 간단하며 모든 음에 정통하였다고 설명하였고, ㉠ 이후는 백성들이 쉽게 훈민정음을 깨우칠 수 있음을 설명하였다. 이는 훈민정음이 배우기 쉬우므로 백성들이 쉽게 깨우칠 수 있다는 인과관계이므로 ㉠에 들어갈 내용으로 '그러므로'가 가장 적절하다.

15   정답 ②

핵심주제 : 문법

'저녁노을이 지는 들판에서 농부 내외가 조용히 기도하는 모습이 멀리 보였다.'에서 '저녁노을'은 '지는'과, '농부 내외'는 '기도하는'과 '모습'은 '보였다'와 올바른 주술 관계를 형성하고 있으므로 가장 자연스러운 문장이다.

오답해설

① '그의 하루 일과를 일어나자마자 아침 신문을 읽는 데서 시

작한다.'에서 '시작한다'와 함께 주술관계를 이룰 주어가 없으므로 '일과를'의 목적격 조사 '를'을 보조사 '는'으로 고쳐야 한다.

③ '졸업한 형도 못 푸는 문제인데. 하물며 네가 풀겠다고 덤볐다.'에서 '하물며'와 '덤볐다'가 서로 호응하지 않으므로 '덤볐다'를 '덤비느냐?', '덤비다니' 등으로 고쳐야 한다.

④ '제가 여러분에게 당부하고 싶은 것은 주변 환경을 탓하지 마시기 바랍니다.'에서 '것은'과 '바랍니다'가 호응하지 않으므로 '바랍니다.'를 '바란다는 것입니다.'로 고쳐야 한다.

16 정답 ③

핵심주제 : 어휘

'성김'은 '물건 간의 사이가 뜨다.'라는 뜻인 '성기다'의 활용형이고, '빽빽함'은 '물건 간의 사이가 촘촘하다.'라는 뜻인 '빽빽하다'의 활용형이다. 따라서 이 둘은 반의어 관계임을 알 수 있다. ③의 '넉넉하다'는 '크기나 수량이 모자라지 않게 남음이 있다.'라는 뜻이고 '푼푼하다'는 '모자람이 없이 넉넉하다.'라는 뜻이므로 이 둘은 유의어 관계이다.

17 정답 ④

핵심주제 : 어휘

ⓒ '안치다' : '밥, 떡, 찌개 따위를 만들기 위하여 그 재료를 솥이나 냄비 따위에 넣고 불 위에 올림.'

ⓒ '붙이다' : '불을 일으켜 타게 함.'

ⓜ '부치다' : '번철이나 프라이팬 따위에 기름을 바르고 빈대떡, 저냐, 전병(煎餅) 따위의 음식을 익혀서 만듦.'

오답해설

㉠ '담가'가 맞는 표현이다.

㉣ '조리다'가 맞는 표현이다.

ⓗ '하노라고'가 맞는 표현이다.

'-느라고'와 '-노라고'

'-느라고'는 '앞의 절 상태가 뒤의 절 상태의 원인이 됨'을 나타낼 때 쓰는 연결 어미인 반면, '-노라고'는 '자기 나름대로 꽤나 노력했음'을 나타낼 때 쓰는 연결 어미이다.

18 정답 ④

핵심주제 : 사자성어

양상군자(梁上君子)는 '대들보 위의 군자'라는 뜻으로 도둑을 지칭하는 비유적 표현이다. 따라서 본문의 선비와는 관계없는 한자성어이다.

오답해설

① 견리사의(見利思義)는 '눈 앞의 이익을 보면 의리를 먼저 생각한다.'라는 뜻으로, 개인의 이익보다 사회 정의를 생각하며 행동하고 살아가는 선비와 관계있는 한자성어이다.

② 노겸군자(勞謙君子)는 '공로 있는 군자가 겸손하기까지 하다.'는 뜻으로, 자신을 낮추고 타인을 존중할 줄 아는 선비와 관계있는 한자성어이다.

③ 수기안인(修己安人)은 '자신을 잘 수양하여 사람을 편안하게 만든다.'라는 뜻으로, 자신의 인격을 완성하고 그것을 통해 모든 사람에게 평안한 삶을 살게 하는 것이 궁극적 목적인 선비와 관계있는 한자성어이다.

19 정답 ③

핵심주제 : 문법

"기쁨의 열매"에서 '-의'는 다음에 오는 체언을 수식하는 격조사인 관형격 조사에 해당한다. '인도(人道)'는 '인간의 도리'라는 뜻이고 '간과(干戈)'는 '창과 방패'라는 뜻으로 '인도의 간과'는 '사람의 도리라는 창과 방패'로 '인도'가 '간과'를 수식하고 있다.

오답해설

① '조선의 독립국임'은 주어와 서술어의 관계이다.

② '천(天)의 명명(明命)'은 '하늘이 명령하다.'라는 뜻으로 주어와 서술어의 관계이다.

④ '대의(大義)의 극명(克明)'은 '인간으로서의 도리를 분명히 하다.'라는 뜻으로 주어와 서술어의 관계이다.

20 정답 ④

핵심주제 : 어휘

밑줄 친 ㉠은 체크무늬가 각 씨족을 대표하는 의상으로 받아들여지게 되었다는 뜻으로 '새로운 문화 현상 혹은 학설 등이 당연한 것으로 사회에 받아들여지다.'라는 뜻을 갖고 있는 '정착(定着)되었다.'가 ㉠과 바꿔 쓰기에 적절하다.

① '정돈(整頓)되었다.'는 '어지럽게 흩어진 것을 고쳐 놓거나 바로잡아 정리하다.'라는 뜻으로 ㉠과 바꿔 쓰기에 적절하지 않다.

② '정제(精製)되었다.'는 '정성을 늘여 잘 만들다.' 혹은 '불순물을 없애고 더 순수한 물질을 만들다.'라는 뜻으로 ㉠과 바꿔 쓰기에 적절하지 않다.

③ '정리(整理)되었다.'는 '혼란스러운 상태를 치워 질서 있는 상태가 되게 하다.'라는 뜻으로 ㉠과 바꿔 쓰기에 적절하지 않다.

21 　　　　　　　　　　　　　　　　정답 ①

핵심주제 : 비문학

본문에서 '페르소나'는 '한 개인이 사회에서 요구하는 역할에 적응하면서 얻어진 자아의 한 측면을 의미하는 것'이라고 했으므로 인간의 현실적인 측면을 의미한다고 볼 수 있다. 반면 '그림자'는 '인간의 원시적인 본능 성향을 의미한다.'고 했으므로 인간의 근원적, 본능적인 측면이라고 볼 수 있다.

② '페르소나'만을 추구하게 되면 인간의 원시적인 본능에 해당하는 '그림자'가 소외당하게 되어 무기력해진다.

③ '그림자는 사회적으로 부도덕하다고 생각하는 충동적인 면이 있지만, 자발성, 창의성, 통찰력, 깊은 정서 등 긍정적인 면이 있어 지나치게 억압해서는 안 된다.'의 부분을 통해 글의 내용과 부합하지 않음을 알 수 있다.

④ 본문에서는 '그림자를 지나치게 억압해서는 안 된다'까지만 제시되어 있어 본문을 통해 알 수 없는 내용이다.

22 　　　　　　　　　　　　　　　　정답 ②

핵심주제 : 어문 규정

'끊기다'에서 겹받침 'ㄶ'의 'ㅎ'과 'ㄱ'이 축약하여 'ㅋ'이 되므로 [끈키다]가 올바른 발음이다.

① '맑고'에서 'ㄺ'은 'ㄱ' 앞에서 [ㄹ]로 발음하므로 [말꼬]로 발음한다.

③ '맏형'에서 받침 'ㄷ'이 'ㅎ'과 만나 축약되어 [마텽]으로 발음한다.

④ '밟고'에서 '밟'은 자음 앞에서 [밥]으로 발음되므로 [밥꼬]로 발음한다.

23 　　　　　　　　　　　　　　　　정답 ①

핵심주제 : 어휘

'도시락'은 하나의 어근으로 된 단일어이다. 나머지는 복합어에 속하는 파생어(②, ③)와 합성어(④)이다.

24 　　　　　　　　　　　　　　　　정답 ②

핵심주제 : 비문학

본문에서는 항생제의 내성 정도를 설명한 부분은 찾을 수 없다.

25 　　　　　　　　　　　　　　　　정답 ④

핵심주제 : 비문학

④은 식이요법과 알코올 중독 사이에 연관성이 부족한 논점 일탈(무관한 결론)의 오류를 범하고 있다. 논점 일탈의 오류는 논점과 관계없는 것을 제시하여 생기는 오류를 말한다.

① '식량을 주면, 옷을 달라고 할 거야'라는 것은 의도 확대의 오류에 해당한다. 의도 확대의 오류는 의도하지 않은 것에 대해 의도가 성립했다고 보는 오류이다.

② '술 한 잔을 마시면 알코올 중독자가 될 거야.'라는 것은 의도 확대의 오류에 해당한다.

③ '아이들에게 부드럽게 말하면 아이들을 망치게 될 거야.'라는 것은 의도 확대의 오류에 해당한다.

출제 문항 분석

행정학

영역	문항 수
행정학의 기초이론	7
정책론	3
조직론	4
인사행정론	4
재무행정론	3
환류행정론	1
지방행정론	3

정답				
01 ①	02 ①	03 ④	04 ②	05 ①
06 ③	07 ③	08 ②	09 ④	10 ①
11 ③	12 ②	13 ③	14 ②, ④	15 ○
16 ④	17 ①	18 ①	19 ②	20 ③, ④
21 ④	22 ①, ③	23 ③	24 ①	25 ②

01

정답 ①

핵심주제 : 행정학의 기초이론

왈도(D.Waldo)는 행정학이 기술성(art)과 과학성(science)의 양면성을 띤다고 전제하며, 행정학이 기술적 이유에서 출발하기는 하였으나 과학성을 전제로 해야만 성립할 수 있다고 보았다. 양자는 상호보완·공존관계임을 강조하였다.

02

정답 ①

핵심주제 : 행정학의 기초이론

디목(M. Dimock)의 사회적 능률은 사회적 형평성과 무관하다. 사회적 형평성은 1970년대 신행정론의 3대 이념(효과성·능률성·사회적 형평성)의 하나로, 대내외적으로 모든 면에서 공정하며, 특히 경제적·사회적으로 소외된 약자를 위한 행정을 말한다.

03

정답 ④

핵심주제 : 조직론

레비트(H. Leavitt)는 조직혁신을 조직의 4대 변수인 과업·구조·인간·기술 중의 어느 한 가지 요소를 변화시켜 다른 변수의 변화를 도모하는 것이라 정의했다. 규범은 이에 포함되지 않는다.

04

정답 ②

핵심주제 : 지방행정론

인구 30만 이상의 도시는 사무배분의 특례가 적용되지 않는다.

> 〈 법령 〉
>
> 「지방자치법」
> 제175조(대도시에 대한 특례인정) 서울특별시·광역시 및 특별자치시를 제외한 인구 50만 이상 대도시의 행정, 재정운영 및 국가의 지도·감독에 대하여는 그 특성을 고려하여 관계 법률로 정하는 바에 따라 특례를 둘 수 있다.

05

정답 ①

핵심주제 : 행정학의 기초이론

신행정론은 1960년대까지 주류를 형성한 실증주의적 주류이론(고전적 행정이론, 행태주의)의 몰가치성이 초래한 사회문제와 행정이론 간의 괴리현상을 비판하고, 사회적 적실성과 실천, 사회적 형평성을 강조하면서 1970년대에 새롭게 등장하였다. 그러므로 신행정론이 등장한 이후 가치에 관한 연구가 본격적으로 이루어지기 시작하였다고 할 수 있다.

오답해설

② 발전행정론은 행정체제가 국가발전 목표를 달성하기 위한 계획을 수립·집행하고 계속적인 사회변동에 대한 적응능력을 증진시켜야 한다는 이론이다.

③ 뉴거버넌스는 정부가 책임을 지고 비정부조직과 서비스연계망(network)을 형성하여 신뢰와 협력 속에 공공재의 공동 공급을 강조하는 이론이다.

④ 공공선택론은 공공부문에 경제학적 관점을 도입하려는 정치경제학적 관점에서 공공재의 공급을 위한 의사결정방법과 조직배열을 연구하는 이론이다.

06 정답 ③

핵심주제 : 정책론

사이먼(H. A. Simon)은 합리모형이 가정하고 있는 의사결정자를 '경제인'이라고 하고, 합리성의 제약을 받는 의사결정자를 '행정인'이라고 지칭하였다. 합리적 요소 외에도 결정자의 직관이나 주관적 판단, 영감 등과 같은 초합리적 요소도 고려해야 한다는 모형은, 드로(Dror)가 제시한 최적모형에 해당한다.

07 정답 ③

핵심주제 : 행정학의 기초이론

민영화란 정부기능의 전부나 일부를 민간으로 이양하는 것을 말한다. 이러한 민영화는 경쟁을 통해 비용의 절감과 업무의 능률적 수행, 효율성(생산성)을 확보할 수 있다는 장점이 있다.

 모르면 간성

민영화의 장점과 단점

장점	단점
• 경쟁을 통한 비용의 절감과 업무의 능률적 수행을 도모 • 효율성 확보 • 민간의 전문기술을 활용한 업무의 전문성 제고 및 양질의 행정서비스 제공 • 행정참여 및 민간경제의 활성화 • 정부와 공공부문의 비용절감을 통한 재정 건전성 제고 • 보수인상 요구의 억제	• 민간부문으로의 책임전가 및 책임소재의 문제 발생 • 정치권, 관련 공무원과의 결탁이나 이권에 연루 가능성 증가 • 소외된 약자나 저소득층에게 서비스를 기피하여 형평성 문제 발생 • 정부의 지식·기술·관리 능력의 축적 기회 박탈 • 서비스 공급의 공공성과 안정성 저해(경제적 측면의 수익성 추구) • 저렴한 서비스 공급 제약

08 정답 ②

핵심주제 : 재무행정론

「지방세특례제한법」 제5조(지방세지출보고서의 작성)를 보면 지방재정에도 지방세지출제도가 도입되어 있음을 알 수 있다.

〈 법령 〉

「지방세특례제한법」

제5조(지방세지출보고서의 작성) ① 지방자치단체의 장은 지방세 감면 등 지방세 특례에 따른 재정 지원의 직전 회계연도의 실적과 해당 회계연도의 추정 금액에 대한 보고서(이하 "지방세지출보고서"라 한다)를 작성하여 지방의회에 제출하여야 한다.
② 지방세지출보고서의 작성방법 등에 관하여는 행정안전부장관이 정한다.

09 정답 ④

핵심주제 : 조직론

에치오니(A. Etzioni)가 강조한 조직목표 유형에는 강제적 조직(질서목표), 공리적 조직(경제적 목표), 규범적 조직(문화적 목표)이 있다. 사회적 목표는 포함되지 않는다.

10 정답 ①

핵심주제 : 행정학의 기초이론

테일러(F. W. Taylor)는 과학적 관리의 핵심을 개인적 기술이 아닌 합리적이고 공평한 1인 작업량(공식적 조직 구조)에 두고 노동자는 발전된 과학적인 방법을 따라서 작업하도록 하는 과학적 관리론을 체계화시켰다.

11 정답 ③

핵심주제 : 조직론

매트릭스 조직은 기능부서의 전문성과 사업부서의 신속한 대응성을 결합한 입체적 조직구조이다. 이러한 매트릭스 조직은 이중구조로 인한 역할과 책임, 권한 한계가 불명확하고, 권력투쟁과 갈등이 발생하는 등 조직구성원 간의 원만한 인간관계를 형성하기 어렵다는 단점이 있다.

12

정답 ②

핵심주제 : 조직론

파슨스(T. Parsons)의 조직유형 중 목표 달성기능과 관련 있는 조직유형은 정치조직이다. 파슨스는 조직의 기능을 적응기능(Adaptation – 경제적 생산조직), 목표 달성기능(Goal attainment – 정치조직), 통합기능(Integration – 통합조직), 체제유지기능(Latency – 유형유지조직)로 분류하였다.

13

정답 ③

핵심주제 : 인사행정론

시간선택제 채용 공무원이란 능력과 근무의욕이 있으나 종일 근무는 곤란한 인재들에게 적합한 일자리로 근무시간을 선택하여 근무하면서 정년이 보장되는 공무원을 말한다.

오답해설

① 시간선택제 전환 공무원이란 통상적인 근무시간(주 40시간, 일 8시간) 동안 근무하던 공무원이 본인의 필요에 따라 시간선택제 근무를 신청하여 근무하는 제도이다.

② 시간선택제 임기제 공무원이란 한시적인 사업 수행 또는 시간선택제 전환자의 업무대체를 위해 일시적으로 채용되는 공무원이다(「공무원임용령」제3조의2).

④ 한시임기제 공무원이란 업무공백을 대행하기위해 한시적으로 근무하는 공무원을 말한다.

14

정답 ②, ④

핵심주제 : 재무행정론

가답안에서는 ②가 답이었으나 이후 ④도 복수정답으로 인정되었다.

정부조직 개편으로 예산을 조직 간 상호 이용하는 것으로 예산의 원칙 중 목적 외 사용 금지 원칙의 예외인 것은 예산의 이체와 이용 모두에 해당한다. 예산의 이체란 정부조직 등에 관한 법령의 제정·개정 또는 폐지로 인하여 중앙관서의 직무와 권한에 변동이 있는 때 예산의 책임소관이 기획재정부장관의 승인으로 변경되는 것이며, 예산의 이용이란 예산으로 정한 기관 간이나 입법과목인 장(章)·관(款)·항(項) 사이에 서로 융통하는 것을 말한다.

15

정답 모두 정답

핵심주제 : 행정학의 기초이론

가답안에서는 ①이 답이었으나 이후 ②, ③, ④도 복수정답으로 인정되었다.

① 행정의 민주성이란 행정과정의 민주화를 전제로 국민의 의사를 우선하고 반영하는 행정, 국민의 복지를 위한 행정, 국민에게 책임을 지는 행정이 실현되는 것과 함께 행정조직 내외에 있어 인간적 가치가 구현되는 것을 말한다.

② 행정의 가외성이란 Landau가 불확실성의 시대에 대비하여 행정의 신뢰성을 제고하기 위해 주장한 이념으로, 행정의 남는 부분이나 초과분, 중첩·중복 부분 등을 의미하며, 더불어 당장은 불필요하나 미래의 불확실성이나 위기상황 등에 대비하기위한 장치적 개념을 말한다.

③ 행정의 신뢰성이란 국민을 위한 행정이나 정책결정에 대한 예측가능성, 행정기관이 국민들로부터 이해와 지지를 받는 정도를 말한다.

④ 성찰성은 행정이념에 포함되지 않는 개념이다.

※ 15번 문제의 경우 '현대적 행정이념'의 '현대적'이라는 표현이 의미하는 시기가 명확하지 않아 상대적으로 가장 이른 시기의 행정이념인 신뢰성을 정답으로 추측할 수 있으나 다툼의 여지가 있다.

모르면 간첩

행정이념의 종류와 변천

㉠ **합법성(19세기)** : 법률에 적합한 행정을 추구하는 이념

㉡ **능률성(19세기 말~20세기 초)** : 최소의 투입으로 최대의 산출을 얻는 것

㉢ **민주성(1930년대~1940년대)** : 대외적으로 국민을 위하고, 대내적으로 공무원의 인간적 가치를 존중하는 이념

㉣ **합리성(1950년대)** : 목표에 대한 수단의 적합성(기여 정도)과 관련된 이념

㉤ **효과성(1960년대~1970년대)** : 목표 달성 정도와 관련된 이념

㉥ **형평성(1970년대)** : 사회적으로 불리한 위치의 계층을 위한 행정과 관련된 이념

㉦ **생산성(1980년대)** : 능률성과 효과성을 모두 고려한 이념

㉧ **신뢰성(1990년대)** : 행정에 대한 신뢰에 관한 이념

16

정답 ④

핵심주제 : 정책론

윈터(S. Winter)는 정책집행에 영향을 주는 변수로, 정책형성국면, 조직 및 조직 간 집행국면, 일선관료의 행태변수, 대상 집단의 사회경제적 조건변수를 제시하였다. 정책결정자의 행태는 이에 포함되지 않는다.

17 정답 ①

핵심주제 : 지방행정론

시·군의 통합은 대규모 지역개발사업 및 규모의 경제에 의한 경비절약, 교통·통신수단의 발달에 따른 생활권과 행정권의 불일치 현상 해소, 광역적 문제의 효과적해결 등의 장점이 있는 반면 권위주의적 행정과 자치단체의 민주성 저해로 행정의 대응성을 약화시킨다는 단점이 발생할 수 있다.

18 정답 ①

핵심주제 : 행정학의 기초이론

진보주의 정부는 조세제도를 통한 소득 재분배정책을 선호한다. 조세를 감면하고, 완화하고자 하는 것은 보수주의 정부의 정책이다.

진보주의와 보수주의 선호정책

진보주의	보수주의
• 소외집단을 위한 정책 • 공익 목적의 정부규제정책 • 조세제도를 통한 소득 재분배정책 • 낙태금지를 위한 정부권력 사용 반대 • 공립학교에서의 종교교육 반대	• 소외집단을 위한 정책 비선호 • 정부의 경제규제 완화 및 시장지향정책 선호 • 조세감면·완화정책 • 정부의 낙태금지정책 찬성 • 공립학교에서의 종교교육 찬성

19 정답 ②

핵심주제 : 환류행정론

옴브즈만(ombudsman)제도는 입법부나 사법부의 행정부에 대한 통제를 보완하여 신속·공정하고 저렴한 비용으로 국민의 권익을 구제하기 위해 등장한 제도로, 행정에의 외부통제·공식적 통제유형에 해당한다.

옴브즈만(ombudsman)제도

• 옴브즈만은 공무원(행정)의 위법·부당한 행위로 권리를 침해당한 시민이 제기하는 민원이나 불평을 조사하여 관계기관에 시정을 권고하는 기관을 말함(호민관, 행정감찰관이라 불림)

• 전통적으로 입법부에 의한 행정통제수단으로 발전해왔으며, 기능적으로는 입법부 및 행정부로부터 독립적·자율적으로 활동
• 1809년 스웨덴에서 최초로 명문화되어 많은 나라에서 채택하고 있음
• 입법부나 사법부의 통제를 보완하여 신속·동정하고 저렴한 비용으로 국민의 권익을 구제하기 위해 등장한 제도로, 외부통제·공식적 통제유형에 해당

20 정답 ③, ④

핵심주제 : 인사행정론

가답안에서는 ④가 답이었으나 이후 ③도 복수정답으로 인정되었다.
④ 소속장관별 고위공무원단 직위 총수의 20% 범위에서 개방형 직위를 지정하되, 중앙행정기관과 소속기관 간 균형을 유지하는 것이 원칙이다.
③ 5급 공무원으로의 승진임용에서는 승진시험을 치르도록 하되, 대통령령 등에 따라 심사를 거쳐 임용할 수 있다.

21 정답 ④

핵심주제 : 재무행정론

예산의 재배정은 각 중앙관서의 장이 배정받은 예산액의 범위 내에서 다시 산하 재무관에게 월별 또는 분기별로 예산액을 다시 배정해주는 것으로 중앙관서 차원의 재정통제수단에 해당한다.

22 정답 ①, ③

핵심주제 : 지방행정론

가답안에서는 ③이 답이었으나 이후 ①도 복수정답으로 인정되었다.
우리나라 지방자치법에서 규정하고 있는 주민직접참여제도는 주민투표, 주민감사청구, 주민의 조례 제정 및 개폐 청구, 주민소환 등이 있다.

23 정답 ③

핵심주제 : 인사행정론

엽관주의란 공직임용이나 인사관리에 있어서의 기준을 정당에 대한 충성도와 공헌도에 주는 제도로 공직경질제를 통해 국민의 요구에 대한 관료적 대응성을 향상시킬 수 있다.

오답해설

① 엽관주의는 정권교체 시 관료 또한 함께 교체됨으로 행정이 단절적이다.
② 엽관주의는 정당에 대한 충성도에 따라 공직을 임용하므로 정치적·행정적 부패, 공익저해가 발생할 수 있다.
④ 엽관주의는 공직의 기회균등정신을 위배하고, 임용의 공평성을 상실할 수 있다.

24 정답 ①

핵심주제 : 정책론

정부기관의 개편은 구성정책에, 국경일의 제정은 상징정책의 예시에 해당한다.

25 정답 ②

핵심주제 : 인사행정론

「공직자윤리법」 제3조 제1항 제3호에 의하면 재산등록의무자는 4급 이상의 국가공무원 및 지방공무원과 이에 상당하는 보수를 받는 별정직 공무원이다.

행정법

출제 문항 분석

영역	문항 수
행정법통론	3
행정작용법	9
행정구제법	8
행정법상 의무이행 확보수단	3
특별행정작용법	2

정답

01 ④	02 ③	03 ②	04 ②	05 ①
06 ②	07 ③	08 ③	09 ①	10 ④
11 ①	12 ④	13 ④	14 ②	15 ①
16 ①	17 ①	18 ①	19 ②	20 ③
21 ③	22 ③	23 ②	24 ③	25 ③

01 정답 ④

핵심주제 : 행정법통론

진정소급입법의 경우에 신뢰보호의 이익을 주장할 수 없고 부진정소급입법은 원칙적으로 신뢰보호의 이익을 주장할 수 있다.

〈 판례 〉

소급입법은, … 진정소급입법과, … 부진정소급입법으로 나눌 수 있다. … 진정소급입법은 개인의 신뢰보호와 법적 안정성을 내용으로 하는 법치국가원리에 의하여 허용되지 않는 것이 원칙이다. 반면 부진정소급입법은 원칙적으로 허용되지만, 소급효를 요구하는 공익상의 사유와 신뢰보호를 요구하는 개인보호의 사유 사이의 교량과정에서 그 범위에 제한이 가하여질 수 있다(대판 2020.4.29. 2019두32696).

02 정답 ③

핵심주제 : 행정작용법

판례에 따르면, 법률이 행정규칙 형식으로 입법위임을 하는 경우에도 포괄위임금지의 원칙이 적용된다.

〈 판례 〉

행정규칙의 형식으로 입법위임을 할 필요성이 인정되는 경우라도, 그러한 위임은 헌법 제75조의 포괄위임금지 원칙을 위반하여서는 안 되고 반드시 구체적·개별적으로 한정된 사항에 대하여 행하여져야 한다(헌재 2016.3.31. 2014헌바382).

〈 판례 〉

군인과 군무원은 모두 국군을 구성하며 국토수호라는 목적을 위해 국가와 국민에게 봉사하는 특정직공무원이기는 하지만 각각의 책임·직무·신분 및 근무조건에는 상당한 차이가 존재한다. 이 사건 법률조항이 현역군인에게만 국방부 등의 보조기관 등에 보해질 수 있는 특례를 인정한 것은 … 따라서 이와 같은 차별이 입법재량의 범위를 벗어나 현저하게 불합리한 것이라 볼 수는 없으므로 이 사건 법률조항은 청구인들의 평등권을 침해하지 않는다(헌재 2008.6.26. 2005헌마1275).

03
정답 ②

핵심주제 : 행정작용법

판례에 의하면, (구)외자도입법에 따른 기술도입계약에 대한 인가는 기본행위인 기술도입계약을 보충하여 그 법률상 효력을 완성시키는 보충적 행정행위에 지나지 아니하므로 기본행위인 기술도입계약의 해지로 소멸되었다면 위 인가처분은 처분청의 직권취소에 의하여 소멸하지 않는다고 본다(대판 1983.12.27. 82누491).

06
정답 ②

핵심주제 : 행정작용법

「개인정보보호법」 제24조에 따르면, 개인정보 처리에 대한 동의는 일괄적으로 받는 것이 아니라 별도로 받아야 한다.

04 군무원 필수
정답 ②

핵심주제 : 행정작용법

「행정절차법」 제48조에 따르면, 행정지도라는 것은 규제적·구속적 성격이 없는 행정작용이므로, 지도의 대상의 행위는 자의에 의한 행위로 판단되어 그 범법행위가 정당화될 수 없다.

〈 판례 〉

행정관청이 … 행정지도를 하여 그에 따라 허위신고를 한 것이라 하더라도 이와 같은 행정지도는 법에 어긋나는 것으로서 그와 같은 행정지도나 관행에 따라 허위신고행위에 이르렀다고 하여도 이것만 가지고서는 그 범법행위가 정당화될 수 없다(대판 1994.6.14. 93도3247).

07
정답 ③

핵심주제 : 행정법통론

대법원은 실권의 법리를 신의성실 원칙의 파생원칙으로 본다.

〈 판례 〉

실권 또는 실효의 법리는 법의 일반원리인 신의성실의 원칙에 바탕을 둔 파생원칙인 것이므로 … 신의성실의 원칙에 반하는 결과가 될 때 그 권리행사를 허용하지 않는 것을 의미한다(대판 1988.4.27. 87누915).

05 군무원 필수
정답 ①

핵심주제 : 행정구제법

헌재의 입장에 따르면 현역군인이 아닌 군무원이 국방부 등의 보조기관 등에 보해질 수 없는 것은 평등권을 침해하지 않는다고 본다.

08
정답 ③

핵심주제 : 행정작용법

「공공기관의 정보공개에 관한 법률」 제11조(정보공개 여부의 결정) 제1항에 따르면, 통지를 받은 날부터 7일 이내가 아니라, 10일 이내에 공개 여부를 결정해야 한다.

09 정답 ①

핵심주제 : 행정법상 의무이행 확보수단

지방국세청장이 조세범칙행위에 대하여 고발을 한 후에 동일한 조세범칙행위에 대하여 통고처분을 하여도, 이는 법적 권한 소멸 후에 이루어졌기 때문에 조세범칙행위자가 통고처분을 이행하였어도 자의에 의한 행위로 판단된다(대판 2016.9.28. 2014도10748).

10 정답 ④

핵심주제 : 행정법통론

판례의 따르면, 국민의 기본권 침해와 직접 관련되는 경우엔 그 국가작용이 고도의 정치적 결단에 의하여 행해지더라도 당연히 헌법재판소의 심판대상이 된다.

〈 판례 〉
대통령의 긴급재정경제명령은 … 이른바 통치행위에 속한다고 할 수 있으나, 통치행위를 포함하여 모든 국가작용은 국민의 기본권적 가치를 실현하기 위한 수단이라는 한계를 반드시 지켜야 하는 것이고, … 비록 고도의 정치적 결단에 의하여 행해지는 국가작용이라고 할지라도 그것이 국민의 기본권 침해와 직접 관련되는 경우에는 당연히 헌법재판소의 심판대상이 된다(헌재 1996.2.29. 93헌마186).

11 정답 ①

핵심주제 : 행정작용법

국립대학의 장에 의하여 임용된 조교는 사법상의 근로계약관계가 아닌 공법상 근무 관계에 해당한다.

〈 판례 〉
국가공무원법 제2조 제2항 제2호, …, 교육공무원임용령 제5조의2 제4항에 의하면, 일정한 자격을 갖추고 소정의 절차에 따라 대학의 장에 의하여 임용된 조교는 법정된 근무기간 동안 신분이 보장되는 교육공무원법상의 교육공무원 내지 국가공무원법상의 특정직공무원 지위가 부여되고, 근무관계는 사법상의 근로계약관계가 아닌 공법상 근무관계에 해당한다(대판 2019.11.14. 2015두52531).

12 정답 ④

핵심주제 : 특별행정작용법

「병역법」상으로는 보충역편입처분과 공익근무요원소집처분이 각각 단계적으로 별개의 법률효과를 발생하는 독립된 행정처분으로 여겨진다. 그러므로, 불가쟁력이 생긴 보충역편입처분의 위법을 이유로 공익근무요원소집처분의 효력을 다툴 수 없다.

〈 판례 〉
공익근무요원소집처분은 … 별개의 법률효과를 발생하는 독립된 행정처분이라고 할 것이므로, … 이미 불가쟁력이 생겨 그 효력을 다툴 수 없게 된 경우에는, 병역처분변경신청에 의하는 경우는 별론으로 하고, 보충역편입처분에 하자가 있다고 할지라도 그것이 당연무효라고 볼만한 특단의 사정이 없는 한 그 위법을 이유로 공익근무요원소집처분의 효력을 다툴 수 없다(대판 2002.12.10. 2001두5422).

13 정답 ④

핵심주제 : 행정구제법

「행정절차법」 제11조 제6항에 따르면, 다수의 대표자가 있는 경우 그중 1인에 대한 행정청의 행위는 모든 당사자 등에게 효력이 있다. 다만, 행정청의 통지는 대표자 모두에게 하여야 그 효력이 있다.

오답해설
①, ②, ③ 각각 동법 제11조 제3, 4, 5항에 해당하는 설명이다.

14 정답 ②

핵심주제 : 행정작용법

구청장이 사회복지법인에 특별감사 결과, 지적사항에 대한 시정지시와 그 결과를 관계서류와 함께 보고하도록 지시한 경우, 그 시정지시는 항고소송의 대상이 되는 행정처분에 해당한다.

〈 판례 〉
구청장의 시정지시는 비권력적 사실행위에 불과하다고 볼 수는 없지만, 기타 법률상 효과를 발생하게 하는 것으로서 항고소송의 대상이 되는 행정처분에 해당한다(대판 2008.4.24. 2008두3500).

15 정답 ①

방사능에 오염된 고철의 유통자는 방사능오염 사실을 모르고 유통시켰을 경우에도 「환경정책기본법」 제44조 제1항에 따라 피해자에게 피해를 배상해야 한다는 게 대법원의 입장이다.

〈 판례 〉
방사능에 오염된 고철은 원자력안전법 등의 법령에 따라 처리되어야 하고 … 방사능에 오염된 고철을 타인에게 매도하는 등으로 유통시킴으로써 거래 상대방이나 전전취득한 자가 방사능오염으로 피해를 입게 되면 그 원인자는 방사능오염 사실을 모르고 유통시켰더라도 환경정책기본법 제44조 제1항에 따라 피해자에게 피해를 배상할 의무가 있다(대판 2018. 9. 13. 선고 2016다35802).

16 정답 ①

핵심주제 : 행정법상 의무이행 확보수단

판례에 따르면, 행정법규 위반에 대한 제재조치는 법령상 책임자로 규정된 자에게 부과되며, 특별한 사정이 없는 한 위반자에게 고의나 과실이 없더라도 부과할 수 있다고 본다(대판 2017.5.11. 2014두8773).

17 정답 ①

핵심주제 : 행정구제법

「행정심판법」 제4조 3항에 따르면, 관계 행정기관의 장이 특례를 신설하거나 변경하는 법령을 제정·개정할 때에는 법무부장관이 아니라 중앙행정심판위원회와 협의하여야 한다.

오답해설
② 동법 제3조 1항에 대한 설명이다.
③ 동법 제3조 2항에 대한 설명이다.
④ 동법 제2조 4호에 대한 설명이다.

18 정답 ①

핵심주제 : 행정구제법

당사자가 지방노동위원회의 처분에 대하여 불복하기 위해서는

고용노동부 장관이 아니라, 중앙노동위원장을 피고로 하여 재심판정취소의 소를 제기하여야 한다.

19 정답 ②

핵심주제 : 행정구제법

판례에 따르면, 사전에 이루어진 처분이 뒤에 이은 처분에 흡수되어 독립된 존재가치를 상실하면, 그 처분의 취소를 구할 이익이 없다고 본다.

〈 판례 〉
원자로 및 관계 시설의 부지사전승인처분은 그 자체로서 건설부지를 확정하고 사전공사를 허용하는 법률효과를 지닌 독립한 행정처분이기는 하지만, … 나중에 건설허가처분이 있게 되면 그 건설허가처분에 흡수되어 독립된 존재가치를 상실함으로써 그 건설허가처분만이 쟁송의 대상이 되는 것이므로, 부지사전승인처분의 취소를 구하는 소는 소의 이익을 잃게 되고, … 나중에 내려진 건설허가처분의 취소를 구하는 소송에서 이를 다투면 된다(대판 1998.9.4. 97누19588).

20 정답 ③

핵심주제 : 행정구제법

판례에 따르면, 제3자효를 수반하는 행정행위에 대한 행정 심판청구의 인용재결은 원처분과 내용을 달리하는 것이므로 그 인용재결의 취소를 구하는 것은 원처분에는 없는 재결에 고유한 하자를 주장하는 셈이어서 당연히 항고소송의 대상이 된다(대판 2001.5.29. 99두10292).

21 정답 ③

핵심주제 : 행정작용법

판례에 따르면, 회의록에 기재된 발언내용에 대한 해당 발언자의 인적사항 부분에 관한 정보는 「공공기관의 정보공개에 관한 법률」 제7조 제1항 제5호 소정의 비공개 대상에 해당한다고 본다(대판 2003.8.22. 2002두12946).

22

정답 ③

핵심주제 : 행정구제법

대법원은 지방자치단체의 담당 공무원의 직무상 의무위반행위와 위 종업원들의 사망 사이에 상당인과관계가 존재하지 않는다고 보았다.

〈 판례 〉

… 지방자치단체의 담당 공무원이 위 유흥주점의 용도변경, 무허가 영업 및 시설기준에 위배된 개축에 대하여 시정명령 등 식품위생법상 취하여야 할 조치를 게을리 한 직무상 의무위반행위와 위 종업원들의 사망 사이에 상당인과관계가 존재하지 않는다(대판 2008.4.10. 2005다48994).

23

정답 ②

핵심주제 : 행정작용법

판례에 따르면, 행정심판전치주의는 무효선언을 구하는 취소소송에는 적용되며 무효확인소송에서는 적용되지 않는다.

〈 판례 〉

구 「행정소송법」(1994. 7. 27. 법률 제4770호로 개정되기 전의 것) 제18조 제1항은 … 취소소송에 있어서 이른바 필요적 행정심판전치주의를 취하고 있다(대판 1998.12.22. 97누1563).
무효확인소송에서는 행정심판전치주의에 관한 「행정소송법」 제18조는 적용되지 아니한다(부산고등법원 1991.10.2. 90구1083 판결).

24

정답 ③

핵심주제 : 행정법상 의무이행 확보수단

판례에 따르면, 과거의 기간에 대한 이행강제금까지 한꺼번에 부과할 수는 없다.

〈 판례 〉

비록 건축주 등이 장기간 시정명령을 이행하지 아니하였더라도, …, 시정명령의 이행 기회가 제공되지 아니한 과거의 기간에 대한 이행강제금까지 한꺼번에 부과할 수는 없다(대판 2016.7.14. 2015두46598).

25

정답 ③

핵심주제 : 행정구제법

「행정절차법」 제17조 5항에 따르면, 행정청은 신청에 구비서류의 미비 등 흠이 있는 경우에는 보완에 필요한 상당한 기간을 정하여 지체 없이 신청인에게 보완을 요구할 수 있다는 것이 아니라, 요구하여야 한다.

오답해설

① 동법 제17조 1항에 대한 설명이다.
② 동법 제17조 3항에 대한 설명이다.
④ 동법 제17조 7항에 대한 설명이다.

준말의 종류

- 단어의 끝모음이 줄어지고 자음만 남은 것은 그 앞의 음절에 받침으로 적는다.
- 체언과 조사가 어울려 줄어지는 경우에는 준 대로 적는다.
- 모음 'ㅗ, ㅜ'로 끝난 어간에 '-아/-어, -았-/-었-'이 어울려 'ㅘ/ㅝ, 될 적에는 준 대로 적는다.

← **2019**년도 **12**월 **21**일 시행

2019년 (추가채용)
기출(복원)문제

정답 및 해설

출제 문항 분석

영역	문항 수
문법	4
어문 규정	9
문학	7
비문학	2
한자와 어휘	3

정답

01 ②	02 ④	03 ②	04 ②	05 ③
06 ④	07 ③	08 ③	09 ①	10 ④
11 ②	12 ③	13 ③	14 ①	15 ①
16 ②	17 ①	18 ②	19 ③	20 ③
21 ④	22 ④	23 ③	24 ④	25 ④

---

02 정답 ④

핵심주제 : 고전 소설

인분을 나르는 예덕선생(엄행수)을 통해 양반의 위선을 비판하고 직업 차별의 타파를 표현하는 예덕선생전의 출전은 『방경각외전(放璚閣外傳)』이다. 『방경각외전(放璚閣外傳)』은 연암 박지원의 소설 〈마장전〉, 〈예덕선생전(穢德先生傳)〉, 〈민옹전(閔翁傳)〉, 〈광문자전(廣文者傳)〉, 〈양반전(兩班傳)〉, 〈김신선전(金神仙傳)〉, 〈우상전(虞裳傳)〉, 〈역학대도전(易學大盜傳)〉, 〈봉산학자전(鳳山學者傳)〉의 총 9편으로 구성되어 있는데, 〈역학대도전(易學大盜傳)〉, 〈봉산학자전(鳳山學者傳)〉은 소실되어 제목만 전한다.

---

03 정답 ②

핵심주제 : 띄어쓰기

성과 이름, 성과 호 등은 붙여 쓰고, 이에 덧붙는 호칭어, 관직명 등은 띄어 쓴다. 따라서 홍 씨, 최치원 선생은 올바른 띄어쓰기이다.

> **〈 한글 맞춤법 〉**
> 제48항 성과 이름, 성과 호 등은 붙여 쓰고, 이에 덧붙는 호칭어, 관직명 등은 띄어 쓴다.
> 제49항 성명 이외의 고유 명사는 단어별로 띄어 씀을 원칙으로 하되, 단위별로 띄어 쓸 수 있다.
> 제50항 전문 용어는 단어별로 띄어 씀을 원칙으로 하되, 붙여 쓸 수 있다.

오답해설

① '홍길동', '최남선'이 올바른 띄어쓰기이다.
③ '한국 대학교 사범 대학'을 원칙으로 하고, '한국대학교 사범 대학'을 허용한다.
④ '만성 골수성 백혈병'을 원칙으로 하고, '만성골수성백혈병'을 허용한다.

---

01 정답 ②

핵심주제 : 맞춤법

국말이는 국에 만 밥이나 국수를 뜻하는 단어이다. 한글 맞춤법 제27항에 따라 '국말이'는 '둘 이상의 단어가 어울리거나 접두사가 붙어서 이루어진 말'로, '국＋말－＋－이'의 여러 요소로 이루어져 있다.

오답해설

① 기럭아는 '기러기＋야(호격조사)'가 '기럭＋아(호격조사)'로 줄어든 말이다.
③ 애꾸눈아는 '애꾸눈이＋야(호격조사)'가 '애꾸눈＋아(호격조사)'로 줄어든 말이다.
④ 열무는 어린 무 또는 여린 무의 준말이다.

---

04 정답 ②

핵심주제 : 문법

'상대방으로 하여금 무엇을 하게 하다'라는 주체가 다른 사람이나 동물에게 무엇을 하게 하거나 상태를 바꾸는 사동법의 의미이다. ② '당했다'의 원형 '당하다'는 단어 자체가 피동의 의미를 가지고 있어 피동에 해당한다.

05 정답 ③

핵심주제 : 사자성어

사필귀정(事必歸正)은 처음에는 시비(是非) · 곡직(曲直)을 가리지 못하여 그릇되더라도, 모든 일은 반드시 정리(正理)로 돌아간다는 뜻의 사자성어이다. '정하다', '정해지다'의 뜻을 가진 '정(定)'이 아닌 '바르다', '바로잡다'의 뜻을 가진 '정(正)'이 적합하다.

오답해설

① 이심전심(以心傳心) : 마음에서 마음으로 전한다.
② 전전반측(輾轉反側) : 수레바퀴가 한없이 돌며 옆으로 뒤척인다는 뜻으로, 근심과 걱정으로 잠을 이루지 못함을 비유하는 말이다.
④ 인과응보(因果應報) : 원인과 결과에는 반드시 그에 합당한 이유가 있음을 뜻한다.

06 정답 ④

핵심주제 : 판소리

명창이 스승으로부터 전승하여 판소리 한마당 전부를 음악적으로 절묘하게 다듬어 놓은 소리를 바디라고 한다.

모르면 간첩

더늠

판소리에서, 명창이 자신의 독특한 방식으로 다듬어 부르는 어떤 마당의 한 대목을 말한다. 한 예로 쑥대머리는 판소리 춘향가의 한 대목이자, 근세 명창 임방울(1904~1961)의 더늠으로 알려져 있다.

07 정답 ③

핵심주제 : 판소리

판소리에서 창자(唱者)가 소리를 하다가 한 대목에서 다른 대목으로 넘어가기 전에 자유리듬과 일상적인 말투로 사설을 엮어나가는 판소리의 구성요소는 아니리이다.

오답해설

① 발림 : 판소리에서 창자가 소리의 가락이나 사설의 극적인 내용에 따라서 손 · 발 · 온몸을 움직여 소리나 이야기의 감정을 표현하는 몸짓
② 추임새 : 국악 판소리에서 소리의 중간에 곁들이는 탄성
④ 눈대목 : 판소리 한 바탕 가운데 가장 중요하게 생각하는 대목

08 정답 ③

핵심주제 : 비문학(순서)

주어진 글의 중심제재는 인공지능(AI) 로봇으로 (다)에서 제임스 러브록이 이들을 사이보그라고 부른다고 했다. (가)에서는 러브록이 말하는 사이보그와 인공지능(AI) 로봇을 말한다. 그러면서 (나)에서는 러브록의 사이보그에 대한 다른 생각을 나타내고 있다. 마지막으로 (라)에서는 러브록의 사이보그에 대한 전망을 정리하였다. 따라서 적절한 글의 순서는 (다) − (가) − (나) − (라)이다.

09 정답 ①

핵심주제 : 문법

높푸르다는 '높−'이라는 형용사 어간과 '푸르다'라는 형용사 어간이 합쳐져 만들어진 합성어이다.

오답해설

② '풋−'이라는 접두사와 '고추'라는 명사가 합쳐 만들어진 파생어이다.
③ '시−'이라는 접두사와 '뻘겋다'라는 형용사가 합쳐 만들어진 파생어이다.
④ '덧−'이라는 접두사와 '붙이다'라는 동사가 합쳐 만들어진 파생어이다.

10 정답 ④

핵심주제 : 어휘

핫옷이란 안에 솜을 두어 만든 옷이다. 추운 날 핫옷을 입는 것은 맞으나 모시가 아닌 솜으로 만들었기 때문에 단어의 쓰임이 바르지 않다.

> **오답해설**
> ① 보늬 : 밤이나 도토리 따위의 속껍질
> ② 닝큼닝큼 : 머뭇거리지 않고 잇따라 빨리
> ③ 엇셈 : 서로 주고받을 것을 비겨 없애는 셈

11 정답 ②

핵심주제 : 로마자 표기법

동화(同化), 구개음화, 축약 현상은 환경이 같으면 결과가 같은 데 반해 된소리되기 현상은 환경이 같은데도 결과가 같지 않은 경우가 있다. 그리하여 동화나 구개음화, 축약은 로마자 표기에 반영하나, 된소리되기는 로마자 표기에 반영하지 않는다. 또 고유명사의 첫 글자는 대문자로 쓴다. 따라서 올바른 로마자 표기는 ⓒ, ⓒ, ⓑ이다.

> **오답해설**
> ㉠ 구미는 [구미]로 발음이 되고, 고유명사이므로 'Gumi'가 올바른 로마자 표기법이다.
> ㉣ 울릉은 [울릉]으로 발음이 되고 'ㄹㄹ'이 존재하는 고유명사이므로 'Ulleung'가 올바른 로마자 표기법이다.
> ㉥ 왕십리는 [왕심니]로 발음이 되는 고유명사이므로 'Wangsimni'가 올바른 로마자 표기법이다.

12 정답 ③

핵심주제 : 고시조

〈보기〉에 주어진 작품은 조선시대 인물 왕방연의 〈천만 리 머나먼 길에〉이다. 이 작품의 문학 갈래는 평시조이다. 평시조는 3장 6구에 종자수 45자 내외로 된 정형시조로, 매구의 자수 기준은 7~8자이고, 종장 첫 구만 3자 고정으로 3 · 4조, 4 · 4조의 음수율을 가진다. 시조는 고려 중기에 발생하였고, 고려 말에 그 형식이 확립되어 조선 시대에 가장 활발하게 창작되었다.

 모르면 간첩

> 〈 작품해석 〉
> **왕방연, 〈천만 리 머나먼 길에〉**
> • 갈래 : 평시조, 연군가
> • 제재 : 단종의 유배
> • 주제 : 임금을 이별한 애절한 마음
> • 출전 : 「병와가곡집(甁窩歌曲集)」

13 정답 ③

핵심주제 : 어휘

세숫덩이란 김맬 때에, 떠서 앞으로 엎는 흙덩이를 말한다. 개피떡 세 개를 붙여 만든 떡을 뜻하는 단어는 셋붙이 또는 삼부병이라 한다.

14 정답 ①

핵심주제 : 표준어

표준어 규정 제2장(발음 변화에 따른 표준어 규정)제2절(모음)제12항에 따르면 ㉠의 웃옷은 '아래, 위'의 대립이 없는 단어이므로 표준어가 맞다. ⓒ과 ㉣은 '아래, 위'의 대립이 있는 단어이므로 각각 윗몸, 윗입술이 표준어가 된다.

> **오답해설**
> ⓒ 된소리나 거센소리 앞에서는 '위-'로 통일하므로 위쪽이 표준어가 된다.
> ㉤ '아래, 위'의 대립이 있는 단어이므로 윗도리가 표준어가 된다.
> ㉥ '아래, 위'의 대립이 없는 단어이므로 웃돈이 표준어가 된다.

15 정답 ①

핵심주제 : 표준어

'샛별'은 금성(金星)을 일상적으로 이르는 말 또는 장래에 큰 발전을 이룩할 만한 사람을 비유적으로 이르는 말이다. 금성(金星)을 뜻하는 샛별의 잘못된 표현이 새벽별이다. 따라서 샛별과 새벽별은 복수표준어 관계가 아니다.

오답해설

② 제가끔은 제각기와 같은 말로 '저마다 따로따로'라는 뜻을 가지고 있다.

③ 멀찌감치는 멀찌가니와 같은 말로 '사이가 꽤 떨어지게'라는 뜻을 가지고 있다.

④ 욕심꾸러기는 욕심쟁이와 같은 말로 '욕심이 많은 사람을 낮잡아 이르는 말'이다.

---

16 정답 ②

핵심주제 : 어문 규정

'야금야금'의 경우 표준발음이 'ㄴ'을 첨가하여 [야금냐금]으로 발음되기도 하지만, 'ㄴ'을 첨가 없이 [야그먀금]으로 발음되기도 한다.

'낯선'의 경우 음절의 끝소리 규칙과 된소리되기 때문에 [낟썬]으로 발음된다.

'쌓인'의 경우 받침 'ㅎ'이 뒤에 모음으로 시작하는 어미나 접미사를 만나 'ㅎ'이 발음이 되지 않아 [싸인]으로 발음이 된다.

'ㄴ' 뒤에 'ㄹ'이 오면 'ㄹㄹ'로 발음이 되는 경우, 비음화가 일반적이나 상견례는 [상견녜]로 발음이 된다.

---

17 정답 ①

핵심주제 : 비문학(순서)

주어진 〈보기〉는 특정한 언어의 변화는 공시태에서 공시태로의 변화를 말하고 있다. 따라서 〈보기〉는 언어의 구성적 변화를 이야기하는 (가)와 공시태와 통시태를 설명하는 (나)의 사이에 위치하는 것이 적절하다.

---

18 정답 ②

핵심주제 : 문법

언어가 시간이 흐름에 따라 음운이나 어휘 등의 측면에서 생성, 성장, 소멸하며 변화하는 특성을 언어의 역사성이라 한다.

 모르면 간첩 **언어의 특성**

- **자의성** : 언어의 의미와 기호가 마음대로 결합되는 특성
- **사회성** : 언어에서, 소리와 의미의 관계가 사회적으로 약속된 후에는 개인이 마음대로 바꿀 수 없는 특성
- **창의성** : 한정된 음운이나 어휘를 가지고 무한한 문장을 만들어서 사용할 수 있고, 처음 들어보는 문장을 이해할 수 있는 특성

---

19 정답 ③

핵심주제 : 문법

통시태는 같은 언어의 다른 변화 시기에 속하는 다른 언어 상태를 말한다. 따라서 특정한 어느 한 시기의 언어의 상태를 말하는 신조어의 경우는 통시태가 아닌 공시태에 해당한다.

---

20 정답 ③

핵심주제 : 띄어쓰기

'여기'는 말하는 이에게 가까운 곳을 가리키는 지시대명사이고, '서'는 부사격조사이다. 여기에 어떤 일이나 상태 따위에 관련된 범위의 시작임을 나타내는 보조사 '부터'와 주격조사 '가'가 붙어 구성된 '여기서부터가'는 올바른 띄어쓰기이다.

오답해설

① 열 내지 스물

② 먹을 만큼만 먹어라.

④ 십이억 삼천사백오십육만 칠천팔백구십팔

---

21 정답 ④

핵심주제 : 가사

ⓔ의 '디ᄂᆞ니'는 '떨어지는'의 옛말로, '눈물이 떨어지다' 또는 '눈물이 흐르다'가 적절한 현대어 해석이다.

〈 작품해석 〉

송강 정철. 〈사미인곡(思美人曲)〉
- **갈래** : 서정가사, 양반가사, 정격가사
- **성격** : 서정적, 연모적
- **주제** : 연군의 정
- **표현** : 3 · 4조의 4음보
- **의의**
  - 속미인곡과 더불어 가사 문학의 극치를 이룬 작품으로 우리말 구사가 뛰어남.
  - '정과정'의 전통을 이은 충신 연군지사(戀君之詞)이다.

22 〈군무원 필수〉 정답 ④

핵심주제 : 가사

[가]의 현대어 해석은 '더웠다 서늘해졌다 하는 계절의 바뀜이 때를 알아 갔다가는 다시 오니, / 듣거니 보거니 하는 가운데 느낄 일이 많기도 하구나.'이다. 이 작품은 임금을 사모하는 신하의 정성을, 임을 생이별하고 그리워하는 연모의 정으로 바꾸어 표현하고 있는 작품이다. 이 작품은 전체의 내용이 계절적 변화에 따라 사무친 그리움을 노래하고 있으며, 임과 이별한 채 세월만 덧없이 흘러가는 것을 안타까워하고 있다.

23 〈군무원 필수〉 정답 ③

핵심주제 : 맞춤법

'-(으)로서'는 지위나 신분 자격을 나타내는 격조사이고, '-(으)로써'는 어떤 물건의 재료나 원료를 나타내는 격조사이다. 따라서 ③의 학생이라는 지위에 알맞은 것은 '(으)로서'가 된다.

오답해설
① 보전함으로써(수단 · 방법)
② 높임으로써(수단 · 방법)
④ 던짐으로써(수단 · 방법)

24 〈군무원 필수〉 정답 ④

핵심주제 : 맞춤법

부사의 끝음절이 분명히 '이'로만 나는 것은 '-이'로 적고, '-히'로만 나거나 '이'나 '히'로 나는 것은 '-히'로 적는다. 따라서 '꼼꼼이'가 아닌 '꼼꼼히'가 올바른 표현이고, '꼼꼼히'는 빈틈이 없이 차분하고 조심스러운 모양을 뜻한다.

25 정답 ④

핵심주제 : 어휘

살판이란 어릿광대와 꾼이 재담을 주고 받으며 서로 땅재주를 부리는 놀이를 말한다. 판소리를 부르면서 마당에서 하는 놀이를 마당놀이라고 한다.

남사당패 놀이

- 풍물(농악)
- 버나(대접돌리기)
- 살판(땅재주)
- 어름(줄타기)
- 덧뵈기(가면극)
- 덜미(인형극)

행정학

출제 문항 분석

영역	문항 수
행정학의 기초이론	5
정책론	3
조직론	3
인사행정론	5
재무행정론	4
행정환류론	1
지방행정론	4

정답

01 ②	02 ③	03 ④	04 ④	05 ④
06 ③	07 ②	08 ③	09 ③	10 ④
11 ③	12 ①	13 ④	14 ④	15 ①
16 ④	17 ③	18 ②	19 ③	20 ③
21 ①	22 ③	23 ①	24 ②	25 ④

01 정답 ②

핵심주제 : 특별회계

특별회계란 국가에서 특정한 사업을 운영하고자 할 때, 특정한 자금을 보유하여 운용하고자 할 때, 특정한 세입(조세 외 수입)으로 특정한 세출에 충당함으로써 일반회계와 구분하여 회계처리 할 필요가 있을 때에 법률(「국가재정법」제4조)로써 설치하는 예산을 말한다. 예산의 단일성·통일성 원칙에 대한 예외로서, 예산집행 과정상의 신축성과 융통성, 재량을 확보하기 위한 예산이다. 여유자금의 경우 다른 목적으로 사용할 수 없어 운영상의 경직성을 초래하고, 회계신설이 용이해 재정팽창의 원인이 된다.

특별회계의 장·단점

장점	단점
• 세입·세출에 있어서 정부 수지의 명확화	• 예산구조·체계의 복잡화
• 재정운용의 자율성, 재량 확대	• 재정운용의 경직성 초래(특정세입이 특정세출로 이어지는 칸막이 현상을 초래)
• 경영합리화·능률성 제고에 기여	• 입법부의 예산통제와 민중 통제 곤란
• 행정기능의 전문화·다양화에 부응	• 회계신설이 용이해 재정팽창의 원인이 됨

02 정답 ③

핵심주제 : 국정관리모형

탈규제적 정부모형은 국가가 주도적으로 관리하는 관리주의적 입장의 거버넌스로, 전통적인 국가 중심적 통치에 시장주의나 기업가 정신을 도입하여 보다 효율적·경쟁적·민주적인 특징을 지닌다. 따라서 탈규제적 정부모형은 국가 중심의 거버넌스이다.

03 정답 ④

핵심주제 : 분배정책

분배정책은 국민들이 필요로 하는 재화나 서비스, 지위, 권리, 기회 등을 제공하는 정책으로, 불특정 다수인을 대상으로 시행되므로 수혜자와 비수혜자 간 대립이 발생하지 않아, 갈등이 적고 순응 확보가 용이하다 따라서 집행이 용이하다. 그러나 포크배럴(구유통 정치)·로그롤링(담합, 상호수용)의 발생 가능성 높은 단점이 있다.

오답해설

① 재분배 정책으로는 생활보호대상자 지원정책(사회보장정책), 누진세제도, 임대주택제도, 공공근로사업 등이 있다.

② 구성정책은 정부의 조직개편과 기구의 설치를 목적으로 하고, 선거구 조정, 행정구역 개편 등이 있다.

③ 분배정책으로는 주택자금 대출, 창업이나 연구지원금, 출산 장려금, 통상지원정책 , 농어촌 소득증대사업, 영농정보의 제공, 국유지 불하·공급, 문화사업 등이 있다.

04 정답 ④

핵심주제 : 신공공관리론

신공공관리론(NPM)은 시장주의와 신관리주의를 결합한 이론으로, 1970년대부터 공공선택론자 등에 의해 전통적 관리론이나 관료제조직에 대한 비판이 고조되면서 Aucoin과 Hood에 의해 제기된 공공분야에 대한 합리적 관리방식이다. 시장지향적 정부를 내세우며 정부가 경쟁원리를 핵심으로 하는 시장화를 지향하고 민간부문의 생산성을 향상시키기 위하여 각종 규제를 완화 또는 철폐를 주장하였다. 내부시장화(수익자부담주의, 시장성테스트 등), 외부시장화(민영화, 공동생산), 규제완화 등을 내용으로 하였다.

PART 06 **2019** (추가채용)

05 정답 ④

핵심주제 : 일선관료제

립스키(Lipsky)는 1976년 도시 관료 연구를 통하여 교사, 경찰, 복지요원 등을 분석하면서 상향적 정책집행의 한 영역으로 일선관료제를 제시하였다. 일선관료란 시민(고객)들과 직접 접촉하는 공무원을 말하며, 립스키는 고객과 접촉하는 일선관료가 실질적으로 공공정책을 결정한다는 상향적 정책집행접근법을 중시하였다. 집행관료의 재량과 역량이 정책의 성공요건이므로 일선관료에게 적절한 재량과 자원을 부여하였다.

M. Lipsky의 일선관료제

- 의의
  - 1976년 도시 관료 연구를 통하여 교사, 경찰, 복지요원 등을 분석하면서 상향적 정책집행의 한 영역으로 일선관료제를 제시
  - 복지행정에서는 일선관료가 중요한 역할을 수행하나 지금껏 이에 대한 연구가 부족했다고 비판
- 일선관료의 직무환경 특성
  - 직무수행과정에서 시민들과 끊임없이 상호작용(직접 접촉하며 대인적인 업무를 처리)
  - 관료조직 내에서 직무를 수행하지만 상당한 범위의 재량권과 직무의 자율성을 가지고 매우 복잡한 업무를 수행

06 정답 ③

핵심주제 : 조직

애드호크라시(adhocracy)는 관료제와 대조적인 조직 개념으로, 탈관료제화 현상에서 나온 평면 조직의 일종이다. 문제 해결을 위한 다양한 전문적 지식이나 기술을 가진 이질적 집단으로, 융통성 · 적응성이 높고 혁신적인 성격을 지닌 체제이다. 특별임시위원회나 임시적 · 역동적 · 유기적 조직이라고도 하며, 프로젝트팀, 테스크 포스, 매트릭스조직, 중복작업집단체제, collegia 조직, 자유형 조직구조 등이 있다.

애드호크라시(adhocracy)의 장 · 단점

장점	단점
• 변화에 대한 신속한 대응과 높은 적응성 · 창의성이 요구되는 조직에 적합 • 공동목표 달성을 위한 다양한 전문가의 협력을 통	• 상하위층의 업무 및 권한 · 책임의 불명확으로 갈등이 불가피함 • 구성원의 대인관계에 문제를 야기하며 심리적 불안

한 문제 해결 • 기술혁신을 촉진함 • 조직의 민주화 촉진에 기여함	감을 조성함 • 비효율적 구조, 관료제적 기계모형의 정확성이나 편리성이 결여됨 • 전문화의 이점과 규모의 경제를 조화시키기 곤란함

07 정답 ②

핵심주제 : 현대행정

행정기능의 확대, 행정기구 · 공무원 수 증가는 현대행정의 구조적 · 양적 특징이다. 행정기능의 확대, 행정기구 · 공무원 수 증가로 재정규모의 팽창을 가져오고 이를 파킨슨 법칙이라 한다.

파킨슨의 법칙(Parkinson's law)

- 의의
  - 본질적인 업무량이나 조직의 구조적 특징과 관계없이 공무원의 수와 업무는 일정한 비율로 증가한다는 법칙
- 내용
  - 제1공리와 제2공리의 악순환 과정을 통해 공무원 수는 지속적으로 증가
  - 부하 배증의 법칙(제1공리) : 공무원은 동일 직급의 경쟁자가 아닌 부하직원의 증가를 원함
  - 업무 배증의 법칙(제2공리) : 공무원은 부하와 같이 일을 하면서 파생적 업무가 창조됨

08 정답 ③

핵심주제 : 재무행정론

예산 통일성의 원칙이란 전체 세입으로 전체 세출을 충당해야 한다는 국고통일의 원칙, 즉 모든 수입을 하나의 공통된 일반세원에 포함하여 지출함으로써 특정 세출로 직접 연결시켜서는 안 된다는 원칙이다. 특별회계, 기금, 수입대체경비, 목적세(교육세, 농어촌특별세, 지방교육세, 지역자원시설세) 등은 예외에 해당한다.

09 정답 ③

핵심주제 : 예산집행

예산집행의 신축성이란 예산집행에 있어서 경제사정 등의 변화에 적응할 수 있도록 예산통제를 어느 정도 완화하여 일정한 범위 내에서 행정부에 재량권을 부여하는 것을 말한다. 신축성 유지방안으로는 이용(移用), 전용(轉用), 이체(移替), 이월(移越), 예비비, 계속비, 국고채무부담행위, 수입대체경비, 총액계상예산제도, 국고여유자금, 대통령의 재정·경제에 관한 긴급명령, 조상충용, 신성과주의예산(총괄배정예산, 지출통제예산, 운영예산 등), 추가경정예산, 준예산, 수입·지출의 특례(과년도 수입·지출, 선금급, 개산급) 등이 있다. 배정과 재배정은 예산 집행상의 재정통제방안에 해당한다.

모르면 간섭
신축성의 필요성
- 예산 성립 후의 상황이나 여건 변화에 적응
- 정부예산의 경제안정화 기능 수행
- 예산의 효율적 집행을 위한 적절한 행정재량권 부여
- 경비절약 및 예산낭비 방지

10 정답 ④

핵심주제 : 중앙인사기관

독립합의형(위원회형) 중앙인사기관은 엽관주의나 정실주의의 폐해를 방지하고 인사행정의 중립성을 보장하기 위한 형태로, 행정부에서 분리·독립된 지위를 가진다. 과거 미국연방인사위원회나 현재의 실적제보호위원회(MSPB), 영국의 인사위원회 등이 이러한 형태이다. 단독제 형태의 기관이 아니라 복수의 구성원으로 이루어지는 회의제식위원회 형태이므로 책임의 소재가 불분명하다.

모르면 간섭
독립합의형(위원회형) 중앙인사기관의 장·단점

장점	단점
• 인사행정의 신중성·공정성 확보 • 전문가의 의견수렴 및 민주적 결정 • 독단화를 방지하고 정치적 중립성 확보 • 인사정책의 지속성·일관성 확보	• 책임소재 불명확 • 신속한 결정이 곤란해 인사행정 지체 • 과다한 시간·경비 지출 • 행정수반 통제의 어려움

11 정답 ③

핵심주제 : 타당성

외적 타당도 저해요인으로는 호손효과(실험조작의 반응효과), 다수의 실험적 처리에 의한 간섭, 표본의 대표성 부족문제, 크리밍효과, 실험조작과 측정의 상호작용 등이 있다.

호손효과는 실험집단이 실험집단임을 자각하고 평상시와는 다른 행동을 보임으로써 등장하는 왜곡을 말하고, 크리밍효과는 실험의 효과가 잘 나타날 가능성이 있는 조건이 좋은 집단을 실험집단으로 선정하고 그렇지 못한 집단을 비교집단으로 선정하여 일반적 상황에 적용하는 것을 말한다.

모르면 간섭
내적 타당도 저해요인
- **사건효과(역사적 요소)** : 실험을 수행하는 기간 동안에 실험자의 의도와는 관계없이 발생하는 사건이 실험에 영향을 미치는 것
- **성숙효과(성장효과)** : 실험대상이 정책의 효과와는 관계없이 시간에 따라 성장·성숙함으로써 발생하는 효과
- **상실요소** : 정책의 실시 중에 우연히 몇몇 구성원이 탈락하여 집단 구성에 변화가 생겨 발생하는 효과
- **회귀인공요소(regression artifact)** : 실험이 진행되는 동안 극단적인 측정치를 가진 실험집단이 덜 극단적인 본래의 모습·성격으로 회귀하는 현상
- **측정요소(테스트효과)** : 실험 전에 측정한 사실 자체가 연구되고 있는 현상을 왜곡하는 경우
- **측정도구의 변화(측정도구의 일관성 문제)** : 집행 전·후의 측정방법이나 절차가 달라져 발생하는 오류
- **모방효과(오염·확산효과)** : 통제집단의 구성원이 의식적·무의식적으로 실험집단의 의견·생각·행동을 모방함으로써 정책효과가 통제집단에게로 확산되는 현상

12 정답 ①

핵심주제 : 고위공무원단

현재 국가공무원에는 고위공무원단에 속하는 공무원이 있지만, 지방공무원에는 없다.

13 정답 ④

핵심주제 : 광역행정

「지방자치법」 제147조에 따라 지방자치단체는 다른 지방자치단체로부터 사무의 공동처리에 관한 요청이나 사무처리에 관한

협의 · 조정 · 승인 또는 지원의 요청을 받으면 법령의 범위에서 협력해야 한다. 대표적 방식으로 사무의 위탁, 행정협의회, 지방자치단체조합을 규정하였다.

우리나라 광역행정의 문제점

- 중앙집권체제의 전통이 강하여 권위적 · 예속적 경향
- 국토 면적이 협소하고 지방자치가 활성화되지 못하여 광역행정의 필요성이 그다지 크지 않음
- 기초자치단체인 시 · 군의 규모가 상대적으로 방대함
- 행정협의회의 기능이 미약하고 독립성 · 강제성이 결여되어 실효성이 낮음

〈 법령 〉

「공직자윤리법」

제18조의2(퇴직공직자의 업무취급 제한) ① 모든 공무원 또는 공직유관단체 임직원은 다른 법률에 특별한 규정이 있는 경우를 제외하고는 재직 중에 직접 처리한 제17조제2항 각 호의 업무를 퇴직 후에 취급할 수 없다.

② 기관업무기준 취업심사대상자는 다른 법률에 특별한 규정이 있는 경우를 제외하고는 퇴직 전 2년부터 퇴직할 때까지 근무한 기관이 취업한 취업심사대상기관에 대하여 처리하는 제17조제2항 각 호의 업무를 퇴직한 날부터 2년 동안 취급할 수 없다. 〈개정 2014. 12. 30., 2019. 12. 3.〉

14 정답 ④

핵심주제 : 시장실패

X-비효율성은 Leibenstein이 주장한 것으로, 시장실패의 원인이 아닌 정부실패의 원인이다. X-비효율성은 법 규정으로 명시할 수 없는 행정이나 관리상의 심리적 요인에 의해 발생하는 비효율(행정이 경쟁 압력에 노출되지 않고 적절한 종결장치가 없기 때문에 발생)을 말하고, 규제완화 · 폐지, 정부보조 축소 · 중단, 민영화 등으로 문제 해결이 가능하다.

시장실패 원인별 대응방안

구분	공적 공급 (조직)	공적 유도 (유인)	공적 규제 (권위)
공공재의 존재	○		
불완전 경쟁 (독과점)			○
자연독점	○		○
외부효과의 발생		○	○
정보의 격차		○	○

15 정답 ①

핵심주제 : 퇴직공직자의 취업제한

「공직자윤리법」 제18조의2(퇴직자의 업무취급 제한) 제2항의 내용이다. 규정에 따라 각각의 빈칸에 들어갈 숫자는 2와 2이다.

16 정답 ④

핵심주제 : 직업공무원제

직업공무원제도란 유능하고 인품 있는 젊은이에게 개방되어, 공직이 매력 있는 것으로 여겨지고 능력과 업적에 따라 명예롭고 높은 지위로 승진의 기회가 보장됨으로써, 공직을 전 생애를 바칠 만한 보람 있는 일로 생각할 수 있도록 조치가 마련되어 있는 인사제도이다. 따라서 폐쇄형 충원과 신분보장, 계급제, 일반행정가 중심 행정의 안정성, 적절한 보수, 평생 고용 등이 직업공무원제의 성립요건이다.

직업공무원제도의 확립 요건

- 실적주의의 우선적 확립(직업공무원제 확립의 필요조건으로 충분조건이 아님)
- 공직에 대한 높은 사회적 평가 유지
- 적정보수와 연금제도 확립
- 승진기회 보장 및 재직자훈련으로 능력발전
- 유능하고 인품 있는 젊은 인재의 채용(공무원 채용 시 연령과 학력 제한)
- 폐쇄형 인사제도 확립(개방형은 직업공무원제를 저해)
- 장기적 인력수급 조절 및 직급별 인력계획 수립

17 정답 ③

핵심주제 : 국세

국세이면서 간접세인 것은 부가가치세, 개별소비세, 주세, 인지세, 증권거래세 등이 있다.

18 정답 ②
핵심주제 : e-거버넌스

전자거버넌스(E-Governance)는 전자공간을 활용하여 거버넌스를 구현하는 것으로, 전자정보화와 전자적 참여 확대 등을 통해 직접민주주의의 가능성을 높이는 데는 기여할 수 있다. 이를 통해 최종적으로 다수의 통합적 의사결정을 한다.

19 정답 ③
핵심주제 : 지방교부세

부동산교부세는 지방세인 종합토지세가 폐지되고 국세인 종합부동산세가 신설됨에 따라 종부세 전액을 자치단체에 교부함으로써 세수감소분을 보전하기 위한 재원으로, 인천광역시와 같은 광역지방자치단체는 부동산교부세가 교부될 수 없다.

20 정답 ③
핵심주제 : 예산

「국가재정법」 제33조(예산안의 국회제출) 정부는 제32조의 규정에 따라 대통령의 승인을 얻은 예산안을 회계연도 개시 120일 전까지 국회에 제출하여야 한다.

〈 법령 〉
「국가재정법」
제33조(예산안의 국회제출) 정부는 제32조의 규정에 따라 대통령의 승인을 얻은 예산안을 회계연도 개시 120일 전까지 국회에 제출하여야 한다.〈개정 2013. 5. 28.〉

오답해설
① 「국가재정법」 제19조(예산의 구성)의 내용이다.
② 「국가재정법」 제17조(예산총계주의)의 내용이다.
④ 「국가재정법」 제7조(국가재정운용계획의 수립 등)제2항의 내용이다.

21 정답 ①
핵심주제 : 행정책임성

Finer와 Hyneman은 외부적인 힘, 즉 법률이나 입법부, 사법부, 국민(국민정사나 요구 등)에 대하여 지는 책임(합법적·제도적·응답적 책임 등)을 강조하였고, Friedrich는 직업적 전문지식이나 기술에 따른 책임(직업적·관료적·기능적 책임) 관료나 공무원 자신의 마음속 양심이나 윤리에 따른 책임(주관적·자율적·재량적·심리적 책임 등)을 강조하였다.

22 정답 ③
핵심주제 : 행태론적 접근방법

행태론적 접근은 행정의 과학적 연구를 위해 자연과학을 행정학에 적용하고, 연구 초점을 인간의 행태(behavior)에 두고 이를 경험적·실증적으로 연구한다. 따라서 인간행태의 경험적 입증과 행태의 통일성·규칙성·유형성 발견에 치중하여, 논리실증주의를 토대로 가치(목표)와 사실(수단)을 구분하여 가치를 배제(가치중립성), 경험적 검증가능성이 있는 사실 연구에 치중한다.

모르면 간섭
논리실증주의
• 의의 : 사회현상을 규범적 연구방법이 아닌 자연과학적 방법으로 설명하는 분석철학으로서, 1920년대 Schlick을 중심으로 하는 오스트리아 비엔나학파에서 출발
• 특성 : 자연과학적·계량적 분석을 통한 검증(실험·관찰을 통한 가설 검증)을 중시하였고, 추상적인 형이상학을 거부하고 경험적인 검증이 불가능한 것은 무의미하다고 하여 검증가능성 원리를 강조

23 정답 ①
핵심주제 : 군무원

군무원의 봉급은 「군무원인사법」 제24조(보수)제1항에 따라 대통령령으로 정한다.

〈 법령 〉
「군무원인사법」
제24조(보수) ① 군무원의 봉급에 관한 사항은 대통령령으로 정한다.
② 군무원은 봉급 외에 대통령령으로 정하는 바에 따라 수당을 받을 수 있다. [전문개정 2009. 4. 1.]

오답해설
② 「군무원인사법」 제4조의 내용이다.

③ 「국가공무원법」 제2조의 내용이다.
④ 「군무원인사법」 제10조의 내용이다.

24 정답 ②

핵심주제 : 조직

일반적으로 조직의 규모가 커질수록 복잡성과 공식화는 높아지고, 집권화는 낮아진다.

모르면 간첩

조직구조의 변수간의 관계

구분	복잡성	공식화	집권화
규모가 클 때	높음	높음	낮음 (분권화)
일상적 기술	낮음	높음 (표준화)	높음
불확실한 환경	구조의 복잡성은 낮고, 환경의 복잡성은 높음	낮음	낮음

25 정답 ④

핵심주제 : 외국인의 주민참여

현행법상 일정한 자격을 갖춘 외국인에게 주민투표, 조례의 제정과 개·폐 청구, 주민소환, 정보공개청구 등이 허용된다.

행정법

출제 문항 분석

영역	문항 수
행정법통론	8
행정작용법	10
행정법상의 의무이행확보수단	2
행정구제법	5

정답

01 ③	02 ③	03 ④	04 ①	05 ②
06 ③	07 ③	08 ①	09 ③	10 ④
11 ③	12 ①	13 ③	14 ②	15 ④
16 ②	17 ④	18 ④	19 ①	20 ②
21 ①	22 ③	23 ②	24 ②	25 ②

01 군무원 필수 정답 ③

핵심주제 : 행정행위

철회도 실정법상 취소라고 불리는 경우가 많고, 철회와 취소는 행정목적 실현을 위한 하나의 수단이라는 점에서 유사하다.

02 정답 ③

핵심주제 : 사법관계

사법관계란 행정주체가 공권력 주체로서가 아니라 재산권 주체로서 사인과 맺는 법률관계를 말한다. 즉, 행정주체가 사인의 자격으로 사인과 대등한 관계에서 사법적 효과를 발생시킬 목적으로 하는 관계를 말한다. 행정주체의 물품구입·공사도급 계약관계, 국채 및 지방채 모집, 수표발행, 국가의 회사주식매매, 국유 일반재산의 대부 및 대부료 납입고지 등이 사법관계에 해당한다.

〈 판례 〉

구 국유재산법 제31조 제3항, 구 국유재산법 시행령 제33조 제2항의 규정에 의하여 국유잡종재산에 관한 관리처분의 권한을 위임받은 기관이 국유잡종재산을 대부하는 행위는 국가가 사경제 주체로서 상대방과 대등한 위치에서 행하는 사법상의 계약이지 행정청이 공권력의 주체로서 상대방의 의사 여하에 불구하고 일방적으로 행하는 행정처분이라고 볼 수 없고, 국유잡종재산에 관한 사용료의 납입고지 역시 사법상의 이행청구에 해당하는 것으로서 이를 항고소송의 대상이 되는 행정처분이라고 할 수 없다(대판 1995. 5. 12, 94누5281).

06 정답 ③

핵심주제 : 행정주체

강원도의회는 기관으로 행정주체가 아니다.

03 정답 ④

핵심주제 : 법치행정

판례에 따르면 헌법재판소는 중요사항유보설의 입장으로 TV수신료 사건을 판결하였다.

〈 판례 〉

오늘날 법률유보원칙은 단순히 행정작용이 법률에 근거를 두기만 하면 충분한 것이 아니라, 국가공동체와 그 구성원에게 기본권실현과 관련된 영역에 있어서는 국민의 대표자인 입법자가 그 본질적 사항에 대해서 스스로 결정하여야 한다는 요구까지 내포하고 있다(의회유보원칙). 그런데 텔레비전방송수신료는 국민의 기본권실현에 관련된 영역에 속하고, 수신료금액의 결정은 납부의무자의 범위 등과 함께 수신료에 관한 본질적인 중요한 사항이므로 국회가 스스로 행하여야 하는 사항에 속하는 것임에도 불구하고 국회의 결정이나 관여를 배제한 채 한국방송공사로 하여금 수신료금액을 결정해서 문화관광부장관의 승인을 얻도록 한 것은 법률유보원칙에 위반된다(헌재 1999.5.27. 98헌바70).

07 정답 ③

핵심주제 : 행정지도

행정지도는 그 목적달성에 필요한 최소한도에 그쳐야 하며, 행정지도는 상대방의 의사에 반하여 부당하게 강요하여서는 안 되고, 행정기관은 행정지도의 상대방이 행정지도에 따르지 아니하였다는 것을 이유로 불이익한 조치를 하여서는 아니 된다.

08 정답 ①

핵심주제 : 행정주체

행정객체란 행정주체가 행정권을 행사할 경우에 행사의 대상이 되는 자를 말한다. 사인과 공공단체는 행정객체가 될 수 있으나 국가는 행정객체가 될 수 없다고 본다.

04 정답 ①

핵심주제 : 공법상 계약

「공익사업을 위한 토지 등의 취득 및 보상에 관한 법률」상의 사업시행자와 토지소유자간의 보상금 협의는 사인과 사인간의 계약이지만, 대법원은 사법상 계약으로 본다.

09 정답 ③

핵심주제 : 통치행정

통치행위란 입법·사법·행정의 어디에도 속하지 않는 국가최고기관의 행위를 말한다. 이는 국가행위 중 국가존립이나 국가통치의 기본방향을 정하는 것과 같이 고도의 정치성을 갖기 때문에 사법심사의 대상에서 제외되는 행위이지만, 국회에 의한 정치적 통제는 받는다.

05 정답 ②

핵심주제 : 소멸시효

행정상 법률관계에 있어서 소멸시효는 사법상의 금전채권을 포함하여 특별한 규정이 없으면 5년이나, 「공무원연금법」에 따른 급여를 받을 권리는 5년간 행사하지 않으면 시효로 소멸한다.

10 정답 ④

핵심주제 : 행정절차법

국민의 권익을 침해하는 행정은 법령에 청문이나 공청회 실시에 대한 내용이 규정되어 있지 않다면 의견제출절차를 진행하고 처분하여야 한다.

11 ⭐ 군무원 필수 정답 ③

핵심주제 : 주민투표

주민투표의 실시는 주민 또는 지방의회의 청구 그리고 지방자치단체의 장의 직권에 의하여 실시할 수 있다.

〈 법령 〉

「주민투표법」
제9조(주민투표의 실시요건) ①지방자치단체의 장은 주민 또는 지방의회의 청구에 의하거나 직권에 의하여 주민투표를 실시할 수 있다.

12 ⭐ 군무원 필수 정답 ①

핵심주제 : 행정대집행

법외 단체인 전국공무원노동조합의 지부가 당초 공무원 직장협의회의 운영에 이용되던 군(郡) 청사시설인 사무실을 임의로 사용하자 지방자치단체장이 자진폐쇄 요청 후 행정대집행법에 따라 행정대집행을 하였다(관련 판례 : 대판 2011.4.28. 선고2007도7514).

13 정답 ③

핵심주제 : 행정행위

조세부과, 사립학교 임원선임에 대한 승인, 공유수면매립면허는 법률행위적 행정행위이고, 임용기간 만료통지는 준법률적 행정행위이다.

 모르면 간첩

법률효과의 발생원인에 따른 분류

• 법률행위적 행정행위 : 의사표시를 요소로 하며, 그 법적 효과는 행정청의 효과 의사의 내용에 따라 발생하는 행정행위로, 명령적 행정행위와 형성적 행정행위로 구분된다.
• 준법률행위적 행정행위 : 의사표시 이외의 정신작용, 즉 인식이나 판단 등을 요소로 하며, 그 법적 효과는 행정청의 효과 의사와 관계없이 법령이 정하는 바에 의하여 발생하는 행정행위를 말한다.

14 ⭐ 군무원 필수 정답 ②

핵심주제 : 입법

행정입법에 관한 헌법재판소의 결정은 다음과 같다.

〈 판례 〉

오늘날 의회의 입법독점주의에서 입법중심주의로 전환하여 일정한 범위 내에서 행정입법을 허용하게 된 동기가 사회적 변화에 대응한 입법수요의 급증과 종래의 형식적 권력분립주의로는 현대사회에 대응할 수 없다는 기능적 권력분립론에 있다는 점 등을 감안하여 헌법 제40조와 헌법 제75조, 제95조의 의미를 살펴보면, 국회입법에 의한 수권이 입법기관이 아닌 행정기관에게 법률 등으로 구체적인 범위를 정하여 위임한 사항에 관하여는 당해 행정기관에게 법정립의 권한을 갖게 되고, 입법자가 규율의 형식도 선택할 수도 있다 할 것이므로, 헌법이 인정하고 있는 위임입법의 형식은 예시적인 것으로 보아야 할 것이고, 그것은 법률이 행정규칙에 위임하더라도 그 행정규칙은 위임된 사항만을 규율할 수 있으므로, 국회입법의 원칙과 상치되지도 않는다(헌재 2004.10.28. 99헌바91).

15 ⭐ 군무원 필수 정답 ④

핵심주제 : 개인정보보호

정보주체는 개인정보처리자가 법을 위반한 행위로 손해를 입으면 개인정보처리자에게 손해배상을 청구할 수 있다. 이 경우 정보주체는 사실심의 변론이 종결되기 전까지 법정손해배상청구로 변경할 수 있다.

16 ⭐ 군무원 필수 정답 ②

핵심주제 : 지방자치

「지방자치법」상의 지방자치단체장의 권한은 ㉠ 조례에 대한 재의요구권, ㉢ 주민투표부의권, ㉣ 규칙제정권, ㉧ 소속직원에 대한 임면 및 지휘감독 등이 있다.

오답해설

㉡ 조례제정권, ㉤ 행정사무 감사 또는 조사 결과의 처리권, ㉥ 청원의 수리와 처리의결권, ㉦ 예산의 심의와 확정에 대한 의결권 등은 지방의회의 권한이다.

17 정답 ④

핵심주제 : 행정정보공개

제3자의 비공개 요청이 있다는 사유만으로 정보공개법상 정보의 비공개사유에 해당한다고 볼 수 없고, 공공기관은 공개가 가능하다.

〈 판례 〉
제3자와 관련이 있는 정보라고 하더라도 당해 공공기관이 이를 보유 · 관리하고 있는 이상 정보공개법 제9조 제1항 단서 각 호의 비공개사유에 해당하지 아니하면 정보공개의 대상이 되는 정보에 해당한다고 보아야 할 것이다. 따라서 정보공개법 제11조 제3항이 … 규정하고 있다고 하더라도, 이는 공공기관이 보유 · 관리하고 있는 정보가 제3자와 관련이 있는 경우 그 정보공개여부를 결정함에 있어 공공기관이 제3자와의 관계에서 거쳐야 할 절차를 규정한 것에 불과할 뿐, 제3자의 비공개 요청이 있다는 사유만으로 정보공개법상 정보의 비공개사유에 해당한다고 볼 수 없다(대판 2008. 9. 25, 2008두8680).

18 정답 ④

핵심주제 : 개인정보보호

개인정보자기결정권의 보호대상이 되는 개인정보는 그 개인의 동일성을 식별할 수 있게 하는 일체의 정보로서, 반드시 개인의 내밀한 영역이나 사사(私事)의 영역에 속하는 정보에 국한되지 않고 공적 생활에서 형성되었거나 이미 공개된 개인정보까지 포함한다.

19 정답 ①

핵심주제 : 행정행위

인 · 허가의제가 인정되는 경우에 의제되는 법률이 규정된 주민의 의견청취 등의 절차를 거칠 필요가 없다. 이로 인해 인 · 허가의제 절차의 간소화를 통하여 사업자의 부담을 해소하고 행정절차 촉진에 기여한다.

20 정답 ②

핵심주제 : 행정대집행

과징금이란 행정법상 의무위반 · 불이행자에게 부과 · 징수하는 금전적 제재로서의 금전부담을 말한다. 따라서 상대방의 고의나 과실은 생각하지 않는다.

21 정답 ①

핵심주제 : 행정소송

판례에 의하면 도지사의 도 내의 특정시에 대한 혁신도시 최종입지선정행위는 항고소송대상 처분이 아니다.

〈 판례 〉
정부의 수도권 소재 공공기관의 지방이전시책을 추진하는 과정에서 도지사가 도 내 특정시를 공공기관이 이전할 혁신도시 최종입지로 선정한 행위는 항고소송의 대상이 되는 행정처분이 아니다(대판 2007. 11.15, 2007두10198).

22 정답 ③

핵심주제 : 행정심판

거부처분취소심판. 거부처분무효등확인심판 등의 행정심판이 절차 위반으로 취소될 경우 배상제도가 인정된다.

23 정답 ②

핵심주제 : 행정절차법

「행정절차법」 제43조(예고기간)에 의하여 행정입법예고기간은 40일이고, 자치법규는 20일이다.

〈 법령 〉
「행정절차법」
제43조(예고기간) 입법예고기간은 예고할 때 정하되, 특별한 사정이 없으면 40일(자치법규는 20일) 이상으로 한다.
[전문개정 2012. 10. 22.]

PART 06 **2019**
(추가채용)

24 정답 ②

핵심주제 : 행정행위

일반통치권에 기하여 개인의 자유를 제한하고 의무를 부과하는 것을 내용으로 하는 부담적 행정행위를 하명이라 한다.

25 정답 ②

핵심주제 : 행정심판

사정재결을 하는 경우 위원회는 심판청구가 이유 있다고 인정하는 경우에도 이를 인용(認容)하는 것이 공공복리에 크게 위배된다고 인정하면 그 심판청구를 기각하는 재결을 할 수 있다. 이 경우 위원회는 재결의 주문(主文)에서 그 처분 또는 부작위가 위법하거나 부당하다는 것을 구체적으로 밝혀야 한다.

← 2019년도 06월 22일 시행

2019년
기출(복원)문제

정답 및 해설

국어

출제 문항 분석

영역	문항 수
문법	4
어문 규정	11
문학	5
비문학	4
한자와 어휘	1

정답

01 ③	02 ②	03 ②	04 ③	05 ④
06 ①	07 ②	08 ①	09 ①	10 ④
11 ③	12 ④	13 ④	14 ①	15 ①
16 ②	17 ①	18 ④	19 ②	20 ④
21 ③	22 ②	23 ②	24 ③	25 ③

01 정답 ③

핵심주제 : 맞춤법

'싫은 생각이나 느낌. 또는 그런 반응'을 뜻하는 단어는 싫증이고, 실증은 싫증의 잘못된 표기법이다. 실증은 확실한 증거 또는 실제로 증명함을 뜻한다. 얇다랗다는 얄따랗다의 잘못된 표기법이다.

02 정답 ②

핵심주제 : 문법

〈보기〉의 밑줄 친 부분은 이전 글자의 종성을 다시 초성을 사용하였다. 이 말은 삼성(三聲)인 초성·중성·종성 중에서 종성 글자는 따로 만들지 않고 초성 글자를 그대로 사용하는 종성부용 초성 규정이다.

03 정답 ②

핵심주제 : 맞춤법

'다투었군요'의 '투-'와 '-었-'은 합쳐져 '퉜'으로 줄여 쓸 수 있다. 따라서 '다퉜군요'로 줄여 쓸 수 있다.

04 정답 ③

핵심주제 : 로마자 표기법

로마자 표기법에 의하여 자연 지물명. 문화재명. 인공 축조물명은 붙임표 없이 붙여 쓰고, 'ㄱ, ㄷ, ㅂ'은 모음 앞에서는 'g, d, b'로, 자음 앞이나 어말에서는 'k, t, p'로 적는다. 따라서 불국사는 Bulguksa가 올바른 표기법이다. 고유명사의 첫글자는 대문자로 표기하며, 'ㄹ'은 모음 앞에서는 'r'로, 자음 앞이나 어말에서는 'l'로 적는다. 단, 'ㄹㄹ'은 'll'로 적는다. 따라서 대관령은 Daegwallyeong이 올바른 표기법이다.

알아 둘 로마자 표기법

집	jib	짚	jip	밖	bakk
값	gabs	붓꽃	buskkoch	먹는	meogneun
독립	doglib	문리	munli	물엿	mul-yeos
굳이	gud-i	좋다	johda	가곡	gagog
조랑말	jolangmal	없었습니다.	eobs-eoss-seubnida		

05 정답 ④

핵심주제 : 사자성어

주어진 글은 먹지도 않고 바라보는 '나'가 먹음직하면 사달라고 하는 '노파'에 관한 내용으로 '나'가 느끼는 감정을 표현하는 사자성어로 수연만장(垂涎萬丈)이 적절하다. 수연만장(垂涎萬丈)은 침을 만 길이나 흘린다는 뜻으로 몹시 탐냄을 나타내는 말이다.

오답해설

① 소탐대실(小貪大失) : 작은 것을 탐하다가 큰 손실을 입는다.
② 오매불망(寤寐不忘) : 자나 깨나 잊지 못하다.

③ 십시일반(十匙一飯) : 열 사람이 한 술씩 보태면 한 사람 먹을 분량(分量)이 된다.

06 정답 ①

핵심주제 : 문법

훈몽자회는 조선시대 최세진이 어린이들의 한자 학습을 위하여 지은 책으로, 상·중·하 3권으로 되어 있고 각 권에 1,120자씩 총 3,360자의 한자가 수록되어 있다.

오답해설

② 한불자전 : 1880년 프랑스 한국선교회의 이름으로 출간한 최초의 한불사전으로 프랑스인들이 한국어 공부를 하기 위해 만들어진 사전이다.
③ 말모이사전 : 1910년대 편찬된 최초의 현대적 우리말사전 원고다. 당시 제작된 초기 원고는 이후 조선어학연구회로 넘어가 조선어 사전의 밑바탕이 됐다.
④ 큰사전 : 한글학회가 엮은 종합적인 대규모 국어사전이다.

07 정답 ②

핵심주제 : 수필(순서)

주어진 글의 중심적 제재는 특급품이다. (라)에서 특급품을 설명하고, 특급품의 진진(津津)한 묘미에 대하여 (나)에서 설명하고 있다. (다)에서는 (나)에서 설명한 불측의 사고에 대하여 설명하고 있다. (가)에서는 (나)와 (다)의 과정을 걸쳐 만들어진 특급품의 유연성을 설명하고 있다.

〈 작품해석 〉

김소운. 〈특급품〉

• 갈래 : 경수필
• 성격 : 유추적. 교훈적
• 제재 : 비자반
• 특성
  - 사물이 지닌 성질에서 삶의 지혜를 이끌어냄.
  - 사실과 의견을 적절히 섞어서 서술해 나감.
  - 특급품 비자반과 유사한 사례(베토벤, 조개, 재수생)
• 주제 : 삶의 과실을 극복할 수 있는 유연한 삶의 태도의 필요성

08 정답 ①

핵심주제 : 수필(주제)

균열로 인하여 가치가 떨어진다는 일반적인 생각과는 다르게 비자반은 특급품으로 가치가 상승하는 것처럼 우리 인생도 과실로 인하여 좌절하기보다는 극복할 줄 아는 유연성에 대하여 이야기하고 있다.

09 정답 ①

핵심주제 : 띄어쓰기

'간'은 사이를 나타내는 의존명사, 동안을 나타내는 접미사, 장소를 나타내는 접미사의 역할을 한다. 사이를 나타내는 의존 명사의 경우 앞말과 띄어 적는 것이 올바른 표기법이다. 그러나 '부자간, 부부간, 모자간' 등의 단어는 합성어로 한단어로 인정되어 띄어쓰지 않는다.

> **모르면 간첩**
>
> **간**
>
> • **사이를 나타내는 의존명사(예** : 장교와 부사관 간에 소통이 원활해야 한다.)
> • **동안을 나타내는 접미사(예** : 나는 15년간 군무원으로 재직하고 있다.)
> • **장소를 나타내는 접미사(예** : 소 잃고 외양간 고친다.)

10 정답 ④

핵심주제 : 맞춤법

'올곧지 않다'에 한글맞춤법 제39항을 적용하면 '-지' 뒤에 '않-'이 어울리게 되므로 '-잖-'으로 적는다. 따라서 '올곧지 않다'는 '올곧잖다'로 줄이는 것이 올바른 표기법이다.

> **오답해설**
>
> ① 당찮다(당하지 않다)
> ② 그렇잖다(그렇지 않다)
> ③ 달갑잖다(달갑지 않다)

11 정답 ③

핵심주제 : 맞춤법

시냇물, 조갯살, 두렛일은 모두 고유어와 고유어의 결합으로 나타나는 사이시옷이고, 전셋집의 경우 전세(傳貰)의 한자어와 집의 고유어가 결합하여 된소리로 발음되어 나타나는 사이시옷이다.

12 정답 ④

핵심주제 : 비문학(내용)

주어진 글을 통해 CD는 양자화, 디지털화 과정에서 소수점을 정확히 읽지 못하는 오류를 지니고 있다고 했다.

13 정답 ④

핵심주제 : 비문학(서술방식)

(가), (다), (라)에는 '반쪽짜리 그릇', '작은 그릇', '마치 모래 위에 지어진 집처럼' 등의 직유와 은유가 사용되었다.

14 정답 ①

핵심주제 : 가사

㉠의 '올라 보니'의 현대어 해석은 '올라 본'이다. 따라서 ㉠의 적절한 현대어 해석은 '비로봉 정상에 올라가 본 사람이 있다면 그가 누구인가?'이다.

> **모르면 간첩**
>
> 〈 작품해석 〉
> **송강 정철. 〈관동별곡(關東別曲)〉**
> • **갈래** : 가사, 기행가사
> • **사상적 배경** : 유교의 충의사상과 도교의 신선사상
> • **문체** : 가사체, 운문체
> • **특징**
>   - 3 · 4조 4음보의 율격 사용, 결사의 마지막은 시조의 종장과 같은 3 · 5 · 4 · 3의 음수율이 사용됨.
>   - 영탄법과 대구법의 묘를 살렸고, 적절한 생략법의 구사로 문장의 멋을 살림.
>   - 경치의 객관적 묘사에 그치지 않고, 작가 자신이 자연에 몰입하여 새로운 시경과 시상을 창조함.

15 정답 ①

핵심주제 : 회의의 과정

일반적 회의 의안 심의 과정은 '개회 → 인원확인 → 의견제출 → 상정 → 제안 설명 → 질의응답 → 찬반 토론 → 표결 → 폐회'순이다.

16 정답 ②

핵심주제 : 맞춤법

신년도는 새로이 시작된 한 해 동안을 나타내는 말로, 새로이 시작되는 해라는 뜻의 신년과 '그 해, 그 달 따위에 해당하는 기간'을 뜻하는 접미사 '–도'가 합쳐져 만들어진 파생어이다. 따라서 두음법칙 제10항에 해당하지 않는다.

17 정답 ①

핵심주제 : 띄어쓰기

'데'는 장소나 일 또는 경우의 의미를 나타내는 의존명사로 사용될 경우 앞말과 띄어씀을 원칙으로 한다. 따라서 어제 갔던 장소를 뜻하는 '데'는 띄어쓰는 것이 올바르다.

> **모르면 간첩**
>
> 데와 –데
>
> - 의존명사 '데'
>   - 곳이나 장소의 뜻을 나타내는 말
>   - 일이나 것의 뜻을 나타내는 말
>   - 경우의 뜻을 나타내는 말
> - 어미 '–데'
>   - 해할 자리에 쓰여, 과거 어느 때에 직접 경험하여 알게 된 사실을 현재의 말하는 장면에 그대로 옮겨 와서 말함을 나타내는 종결어미

18 정답 ④

핵심주제 : 맞춤법

'새다'는 목적어를 취하지 않는 자동사이고, '새우다'는 목적어를 취하는 타동사이다. '새다'는 '날이 밝아 오다'는 의미로 쓰고, '새우다'는 '한숨도 자지 아니하고 밤을 지내다'는 의미로 쓴다.

따라서 〈보기〉에 추가할 적절한 문장은 '몇 밤을 뜬눈으로 새웠다.'이다.

> **오답해설**
>
> ① 밤을 새워서라도 일을 끝마치겠다.
> ② 수연은 수다를 떠느라 밤새는 줄도 몰랐다.
> ③ 밤새운 보람이 있다.

19 정답 ②

핵심주제 : 높임법

주어진 〈보기〉에는 주체높임법(아버지께서, 쓰시던), 객체높임법(그분께, 드리–), 상대높임법(–습니다)이 사용 되었고 이 모두가 사용된 것은 ②이다. ②의 '선생님은, 계시–'는 주체높임법, '여쭈었던'은 객체높임법, '–습니다'는 상대높임법이다.

20 정답 ④

핵심주제 : 문법

사전에서 단어를 찾기위해서는 단어의 기본형을 표제어로 검색하여야 한다. '신신당부했건만'의 기본형은 '신신당부하다'이므로 올바른 사전 검색의 표제어가 된다.

> **오답해설**
>
> ① '생각대로'는 보조사 '대로'를 뺀 '생각'이 표제어가 된다.
> ② '그릇째'는 '그릇'과 접미사 '–째'를 따로 검색하여야 한다.
> ③ '들려주곤'의 기본형은 '들려주다'이므로 '들려주다'로 검색하면 된다.

21 정답 ③

핵심주제 : 시어의 의미

ⓒ의 찬밥은 과거의 어린 시절 가난하고 혼자서 빈방을 지켜야 했던 자신의 불쌍한 처지를 비유한 말이다.

〈 작품해석 〉

기형도. 〈엄마 걱정〉
- **성격 :** 회상적, 서사적, 이상적, 감각적, 고백적
- **제재 :** 외롭고 슬픈 어린 시절의 추억
- **주제 :** 시장에 간 엄마를 걱정하고 기다리는 애틋한 마음, 외롭고 두려웠던 유년에 대한 회상
- **표현**
  - 어린 아이의 목소리를 통하여 동시적 분위기를 형성함.
  - 유사한 문장의 반복과 변조를 통해 리듬감 형성
  - 감각적 이미지를 사용하여 엄마의 고된 삶과 나의 정서를 생생하게 표현함.
  - 각 행을 비종결어미로 끝냄으로써, 내용상 마지막 행을 수식하는 구조로 됨.
  - 이러한 문장 구조는 유년기의 고통을 현재까지 연장시키는 효과를 낳기도 함.

22
정답 ②

핵심주제 : 시의 표현기법

'배춧잎 같은 발소리'에 사용된 수사기법은 직유법이다. 직유법은 '∼처럼, ∼같은'과 같은 말로 비슷하거나 같은 성질, 모양을 비유하는 수사기법이다. 따라서 ②의 '찬밥처럼'에 직유법이 사용되었다.

23
정답 ②

핵심주제 : 표준어

상다리 모양이 대의 다리처럼 휜 막치 소반을 뜻하는 단어는 개다리소반이다. 고유어 계열인 '개다리밥상'이 생명력을 잃고, 한자어 계열인 '개다리소반'이 널리 쓰이므로 '개다리소반'만 표준어로 삼고, '개다리밥상'은 버린다.

24
정답 ③

핵심주제 : 문장부호

기준 단위당 수량을 적을 때는 가운뎃점(·)이 아닌 빗금(/)을 사용하여 나타낸다. 가운뎃점(·)은 일정한 기준으로 열거할 어구

를 묶어서 쓸 때에 사용한다.

25
정답 ③

핵심주제 : 외래어 표기법

외래어 표기법 제3항에 의하여 받침에는 'ㄱ, ㄴ, ㄹ, ㅁ, ㅂ, ㅅ, ㅇ'만을 쓴다.

외래어 표기법

제1장 표기의 원칙
제1항 외래어는 국어의 현용 24 자모만으로 적는다.
제2항 외래어의 1 음운은 원칙적으로 1 기호로 적는다.
제3항 받침에는 'ㄱ, ㄴ, ㄹ, ㅁ, ㅂ, ㅅ, ㅇ'만을 쓴다.
제4항 파열음 표기에는 된소리를 쓰지 않는 것을 원칙으로 한다.
제5항 이미 굳어진 외래어는 관용을 존중하되, 그 범위와 용례는 따로 정한다.

<table>
<tr><td colspan="2" align="center">출제 문항 분석</td></tr>
</table>

영역	문항 수
행정학의 기초이론	6
정책론	5
조직론	3
인사행정론	4
재무행정론	4
행정환류론	1
지방행정론	2

행정학

정답

01 ③	02 ③	03 ③	04 ③	05 ②
06 ③	07 ①	08 ③	09 ①	10 ③
11 ②	12 ②	13 ③	14 ②	15 ③
16 ②	17 ②	18 ①	19 ①	20 ③
21 ①	22 ④	23 ①	24 ②	25 ③

회적 이슈화 및 공중의제 → 공식의제'의 과정을 거치는 모형

② 동원형 : 정부조직 내부에서 주도되어 거의 자동적으로 공식의제화하고, 행정PR을 통하여 공중의제가 되는 모형. 즉 '사회문제 → 공식의제(제도의제 · 행동의제) → 이슈화 → 공중의제(체제의제 · 환경의제)'로 되는 경우

④ 굳히기형 : 대중적 지지가 필요하나 대중적 지지가 높을 것으로 기대될 때, 정부가 의제설정을 주도하여 의제설정을 명확히 하는 모형(P. May의 모형)

모르면 간성

R. Cobb & Ross의 정책의제 설정모형별 특성

구분	외부주도형	동원형	내부접근형
전개 방향	외부 → 내부	내부 → 외부	내부 → 외부 또는 외부 → 내부
공개성	높음	중간	낮음
참여도	높음	중간	낮음
사회적 배경	평등사회	계층사회	불평등사회

01 정답 ③

핵심주제 : 미국의 행정학

미국의 초기 행정학은 경영학에서 출발하였고, 기술적 행정학의 관점으로, 행정을 정치적 성격이 없는 순수한 관리 · 기술현상으로 파악하는 입장으로 정치행정이원론이 대두되었다.

02 정답 ③

핵심주제 : 의제설정모형

〈보기〉의 내용은 콥(R. Cobb)과 로스(Ross)의 정책의제 설정 모형 중 내부접근형(음모형)에 해당한다. 내부접근형은 정부조직 내의 집단 또는 정책결정자에게 쉽게 접근할 수 있는 외부집단에 의하여 문제가 제기되고 공식의제가 되도록 충분한 압력을 가하는 모형. 즉 '사회문제 → 공식의제'가 되는 경우에 해당한다. 일반적으로 부와 지위가 집중된 사회, 엘리트계층에 의해 발생될 가능성이 높다.

오답해설

① 외부주도형 : 외부집단에 의하여 문제가 제기되고 확대되어 공중의제를 거쳐 공식의제가 되는 모형. 즉 '사회문제 → 사

03 정답 ③

핵심주제 : 지방자치

지방자치는 효율성을 제고할 수는 있으나, 형평성은 저하된다. 지역 간의 형평성을 강화하기 위해서는 지방자치보다 중앙집권이 바람직하다. 특히 복지행정의 지역 간 균형 및 국민복지의 최저수준(National minimum)의 유지를 위해서는 중앙집권화가 적합하다.

04 정답 ③

핵심주제 : 지방자치의 계층

단층제는 중앙정부의 직접적인 지시 · 감독으로 인해 중앙집권화의 우려가 있다는 단점이 있다. 중앙집권화로 인한 중앙정부의 비대화가 일어날 수 있다.

오답해설

① 계층의 수가 적어 국가 정책의 신속 · 정확한 전달과 반영이 가능하다.

② 1개의 자치계층만 존재하기 때문에 책임 소재가 명확하다.

④ 지역 내 단일 기관으로 인해 지역적 특수성을 존중하고 전국

적 획일성을 방지할 수 있다.

단층제의 장단점

구분	장점	단점
단층제	• 계층의 수가 적어 신속한 업무처리(이중행정 · 감독 방지) • 행정의 책임소재가 명확 • 행정의 경비절감 및 능률 증진 • 국가정책의 신속 · 정확한 전달 · 반영 • 지역적 특수성 존중(획일성 방지)	• 면적이 넓고 인구가 많은 국가에서 채택 곤란 • 중앙집권화 우려(중앙정부의 직접적 지시와 감독, 중앙정부의 직접적 개입 및 지시 · 감독 강화) • 광역적 행정수행이나 개발사무처리에는 부적합

05 정답 ②

핵심주제 : 예산계획제도

계획예산제도(PPBS)는 기획의 책임이 중앙에 집중되어 있기 때문에 최고관리층의 권한 강화로 하급 공무원 및 계선기관의 참여가 곤란하다. 따라서 상황변화에 대한 신속한 적응이 곤란한 단점을 가지고 있다.

모르면 간성

계획예산제도(PPBS) 단계

기획(planning, 장기 계획 수립) ➡ 사업계획 작성 (programming) ➡ 예산편성 (budgeting)

06 정답 ③

핵심주제 : 정부개혁

김영삼 정부는 1년 시한의 행정쇄신위원회를 대통령 소속으로 설치하였다.
노무현 정부는 국정 전반에 걸친 혁신과 지방 분권 관련 사항을 종합적 · 체계적으로 심의하는 대통령 직속 국가 기관인 정부혁신지방분권위원회를 2003년 4월에 발족하였다.
박근혜 정부는 신뢰 받는 정부, 국민행복 국가라는 비전을 갖고,

국민 개개인에 대해 맞춤형 서비스를 제공하기 위해 정부 3.0을 설치하였다.
문재인 정부는 '열린 혁신 정부, 서비스하는 행정'을 위하여 열린혁신 정부를 추진하였다.

07 정답 ①

핵심주제 : 직업공무원제

직업공무원제의 단점을 보완하기 위하여 고위공무원단, (경력)개방형 직위, 성과급 등을 도입하는 반면, 공무원직장협의회와는 직접적으로 관련되어있지 않다.

08 정답 ③

핵심주제 : 정책집행

고전적 · 하향적 접근방법은 안정적이고 구조화된 상황에서 구체성과 명확성을 가지고 목표 수정이 거의 없이 목표를 달성하는 방법을 말한다. 따라서 우선순위를 바꾸는 유연성은 고전적 · 하향적 접근방법이 아닌 현대적 · 상향적 접근방법에 더 가깝다.

모르면 간성

정책집행의 접근방법

• 고전적 · 하향적 접근방법(전향적 · 정형적 접근방법)
  − 정책결정과 집행을 분리하여 기계적인 집행(순응)을 이상적인 것으로 봄
  − 집행자는 결정자의 목표 · 의도를 분명히 하고 목표실현을 위한 집행 단계를 구체화하며, 성과를 결정자의 의도와 비교 · 분석
  − 최고결정권자의 리더십과 이를 토대로 한 계층제적 조직 관계를 중시
• 현대적 · 상향적 접근방법(후향적 · 적응적 접근방법)
  − 집행과정에서 실질적인 정책결정이 이루어진다고 봄(집행 시 목표수정 가능)
  − 일관된 정책목표를 부정하고 정책목표보다는 정책집행을 강조하며, 결정자의 의도보다는 정책을 실제로 집행하는 집행자의 구체적 행태에 초점

09 정답 ①

핵심주제 : 근무성적평정

5급 이하 공무원, 우정직공무원, 연구직 및 지도직공무원을 대상으로 근무실적 및 능력에 대한 근무성적평가를 실시한다.

근무성적평정의 종류

• 성과계약 등 평가(성과계약에 의한 목표 달성도 등의 평가) : 4급 이상 공무원(고위공무원단 공무원 포함)과 연구관 · 지도관을 대상으로 평가
• 근무성적평가(근무실적 및 능력에 대한 평가) : 5급 이하 공무원, 우정직공무원, 연구직 및 지도직공무원을 대상으로 평가

10 정답 ③

핵심주제 : 행태주의

행태주의는 연구 초점을 인간의 행태(behavior)에 두고 이를 경험적 · 실증적으로 연구한다. 따라서 인간행태의 경험적 입증과 행태의 통일성 · 규칙성 · 유형성 발견에 치중하여, 수동적 인간관을 가진다.

오답해설

① 종합과학적 · 연합학문적 성격을 지님(사회학 · 심리학 · 경제학 등을 다룸)
② 행정의 과학적 연구를 위해 자연과학을 행정학에 적용(자료의 계량적 분석 및 조사기술, 개념의 조작적 정의를 통한 객관적 측정방법 등을 강조)
④ 논리실증주의를 토대로 가치(목표)와 사실(수단)을 구분하여 가치를 배제(가치중립성), 경험적 검증가능성이 있는 사실 연구에 치중

11 정답 ②

핵심주제 : 실적주의

실적주의는 정치적 중립을 통해 국민 전체에 대한 봉사자로서의 공무원을 확립한다. 정치적 중립을 지키고 부패를 방지할 수 있다. 행정의 전문화와 능률화에 기여하여 전문적 관료제를 실현할 수 있다. 기회균등의 보장을 통하여 능력과 자질을 과학적 · 합리적으로 분석하고 능력 중심으로 인물을 임용하는 과학적 · 합리적 · 객관주의적 인사행정이므로 민주성과 형평성을

모두 구현한다.

12 정답 ②

핵심주제 : 우리나라 정부조직

대통령 소속인 행정위원회는 규제개혁위원회, 방송통신위원회, 개인정보보호위원회가 있다.

오답해설

①, ③, ④와 공정거래위원회는 국무총리 소속의 행정위원회이다.

13 정답 ③

핵심주제 : 학습조직

학습조직은 가장 유기적인 조직으로, 공동의 과업, 낮은 표준화(규칙과 절차의 간소화), 비공식적 · 분권적 의사결정, 넓은 통솔범위, 구성원의 참여, 지속적인 실험(시행착오) 등이 특징이다. 어느 관리자의 기능 강화를 논하기가 어렵다.

14 정답 ②

핵심주제 : 정책과정

역대 대통령은 청와대 규모를 감축하려 하였지만, 정권 말기에는 청와대의 규모가 커졌다.

15 정답 ③

핵심주제 : 예산원칙

한정성의 원칙의 예외에 해당하는 것은 이용 · 전용(질적 한정성), 예비비(양적 한정성), 이월 · 계속비 · 조상충용(기간적 한정성) 등이 있다.

오답해설

ⓒ 기금은 단일성의 원칙의 예외에 해당한다.
ⓒ 신임예산은 공개성의 원칙의 예외에 해당한다.

16 정답 ②

핵심주제 : 행정학이론

신제도주의는 제도를 법으로 규정된 공식적 요소로 한정하지 않고 인간행위와 사회현상 등의 다양한 변수를 포함한 공식·비공식 요소의 결합으로 인식하며, 규범(norm)이나 절차, 규칙(rule), 균형점 등을 포함하는 개념으로 파악한다.

 모르면 간첩

신제도론의 발생배경

신제도론은 제도를 정태적으로 연구한 구제도론이나 인간의 행태를 미시적으로 연구한 행태주의를 비판하고 그 한계를 극복하기 위해 대두된 것으로, 1960년대 이후 행태주의와 방법론적 개체주의의 논리에 대한 반발로 경제학·사회학·정치학 분야에서 등장함

17 정답 ②

핵심주제 : 조직구조

공식화는 조직 내의 직무가 표준화·정형화·법규화되어 있는 정도 또는 조직구성원의 행태에 대하여 조직이 규칙·절차에 의존하는 정도를 나타낸다. 따라서 공식화가 지나치면 구성원의 자율성을 제약하고 소외감을 초래하며, 상하간의 민주적·인간적 의존관계를 무너뜨린다.

 모르면 간첩

공식화의 척도

• 감독 정도 및 자유 재량권의 정도
• 직무기술서와 규정의 세분화 정도
• 법규나 규정의 존재 및 강제 정도
• 작업표준화의 정도

18 정답 ①

핵심주제 : 성인지예산

성인지예산은 여성과 남성에게 미칠 영향을 미리 분석하여 남녀 차별없이 공평하게 혜택을 받을 수 있도록 예산을 편성하고, 집행예산이 여성과 남성이 동등하게 예산 수혜를 받고 예산이 성차별을 개선하는 방향으로 집행되었는지 평가한다.

19 정답 ①

핵심주제 : 신공공서비스론

신공공서비스론의 관료의 역할은 공공서비스제공자이고, 관료의 역할이 공공기업가인 것은 신공공관리론이다.

20 정답 ③

핵심주제 : 인사제도

㉠ 경찰공무원은 「국가공무원법」 제2조(공무원의 구분)제2항제2호에 따라 경력직공무원 중 특정직공무원이다.
㉣ 국가직과 지방직 공무원 모두 「공무원연금법」의 적용을 받는다.

오답해설

㉡ 차관은 특수경력직 중 정무직이다.
㉢ 국가직 공무원만 고위공무원단이 운영되고 있다.

21 정답 ①

핵심주제 : 예산심의

의원내각제는 의회 다수당이 내각을 구성하며 의원과 각료의 겸직이 많아 엄격한 심의가 곤란하지만, 우리나라는 대통령중심제이기 때문에 권력분립과 견제가 바탕이 되어 예산심의도 엄격하다.

오답해설

② 우리나라는 예산이 법률의 하위 효력을 가지며, 거부권은 인정되지 않는다.
③ 우리나라의 경우 상임위원회와 예산결산특별위원회를 중심으로 행하여 지나, 국민에게 부담을 주는 주요 의안의 경우 상임위원회의 의결을 거쳐 전원위원회의 심사를 거칠 수 있도록 한다.
④ 국회는 정부의 동의 없이 정부가 제출한 지출예산 금액을 증액하거나 새 비목을 설치할 수 없다.

우리나라의 예산심의 절차

```
국정감사  ➡  시정연설  ➡  상임위원회
                           예비심사

예산결산특별
위원회의      ➡  본회의 의결
종합심사
```

– 시민참여의 네트워크를 통한 지역사회 발전에 기여하며,
  시민조직의 발달로 공직자의 부정부패를 효과적으로 감시
• 역기능
– 공동체 간의 갈등이 상호불신과 반목을 초래할 수 있으며,
  표현의 자유와 개인의 인권을 침해할 수 있음

22 정답 ④

핵심주제 : 공공선택이론

공공선택론은 공공부문의 시장경제화와 정부실패 및 전통적 정부관료제의 한계로 인하여 성립되었다.

오답해설

① 1960년대 경제학자 Buchanan에 의해 창시되어 Tullock, Downs 등에 의해 전개되었고, 1973년 Ostrom이 미국 행정학의 위기를 극복하기 위한 대안으로 행정학에 본격 도입되었다.
② 개인(부분)이 전체를 결정한다는 방법론적 개체주의에 입각하여 조직이나 사회 전체가 아닌 개인을 연구대상으로 한다.
③ 모든 개인을 철저하게 자기 이익을 추구하는 합리적 이기주의자로 가정한다.(합리적 경제인관)

23 정답 ①

핵심주제 : 사회자본

사회적 자본은 유형의 자본이 아니라 무형의 자본이며, 사람의 인식이나 믿음, 사회적 관계 속에 존재한다. 배타적으로 소유하거나 소비에서 개인을 배제할 수 없는 공공재의 속성을 지니기 때문에 사회적 자본을 사용할수록 감소한다고 보기에는 어렵다.

사회적 자본의 기능

• 순기능
– 신뢰를 통해 거래비용이나 정보획득 비용을 감소시킴
– 효과적인 사회적 통제 · 제재력으로 작용(시민조직은 공직자의 부정부패를 효과적으로 감시)
– 자발적 참여와 신뢰에 기반한 주민 간의 규범 및 네트워크의 형성은 공동체의 결속감 형성과 정부성과에 긍정적 영향을 미침(민주적 · 효과적 거버넌스 형성에 기여)

24 정답 ③

핵심주제 : 의사결정이론모형

토론집단에서 반론자들이 고의적으로 본래 대안의 단점과 약점을 최대한 적극적으로 지적하여 발생할 수 있는 모든 가능성이 검토하기 때문에 최종 대안의 효과성과 현실적응성이 높은 집단적 의사결정기법은 지명반론자기법(Devil's advocate method)이다.

25 정답 ③

핵심주제 : 집단사고

집단사고는 결정이 한 방향으로 쉽게 되는 경향이 있어 반대의 견이나 비판적인 대안을 제시할 수 없다는 단점이 있다.

행정법

출제 문항 분석

영역	문항 수
행정법통론	5
행정작용법	10
행정법상의 의무이행확보수단	3
행정구제법	7

정답

01 ②	02 ③	03 ③	04 ④	05 ③
06 ②	07 ④	08 ③	09 ②	10 ③
11 ②	12 ④	13 ④	14 ①	15 ①
16 ②	17 ③	18 ②	19 ②	20 ④
21 ④	22 ④	23 ①	24 ②	25 ②

01 군무원 필수 　　　　　정답 ②

핵심주제 : 정보공개

녹음물을 폐기한 행위는 사무집행으로서의 법원행정상의 구체적인 사실행위에 불과할 뿐, 청구인에 대한 구체적인 법적 불이익을 가지고 있지 않으므로 행정청이 우월적 지위에서 헌법소원의 대상이 되는 공권력의 행사로 볼 수 없다.

〈 판례 〉
피청구인이 청구인에 대한 형사재판이 확정된 후 그 중 제1심 공판정심리의 녹음물을 폐기한 행위는 법원행정상의 구체적인 사실행위에 불과할 뿐 이를 헌법 소원심판의 대상이 되는 공권력의 행사로 볼 수 없다(헌재 2012.3.29. 2010헌마599).

02 　　　　　정답 ③

핵심주제 : 행정법

판례의 입장은 다음과 같다.

지하철공사의 근로자가 지하철 연장운행 방해행위로 유죄 판결을 받았으나, 그 후 공사와 노조가 위연장운행과 관련하여 조합간부 및 조합원의 징계를 최소화하며 해고자가 없도록 한다는 내용의 합의를 한 경우, 이는 적어도 해고의 면에서는 그 행위자를 면책하기로 한다는 합의로 풀이되므로, 공사가 취업

규칙에 근거로 하여 위 근로자에 대하여 한 당연퇴직 조치는 위 면책합의에 배치된다(대판 2007.10.25. 2007두2067).

03 군무원 필수 　　　　　정답 ③

핵심주제 : 행정법

행정의 자기구속의 법리가 인정되기 위해서는 1회 이상의 행정이 있어야 하고, 재량인 행정이어야 하며, 적법해야 한다. 따라서 위법한 행정이 반복되었다면 자기구속의 법리가 인정되지 않는다.

〈 판례 〉
행정청이 조합설립추진위원회의 설립승인 심사에서 위법한 행정처분을 한 선례가 있다고 하여 그러한 기준을 따라야 할 의무가 없는 점 등에 비추어, 평등의 원칙이나 신뢰보호의 원칙 또는 자기구속의 원칙 등에 위배되고 재량권을 일탈·남용하여 자의적으로 조합설립추진위원회 승인처분을 한 것으로 볼 수 없다(대판 2009. 6. 25. 2008두13132).

04 　　　　　정답 ④

핵심주제 : 공법, 사법 관계

(라) 변상금은 행정청이 우월한 지위에 일방적으로 부과하는 처분에 해당한다.

〈 판례 〉
국유재산법 제51조제1항에 의한 국유재산의 무단점유자에 대한 변상부과는 대부나 사용, 수익허가 등을 받은 경우에 납부하여야 할 대부료 또는 사용료 상당액 이외에도 징벌적 의미에서 국가측이 일방적으로 그 2할 상당액을 추가하여 변상금을 징수토록하고 있으며 그 체납시에는 국세징수법에 의하여 강제징수토록 하고 있는 점 등에 비추어 보면 그 부과처분은 관리청이 공권력을 가진 우월적 지위에서 행하는 것으로서 행정처분이라고 보아야 하고, 그 부과처분에 의한 변상금징수권은 공법상의 권리로서 국유재산의 무단점유자에 대하여 국가가 국유재산법 제51조제1항이 적용되지 않는다(대판 1992.4.14. 91다42197).

(마) 공무원복무규율 등의 적용을 받는 공법관계로 본다.

〈 판례 〉
국가나 지방자치단체에 근무하는 청원경찰은 국가공무원이나 지방공무원상의 공무원은 아니지만, 다른 청원경찰과는 달리

그 임용권자가 행정기관의 장이고, 국가나 지방자치단체로부터 보수를 받으며, 산업재해보상보험법이나 근로기준법이 아닌 공무원연금법에 따른 재해보상과 퇴직급여를 지급받고, 직무상의 불법행위에 대하여도 민법이 아닌 국가배상법이 적용되는 등의 특질이 있으며 그 외 임용자격, 직무, 복무의무 내용 등을 종합하여 볼 때, 그 근무관계를 사법상의 고용계약관계로 보기는 어려우므로 그에 대한 징계처분의 시정을 구하는 소는 행정소송의 대상이지 민사소송의 대상이 아니다(대판 1993.7.13. 92다47564).

> **오답해설**
>
> (가) 국유일반재산의 대부는 사법관계에 해당한다.
> (나) 일종의 손해배상의 예정으로서 사법관계에 해당한다.
> (다) 사법상 고용계약으로 본다.

05 정답 ③

핵심주제 : 행정법 관계

협의의 행정개입청구권은 재량상태인 경우에서는 인정될 수 없고, 재량이 0으로 수축되는 경우에 비로소 발생한다. 건축법 제79조는 시정명령에 대하여 규정하고 있으나, 일반 국민에게 시정명령을 신청할 권리를 부여하지 않고 있고, 피청구인에게 시정명령을 할 것인지, 한다면 어떤 내용으로 할 것인지 재량권이 인정되고, 시정명령을 해야 할 법적의무가 있는 경우로 판단되지 아니한다는 판례의 취지이다.

> 〈 판례 〉
>
> 이 사건 건물의 높이제한 등에 위반하여 시공되어 인접주택의 소유자인 원고의 일조권을 침해하고 있다고 하더라도 원고로서는 이 사건 사용승인처분의 취소를 구할 이익이 없다고 한 원심의 판단은 정당하고, 거기에 상고이유에서 주장하는 바와 같은 사용승인처분 취소에 관한 법리오해 등의 위법이 없다(대판 2007.4.26. 2006두18407).

06 정답 ②

핵심주제 : 행정입법

대법원의 명령·규칙의 위헌성 심사를 통하여 헌법 또는 법률에 위반 된다는 사실이 확정되면, 당해 사건에 한하여 명령·규칙은 배제된다는 것이 원칙이다. 헌법재판소에서 위헌판결이 나게 되면, 일반적으로 대상 법률의 효력이 소멸한다.

07 정답 ④

핵심주제 : 행정행위

무효 중 선행 처분이 무효이면 그에 따른 후행 처분 역시 무효라는 법리도 있다. 따라서 기본적 법률행위인 토지거래가 무효라면 이에 의한 토지거래허가도 무효에 해당한다.

08 정답 ③

핵심주제 : 부관

택시의 운행시간과 구역을 제한한 택시영업은 부담이 아니라 법률효과의 일부 배제에 해당한다.

> **오답해설**
>
> ① 부관은 행정행위의 효과를 제한하거나 의무를 부과하거나 보충하는 행정청의 종된 의사표시이다.
> ② 부담은 독립하여 항고소송의 대상이 되는 처분에 해당한다.
> ④ 부담은 실무상 제한, 조건, 기한 등의 용어로 사용되고 있다.

09 정답 ②

핵심주제 : 하자승계

선행행위의 제소기간 경과로 불가쟁력이 생겼으나 후행행위와 함께 1개의 법률효과를 일으킬 때는 선행행위에 하자가 있을 경우 후행행위에 승계되므로 선행행위의 하자를 이유로 후행행위의 효력을 다투는 하자의 승계를 인정한다.

10 정답 ③

핵심주제 : 행정행위

행정의 자동결정은 컴퓨터를 통하여 이루어지는 자동적 결정이기는하나 행정행위의 개념적 요소를 구비하는 경우 일반적으로 행정행위로 인정한다.

> **오답해설**
>
> ① 행정의 자동결정 역시 일반 행정행위와 같이 법치행정이 적용된다.
> ② 자동신호기에 의한 교통신호, 객관식 OMR 프로그램 등은 행정의 자동 결정의 예에 속한다.

④ 행정의 자동결정에서의 오류로 인한 손해는 손해배상의 대
  상이 된다.

11 군무원 필수 · 정답 ②

핵심주제 : 공법상 계약

계약직 공무원에 대한 채용계약해지는 행정처분과 같이 「행정
절차법」을 따라야 할 필요가 없다.

〈 판례 〉
계약직 공무원에 관한 현행 법령의 규정에 비추어 볼 때, 계약
직공무원 채용계약해지의 의사표시는 일반 공무원에 대한 징
계처분과는 달라서 항고소송의 대상이 되는 처분 등의 성격을
가진 것으로 인정되지 아니하고, 일정한 사유가 있을 때에 국
가가 채용 계약 관계의 한쪽 당사자로서 대등한 지위에서 행하
는 의사표시로 취급되는 것으로 이해되므로, 행정 처분과 같이
행정절차법에 의하여 근거와 이유를 제시하여야 하는 것은 아
니다(대판 2002. 11. 26. 2002두5948).

12 · 정답 ④

핵심주제 : 행정계획

판례도 행정계획에 대하여 구체적으로 정의 내린 바 있다. 행정
계획을 행정에 관한 전문적 · 기술적 판단으로 종합해 특정한
행정목표를 달성하기 위하여 서로 관련되는 행정수단을 종합 ·
조정함으로써 장래의 일정한 시점에 있어서 일정한 질서를 실
현하기 위한 활동기준으로 설정된 것이다.

〈 판례 〉
행정계획은 특정한 행정목표를 달성하기 위하여 행정에 관
한 전문적 · 기술적 판단을 기초로 관련되는 행정수단을 종
합 · 조정함으로써 장래의 일정한 시점에 일정한 질서를 실현
하기 위하여 설정한 활동기준이나 그 설정행위를 말한다(대판
2018.10.12. 선고2015두50382).

13 군무원 필수 · 정답 ④

핵심주제 : 정보공개

정보공개 청구권은 법률상 보호받는 구체적인 권리로서, 청구인

이 공공기관에 대한 정보공개를 청구하였다가 거부를 받은 것
자체만으로도 법률상 이익의 침해에 해당한다.

〈 판례 〉
정보공개청구권은 모든 국민이 가지고 있는 표현의 자유에 입
각한 권리이므로 정보공개 신청에 대한 거부처분을 받은 것 그
자체로 법률상 이익의 침해가 있다고 보는 것이 판례의 입장이
다(대판2004.9.23. 2003두1370).

14 · 정답 ①

핵심주제 : 개인정보보호

'개인정보처리자'란 업무를 목적으로 개인정보파일을 운용하기
위하여 스스로 또는 다른 사람을 통하여 개인정보를 처리하는
공공기관, 법인, 단체 및 개인 등을 말한다(개인정보 보호법제2
조제5호). 따라서 민간에 의하여 처리되는 정보까지 보호받는다.

〈 법령 〉
「개인정보보호법」
제2조(정의) 이 법에서 사용하는 용어의 뜻은 다음과 같다. 〈개
정 2014. 3. 24., 2020. 2. 4.〉
4. "개인정보파일"이란 개인정보를 쉽게 검색할 수 있도록 일
정한 규칙에 따라 체계적으로 배열하거나 구성한 개인정보의
집합물(集合物)을 말한다.
5. "개인정보처리자"란 업무를 목적으로 개인정보파일을 운용
하기 위하여 스스로 또는 다른 사람을 통하여 개인정보를 처리
하는 공공기관, 법인, 단체 및 개인 등을 말한다.
6. "공공기관"이란 다음 각 목의 기관을 말한다.
가. 국회, 법원, 헌법재판소, 중앙선거관리위원회의 행정사무를
처리하는 기관, 중앙행정기관(대통령 소속 기관과 국무총리 소
속 기관을 포함한다) 및 그 소속 기관, 지방자치단체
나. 그 밖의 국가기관 및 공공단체 중 대통령령으로 정하는 기관

15 · 정답 ①

핵심주제 : 직접강제

비대체적 작위의무나 부작위를 불이행한 경우에 의무자에게 심
리적 압박을 통해 의무이행을 간접적으로 강제하는 금전적 수
단은 이행강제금 또는 강제금이다.

16 정답 ②

핵심주제 : 부당이득

개발부담금 부과처분이 취소되면 그 후의 부당이득으로서의 과오납금 반환에 관한 법률관계는 단순 민사관계이고, 반드시 행정소송 절차를 따라야 한다고 볼 수 없다.

〈 판례 〉

개발부담금 부과처분이 취소된 이상 그 후의 부당이득으로서의 과오납금 반환에 관한 법률관계는 단순한 민사 관계에 불과한 것이고, 행정소송절차에 따라야 하는 관계로 볼 수 없다(대판1995.12.22. 94다51253).

17 정답 ③

핵심주제 : 행정대집행

계고의 성질을 준법률행위적 행정행위로 보고 있으며, 행정소송법상 처분에 해당하므로 위법한 계고에 대해서는 취소소송을 제기할 수 있다고 하였다. 또한 복수의 계고가 반복된 경우에는 제1차 계고만이 독립한 처분에 해당한다고 하였다.

〈 판례 〉

제1차로 철거명령 및 계고처분을 한 데 이어 제2차로 계고서를 송달하였음에도 불응함에 따라 대집행을 일부 실행한 후 철거의무자의 연기원을 받아들여 나머지 부분의 철거를 진행하지 않고 있다가 연기기한이 지나자 다시 제3차로 철거명령 및 대집행계고를 한 경우, 행정대집행법상의 철거의무는 제1차 철거명령 및 계고처분으로써 발생하였다고 할 것이고, 제3차 철거명령 및 대집행계고는 새로운 철거의무를 부과하는 것이라고는 볼 수 없으며, 단지 종전의 계고처분에 의한 건물철거를 독촉하거나 그 대집행기한을 연기한다는 통지에 불과하므로 취소소송의 대상이 되는 독립한 행정처분이라고 할 수 없다(대판 2000. 2. 22. 98두4665).

18 정답 ②

핵심주제 : 행정질서벌

「질서위반행위규제법」 제8조에 따르면 자신의 위법을 오인하고 오인에 대한 정당한 이유가 있을 때에만 과태료를 부과하지 않는다.

〈 법령 〉

「질서위반행위규제법」
제7조(고의 또는 과실) 고의 또는 과실이 없는 질서위반행위는 과태료를 부과하지 아니한다.
제8조(위법성의 착오) 자신의 행위가 위법하지 아니한 것으로 오인하고 행한 질서위반행위는 그 오인에 정당한 이유가 있는 때에 한하여 과태료를 부과하지 아니한다.

〈 판례 〉

질서위반행위규제법은 제7조에서 "고의 또는 과실이 없는 질서위반행위는 과태료를 부과하지 아니한다."고 규정하고 있으므로, 질서위반행위를 한 자가 자신의 책임 없는 사유로 위반행위에 이르렀다고 주장하는 경우 법원으로서는 그 내용을 살펴 행위자에게 고의나 과실이 있는지를 따져보아야 한다(대결 2011.7.14. 2011마364).

19 정답 ②

핵심주제 : 행정입법예고

행정입법을 제정·개정·폐지하려고 하는 경우, 입법예고를 하여야 한다. 이 경우 국회 소관 상임위원회에 제출을 하여야 하는 절차는 대통령령 해당한다.

〈 법령 〉

「행정절차법」
제42조(예고방법) ① 행정청은 입법안의 취지, 주요 내용 또는 전문(全文)을 다음 각 호의 구분에 따른 방법으로 공고하여야 하며, 추가로 인터넷, 신문 또는 방송 등을 통하여 공고할 수 있다. 〈개정 2019. 12. 10.〉
1. 법령의 입법안을 입법예고하는 경우: 관보 및 법제처장이 구축·제공하는 정보시스템을 통한 공고
2. 자치법규의 입법안을 입법예고하는 경우: 공보를 통한 공고
② 행정청은 대통령령을 입법예고하는 경우 국회 소관 상임위원회에 이를 제출하여야 한다.

20 정답 ④

핵심주제 : 손해배상

「국가배상법」 제5조의 내용은 다음과 같다.

〈 법령 〉

「국가배상법」

제5조(공공시설 등의 하자로 인한 책임) ① 도로 · 하천, 그 밖의 공공의 영조물(營造物)의 설치나 관리에 하자(瑕疵)가 있기 때문에 타인에게 손해를 발생하게 하였을 때에는 국가나 지방자치단체는 그 손해를 배상하여야 한다. 이 경우 제2조제1항 단서, 제3조 및 제3조의2를 준용한다.

② 제1항을 적용할 때 손해의 원인에 대하여 책임을 질 자가 따로 있으면 국가나 지방자치단체는 그 자에게 구상할 수 있다.

[전문개정 2008. 3. 14.]

행정청에 의하여 노선 인정 등이 없다면 영조물이라 할 수 없다는 것이 대법원의 입장이다.

〈 판례 〉

국가배상법 제5조 소정의 공공의 영조물이란 공유나 사유임을 불문하고 행정주체에 의하여 특정 공공의 목적에 공여된 유체물 또는 물적 설비를 의미하므로 사실상 군민의 통행에 제공되고 있던 도로 옆의 암벽으로부터 떨어진 낙석에 맞아 소외인이 사망하는 사고가 발생하였다고 하여도 동 사고지점 도로가 피고 군에 의하여 노선인정 기타 공용개시가 없었으면 이를 영조물이라 할 수 없다(대판 1981.7.7. 선고80다2478)

21 정답 ④

핵심주제 : 손해배상

국가배상책임의 요건 중 하나인 직무집행은 외형이론에 따라서 판단하는 것이다. 따라서 공무원의 직무행위인가 여부의 판단기준은 객관적 외형주의에 따라 판단한다.

〈 판례 〉

국가배상법 제2조제1항의 "직무를 집행함에 당하여"라 함은 직접 공무원의 직무집행행위이거나 그와 밀접한 관계에 있는 행위를 포함하고, 이를 판단함에 있어서는 행위 자체의 외관을 객관적으로 관찰하여 공무원의 직무행위로 보여질 때에는 비록 그것이 실질적으로 직무행위가 아니거나 또는 행위자로서는 주관적으로 공무집행의 의사가 없었다고 하더라도 그 행위는 공무원이 "직무를 집행함에 당하여" 한 것으로 보아야 한다(대판 1995.4.21. 93다14240).

22 정답 ④

핵심주제 : 행정소송

소송요건의 구비 여부는 법원의 직권조사사항이다. 따라서 당사자가 이를 주장하거나 입증할 필요가 없다.

23 정답 ①

핵심주제 : 행정소송

법령개정사실의 통보와 공무원 연금관리공단이 퇴직연금 중 일부 금액에 대하여 지급거부의 의사표시는 항고소송의 대상이 되는 처분이 아니다. 따라서 항고소송으로 다툴 문제가 아니라 당사자 소송으로 다툴 문제이다.

24 정답 ②

핵심주제 : 행정소송

부작위가 성립하기 위해서는 당사자의 신청이 있어야 하는데, 신청의 내용이 되는 처분은 행정소송법상 처분으로 재결을 포함한다. 그러나 비권력적 사실행위나 사경제적 계약의 체결요구 등은 포함되지 않는다.

〈 판례 〉

신청의 내용이 되는 처분은 공권력 행사의 요구이어야 하므로 비권력적 사실행위의 요구 또는 사법상 계약 의 체결 요구 등은 이에 해당하지 아니한다(대판 1991 .11. 8. 90누9391).

25 정답 ②

핵심주제 : 행정심판

청구의 변경은 「행정심판법」 제29제3항에 의하여 서면으로 신청하여야 한다.

〈 법령 〉

「행정심판법」

제29조(청구의 변경) ① 청구인은 청구의 기초에 변경이 없는 범위에서 청구의 취지나 이유를 변경할 수 있다.

② 행정심판이 청구된 후에 피청구인이 새로운 처분을 하거나 심판청구의 대상인 처분을 변경한 경우에는 청구인은 새로운 처분이나 변경된 처분에 맞추어 청구의 취지나 이유를 변경할 수 있다.

③ 제1항 또는 제2항에 따른 청구의 변경은 서면으로 신청하여야 한다. 이 경우 피청구인과 참가인의 수만큼 청구변경신청서 부본을 함께 제출하여야 한다.

2018년 기출(복원)문제

정답 및 해설

국어

출제 문항 분석

영역	문항 수
문법	7
어문 규정	4
문학	7
비문학	5
한자와 어휘	2

정답				
01 ①	02 ③	03 ④	04 ③	05 ③
06 ①	07 ②	08 ②	09 ④	10 ②
11 ①	12 ②	13 ①	14 ②	15 ①
16 ④	17 ④	18 ③	19 ①	20 ③
21 ④	22 ②	23 ③	24 ④	25 ②

---

01 군무원 필수

정답 ①

핵심주제 : 띄어쓰기

'-ㄹ뿐더러'는 어떤 일이 그것만으로 그치지 않고 나아가 다른 일이 더 있음을 뜻하는 어미이다. 따라서 어간에 붙여 쓴다. 앞의 관형어와 띄어 쓰는 명사 '뿐'과는 차이가 있다.

오답해설

② 보잘것없다 : 볼만한 가치가 없을 정도로 하찮다.

③ 하잘것없다 : 시시하여 해 볼 만한 것이 없다. 또는 대수롭지 아니하다.

④ 물샐틈없다 : 물을 부어도 샐 틈이 없다는 뜻으로, 조금도 빈 틈이 없음을 비유적으로 이르는 말이다.

02 정답 ③

핵심주제 : 문법

감탄사를 글자 그대로 풀이하면 '느끼어 저절로 나오는 말'이라는 뜻이다. 즉, 김단사는 놀림, 느낌, 부름이나 대답을 나타내는 단어를 말한다. 예를 들어, "어머나, 아기가 너무 귀엽다."에서 '어머나'가 감탄사다. 이 밖에도 감탄사에는 '앗, 얘, 예, 어' 등이 있다. 감탄사는 문장에서 독립적으로 쓰이기 때문에 '독립언'이라고도 한다.

03 정답 ④

핵심주제 : 문법

'절대'는 아무런 조건이나 제약이 붙지 아니함을 뜻하는 명사이기도 하지만 부사 '절대로'와 동의어로 어떠한 경우에도 반드시를 뜻하기도 한다.

오답해설

① 그는 내가 지시하는 대로 행동에 옮겼다.
② 실패를 인정함으로써 더 큰 성공을 거둘 수 있다.
③ 그는 어떤 질문에도 일절 답하지 않았다.

04 정답 ③

핵심주제 : 가사

㉠에는 손발 따위를 이리저리 내두르는 모양이나 힘에 겨워 힘들어하는 모양을 뜻하는 '허위허위'가, ㉡에는 기운이 없이 걷는 모양을 뜻하는 '설피설피'가 적절하다.

05 정답 ③

핵심주제 : 문법

훈몽자회에서는 훈민정음의 28자 중에서 'ㆆ'이 빠진 체계를 보여준다. 이 27자를 초성종성통용팔자(初聲終聲通用八字), 초성독용팔자(初聲獨用八字), 중성독용십일자(中聲獨用十一字)로 나누었다. 초성에만 쓸 수 있는 자음으로 'ㅋ, ㅌ, ㅍ, ㅈ, ㅊ, ㅿ, ㅇ, ㆆ'으로 8자이다.

06 정답 ①

핵심주제 : 속담, 사자성어

동병상련(同病相憐)이란 같은 병자(病者)끼리 가엾게 여긴다는 뜻으로, 어려운 처지(處地)에 있는 사람끼리 서로 불쌍히 여겨 동정(同情)하고 서로 도움을 뜻한다. 비렁뱅이가 하늘을 불쌍히 여긴다는 빌어먹는 형편에 하늘을 보고 처지가 가련하다고 한다는 뜻으로, 주제넘게 동정을 하거나 엉뚱한 일을 걱정하는 경우를 비유적으로 이르는 말이다. 따라서 두 속담과 한자성어의 뜻은 서로 유사하지 않다.

07 정답 ②

핵심주제 : 문법

②의 주어는 '한글', '사실'로 무생물 주어이고, 지나친 명사화 구성을 쓰지는 않았다. '알려져 있다'는 '알다'에 사동 접사 '-리'가 결합하여 '알리다'가 되었다. '알리다'에 피동형 '-어지다'가 결합하여 '알려져 있다'가 되었다. 따라서 이중 피동 표현을 사용하지 않았다.

08 정답 ②

핵심주제 : 띄어쓰기

'만'은 앞 대상의 정도에 달함을 나타내는 말이므로, 앞 대상과 붙여 쓰고, '한'의 경우 동사 '하다'를 나타내므로 띄어쓴다.

09 정답 ④

핵심주제 : 비문학(주제)

주어진 글에서는 관계 내에 갈등이 발생할 경우 무엇보다도 성급한 판단을 피하라고 하며, 되도록 문제를 객관적인 방향으로 표현하여야 한다고 말한다. 그러면서 문제를 객관적으로 표현하기 위해 묘사적인 언어 사용을 제시하고 있다. 따라서 주어진 글의 적절한 제목으로 '갈등을 해소하기 위한 대응 전략'이다.

10
정답 ②

핵심주제 : 비문학(주제)

주어진 글의 중심주제는 '관계 내에 갈등이 발생할 경우 무엇보다도 성급한 판단을 피하고, 되도록 문제를 객관적인 방향으로 표현하여야 한다. 문제를 객관적으로 표현하기 위해 묘사적인 언어 사용해야 한다.'이다.

11
정답 ①

핵심주제 : 어휘

'질정 없다'는 '갈피를 잡아 뚜렷이 결정한 것이 없다'라는 뜻이다. '일 처리를 잘하여 뒤끝이 깨끗하다'는 뜻의 단어는 '간정하다'이다.

12
정답 ②

핵심주제 : 비문학(순서)

〈보기〉의 제재는 '실패하고 좌절하는 연습'이다. 따라서 (나)에서 불운한 상황, 위급 상황을 말하며 좌절적 상황을 제시하였다. 따라서 〈보기〉의 내용은 (나) 뒤에 위치하는 것이 적절하다.

13
정답 ①

핵심주제 : 로마자 표기법

주어진 문장 '웃는 순간 어색함이 사라진다.'는 [운는 순간 어새카미 사라진다]로 발음이 되므로 올바른 로마자 표기법은 'unneun sungan eosaekami sarajinda'이다.

14
정답 ②

핵심주제 : 높임법

'–어요'는 상대높임법의 비격식체이다.

15
정답 ①

핵심주제 : 어문 규정

〈보기〉의 단어들의 발음은 각각 '절약[저략] – 몰상식한[몰쌍시칸] – 낯설다[낟썰다] – 읊조리다[읍쪼리다]'이다.

16
정답 ④

핵심주제 : 외래어 표기법

섬, 강, 산맥 등의 말을 앞말에 붙여 적는 것이 원칙이다. 따라서 히말라야산맥(Himalaya山脈), 몽블랑산(Mont Blanc)은 올바른 외래어 표기이다.

17
정답 ④

핵심주제 : 시(해제)

화자가 청자에게 같이 행동할 것을 요청하는 청유형과 본뜻은 숨기고 비유하는 말만으로 숨겨진 뜻을 암시하는 수사법인 풍유법은 이 작품에 나타나지 않고 있다.

모르면 간첩

〈 작품해석 〉

정호승, 〈수선화에게〉

• 갈래 : 자유시, 서정시
• 성격 : 운명 순응적, 성찰적
• 주제 : 삶의 본질인 외로움을 수용하는 태도
• 특징
  – 청자에게 말을 건네는 형식을 통해 주제를 드러냄
  – 감정 이입의 수법을 통해 정서를 표현함

18
정답 ③

핵심주제 : 시(화자)

화자가 '너'로 지칭하는 대상은 수선화로, 수선화는 화자 자신을 포함한 모든 외로움을 느끼는 대상을 지칭한다.

19 정답 ①

핵심주제 : 시(주제)

외로움은 삶에 수어진 숙명으로 인간과 자연 모두 외로운 존재임을 알고 잘 견디라 위로해 주고 있나. 따라서 시의 수제는 '삶의 본질은 외로움이고, 이를 잘 견뎌내야 한다'이다.

20 정답 ③

핵심주제 : 비문학(주제)

주어진 글은 역사적 사실의 인식에 대하여 서술하고 있다. 마지막 문단의 '주관적인 선입견을 배제하고 논리적인 사고를 통하여 얻어진 객관적 사실은 역사를 이해하는 토대가 된다.'라는 문장을 통해 이 글의 중심 내용을 요약 정리하였다.

21 정답 ④

핵심주제 : 비문학(서술방식)

구체적인 통계치는 신뢰성을 얻을 수 있으나 주어진 글에서는 주장에 대한 구체적인 통계치를 제시하고 있지 않다.

22 정답 ②

핵심주제 : 설화

바보 온달이 평강 공주와 혼인하여 뛰어난 장수가 되었다는 이야기로 〈온달 설화〉는 김부식의 ≪삼국사기≫ 〈열전(列傳)〉에 실려 있다. ≪삼국사기≫에는 〈온달 설화〉, 〈호동왕자〉 등이 수록되어 있다.

23 정답 ③

핵심주제 : 문법

15세기의 주격조사와 서술격 '이다'는 자음 받침으로 끝난 체언 뒤에서는 '이', 'ㅣ' 외의 모음으로 끝난 체언 뒤에서는 'ㅣ', 'ㅣ' 모음으로 끝난 체언 뒤에서는 'Ø[zero]' 주격이 쓰였다.

24 정답 ④

핵심주제 : 소설

전설(傳說)이라는 증거는 구체적인 시간과 장소가 제시되어 특정 증거물을 갖는 이야기이다. 푸른 못이 그 구체적인 증거이다.

25 정답 ②

핵심주제 : 한자어

㉠의 원소는 연못에 얽혀 내려오는 전설이므로 원소(怨沼)가 올바른 한자표기법이다.

차관보는 행정각부의 장관과 차관을 직접 보좌하는 기관이다.

〈 법령 〉
「정부조직법」
제2조(중앙행정기관의 설치와 조직 등) ③ 중앙행정기관의 보조기관은 이 법과 다른 법률에 특별한 규정이 있는 경우를 제외하고는 차관·차장·실장·국장 및 과장으로 한다. 다만, 실장·국장 및 과장의 명칭은 대통령령으로 정하는 바에 따라 본부장·단장·부장·팀장 등으로 달리 정할 수 있으며, 실장·국장 및 과장의 명칭을 달리 정한 보조기관은 이 법을 적용할 때 실장·국장 및 과장으로 본다.

출제 문항 분석

영역	문항 수
행정학의 기초이론	1
정책론	4
조직론	5
인사행정론	8
재무행정론	4
행정환류론	1
지방행정론	2

행정학

정답				
01 ④	02 ④	03 ①	04 ④	05 ③
06 ①	07 ①	08 ②	09 ②	10 ①
11 ①	12 ④	13 ④	14 ①	15 ①
16 ③	17 ③	18 ④	19 ①	20 ④
21 ②	22 ②	23 ①	24 ④	25 ④

01
정답 ④

핵심주제 : 정책네트워크모형

이슈네트워크의 권력게임은 부정적으로 작용할 우려가 크므로 네거티브섬 게임(negative-sum game)이라 할 수 있고, 정책공동체의 권력게임은 대체로 포지티브섬 게임(positive-sum game)이라 할 수 있다.

모르면 간첩
정책공동체의 장단점
- 장점
  - 전문가의 지혜나 전문지식을 정책결정과정에 활용하여 정책내용의 합리성을 제고
  - 정책에 다양한 요구가 반영되므로 환경에 대한 적응이 가능
- 단점
  - 끊임없는 논쟁으로 더 큰 문제를 양산할 가능성 존재
  - 합의나 해결방안의 도출보다는 갈등을 당연시함

03
정답 ①

핵심주제 : 보직관리

직렬 및 직류는 「공무원임용령」 제43조(보직관리의 기준)제2항 제2호가목에 따라 공무원의 인적요건에 해당한다.

〈 법령 〉
「공무원임용령」
제43조(보직관리의 기준) ② 임용권자 또는 임용제청권자는 소속 공무원을 보직할 때 다음 각 호에서 정한 직위의 직무요건과 소속 공무원의 인적요건을 고려하여 적재적소(適材適所)에 임용하여야 하며, 「직무분석규정」에 따른 직무분석, 이 영 제10조의3에 따른 역량평가 또는 「공무원 성과평가 등에 관한 규정」 제28조에 따른 다면평가를 실시한 경우 그 결과를 활용할 수 있다. 〈개정 2011. 3. 7., 2019. 11. 5.〉
1. 직위의 직무요건
   가. 직위의 주요 업무활동
   나. 직위의 성과책임
   다. 직무수행의 난이도
   라. 직무수행요건
2. 공무원의 인적요건
   가. 직렬 및 직류
   나. 윤리의식 및 청렴도
   다. 보유 역량의 수준
   라. 경력, 전공분야 및 훈련실적
   마. 그 밖의 특기사항

02
정답 ④

핵심주제 : 조직

「정부조직법」상 보조기관은 차관, 차장, 실장, 국장 및 과장이다.

04
정답 ④

핵심주제 : 공무원의 의무

공무원은 외국 정부로부터 영예나 증여를 받을 경우에는 대통령의 허가를 받아야 한다.

〈 법령 〉
「국가공무원법」
제62조(외국 정부의 영예 등을 받을 경우) 공무원이 외국 정부로부터 영예나 증여를 받을 경우에는 대통령의 허가를 받아야 한다.
[전문개정 2008. 3. 28.]

오답해설
① 「국가공무원법」 제60조(비밀 엄수의 의무)의 내용이다.
② 「국가공무원법」 제63조(품위 유지의 의무)의 내용이다.
③ 「국가공무원법」 제57조(복종의 의무)의 내용이다.

05 　　　　　　　　정답 ③

핵심주제 : 정책의제설정모형

정부조직 내의 집단 또는 정책결정자에게 쉽게 접근할 수 있는 외부집단에 의하여 문제가 제기되고 공식의제가 되도록 충분한 압력을 가하는 모형은 내부접근형(음모형) 모형이다. 〈보기〉의 내용처럼 사회문제가 공식의제로 되는 경우를 말한다.

모르면 간성
내부접근형의 예시
율곡사업 등 무기구매계약, 마산 수출자유지역 결정, 관주도의 경제개발 및 국토개발사업, 고속도로사업, 금강산관광, 대북지원 사업, 집권자의 공약 실천 등

06 　　　　　　　　정답 ①

핵심주제 : 조직이론

수평적 조정기제(연결기제)는 조직 부서 간의 수평적 조정과 의사소통을 의미하며, 여기에는 프로젝트팀, 프로젝트 매니저(사업관리자, 연락역할 담당자), 임시작업단(태스크포스), 직접접촉, 통합정보시스템 등이 해당한다.

07 　　　　　　　　정답 ①
핵심주제 : 목표의 전환

목표의 전환은 본래의 목표가 다른 목표로 뒤바뀌어 조직의 목

표가 왜곡되는 현상, 즉 본래의 조직목표를 왜곡·망각하여 수단적 가치를 종국적 가치로 전환시키는 것이다. 따라서 목표의 전환은 목표의 항구성 형성에 기여할 수 없다.

모르면 간성

과두제의 철칙(R. Michels)
Michels는 제1차 세계대전 이전 독일의 사회주의 정당과 노동조합을 대상으로 한 연구에서, 목표의 왜곡현상으로 '과두제의 철칙'을 최초로 제시하였다. 그는 민주정권 수립을 위하여 창설되었던 정당과 노조의 지도자들이 본래의 목표를 망각하고 그들의 권력욕을 강화시키는 장으로 정당과 노동조합을 활용함으로써 과두제의 철칙을 강화시켰다고 주장하였다.

08 　　　　　　　　정답 ②
핵심주제 : 지방자치

제주특별자치도와 세종특별자치시의 자치계층은 단층제이고, 행정계층은 하나가 아니므로 일치하지 않는다.

09 　　　　　　　　정답 ②
핵심주제 : 중앙통제

중앙정부는 위법·부당한 명령·처분의 시정명령 및 취소·정지를 할 수 있고, 지방자치단체의 장은 이에 이의가 있을 때에는 통보받은 날부터 15일 이내에 대법원에 소(訴)를 제기할 수 있다.

〈 법령 〉
「지방자치법」
제169조(위법·부당한 명령·처분의 시정) ① 지방자치단체의 사무에 관한 그 장의 명령이나 처분이 법령에 위반되거나 현저히 부당하여 공익을 해친다고 인정되면 시·도에 대하여는 주무부장관이, 시·군 및 자치구에 대하여는 시·도지사가 기간을 정하여 서면으로 시정할 것을 명하고, 그 기간에 이행하지 아니하면 이를 취소하거나 정지할 수 있다. 이 경우 자치사무에 관한 명령이나 처분에 대하여는 법령을 위반하는 것에 한한다.
② 지방자치단체의 장은 제1항에 따른 자치사무에 관한 명령이나 처분의 취소 또는 정지에 대하여 이의가 있으면 그 취소처분 또는 정지처분을 통보받은 날부터 15일 이내에 대법원에 소(訴)를 제기할 수 있다.

오답해설
① 「지방자치법」 제169조제1항의 내용이다.

③ 「지방자치법」 제170조제1항의 내용이다.

④ 「지방자치법」 제171조제1항의 내용이다.

10 정답 ①

핵심주제 : 대표관료제

대표관료제는 소수 집단의 의사를 보다 잘 반영하고 참여기회를 확대하며, 정부정책결정과 서비스 질을 제고하여 관료제의 대응성 · 대표성 제고하며, 관료제에 대한 내부통제장치로 기능하며, 책임성을 제고한다. 실적제 폐단을 시정하고, 수직적 형평과 민주성에 기여한다.

11 정답 ①

핵심주제 : 예산집행

예산집행의 신축성이란 예산집행에 있어서 경제사정 등의 변화에 적응할 수 있도록 예산통제를 어느 정도 완화하여 일정한 범위 내에서 행정부에 재량권을 부여하는 것을 말한다. 신축성 유지방안으로는 이용(移用), 전용(轉用), 이체(移替), 이월(移越), 예비비, 계속비, 국고채무부담행위, 수입대체경비, 총액계상예산제도, 국고여유자금, 대통령의 재정 · 경제에 관한 긴급명령, 조상충용, 신성과주의예산(총괄배정예산, 지출통제예산, 운영예산 등), 추가경정예산, 준예산, 수입 · 지출의 특례(과년도 수입 · 지출, 선금급, 개산급) 등이 있다. 배정과 재배정은 예산 집행상의 재정통제방안에 해당한다.

모르면 간첩

예산의 배정

일반적으로 배정은 통제적 성격을 지닌 정기배정(연간배정계획에 따른 배정)을 말하며, 예외적으로 통제성보다 관리수단성에 중점을 두는 신축적 배정이 있음

12 정답 ④

핵심주제 : 예산원칙

명확성의 원칙은 노이마르크(F. Neumark)가 주장한 전통적 예산원칙에 해당한다. 전통적 예산원칙은 입법부 중심의 원칙으로, 공개성의 원칙, 명료성의 원칙, 완전성의 원칙, 한정성의 원칙, 단일성의 원칙, 정확성의 원칙, 절차성의 원칙, 통일성의 원칙 등이 있다.

오답해설

① 행정부 재량의 원칙 : 예산을 세목이 아닌 총괄사업으로 통과시키고 집행상의 재량범위를 확대해야 한다는 원칙

② 보고의 원칙 : 예산과정은 선례나 관습보다는 각 수요기관의 재정 및 업무보고에 기초를 두어야 한다는 원칙

③ 적절한 수단구비의 원칙 : 예산의 효과적인 이용을 위하여 재정통제와 신축성 유지를 위한 적절한 수단이 구비되어야 한다는 것

13 정답 ④

핵심주제 : 신공공관리론

신공공관리론(NPM)은 공공부문의 시장화, 정부기능의 대폭적 축소 · 민간화 및 계약에 의한 민간위탁을 강조하고, 정부의 감독 · 규제 완화, 정부규제의 개혁과 권한위임, 융통성 및 관리자의 재량권 확대(혁신과 창의력 고취를 추구)를 제시한다.

14 정답 ①

핵심주제 : 중앙인사관장기관의 장

「국가공무원법」상 법원은 대법원장이 아닌 법원행정처장이 인사행정에 관한 기본 정책의 수립과 이 법의 시행 · 운영에 관한 사무를 관장(管掌)한다.

〈 법령 〉

「국가공무원법」

제6조(중앙인사관장기관) ① 인사행정에 관한 기본 정책의 수립과 이 법의 시행 · 운영에 관한 사무는 다음 각 호의 구분에 따라 관장(管掌)한다. 〈개정 2013. 3. 23., 2014. 11. 19.〉

1. 국회는 국회사무총장

2. 법원은 법원행정처장

3. 헌법재판소는 헌법재판소사무처장

4. 선거관리위원회는 중앙선거관리위원회사무총장

5. 행정부는 인사혁신처장

15 　　　　　　정답 ①

> 핵심주제 : 직위분류제, 계급제

직위분류제는 신분의 임의적 보장과 개방형 인사로 인하여 행정의 안정성 및 직업공무원제의 확립을 저해한다.

오답해설

② 계급제는 폐쇄형으로 신분보장이 강하고, 직위 폐지 시 인사이동이 가능하므로 직업공무원제도 확립에 더 유리하다.

③ 직위분류제는 수평적 교류가 곤란하고 제한적 · 경직적 관리 때문에 인사배치의 신축성을 저해한다.

④ 계급제는 인사기준이 인사권자의 판단, 정실개입, 연공서열을 중심으로 이루어지므로 인사관리자의 리더쉽 구현에 기여한다.

16 　　　　　　정답 ③

> 핵심주제 : 재무행정론

예산편성 시 계획담당자는 장기 재정계획을 수립하고 조직의 목표와 그 우선순위를 결정하고, 목표 달성을 위한 대안의 비교를 위해 비용편익 분석 등 체제분석을 한다. 예산담당자는 구체적인 실시계획을 예산에 반영하고, 1회계연도의 실행예산을 편성한다(단기적 예산편성).

17　　　　　　정답 ③

> 핵심주제 : 네트워크조직

네트워크조직은 조직의 자체 기능은 핵심 역량 위주로 합리화하고, 여타 기능은 외부기관과 계약관계(아웃소싱 등)를 통해 수행하는 조직구조이므로 공급에 대한 신뢰성을 예측하기 어렵고, 전통적인 구조에서 가능한 면밀한 관리를 할 수 없다.

> **모르면 간첩**
> **네트워크조직의 특징**
> • 구조와 계층을 중시하는 조직을 파괴하며, 유연한 구조와 기술을 가지고 환경변화에 신축적으로 적응
> • 비공식적(수평적) 지원체제를 확립함으로써 변화에 적응
> • 정보를 네트워크망으로 연결하여 교류 · 통합하는 조직 간 연계를 중시
> • 지식과 정보의 교류를 중시하고, 정보흡수 · 활용뿐만 아니라 새로운 정보를 지속적으로 창조
> • 부드러운 서비스를 중시하는 조직

18　　　　　　정답 ④

> 핵심주제 : 공공기관

공공기관의 구분은 기획재정부장관이 한다. 기획재정부장관이 공공기관을 공기업, 준정부기관, 기타공공기관으로 구분하여 지정한다.

> 〈 법령 〉
> 「공공기관의 운영에 관한 법률」
> 제5조(공공기관의 구분) ①기획재정부장관은 공공기관을 공기업 · 준정부기관과 기타공공기관으로 구분하여 지정하되, 공기업과 준정부기관은 직원 정원이 50인 이상인 공공기관 중에서 지정한다. 〈개정 2008. 2. 29.〉

19　　　　　　정답 ①

> 핵심주제 : 무의사결정

무의사결정은 주로 의제설정 · 채택과정에서 일어나지만 넓은 의미의 무의사결정은 정책의 전 과정에서 발생한다(정책결정단계에서는 집권층이나 엘리트들에게 유리하게 결정되도록 통제 · 억압하고, 불리한 정책이 결정된 경우 정책집행단계에서 집행을 연기하다가 취소하도록 노력하거나 형식적으로만 집행하게 하며, 정책평가단계에서는 정책의 부작용을 부각시킴으로써 정책을 수정하도록 한다.).

> **모르면 간첩**
> **무의사결정론의 발생 원인**
> • 지배계급의 가치나 신념체계에 대한 도전의 부정, 기득권 침해 예방
> • 지배엘리트들에 대한 행정관료의 지나친 충성심(과잉충성)
> • 정치문화에 부정적으로 작용하는 문제의 억제
> • 정치체제가 특정 문제에 편견이 있거나 구조화 · 경직성이 심한 경우
> • 관료의 이익과 상충되거나 관련 정보 · 지식 · 기술이 부족한 경우

20　　　　　　정답 ④

> 핵심주제 : 행정개혁

과학적 관리에 바탕을 둔 접근법으로 행정이 수행되는 절차나 과정 · 기술의 개혁으로 행정성과의 향상을 도모하려는 접근

방법은 관리·기술·과정적 접근법이다. OR·SA, EDPS, MIS, PMIS, 리엔지니어링, BPR(업무절차혁신), TQM, BSC(균형성과관리), 관리과학, 체제분석 등이 관리·기술·과정적 접근법이다.

구조적·기구적 접근법
- **의의** : 행정체제의 구조설계를 개선·재조정하는 고전적 접근법으로, 공식적·합리적 조직관에 바탕을 두며 원리전략과 분권화 전략이 대표적인 방법
- **기법** : 분권화의 확대, 통솔범위의 조정, 의사결정 권한의 수정, 의사전달 체계의 수정 등

21 〔군무원 필수〕　　　　　정답 ②

핵심주제 : 인사행정

실적주의는 직위분류제 확립에 기여하고, 엽관주의는 행정의 민주화에 기여하였다.

〔오답해설〕
ㄴ. 직위분류제는 전문행정가 양성에 기여한다.
ㄹ. 엽관주의는 민주정치 발달에 따라 행정 민주성을 위해 사용되기도 하였다.

22　　　　　정답 ②

핵심주제 : 추가경정예산

규정에 따라 교부세의 정산 등에 사용하거나 출연한 금액을 제외한 세계잉여금은 추가경정예산안의 편성에 사용할 수 있으나, 「국가재정법」 제89조(추가경정예산안의 편성)에 해당하지는 않는다.

〈 법령 〉
「국가재정법」
제89조(추가경정예산안의 편성) ①정부는 다음 각 호의 어느 하나에 해당하게 되어 이미 확정된 예산에 변경을 가할 필요가 있는 경우에는 추가경정예산안을 편성할 수 있다. 〈개정 2009. 2. 6., 2015. 12. 15.〉
1. 전쟁이나 대규모 재해(「재난 및 안전관리 기본법」 제3조에서 정의한 자연재난과 사회재난의 발생에 따른 피해를 말한다)가 발생한 경우
2. 경기침체, 대량실업, 남북관계의 변화, 경제협력과 같은 대내·외 여건에 중대한 변화가 발생하였거나 발생할 우려가 있는 경우

3. 법령에 따라 국가가 지급하여야 하는 지출이 발생하거나 증가하는 경우
②정부는 국회에서 추가경정예산안이 확정되기 전에 이를 미리 배정하거나 집행할 수 없다.
[제목개정 2009. 2. 6.]

23　　　　　정답 ①

핵심주제 : 거래비용경제학

윌리암슨(Williamson)의 거래비용이론은 시장실패 치료를 위한 시장에서의 거래비용이 행정비용(관리비용, 관료제적 조정비용)보다 큰 경우, 거래비용의 최소화를 위해 조직 통합(거래의 내부화)이 이루어진다고 보았다.

24　　　　　정답 ④

핵심주제 : 개방형 인사제도

개방형 인사제도는 부패를 방지하고 행정 조직의 관료화를 억제하기 때문에 행정조직에 대한 민주적 통제가 용이하고, 신진대사 촉진을 통해 공직의 침체와 경직성, 관료화를 방지한다. 공직임용의 유연성·융통성이 증대하며, 적극적 인사행정 및 외부의 우수한 인재등용이 가능하다. 또, 전문가 영입으로 행정의 질적 수준과 전문성을 증대하고, 정책의 효율성을 제고한다. 경쟁체제의 도입으로 공무원의 자기개발 노력을 촉진한다.

개방형과 폐쇄형의 비교(G. Caiden)

구분	개방형	폐쇄형
신분보장	임의적 보장	안정적이고 강한 보장
충원·임용	모든 계층이 대상	최하위 계급 위주
배경	실적주의·직위분류제	계급제·직업공무원제
자격	직무수행능력	일반교육, 경력
보수	직무급	생활급
교육훈련	외부 교육기관	직장 내 교육기관
승진 경쟁	능력·개방적 경쟁	서열·폐쇄적 경쟁
공무원양성	능력 중심의 전문가	경력 중심의 일반가
직원관계	사무적	온정적

25 정답 ④

핵심주제 : 직위분류제

직류(職類)란 같은 직렬 내에서 담당분야가 같은 직무의 군을 말한다.

 모르면 간첩

직위분류제의 용어

- **직위(職位)** : 1명의 공무원에게 부여할 수 있는 직무와 책임
- **직급(職級)** : 직무의 종류·곤란성과 책임도가 상당히 유사한 직위의 군, 인사 행정의 편의상 채용이나 보수 등에 있어서 동일한 취급을 할 수 있는 집단
- **등급** : 직렬과 직군을 초월하여 직무의 종류는 다르지만, 직무의 곤란도·책임도와 자격요건이 유사하여 채용이나 보수에 동일한 취급을 할 수 있는 직위의 군
- **직렬(職列)** : 직무의 종류가 유사하고, 그 책임과 곤란성의 정도가 서로 다른 직급의 군
- **직군(職群)** : 직무의 성질이 유사한 직렬의 군
- **직류(職類)** : 같은 직렬 내에서 담당분야가 같은 직무의 군

행정법

출제 문항 분석

영역	문항 수
행정법통론	6
행정작용법	10
행정법상의 의무이행확보수단	2
행정구제법	7

정답

01 ②	02 ①	03 ①	04 ④	05 ②
06 ①	07 ②	08 ②	09 ③	10 ①
11 ②	12 ③	13 ④	14 ④	15 ②
16 ④	17 ④	18 ③	19 ①	20 ②
21 ①	22 ②	23 ①	24 ①	25 ③

01 군무원 필수 정답 ②

핵심주제 : 통치행위

헌법재판소는 일반사병의 자이툰부대 이라크 파병결정에 대하여 통치행위라 인정하였다.

〈 판례 〉

대통령이 국군(일반사병)을 이라크에 파견하기로 한 결정은 그 성격상 국방 및 외교에 관련된 고도의 정치적 결단을 요하는 문제로서, 헌법과 법률이 정한 절차를 지켜 이루어진 것임이 명백하므로, 대통령과 국회의 판단은 존중되어야 하고 헌법재판소가 사법적 기준만으로 이를 심판하는 것은 자제되어야 한다. 이에 대하여는 설혹 사법적 심사의 회피로 자의적 결정이 방치될 수도 있다는 우려가 있을 수 있으나 그러한 대통령과 국회의 판단은 궁극적으로는 선거를 통해 국민에 의한 평가와 심판을 받게 될 것이다(헌재 2004.4.29, 2003헌마814).

 모르면 간첩

통치행위를 부정한 판례

- 군인들의 군사반란 및 내란행위(대판 96도3376)
- 남북정상회담의 개최과정에서 사업권의 대가명목으로 이루어진 대북송금행위(대판 2003도7878)
- 대통령의 2009년 전시증원연습결정(헌재 2007헌마369)

02 군무원 필수   정답 ①

핵심주제 : 행정법의 일반원칙

신뢰보호가 인정되기 위해서는 행정청의 선행조치가 있어야 한다. 이러한 선행조치는 법령·행정규칙·처분·확약·계약·합의·행정계획·행정지도 등에 의해 적극적·소극적 또는 명시적·묵시적 언동, 적법·위법행위를 불문하고 국민이 신뢰하게 만드는 것을 말하는데, 판례는 이를 '공적인 견해표명'이라 표현하고 있다. 무효인 행정행위는 신뢰의 대상이 될 수 없으므로 여기에 해당하지 않는다.

〈 판례 〉

판례는 상대방의 질의에 대한 행정청의 회신내용이 일반론적인 견해표명에 그치는 경우 선행조치로 인정하지 않는다(대판 90누10384). 또한 판례는 '행정청의 공적 견해표명이 있었는지의 여부를 판단하는 데 있어 반드시 행정조직상의 형식적인 권한분장에 구애될 것이 아니고 담당자의 조직상의 지위와 임무, 당해 언동을 하게 된 구체적인 경위 및 그에 대한 상대방의 신뢰가능성에 비추어 실질에 의하여 판단하여야 한다'고 판시하고 있다(대판 1997. 9. 12, 96누18380).

03   정답 ①

핵심주제 : 확정력

불가쟁력이라 함은 비록 하자있는 행정행위일지라도 그에 대한 불복기간이 경과되거나 쟁송절차가 모두 종료된 경우에 행정행위의 상대방, 그 밖에 관계인이 그 행정행위의 효력을 다툴 수 없게 되는 힘을 말한다. 불가쟁력은 행정법관계를 형식적으로 확정하는 데 불과하여 행정주체는 불가쟁력이 발생한 경우라도 직권으로 그 행위를 취소할 수 있다.

〈 판례 〉

행정처분이나 행정심판 재결이 불복기간의 경과로 인하여 확정될 경우 확정력은 처분으로 인하여 법률상 이익을 침해받은 자가 처분이나 재결의 효력을 더 이상 다툴 수 없다는 의미일 뿐 판결에 있어서와 같은 기판력이 인정되는 것은 아니어서 처분의 기초가 된 사실관계나 법률적 판단이 확정되고 당사자들이나 법원이 이에 기속되어 모순되는 주장이나 판단을 할 수 없게 되는 것은 아니다(대판 1993. 4. 13, 92누17181).

04 군무원 필수   정답 ④

핵심주제 : 자기완결적 신고

자기완결적 신고는 적법한 신고가 있다면 유효한 신고가 된다. 신고 없이 행해진 행위는 일반적으로 과태료부과 대상이 된다.

05 군무원 필수   정답 ②

핵심주제 : 사인의 공법행위

전역지원 의사표시가 진의 아닌 의사표시라 하더라도 사인의 공법행위는 민법상의 비진의의사표시의 무효에 관한 규정이 적용되지 않으므로, 비록 의사표시가 진의가 아닌 경우에도 표시된 대로 효력이 발생한다.

〈 판례 〉

전역지원의 의사표시가 진의 아닌 의사표시라 하더라도 그 무효에 관한 법리를 선언한 민법 제107조 제1항 단서의 규정은 그 성질상 사인의 공법행위에는 적용되지 않는다 할 것이므로 그 표시된 대로 유효한 것으로 보아야 한다(대판 1994.1.11, 93누10057).

〈 법령 〉

「민법」

제107조(진의 아닌 의사표시) ①의사표시는 표의자가 진의아님을 알고 한 것이라도 그 효력이 있다. 그러나 상대방이 표의자의 진의아님을 알았거나 이를 알 수 있었을 경우에는 무효로 한다.

②전항의 의사표시의 무효는 선의의 제삼자에게 대항하지 못한다.

06 군무원 필수   정답 ①

핵심주제 : 법규명령

행정입법이란 행정주체가 법조의 형식으로 일반적·추상적 법규범을 정립하는 작용을 말한다. 법규범의 정립작용이라는 점에서 입법작용에 속하고, 행정권의 의사표시라는 점에서 행정작용에 해당된다.

07 정답 ②

핵심주제 : 행정규칙

고시는 행정기관의 의사표현의 한 방법으로 법적 성질이나 효력은 그 내용에 따라 결정되며, 법규·명령적 고시와 행정규칙적 고시, 일반 처분적 고시, 통지행위적 고시, 사실행위로서의 고시 등이 있다.

〈 판례 〉

고시 또는 공고의 법적 성질은 일률적으로 판단될 것이 아니라 고시에 담겨진 내용에 따라 구체적인 경우마다 달리 결정된다고 보아야 한다. 즉, 고시가 일반·추상적 성격을 가질 때는 법규명령 또는 행정규칙에 해당하지만, 고시가 구체적인 규율의 성격을 갖는다면 행정처분에 해당한다. 이 사건 국세청 고시는 특정 사업자를 납세병마개 제조자로 지정하였다는 행정처분의 내용을 모든 병마개 제조자에게 알리는 통지수단에 불과하므로, 청구인의 이 사건 국세청 고시에 대한 헌법소원심판청구는 고시 그 자체가 아니라 고시의 실질적 내용을 이루는 국세청장의 위 납세병마개 제조자 지정처분에 대한 것으로 해석함이 타당하다(헌재 1998. 4. 30. 97헌마141).

08 정답 ②

핵심주제 : 인·허가의제

인·허가의제는 인·허가에 따라 입장의 변화가 생기므로 법적 근거가 존재해야 한다.

09 정답 ③

핵심주제 : 부관

원칙적으로 행정행위의 부관은 재량행위에만 붙일 수 있으며, 기속행위의 경우 법령에 근거규정이 있는 경우가 아니라면 붙일 수 없다. 즉, 재량행위에 있어서는 관계 법령에 명시적인 금지규정이 없는 한 행정목적을 달성하기 위하여 부관을 붙일 수 있으며(대판 97누164), 기속행위나 기속적 재량행위에는 부관을 붙일 수 없고 가사 부관을 붙였다 하더라도 이는 무효의 것이다(대판 87누1106).

10 정답 ①

핵심주제 : 하자승계

선행행위에 무효사유인 하자가 있는 경우 그 하자는 후행행위에 승계된다. 선행행위에 취소사유가 있는 경우 동일한 목적을 달성하기 위한 일련의 절차인 경우(선후 행정행위가 결합하여 하나의 효과를 완성하는 형태)에는 그 하자가 승계되며, 선후 행정행위가 독립하여 별개의 효과를 목적으로 하는 경우에 당연무효가 아닌 그 하자는 승계되지 않는다.

〈 판례 〉

개별공시지가결정에 위법이 있는 경우에는 그 자체를 행정소송의 대상이 되는 행정처분으로 보아 그 위법 여부를 다툴 수 있음은 물론 이를 기초로 한 과세처분 등 행정처분의 취소를 구하는 행정소송에서도 선행처분인 개별공시지가결정의 위법을 독립된 위법사유로 주장할 수 있다(대판 1994. 1. 25. 93누8542).

 모르면 간성

하자의 승계 여부(부정판례)

하자의 승계가 부정된 경우
• 경찰공무원 직위해제처분과 면직처분
• 과세처분과 체납처분
• 변상판정과 변상명령
• 택지개발예정지지정처분과 택지개발계획의 승인처분
• 건물철거명령(하명)과 대집행계고처분
• 사업계획승인처분과 도시계획시설변경 및 지정 승인고시처분
• 사업인정과 토지수용위원회 수용재결처분
• 도시계획결정 또는 도시계획사업의 실시계획인가와 수용재결처분
• 표준공시지가결정과 과세처분
• 표준공시지가결정과 개별공시지가결정
• 위법건물의 철거명령과 대집행 계고처분
• 액화석유가스판매사업허가처분과 사업개시신고 반려처분
• 보충역편입처분과 공익근무요원소집처분
• 지방의회 의안 의결과 지방세부과기준
• 감사원의 시정요구결정과 그에 따른 행정처분취소
• 수강거부처분과 수료처분

11 정답 ②

핵심주제 : 행정행위

행정행위의 취소는 주로 손해배상이 문제가 되고, 철회는 손실보상이 문제가 된다.

취소와 철회의 비교

구분	취소	철회
행사 권자	처분청, 감독청(다수설), 법원	처분청(→ 감독청은 법 률규정에 있는 경우에 한함)
법적 근거	특별한 법적 근거를 요 하지 않음(다수설 · 판례)	학설은 대립, 판례는 법 적 근거를 요하지않는다 고 봄
사유	원 행정행위에 하자가 존재(→성립 시 하자)	성립 후의 후발적 사유 (→ 원 행정행위는 하자 가 없음)
제한	주로 직권취소에 논의	주로 수익적 행위에 논의
효과	소급효가 원칙(예외적으 로 장래효 인정됨)	장래에 향하여 소멸(원 칙적으로 소급효 부정)
전보	손해배상 문제	손실보상 문제

12 필수 　　　　　정답 ③

핵심주제 : 행정지도

행정지도의 상대방이 그의 자유로운 판단에 따라 손해 발생의 가능성을 인식하면서 위법한 행정지도를 따른 경우에는 행정지 도와 손해발생 간의 인과관계가 부정되어 손해배상 청구가 인 정되지 않는다.

〈 판례 〉
행정지도가 강제성을 띠지 않은 비권력적 작용으로서 행정지 도의 한계를 일탈하지 아니하였다면, 그로 인하여 상대방에게 어떠한 손해가 발생하였다 하더라도 행정기관은 그에 대한 손 해배상 책임이 없다(대판 2008. 9. 25, 2006다18228).

13 　　　　　정답 ④

핵심주제 : 행정계획

도시계획구역 내 토지 등을 소유하고 있는 주민이라면 도시 계 획입안권자에게 도시계획의 입안을 요구할 수 있는 신청권이 있다.

〈 판례 〉
도시계획구역 내 토지소유자는 입안권자에게 도시계획입안을 요구할 수 있는 신청권이 있다고 할 것이고, 이러한 신청에 대 한 거부행위는 항고소송의 대상이 되는 행정처분에 해당한다 (대판 2004.04.28, 선고 2003두1806).

14 필수 　　　　　정답 ④

핵심주제 : 정보공개

공공기관의 정보공개신청에 대한 거부에 취소소송을 통해 인용 이 확정되었음에도 공공기관이 정보를 공개하지 않으면 「행정 소송법」 상의 간접강제의 요건을 갖추었다 볼 수 있다.

〈 판례 〉
거부처분에 대한 취소의 확정판결이 있음에도 행정청이 아무 런 재처분을 하지 아니하거나, 재처분을 하였다 하더라도 그것 이 종전 거부처분에 대한 취소의 확정판결의 기속력에 반하는 등으로 당연무효라면 이는 아무런 재처분을 하지 아니한 때와 마찬가지라 할 것이므로 이러한 경우에는 행정소송법 제30조 제2항, 제34조 제1항 등에 의한 간접강제신청에 필요한 요건을 갖춘 것으로 보아야 한다(대판 2002. 12. 11, 2002무22).

15 필수 　　　　　정답 ②

핵심주제 : 행정대집행

계고는 의무를 이행하지 않을 경우 대집행의 의사를 알려주는 의사의 통지로서 준법률행위적 행정행위라고 보는 견해가 다수 이다.

16 　　　　　정답 ④

핵심주제 : 이행강제금

「건축법」 상 이행강제금에 대한 불복은 이전법의 개정으로 비송 사건절차에서 행정심판 또는 행정소송절차로 바뀌어 행정소송 절차를 따라야 한다.

17　　　　　　　　　　정답 ④

핵심주제 : 청문

「행정절차법」상 당사자가 의견진술의 기회를 포기한다는 뜻을 명백히 표시할 경우 의견청취를 하지 않는다.

〈 법령 〉
「행정절차법」
제22조(의견청취) ① 행정청이 처분을 할 때 다음 각 호의 어느 하나에 해당하는 경우에는 청문을 한다. 〈개정 2014. 1. 28.〉
1. 다른 법령등에서 청문을 하도록 규정하고 있는 경우
2. 행정청이 필요하다고 인정하는 경우
3. 다음 각 목의 처분 시 제21조제1항제6호에 따른 의견제출기한 내에 당사자등의 신청이 있는 경우
　가. 인허가 등의 취소
　나. 신분 · 자격의 박탈
　다. 법인이나 조합 등의 설립허가의 취소
[전문개정 2012. 10. 22.]
[시행일 : 2020. 6. 11.] 제22조

18　　　　　　　　　　정답 ③

핵심주제 : 처분절차

사전통지나 의견제출 절차를 거치지 않은 침해적 처분은 위법하다.

〈 판례 〉
행정청이 침해적 행정처분을 함에 있어서 당사자에게 사전통지를 하거나 의견제출의 기회를 주지 아니하였다면 사전통지를 하지 않거나 의견제출의 기회를 주지 아니하여도 되는 예외적인 경우에 해당하지 아니하는 한 그 처분은 위법하여 취소를 면할 수 없다(대판 2004. 5. 28, 2004두1254).

19　　　　　　　　　　정답 ①

핵심주제 : 국가배상

설치 · 관리의 대상에 있어 국가배상법은 민법의 공작물보다 그 범위를 확대하여 공작물에 한하지 않으며, 영조물 점유자의 면책사유를 인정하지 않는다.

〈 법령 〉
「국가배상법」
제5조(공공시설 등의 하자로 인한 책임) ① 도로 · 하천, 그 밖의 공공의 영조물(營造物)의 설치나 관리에 하자(瑕疵)가 있기 때문에 타인에게 손해를 발생하게 하였을 때에는 국가나 지방자치단체는 그 손해를 배상하여야 한다. 이 경우 제2조제1항 단서, 제3조 및 제3조의2를 준용한다.
② 제1항을 적용할 때 손해의 원인에 대하여 책임을 질 자가 따로 있으면 국가나 지방자치단체는 그 자에게 구상할 수 있다.
[전문개정 2008. 3. 14.]

20　　　　　　　　　　정답 ②

핵심주제 : 손실보상

사업시행자가 이주대책을 수립하고 신청자의 신청을 결정해야 수분양권이 발생한다.

21　　　　　　　　　　정답 ①

핵심주제 : 사정재결

행정심판에 있어서 행정심판위원회는 심판청구가 이유 있다고 인정하는 경우에도 이를 인용(認容)하는 것이 공공복리에 크게 위배하는 경우 기각하는 재결을 사정재결이라 한다.

〈 법령 〉
「행정심판법」
제44조(사정재결) ① 위원회는 심판청구가 이유가 있다고 인정하는 경우에도 이를 인용(認容)하는 것이 공공복리에 크게 위배된다고 인정하면 그 심판청구를 기각하는 재결을 할 수 있다. 이 경우 위원회는 재결의 주문(主文)에서 그 처분 또는 부작위가 위법하거나 부당하다는 것을 구체적으로 밝혀야 한다.
② 위원회는 제1항에 따른 재결을 할 때에는 청구인에 대하여 상당한 구제방법을 취하거나 상당한 구제방법을 취할 것을 피청구인에게 명할 수 있다.
③ 제1항과 제2항은 무효등확인심판에는 적용하지 아니한다.

22   정답 ②

핵심주제 : 행정심판

재결의 형성력이란 재결의 내용에 따라 새로운 법률관계의 발
생이나 종래의 법률관계의 변경·소멸을 가져오는 효력을 말한
다. 이러한 형성력은 심판청구의 당사자뿐만 아니라 제3자에게
도 효력이 미친다. 형성력은 인용재결에는 인정되나 사정재결에
는 인정되지 않는다.

23   정답 ①

핵심주제 : 처분

토지대장은 토지에 대한 공법상의 규제, 개발부담금의 부과대
상, 지방세의 과세대상, 공시지가의 산정, 손실보상가액의 산정
등 토지행정의 기초자료로서 공법상의 법률관계에 영향을 미칠
뿐만 아니라, 토지에 관한 소유권보존등기 또는 소유권이전등기
를 신청하려면 이를 등기소에 제출하여야 하는 점 등을 종합해
보면, 토지대장은 토지의 소유권을 제대로 행사하기 위한 전제
요건으로서 토지 소유자의 실체적 권리관계에 밀접하게 관련되
어 있으므로, 이러한 토지대장을 직권으로 말소한 행위는 국민
의 권리관계에 영향을 미치는 것으로서 항고소송의 대상이 되
는 행정처분에 해당한다.

〈 판례 〉
토지대장은 토지에 대한 공법상의 규제, 개발부담금의 부과대
상, 지방세의 과세대상, 공시지가의 산정, 손실보상가액의 산정
등 토지행정의 기초자료로서 공법상의 법률관계에 영향을 미
칠 뿐만 아니라, 토지에 관한 소유권보존등기 또는 소유권이전
등기를 신청하려면 이를 등기소에 제출해야 하는 점 등을 종
합해 보면, 토지대장은 토지의 소유권을 제대로 행사하기 위한
전제요건으로서 토지 소유자의 실체적 권리관계에 밀접하게
관련되어 있으므로, 이러한 토지대장을 직권으로 말소한 행위
는 국민의 권리관계에 영향을 미치는 것으로서 항고소송의 대
상이 되는 행정처분에 해당한다(대판 2013.10.24. 선고 2011두
13286).

24   정답 ①

핵심주제 : 공무원의 징계

판례에 의하면 행정규칙에 의한 '불문경고조치'가 비록 법률상
의 징계처분은 아니지만, 항고소송의 대상이 되는 행정처분에

해당한다.

〈 판례 〉
행정규칙에 의한 '불문경고조치'가 비록 법률상의 징계처분은
아니지만 위 처분을 받지 아니하였다면 차후 다른 징계처분이
나 경고를 받게 될 경우 징계감경사유로 사용될 수 있었던 표
창공적의 사용가능성을 소멸시키는 효과와 1년 동안 인사기록
카드에 등재됨으로써 그 동안은 장관표창이나 도지사표창 대
상자에서 제외시키는 효과 등이 있다는 이유로 항고소송의 대
상이 되는 행정처분에 해당한다(대판 2002.7.26, 2001두3532).

25   정답 ③

핵심주제 : 공물법

도로의 특별사용을 반드시 독점적·배타적인 것으로 볼 수 없
고 사용목적에 따라 달리 보아야 한다.

〈 판례 〉
도로의 특별사용은 반드시 독점적·배타적인 것이 아니라 그
사용목적에 따라서는 도로의 일반사용과 병존이 가능한 경우
도 있고, 이러한 경우에는 도로점용 부분이 동시에 일반공중의
교통에 공용되고 있다고 하여 도로점용이 아니라고 할 수 없다
(대판 1998.9.22. 선고94누7342)

결코 남이 편견을 버리도록 설득하려 하지 마라.
사람이 설득으로 편견을 갖게 된 것이 아니듯이, 설득으로 버릴 수 없다.

Never try to reason the prejudice out of a man.
It was not reasoned into him, and cannot be reasoned out.

– 시드니 스미스